21世纪卓越人力资源管理与服务丛书

管理心理学

（第4版）

陈国海 ◎ 编著

清华大学出版社
北京

内 容 简 介

管理心理学是心理学科和经济管理学科的一门核心课程。本书研究并回答了管理对象中的个体、群体和组织行为模式是怎样的,它们之间如何互动,感知规律如何影响管理,个性如何与职业相匹配并影响工作绩效,如何激励员工,如何建设高绩效的团队,如何塑造完善的组织文化,如何改善管理沟通,如何运用权术和领导的权力,如何为员工提供援助计划,如何培育和开发员工的心理资本等问题。全书详细论述并分析了管理对象中的各种现象,内容共包括十二章,分别为管理心理学概述,知觉、归因理论与个人决策,个性与心理测验,价值观与态度,激励理论及其应用,群体心理与行为,管理沟通,权力与政治,领导理论,组织文化,员工援助计划,职业生涯规划与管理。

本书适合作为全日制普通院校和职业院校心理学专业和经济管理专业的本科和专科教材,也可作为"管理心理学"选修课的教材。

图书在版编目(CIP)数据

管理心理学 / 陈国海编著. —4 版. —北京:清华大学出版社,2020.11(2023.3重印)

(21 世纪卓越人力资源管理与服务丛书)

ISBN 978-7-302-56689-2

Ⅰ. ①管… Ⅱ. ①陈… Ⅲ. ①管理心理学 Ⅳ. ①C93-051

中国版本图书馆 CIP 数据核字(2020)第 203599 号

责任编辑:邓　婷　杜春杰
封面设计:刘　超
版式设计:文森时代
责任校对:马军令
责任印制:宋　林

出版发行:清华大学出版社
　　　　　网　　址:http://www.tup.com.cn,http://www.wqbook.com
　　　　　地　　址:北京清华大学学研大厦 A 座　　　　　邮　编:100084
　　　　　社 总 机:010-83470000　　　　　　　　　　邮　购:010-62786544
　　　　　投稿与读者服务:010-62776969,c-service@tup.tsinghua.edu.cn
　　　　　质量反馈:010-62772015,zhiliang@tup.tsinghua.edu.cn
印 装 者:大厂回族自治县彩虹印刷有限公司
经　　销:全国新华书店
开　　本:185mm×260mm　　印　张:23.25　　字　数:537 千字
版　　次:2008 年 6 月第 1 版　　2020 年 11 月第 4 版　　印　次:2023 年 3 月第 5 次印刷
定　　价:65.00 元

产品编号:087803-01

第 4 版前言

自 2008 年第 1 版出版以来，本教材深受广大师生的喜爱。第 4 版教材结构完整、逻辑严密、内容新颖、例证丰富、体例活泼，力图做到每章正文内容少而精、科学严谨，用丰富的例证来说明相应的概念、原理和结论，每章章末附加思考练习题、心理测试、管理游戏（拓展训练）以及案例分析，并配备相应的教学参考资料。本教材的内容设计和编排为教师提供了多样化的课堂教学形式和方法，只要教师课前结合教材适当设计教学活动，就可使师生互动性明显增强，让学生喜欢该课程并给予较高的评分。许多教师，特别是年轻、经验尚浅者，明显感受到了这个优点。许多高校教师反馈回来的信息均提到，本教材十分适合用作全日制普通院校和职业院校应用心理学专业、人力资源管理专业、工商管理专业、行政管理专业以及"管理心理学"全校性选修课、考研和自考的教材，也可用于心理学爱好者自学。

为了帮助教师更好地使用本教材，特提出如下五点建议，仅供参考。

1. 坚持少而精的教学原则

本课程教学安排一般为每周 2～4 学时，总课时为 36～72 学时。教材共有 12 章，内容比较充实和丰富，要在有限的课时内将教材的全部内容讲完，确实很难做到。因此，教师教学时要明确每章的重点和难点，根据这些重点和难点，坚持以"少而精"为教学原则来开展教学，按照 1∶1 的课外学时要求，安排学生课后阅读、做作业、进行讨论和拓展训练。本教材的某些内容与其他课程（如人力资源管理、管理学原理、组织行为学）的内容有所重复，但侧重点有所不同。例如，谈到激励时，本教材的重点在于激励理论和实践对于员工心理动机和需求、心理感受（如公平感）、心理期望、行为改变和塑造等的探究。谈到组织文化时，组织文化的心理功能、组织社会化过程和组织公民行为是重点内容。谈到领导理论时，基于行为科学的领导理论是重点内容。为督促和检查学生阅读和自学教材，可采用单元测验（如每三章为一个单元）。

2. 平衡使用多种教学方法

本教材的一大特色就是提供了多种教学方法，包括讲授、课堂讨论和辩论、案例分析、心理测验、管理游戏（拓展训练）、抽查提问、单元测验、录像教学。这些教学方法本身也有选择性，如每章提供两个案例分析。由于专业背景和经验不同，每位教师均有自己独特的教学风格和偏好。例如，心理学专业出身的教师可能偏好使用心理测验，而管理学专业出身的教师可能偏好使用案例分析。为了达到较好的教学效果，建议教师平衡使用多种教学方法，而不要过多地使用某一种教学方法。

3. 认真做好案例分析

本教材选用的案例主要根据国际企业和国内知名企业的案例改编而成，力求简洁短小，每章课后还有一个案例分析题。案例尽量不超过 2 000 字，可供课堂或者课后讨论。如在课堂上讨论，可要求学生课前预习，使学生熟悉案例内容，这样有利于节约课堂讨论时间，提高课堂教学效率。课堂上可让学生自由组合进行讨论，最好每组都有不同个性的学生，并将每组人数限定为 5～6 人为宜，讨论后每组需推选至少 1 名代表发言。对案例分析，要求学生做到：① 理论联系案例，运用所学理论分析案例；② 紧扣所讨论的问题和案例实际，避免泛泛而谈；③ 逻辑条理清晰。教师要积极引导学生由脑力激荡（即大家出点子）到评估选择（对各种观点、想法和方案进行评估、批判，选出其中较好的），再到延伸提升（即通过进一步查阅图书馆和数据库、访谈、讨论和交流等获取的新资料和信息，达到螺旋式提升对问题的认识的目的）。教师就每个案例分析题制作相应的 PPT，补充案例描述缺失的信息，提出解答和分析的主要思路和方法，提出案例分析的基本观点，鼓励学生创新，提出延伸的问题，引导学生进一步思考，以供课堂上使用。

4. 开展小组演讲和调研

小组演讲是一种很好的教学形式。当采用小组演讲的形式进行教学时，可以将班级分为若干小组，演讲题目由教师拟定或者由小组自行选定，内容和形式根据教学目的的不同可以采用不同的形式，如案例讲解、专题内容（如心理契约）讲解、拓展训练等，小组成员分工协作，每组的演讲时间限定在 10～20 分钟。这有助于培养学生的团队合作精神以及口头表达能力，也有助于对组织行为学领域的某些问题做更深入的了解和探讨，因此特别适合本科生或者硕士研究生的课程教学。

到企事业单位、政府机构进行调研是将管理心理学课程理论联系实际的重要环节，有助于学生了解各种组织丰富多彩的管理现状和实际，弥补课堂上感性材料的不足，并深化对管理心理学理论的认识。可以采用个人或者小组的形式开展调研，提交调研报告或者案例研究报告。调研的选题可以选择组织行为学领域一贯的核心问题，如激励机制和方法、领导风格、人与组织的匹配、组织沟通等，也可以选择一些热点问题，如新型冠状病毒肺炎病毒影响下的裁员心理辅导、雇主品牌危机等。

5. 厘清课程思维方式和课程学习地图

管理心理学课程有自身独特的思维方式，这就是管理心理学的一般模型（包括自变量、因变量和协变量之间的关系），它可以帮助我们有效地探讨和构建实际案例问题的解决思路和方法。这种思维方式贯穿于各章节的教学之中，可以引发学生的思考。例如，领导要提高其行为有效性，应当表现出什么样的行为才是恰当的？

此外，有一些主线贯穿于各个章节中，因此每个章节并不是孤立的。例如，知觉（个性知觉、人际知觉、团体知觉、政治知觉、领导知觉、组织知觉）、管理制度和行为的心理效应都以感知规律为基础；又如，第三章的个性基本上也可以贯穿后面的各章，这是因为个性是个体的核心特征，而群体和组织离不开个体，如不同个性的个体的激励、不同的个性在群体和组织中的作用、不同的个性在权力与政治中的作用、领导特质理论、个性作为组织变革和发展的阻力和助力。

第 4 版教材由陈国海教授单独编撰和统稿，广东省电力学校信晓宁老师专门设计了若干个拓展训练活动，广州市八方锦程人力资源服务有限公司、深圳市西点探索教育有限公司等提供了例证，陈国海教授的研究生和科研助手戴素强、邓晓雨、罗钰玲、线雪峰、黎思、林焕成等人负责协助修改全书格式、查找例证、制作配套资料，在此对他们的热心帮助和工作表示衷心的感谢。

通过访问清华大学出版社网站（http://www.tup.com.cn）可获取本教材的 PPT 演示文稿。为方便教师教学，减少教师教学备课工作量，我们特地制作了本教材的配套资料包，内容包括：① 教材 PPT；② 正文后习题解答；③ 中英文课程教学大纲；④ 课程考试大纲；⑤ 教学进度表；⑥ 习题题库及解答；⑦ 考试 AB 卷及解答；⑧ 教学视频；⑨ 教学方法指导。如有需要，可与编者联系，电子邮箱地址为 gdhrs@vip.163.com。

陈国海
广东外语外贸大学商学院教授
广东省人力资源研究会秘书长
香港大学心理学博士
2020 年 6 月 18 日

目　录

第一章
管理心理学概述

 学习目标

- ➢ 了解管理心理学的发展历史
- ➢ 掌握管理心理学的概念
- ➢ 了解管理心理学与组织行为学的联系与区别
- ➢ 掌握学习管理心理学的作用
- ➢ 掌握管理心理学的研究方法和模型
- ➢ 了解积极管理心理学和心理资本的概念和作用

引例

福特的积极心理管理法[1]

福特汽车公司的创始人老亨利的儿子亨利·福特二世对于职工的心理状况十分重视。他曾经在大会上进行了有关此项内容的讲演："我们应该像过去重视机械要素取得的成功那样重视人性要素、重视员工的心理状况，让员工以积极的心态面对工作，这样才能解决战后的工业问题。"他说到做到，任命贝克为总经理，以改变公司职员消极怠工的局面；还亲自听取员工的意见，并积极、耐心地着手解决存在的每一个问题，让员工感到企业的温暖，同时也给予员工袒露心声的机会。福特二世还和工会主席一起制订了"雇员参与计划"，在各车间成立由工人组成的"解决问题小组"，并鼓励员工共同解决问题，以激发员工的智力和自我效能感。工人们有了发言权，不但解决了他们自己的问题，更重要的是对工厂整体的生产工作起到了积极的推动作用。

从这个案例可以看到，员工的积极心态对于企业的发展有着举足轻重的作用。那么，企业应该如何衡量员工的心理状况并采取相应措施来培养员工的积极心态呢？

管理心理学的发展有近百年的历史，可以追溯到早期的工业心理学。人际关系理论及行为科学的发展奠定了管理心理学学科形成的基础。从 20 世纪 60 年代作为独立的学科，到 80 年代逐步分化，管理心理学至今关注的重点问题既有一贯的核心问题，也有一些热点问题。从 20 世纪 70 年代末期到现在，管理心理学在我国得到了一定程度的发展，但与西方发达国家的研究水平相比尚有一定的差距。管理心理学与组织行为学既有联系，又有区别。对管理心理学的教学和实际应用，首先，应掌握其基本的研究方法和模型；

其次，要掌握积极管理心理学以及心理资本的概念和作用，从而将其更好地运用在企业的管理实践中。

第一节　管理心理学的发展

西方管理心理学学者把自 20 世纪初以来管理心理学的发展划分为三个阶段：以泰勒为代表的经典科学管理理论阶段（1900—1927 年）；以霍桑实验开始的人际关系理论以及后来的 X—Y 理论阶段（1927—1965 年）；以权变态度和方法来看待人及其管理心理与行为的阶段（1965 年至今）。

一、管理心理学的早期研究

管理心理学得以发展的一个重要原因是心理学在工商业的应用能够有效地提高生产效率。在 19 世纪末和 20 世纪初，提高生产效率成为一个非常突出的社会问题，主要表现为以下两个方面。

第一，提高劳动生产率有助于缓解早期工业社会劳资关系的矛盾。在早期的工业社会，成本最小化、利润最大化是资方的目标，而改善工作条件以及提高工资福利待遇是劳方的要求。资方追求效益，劳方期待公平、满足生活和人性方面的需求。劳资矛盾的加剧引发了大规模罢工、关闭工厂甚至流血冲突等，使得劳资双方两败俱伤。在资本主义发展的早期，特别是资本的原始积累阶段，劳资矛盾非常突出。解决劳资矛盾的一个重要方法是提高劳动生产效率。劳资双方不应为争夺小小的利益而喋喋不休，而应设法提高生产效率，进而提高产出和利润，提高工资并改善条件，只有这样，劳资双方的日子才会都好过。

第二，第一次世界大战期间，提高劳动生产率有助于满足军需物资生产的需要。当时各交战国的男性青壮年大量应征入伍，工厂由于缺乏熟练工人，除雇用大量妇女外，还不得不采取加班加点、延长劳动时间等办法来增加生产。但延长劳动时间增加了工人的疲劳度，因而还是达不到提高工作效率的目的，这就引起了人们对疲劳的研究，如英国就专门设立了疲劳研究所。

"科学管理之父"泰勒（F. W. Taylor，1856—1915）最早采用科学方法研究工人的工作效率问题。他在美国伯利恒钢铁厂对工人实行严格管理，并用计件奖励工资的方式激励工人努力生产。他运用"时间—动作分析"的方法进行了大量的试验，提出了"劳动定额""工时定额""工作流程图""计件工资制"等一系列科学管理制度和方法，工人按照他设计的工具和操作方法进行劳动，工作效率成倍提高。[2]

雨果·芒斯特伯格（Hugo Münsterberg，1863—1916）被人们称为"工业心理学之父"，他在具有里程碑意义的《心理学和工业效率》一书中明确提出，他的目标在于去发现：① 如何使人们的智能与其所从事的工作最适合；② 在什么样的心理条件下，才能从每个人的工作中获得最大和最令人满意的产出；③ 企业如何去影响工人，以便从他们那里获得最好的结果。[3]

芒斯特伯格的著作得到了莉莲·吉尔布雷斯（L. M. Gilbreth，1878—1972）创新思想的补充。在 1914 年出版的《管理心理学》一书中，吉尔布雷斯就想把早期的心理学概念应用到科学管理实践中去，她关心工作中人的因素。[4]她强调，在应用科学管理原理时，必须首先看到工人，并且要了解他们的个性和需要，工人产生很多的不满并不是因为工作的单调，而是因为管理人员对工人的关心不够。她首次提出"管理心理学"的概念，力图把早期心理学的概念应用到管理实践中去，但在当时并未引起人们足够的重视。

把心理学应用到管理方面的另一位重要的早期管理心理学学者是沃尔特·斯科特（W. D. Scott，1869—1955），他于 1900 年获得了心理学博士学位，写过许多关于把心理学概念应用于广告和市场销售方面的书，还写了一些关于有效地选拔人才等人事管理实务方面的著作。[5-6]

第一次世界大战期间，兵员选拔上的需要也推动了管理心理学的发展。各交战国为了有效地使用兵员资源，需要对应征入伍的大量兵员进行甄别和选拔，这有力地推动了心理学的人员测评研究。例如，当时美国就有很多心理学家被征召从事兵员的选拔工作。第一次世界大战后，心理学家设计的人事测评方法和技术很快就被应用于工业界，成为选拔工人的重要手段。此外，从 20 世纪 20 年代起，人们开始逐步认识到心理学在工作环境研究中的作用越来越重要，工业心理学开始兴起。这里所说的工业心理学是指以企业中的人—机关系、人际关系和人—工作环境关系为研究对象的学科。[7]管理心理学被看作是工业心理学的一个分支。

二、霍桑实验的影响

1927—1932 年，在西方电气公司的霍桑工厂从事著名实验的埃尔顿·梅奥（Elton Mayo，1880—1949）、罗特利斯伯格（F. J. Roethlisberger，1898—1974）和其他一些人对管理心理学的发展具有巨大影响。早在 1924—1927 年，美国国家研究委员会就与西方电气公司合作开展了一项研究，以确定照明和其他条件对工人和生产率的影响。他们发现，改变实验小组的照明度，无论是增强还是减弱，生产率都有提高。在研究人员打算宣布整个实验失败之际，哈佛大学的埃尔顿·梅奥却看出了某些不寻常的东西，便和罗特利斯伯格以及其他一些人继续进行研究。可是，改变实验小组照明度、改善休息时间、缩短工作日和变换有鼓励性的工资制度似乎都不能解释生产率变化的原因。于是梅奥和他的研究人员得出结论——必定有其他因素在起作用。他们认为，生产率的提高是一些社会因素在起作用，如士气、劳动集体成员之间满意的相互关系（一种归属感）以及有效的管理。这一类的管理工作要求管理者了解人的行为，特别是集体行为，并且通过这样一些人际之间的处事方法，如激励、劝导、领导和信息交流等方式开展管理工作。上述实验小组所出现的现象，基本上是由于实验小组受人"注意了"而引起的，这一现象被统称为"霍桑效应"。[8-11]

霍桑实验及早期人际关系学学者提出了许多关于组织中人的行为的概念，其中引人注目之处包括如下七个方面：① 企业组织不仅是一个技术—经济系统，而且是一个社会系统；② 个体不仅受经济奖励的激励，而且受各种不同的社会和心理的影响；③ 企业中存在着"非正式组织"；④ 强调"民主"而不是"独裁"的领导模式；⑤ 强调参与管理，重视在组织等级中的各层次之间建立有效的沟通渠道；⑥ 管理者不仅需要有效的技术才能，而且需要有效的社会才能；⑦ 组织成员都可以通过满足某种社会—心理需要来调动工作的积极性。

例证 1-1 ■ ■ ■

霍桑实验中的电话线圈装配工实验

电话线圈装配工实验是霍桑实验中最主要的一项，是为了研究非正式组织的行为、规范及其奖惩对工人生产率的影响而设计出来的一组实验，于 1931 年 11 月到 1932 年 5 月进行。这次实验选了 14 名男工在一间单独的观察室中进行。通过实验，研究者注意到的第一件事情是：工人们对"合理的日工作量"有明确的概念，而他们认为的"合理的日工作量"低于企业管理层拟订的产量标准。工人们认为，如果他们的产量超过了非正式定额，工资率就会降低，或者产量定额就会提高；如果他们的产量低于非正式定额，又会引起企业管理层的不满，所以他们就制定了这个非正式定额，并运用群体的压力使每个工人都遵循这个定额。对电话线圈装配工中社会关系分析的结果表明，在组织中存在着两个非正式群体。非正式群体有下面四条不成文的纪律：① 你不应该干活过多；② 你不应该干活过少；③ 你不应该向监工报告任何有损于同伴的事；④ 你不应该对同伴保持疏远的态度或者好管闲事。

三、管理心理学在我国的发展

我国古代就有丰富的管理心理学思想。例如，春秋末年，军事家孙武在《孙子兵法》一书中就写道："道者，令民与上同意也。可以与之死，可以与之生，而不畏危。"孙武强调领导与下属之间意愿协调一致的重要性，这在今天看来也是十分重要的管理心理学原则。我国古代的管理哲学思想充分反映在关于人性的争论上。荀子认为："今人之性，饥而欲饱，寒而欲暖，劳而欲休，此人之情性也。"（《荀子·性恶》）孟子则认为："人性之善也，犹水之就下也。"我国古代管理心理学思想已经受到管理心理学学者的广泛重视，我国的有关古籍也成了一些国家培养管理人员的必读书目。虽然我国传统文化蕴含着丰富的管理心理学思想，但这些思想基本上停留在经验和朴素的认识上。

20 世纪初，在泰勒引导的科学管理运动和芒斯特伯格倡导的工业心理学的作用下产生了管理心理学，并在梅奥的"霍桑实验"推进下不断发展。到了 20 世纪 60 年代，在长时间的探索和发展中，管理心理学作为一门正式的独立学科，逐渐应用于现代企业管理中。直到 20 世纪 70 年代末，我国转向以经济建设为中心，工业部门感到需要运用心理学的知识调动企业管理者和职工的积极性，心理学界也感到需要开展有关生产管理中的心理学问题的研究，正是在这种改革和开放的形势下，管理心理学才逐步得到发展。1980 年，中国心理学会工业心理专业委员会的成立，标志着中国管理心理学的起步。1985 年成立的中国行为科学学会，实际上就是管理心理学学会。迄今为止，各省（区、市）基本上都成立了行为科学学会。

从 20 世纪 80 年代开始，我国有两个工业心理学的专门研究机构从事管理心理学的研究。一个是中国科学院心理研究所社会经济与心理行为研究中心（原名为工业心理研究室），另一个是浙江大学心理与行为科学学院（前身为杭州大学心理学系），它们均为博士学位授予单位。20 世纪 90 年代之后，随着我国人力资源管理热的兴起，全国许多高校的管理学院教师开始从事管理心理学的教学和研究，一批硕士生和博士生也以管理心理学领域的问题作为学位论文的课题。从 20 世纪 80 年代起，我国翻译出版了一批在国外较有影响力的著作，如薛恩（Shein）的《组织心理学》[12]、马斯洛（Maslow）的《动机与人格》[13]、麦考密克（McCormick）和伊尔根（Ilgen）的《工业与组织心理学》[14]、罗宾斯和贾奇的《组织行为学》[15]以及一些以"管理心理学"和"组织行为学"命名的其他著作。1985 年，卢盛忠编写的《管理心理学》[16]出版了，这是第一部由我国学者编写的管理心理学著作。随后，我国又出版了许多关于管理心理学和组织行为学的著作。其中，比较有影响的有俞文钊的《管理心理学》[17]、陈立的《工业管理心理学》[18]、徐联仓和陈龙的《管理心理学》[19]以及王重鸣的《劳动人事心理学》[20]等。据不完全统计，目前"管理心理学"著作有三百余种。目前，管理心理学主要研究两方面的内容：一方面研究领导行为、领导风格、管理决策、组织变革与发展、团队建设、沟通、激励和跨文化管理理论问题；另一方面，从个体差异的角度研究职务分析、人员选拔、培训、工作态度与价值取向、绩效评价和薪酬分配等方面的相关理论和方法。然而，与西方发达国家特别是美国相比，我国在管理心理学领域的从业人员数量、成果的数量和创新性、社会影响等方面仍存在一定的差距。

第二节　管理心理学的概念、作用、研究方法与模型

管理心理学的新发展是组织行为学，它们既有一致性，也存在一定的差别。

一、管理心理学的内涵

关于管理心理学的定义有很多，本书采用美国学者罗宾斯（2016）的定义。[15]他认为，管理心理学是一个研究领域，探讨个体、群体以及结构对组织内部行为的影响，目的是应用这些知识改善组织绩效。与管理心理学密切相关的学科有管理学（包括人力资源管理学、组织管理学）、行为科学（包括心理学、社会学、人类学）、社会科学（包括政治学、经济学、伦理学），如表 1-1 所示。

表 1-1　与管理心理学密切相关的学科

学　　科	具 体 学 科	主要涉及研究领域
管理学	人力资源管理学	培训与开发、绩效管理、员工招聘与选拔、薪酬管理、劳资关系
	组织管理学	组织理论、组织技术、组织变革、组织文化
行为科学	心理学	激励、领导、知觉、个性、个体决策、工作满意度、态度、工作压力、工作设计

续表

学 科	具 体 学 科	主要涉及研究领域
行为科学	社会学	群体动力、群体行为、团队建设、沟通、行为改变、态度改变、群体决策
	人类学	价值观比较、态度比较、跨文化研究、组织文化、组织环境
社会科学	政治学	冲突、组织内权力与政治
	经济学	消费者心理、外部性问题内部化
	伦理学	激励、领导、沟通的伦理问题

　　管理心理学研究的问题既有一贯的核心问题，也有一些热点问题。在21世纪，管理心理学研究需要应对经济社会转型中的组织变革与发展、人力资源开发与管理、经济心理与国家金融安全、组织文化与学习模式、工作方式变化等问题[21]。以下三个方面的问题一直是管理心理学研究的核心问题。

　　（1）人与工作、组织和环境的匹配问题。早期的管理心理学学者主要研究人与工作、职业的匹配，管理心理学的研究已从过去的人如何适应机器向机器怎样适合于人转变。近年来，管理心理学学者开始注意研究人与组织、环境的匹配问题，其研究结论为人力资源的招聘和选拔、绩效管理提供了坚实的理论基础。

　　（2）激励问题。过去曾产生了内容学派、过程学派和强化学派等有关激励的理论。此外，与激励问题密切相关的研究是有关工作承诺的研究，主要从工作价值观、职业发展、工作责任心、组织认同和对社会的态度等方面进行研究。近几年新兴的阿米巴经营管理，倡导"以心为本"的理念，把关心员工放在重要位置，真诚对待员工，尊重员工的利益，使员工在企业的发展中得到物质和精神双方面的收获，让员工像老板一样思考、决策和行动，学会自主经营，从而达到最大的激励效果。

　　（3）领导科学问题。领导科学主要研究了领导者的个体素质、领导行为、思维方式、实践经验以及领导方法等与领导力和领导效能相关的问题。领导在组织变革和发展中的作用日益受到重视。

　　管理心理学通过对动机管理、认知管理、情绪管理、行为管理、组织管理等方面的研究，对人的动机和激励理论、人的认知思维与决策、群体意识和管理、情绪劳动与管理、领导行为和决策方法、组织气氛管理和组织变革发展等方面进行梳理，从而指导实践。[22]近年来，国际心理学界开辟了心理学研究的新领域——积极心理学，该学科主要研究人类心理的积极状态和良好品质对行为和工作效率的影响等，研究成果可用于员工的心理管理、心理激励，也可用于人类的自我激励。本书将在本章第三节对积极心理学在管理中的应用，即积极管理心理学做进一步的介绍。

二、管理心理学与组织行为学的联系与区别

　　从研究目的、对象、内容和理论来源方面来看，组织行为学与管理心理学有着密切的联系。许多人，尤其是西方的一些学者认为，组织行为学就是管理心理学，但二者其实又略有不同[23-24]。正如华东师范大学心理学教授俞文钊在接受采访时所说："在西方，管理心理学与组织行为学是一致的。管理心理学侧重从心理方面进行研究，组织行为学

研究一定组织中人的行为，必然要以心理为基础。它们是一致的，但名字不同、侧重点不同、背景有差异。可以发挥各自的优势，从不同的角度进行研究，达到同一个目的。可以殊途同归，应该互相结合，不应该有门户之见。"（《行为科学》1992 年第 5 期第 1 页）

（一）管理心理学与组织行为学的联系

从组织行为学的发展来看，组织行为学可以看作是管理心理学的新发展。管理心理学与组织行为学在研究的目的、对象、内容和理论来源方面是一致的。具体表现在如下四个方面。

（1）研究的目的相同。通过对组织中人的心理与行为的研究，揭示其规律，并以此规律指导个体、群体或组织的行为，达到组织的预期目标。

（2）研究的对象一致。管理心理学和组织行为学都把心理与行为作为自己的研究对象。当管理心理学研究管理过程中人的心理特点及其规律时，不可能不涉及人的行为；当组织行为学研究一定组织中人的行为特点及其规律时，不可能不涉及人的心理。

（3）研究的内容大同小异。管理心理学与组织行为学的内容构架基本相同，如个体问题、群体问题、激励问题、领导问题、组织文化与变革问题等。

（4）很多理论来源相同。虽然组织行为学的理论来源比较广，但很多理论来源与管理心理学的理论来源相同，如心理学、社会学、人类学、教育学、生理学。其中，心理学是一门主要学科。

（二）管理心理学与组织行为学的区别

虽说管理心理学与组织行为学在诸多方面相一致，都是边缘学科和应用学科，很多学者也容易将两者混同起来，但它们还存在一些差别，表 1-2 对这些差别做出了比较。管理心理学与组织行为学的主要区别在于研究对象的不同，前者的研究对象是指组织中人的心理（包括外在、可观测、可变的行为，也包括内在、不可观测、不可变的行为，如思维、本能），而后者的研究对象是指组织中人的外在、可观测、可变的行为。由此决定了管理心理学的研究成果显得比较抽象、隐晦和理论化，而组织行为学的研究成果更为具体、直观、实用。

表 1-2　管理心理学与组织行为学的比较

项　　目	管理心理学	组织行为学
研究对象	管理过程中各层次人员的心理（感觉、知觉、记忆、思维、情绪、意志、气质、性格等心理现象的总称）	一定组织中人的行为（指外在的活动、动作、运动、反应或行动）
理论基础	心理学、社会学、经济学、教育学、管理学、生理学等	社会科学、行为科学、管理科学、自然科学等
学科性质	心理科学	行为科学
形成背景	莉莲·吉尔布雷斯《管理心理学》（1914）首次使用"管理心理学"一词；20 世纪 20 年代和 30 年代，工业心理学与人际关系学说的发展；莱维特出版专著《管理心理学》（Leavitt，1958），管理心理学成为独立学科	1949 年，"行为科学"一词出现，1953 年正式命名；20 世纪 60 年代末，开始形成组织行为学；20 世纪 80 年代，组织行为学分为宏观组织行为学和微观组织行为学

三、学习和研究管理心理学的作用

学习和研究管理心理学主要有如下六个方面的作用。

（一）有助于强化人性化管理意识，充分调动员工的工作积极性

霍桑实验是管理心理学发展史上的一个经典实验，它告诉我们，员工除了物质需求外，还有社会、心理和精神需求，而后者对提高生产效率的作用更为显著。管理心理学的研究正是沿着这种理念和思路，重视对员工工作积极性即激励问题的研究，以充分调动员工的积极性、主动性和创造性的。通过学习和研究管理心理学，能够增进我们对人类本性和行为的了解，认识到通过人性化管理满足员工的社会、心理和精神需求的重要性；能够帮助我们掌握相关的激励理论并灵活运用到实际生活、学习、家庭教育和工作中，以调动自己以及周边人的积极性。

（二）有助于合理选拔和使用人才，做好职业生涯规划

做到知己知彼和掌握相应的方法是学习和研究管理心理学的重要目标。通过学习和研究相关的人格心理学理论和心理测试，能够帮助自己和他人更好地了解需要、动机、兴趣、理想、信念、世界观、气质、性格和能力。同时，通过学习和研究管理心理学，能够帮助我们掌握"人—工作—组织匹配"的理念和方法，有助于我们合理地选拔和使用人才，也有助于我们能够根据组织需要做好个人的职业生涯规划。

（三）有助于改善管理沟通，增强团队的凝聚力

通过学习和研究管理心理学，能够增进我们对个体、群体、团队的性质和特点的认识，帮助我们了解和掌握人际沟通和组织沟通的理论和技能，帮助我们掌握人际冲突处理的策略和方法，运用正式和非正式渠道改善管理沟通。同时，能够帮助我们了解和掌握高绩效团队的特点和建设方法，以增强团队的凝聚力和战斗力。

（四）有助于提高领导能力和水平

通过学习和研究管理心理学，能够增进我们对领导素质的了解，提高对领导力和领导理论的认识，运用科学的领导理论和方法，指导对领导风格和行为的选取和改进，进而提高领导能力和水平。同时，通过学习和研究管理心理学，能够增进我们对领导者和被领导者的互动关系的认识，可以利用这些知识（如心理契约）来改善领导者和被领导者之间的关系。

（五）有助于促进组织变革和发展

通过学习和研究管理心理学，能够增进我们对组织、组织设计、组织文化、组织政治、组织变革与发展的特点和规律的认识，这些知识可以帮助我们在组织变革中寻求助力，克服阻力，面对组织变革和发展中的问题，运用组织发展的方法和技术，促进组织的发展。

（六）有助于积极心理品质和能力的开发及有效管理

通过学习和研究管理心理学，能够增进我们对积极心理品质（如责任心、乐观、恢

复力）的认识和辨别能力，有效地对这些积极心理品质进行测量、开发和管理。这些积极心理品质的开发和提升有助于提高员工的工作绩效，促进他们的身心健康。

例证 1-2

苏黎世联邦工业大学为毕业生开设应急管理心理学课程

在大部分专业中，学生几乎都没有接触过管理方面的课程。然而，当他们走上工作岗位后，就会立即面临人际关系、集体协作、交流技巧、处理压力等诸多问题。为了给学生们提供最低限度的"进入准备"，苏黎世联邦工业大学开设了一系列管理心理学方面的强化、应急课程。其主要内容涉及时间及压力管理、不同的管理风格、交际技巧、有感召力的公开演讲、顾客关注焦点及高质量服务、谈判技巧和艺术、冲突处理等方面。每个专题强化教学班的人数不超过 12 人，除要求学生了解重要的原理外，特别强调能够立刻应用。为此，课程设计了大量的实践练习、情景练习，并配有相应的教材。这一短期应急课程对所有专业即将毕业的学生开放。多年来的实践证明，这一做法的确是行之有效的。

四、管理心理学的研究方法与模型

管理心理学是对组织管理活动中人的行为规律及心理活动进行研究的学科[25]。由于它的研究对象是人，而人的行为和心理具有复杂性，因此管理心理学的研究方法也多种多样，如实验法、案例分析法等。问题的性质不同，研究的方法也不一样，选择何种方法，通常取决于研究所提出的任务。

（一）研究方法

传统管理心理学学者关心的是组织理论内部的逻辑一致性，即设法保证得出的结论是从一系列数据中合乎逻辑地推衍出来的。在大多数情况下，这些数据来自实验室实验，而不是来自现实的组织及其行为。20 世纪 30 年代至 70 年代末，这种实验室研究方法在管理心理研究中颇为盛行，但到了 70 年代末和 80 年代初，管理心理学以实验室实验为基础的传统方法论体系受到质疑和挑战，人们认为这种方法得出的结论并不适合现实的组织，理论脱离实际，由此引发管理心理学研究方法转向了外部有用性的体系。这种以现实有效性为基础的研究方法面向现实的组织，强调研究的现实意义，发展一种直接与现实组织相联系的概念模型和研究方法。具体研究方法除了实验室实验或现场实验等传统方法外，还包括案例分析法、观察法、研究者与实践者相互参与的准实验方法、现场研究法、测验法等。下面主要对实验法、案例分析法、现场研究法、测验法分别加以介绍。

1. 实验法

这是研究者有目的地在严格控制的环境中或创造具有一定条件的环境，诱发被试者产生某种心理现象或行为，以研究人的心理活动规律和行为规律的一种方法。按实验地点的性质可分为实验室实验法和现场实验法。

实验室实验法是在专门的实验室内，运用一定的仪器和设备严格地控制实验条件，以研究心理现象的方法，其优点是能够严格控制各种无关变量对实验结果的影响，缺点是具有很强的人为色彩，与实际情境相差较远，因此不宜用于研究比较复杂的社会活动。[26]

目前，人们比较多地使用现场实验法。现场实验法主要有如下三个步骤：① 进行实验设计，主要包括明确研究目的和假设，确定研究对象，并将其分为实验组和控制组，拟订实验程序；② 进行实验，主要观察和收集由自变量引发的心理现象（因变量）等方面的数据；③ 对从实验组和控制组获得的有关数据进行统计分析，得出结论，并写出实验报告。

2. 案例分析法

案例分析法是对个案或组织进行研究。个案分析法又称经验总结法，是根据实际工作者的经验，用管理心理学的理论和知识进行归纳，使之科学化，总结后再加以推广的一种研究方法；而组织案例分析法是对一个组织进行详尽分析，将若干案例比较后得出一般性结论，这种方法在于认识和描述不同组织结构中的基本相同点，对这些相同点的收集和分析可以产生一些能够作为预测未来发展的工具，应用于其他类似的或可比较情景，从而得出一般结论。

3. 现场研究法

现场研究是在现有组织的环境范围之内进行的研究，通常与实际工作者合作共同完成。现场研究所用资料包括观察者记录的组织成员的行为、组织成员填写的问卷、谈话记录或录音、书面文件、各种有关产量和质量的报表等。

现场研究也包括研究者出于研究目的的挂职行为。研究者以某一层次的真正管理者的身份出现，参与企业的某些实际管理过程，从而在管理一线获得机会超前识别并解决管理过程中的管理心理问题。

4. 测验法

上述各种方法都有可能要结合使用测验法，测验法即采用标准化的心理量表或精密的测量仪器测量被试者有关心理品质的一种方法。运用测验法需要用标准化的测验工具，这些用文字或图形等表达内容的测验工具称为"量表"。在管理心理学研究中，许多心理学量表被采用。测验法在时间和经济上都比较合理，通常情况下，测试结果还可用于探求个体、群体和组织心理之间的关系。从目前国际流行的实证研究方法来看，许多变量需要通过具有一定信度和效度的量表加以测量。

例证 1-3

Diener 的生活满意度量表[27]

Diener 的生活满意度量表是在 1980 年设计的，被全世界研究人员广泛使用。该表的 Cronbach 信度为 0.87。表中有以下五项，被试者通过以下五点陈述进行自我评估，可以得出个人的生活满意度水平。每项分值为 1 分（完全不同意）～7 分（完全同意）。

（1）在多数情况下，我觉得我的生活和我理想的状况是一样的。

（2）我的生活状况太完美了。

（3）我对我的生活很满意。

（4）迄今为止，我已经得到我在生活中想要得到的最重要的东西。

（5）如果我的生命可以重新来过，我什么都不想改变。

如前所述，管理心理学研究的主导方法是量的研究的实验法、问卷调查法、测量法、统计模型法等，并长期处于统治地位。近年来，管理心理学研究方法的发展出现了两个重要变化：一是随着对人类心理活动脑机制研究的进展，采用神经科学的 PET、MEG、SPECT 等技术来阐释人类管理心理活动神经机制；二是质的研究方法开始引起管理心理学学者的兴趣。质的研究主要包括非反应性研究、观察研究、鉴赏学研究、社区研究、民族学研究、人类种族学研究、人类学生活史研究、微观民族志、交流民族志、常人方法学、谈话分析、现象学、后结构主义、新闻调查、传记研究、历史研究、口语史研究、文学批评、哲学研究、内容分析等。[28]

（二）一般模型

管理心理学在三个层面上研究一定组织中人的心理和行为：① 个体水平，主要研究个性特征、知觉、价值观和态度以及能力对个体行为的影响；② 群体水平，主要研究沟通模式、领导方式、权力和政治、群体间关系和冲突水平如何影响个体和群体行为；③ 组织水平，主要从正式组织的设计、技术和工作过程、组织文化、工作压力水平等对个体、群体和管理心理的影响。个体、群体和组织的心理和行为的结果总是通过特定的外部有效性表现出来，从而显示出心理和行为（自变量）与行为有效性（因变量）之间的某种因果关系。自变量有时通过中间/中介变量影响因变量。

中介变量是自变量对因变量发生影响的中介，是自变量对因变量产生影响的实质性的、内在的原因，通俗地讲，就是自变量通过中介变量对因变量产生作用[29][30]。例如，为揭示下属心理资本在提升领导力有效性机制中的作用，研究发现：下属心理资本是战略领导力与下属工作绩效的中介变量，也就是说，战略领导力是通过下属心理资本对工作绩效产生影响的[31]。研究也发现自我效能感是外界应激源与职业紧张的重要中介变量，即同样的外界应激源对于自我效能感低的员工，造成的职业紧张更为严重[32]。

需要注意的是，中介变量与调节变量、控制变量的概念常常容易被混淆。中介变量是自变量对因变量产生作用的中间条件，而调节变量则是指因变量与自变量的关系受到第三个变量，即调节变量的作用，它影响了因变量与自变量之间关系的方向和强弱[33]。控制变量也被称为额外相关变量、无关变量，是实验中除自变量以外对因变量有影响的变量[34]。

因变量是研究者从自变量出发想要进行解释或预测的变量或主要因素[35]。早期管理心理学研究的因变量有生产率、流动率、缺勤率和工作满意度，随着知识经济的发展，工作绩效（Job Performance）、组织承诺（Organizational Commitment）、管理压力（Managerial Stress）等也开始成为管理心理学研究的热点。

根据哈克曼对行为有效性的研究[36]，如果以下三个标准得到满足，就可以说个体、群体或组织在有效地从事工作：① 组织的产出（产品或服务）超过那些接受、评价或使用这种产出的个体或群体所需要的最低质量或数量标准；② 从事目前工作的经历有助于提高组织进一步完成新工作的能力；③ 组织中的人在本组织中工作所获得的经验有利于他们自身的成长和满足程度的提高。

表现上述行为有效性的比较常见的指标有：① 效果（Effectiveness）；② 效率（Efficiency）；③ 缺勤（Absenteeism）；④ 离职（Dimission）；⑤ 工作满意度（Job Satisfaction）。效果和效率是两个不同的概念，前者是指方向、目标正确，做正确的事；后者是指快速地实现目标，正确地做事，少走弯路。管理心理学模型的作用就在于通过定量的数学方法揭示个体、群体或组织的心理和行为及其行为有效性之间的相互关系（如相关关系或者因果关系）。

第三节 积极管理心理学

积极心理学是 20 世纪末在西方心理学界兴起的一股重要的心理学力量，最早是由美国的心理学家塞利格曼和希克珍特米哈伊（Seligman & Csikszentmihalyi，2000）提出来的[37]，主张心理学研究的重点要从人们实际的、潜在的、具有建设性的力量和美德出发，倡导用一种积极的方式来对人的心理现象做出新的诠释，从而激发人内在的积极的力量和优秀的品质，并在这个过程中寻求帮助人们最大限度地挖掘自身的潜力并获得幸福的途径。

一、积极管理心理学概述

（一）积极心理学的基本概念

1. 什么是积极心理学

"积极"一词是源自日语的汉语外来词，而日语中该词则是意译自英语 positive，含有"肯定的"和"正面的"意义。在心理学中，指每个人实际的和潜在的能力。希顿（K. M. Sheldon）和劳拉·金（Laura King）对积极心理学的定义如下：积极心理学是致力于研究人的发展潜力和美德等积极品质的一门学科[38-39]。换句话说，积极心理学就是利用心理学目前已经比较完善和有效的实验方法与测量手段来研究人类力量和美德等积极品质的一种心理学思潮。

2. 积极心理学的研究领域

目前积极心理学的研究领域主要集中在三大方向：主观层面上的积极情绪体验研究、个人层面上的积极的人格特质研究以及群体层面上的积极的社会支持系统研究。

（1）积极情绪体验。这个层面主要研究人的积极情绪体验对自身情绪以及行为的影响。B. L. Fredrick 提出了"拓展—建构"（Broaden-and-Build）理论，其研究表明，人类的各种积极情绪并不是截然分开的，而是具有高度的相关性和一致性，往往在体验到一种积极情绪的同时也会体验到其他的积极情绪[40]。看起来相对离散的积极情绪会增强个体瞬间的思想和行动能力，并对指导自己思想和行动的心理资源有长远的影响。

（2）积极的人格特质。人格是一个复杂的组织，人格的形成受遗传因素和后天的各种生活经验的影响，它在日常生活中支持着个体的认知、情感和行为。积极心理学的人格理论被称为积极人格理论，积极人格理论认为，个体没有心理疾病或任何人格问题并不一定意味着具有良好人格。所谓积极人格，是指个体能在生活中不断地主动追求幸福并时时体验到这种幸福，同时又能使自己的能力和潜力得到充分的发挥。

例证　1-4

杰克·韦尔奇的积极人格特质[41]

被人们称为"全球第一CEO"的美国通用电气公司前首席执行官杰克·韦尔奇曾有句名言："所有的管理都是围绕'自信'展开的。"韦尔奇的积极人格特质——自信，与他所受的家庭教育是分不开的。韦尔奇的母亲对他的关心主要体现在培养他的自信心上。韦尔奇从小就患有口吃，说话口齿不清，因此经常闹笑话。韦尔奇的母亲想方设法地将儿子的这个缺陷转变为一种对他的激励。她常对韦尔奇说："这是因为你太聪明，没有任何一个人的舌头可以跟得上你这样聪明的脑袋。"于是从小到大，韦尔奇从未对自己的口吃有过丝毫的忧虑，因为他从心底相信母亲的话：他的大脑比别人的舌头转得快。在母亲的鼓励下，口吃的毛病并没有阻碍韦尔奇的学业与事业的发展，而且注意到他这个缺陷的人大都对他产生了某种敬意，因为他竟能克服这个缺陷，在商界出类拔萃。美国全国广播公司新闻部总裁迈克尔就十分敬佩韦尔奇，他甚至开玩笑说："杰克真有力量，真有效率，我恨不得自己也口吃。"

（3）积极的社会支持系统。从积极心理学主要的三个研究方面来看，个体增加自身的积极体验会有利于其形成积极人格，而积极人格一旦形成，个体也将有可能体验到更多的积极体验。而在这一过程中，外在的环境系统也是一个不可缺少的必要条件。因此，创造一个积极的社会支持系统对个体获得积极体验和形成积极人格也十分重要。积极心理学把那种能够促使个体获得更多积极体验并易于个体形成积极人格的环境系统称为积极的社会支持系统。

（二）积极管理心理学的概念

管理心理学研究者们早在霍桑实验时代就认识到了员工的积极感受与绩效之间的关系。多年来，管理心理学学者发现积极的帮助、正面的影响、员工积极的态度、幽默感均对绩效有显著影响。但尽管如此，管理心理学的研究重点仍然放在对员工的负面障碍的解决问题上，如研究如何更有效地解决冲突、压力和工作倦怠的问题，如何改进不良的态度对组织变革的抵制，如何激励那些处于边缘状态的、缺乏工作动力的员工等。

美国心理学会前主席Seligman在1998年的美国心理学会年会上明确提出，过去心理学研究对人的积极品质和积极力量不够重视，积极心理学应该成为21世纪心理学研究的重点，自此拉开了积极心理学运动的序幕。受积极心理学理论的影响，路桑斯（Luthans，2002）提出了积极管理心理学的概念。

路桑斯将积极管理心理学定义为：为提高工作绩效，对心智、能力进行测量、开发及有效的管理，并以员工的积极活力为导向的应用学科。

积极管理心理学主要关注对那些导向积极的，能够被有效测量、开发和管理并与高绩效相关的心理资源或要素的研究和应用。它强调对人类心理优势的开发与管理，将研究重点放在了如何采取积极的方法和怎样发挥组织成员优势以提高组织的绩效水平上。

在积极管理心理学研究实践中，关于自我效能感（自信）、希望、乐观、主观幸福感和韧性（复原与超越）等积极心理要素的研究最具有代表性，如表 1-3 所示。

表 1-3　典型的五种积极心理要素

积极心理要素	内　涵	名　人　名　言
自我效能感	在特定情境下，为有效执行任务，个体对调动积极性、认知资源和开展行动方案的能力的信心	在真实的生命里，每桩伟业都由信心开始，并由信心跨出第一步——奥格斯特·冯·史勒格
希望	个体相信自己能够设置目标，想出实现目标的途径，并激励自己去实现目标的一种信念	这世上的一切都是借希望而完成的，农夫不会播下一粒玉米，如果他不曾希望它长成种子——马丁·路德·金
乐观	一种倾向于做积极结果预期和积极因果归因的认知特性	快乐不在于事情，而在于我们自己——理查德·瓦格纳
主观幸福感	人们关于自己生活的情感性和认知性的评价	幸福并不在于外在的原因，而是以我们对外界原因的态度为转移——列夫·托尔斯泰
韧性（复原与超越）	面对失去、困难或者逆境时的有效应对和适应能力	有了坚定的意志，就等于给双脚添了一对翅膀——乔·贝利

二、心理资本与积极心理品质提升

（一）心理资本的概念和维度

心理资本的概念最早出现在经济学、投资学和社会学等文献中。1997 年，经济学家 Goldsmith、Veum 和 Darity 给心理资本下的定义是一些能够影响个体生产率的个性特征。[42] 之后，越来越多的心理学家从不同角度来定义心理资本，本书采用路桑斯等人（2004）的定义。[7-8] 他们认为，心理资本是个体积极的心理发展状态，这种状态符合积极管理心理学的标准，能够通过有针对性地投入和开发而使个体获得竞争优势。与一般特质不同，心理资本是一种重要的个人积极心理能量，是个体在特定的情境下对待任务、绩效和成功的一种积极状态，对个体的认知过程、工作满意度和绩效均能产生显著的正向影响。心理资本强调个体的积极性和优点，关注的重点是个体的心理状态。另外，心理资本还具有投资和收益特性，可以通过对它的投资和开发来改善绩效，进而提升组织的竞争优势。

根据以上的定义和特点，路桑斯等人（2004）在对积极管理心理学研究成果进行归纳总结的基础上，提出心理资本的五个维度，即自我效能感、希望、乐观、主观幸福感

和韧性（复原与超越）。[43-44]

（二）心理资本的测量

目前，国外学者对于心理资本的测量研究较多，但由于对心理资本的内涵和结构的理解不同，测量工具的开发也各有差异。国内对于心理资本的测量研究主要集中在修订国外心理资本量表上，使之向本土化靠拢。如温磊和张玉柱等人（2009）对路桑斯的心理资本问卷（PCQ-24）进行了修订。[44]真正的本土化心理资本问卷的开发很少，目前主要有柯江林和孙健敏等人（2009）以组织雇员为测量对象的"本土心理资本量表"[45]，研究表明此量表具有良好的信度和效度。总体而言，心理资本作为优势心理能力的核心体，不仅应该加强对其本土化问卷的开发研究，而且也要扩展其研究领域，开发出适于不同人群的心理资本量表。

目前，适合心理资本的测量方式主要有以下三种。

（1）自我报告法：主要通过心理资本测量问卷来收集心理资本方面的资料，也可以采用实验法进行数据采集。

（2）观察法或专家评价法：通过第三方获得被评价者个体心理资本方面的资料。

（3）结果变量的测量：通过测量与心理资本相关的结果变量间接了解心理资本的状况。

（三）关键积极心理品质的提升

关键积极心理品质主要包括自我效能感、希望、乐观精神、幸福感、复原力。可以从以下五个方面提升员工的关键积极心理品质。

1．提升自我效能感

一方面，企业应该提供一切有利于员工工作成功的环境，使员工自我效能感的提升成为可能；另一方面，企业可以通过开展内部培训会等形式请受人尊敬的和有能力的人对员工进行暗示、评价或劝说，鼓励员工探索应对挑战的方式，使每个员工相信只要计划得当、时间安排合理，就一定能够实现目标，从而提高员工的自我效能感和必胜的信心。从员工的角度来讲，员工可以积累成功经验，也可以通过交流的方式分享他人的成功经验，主要是观察或观摩与自己背景和情形相似的人通过持续努力而获得的成功。

2．树立希望

企业应该建立目标导向的绩效管理。具体的、富有挑战性的、可衡量的组织目标和个人目标有利于员工主动将目标分解为容易管理和实现的阶段目标，而这种目标容易获得阶段性成功，从而有利于培育员工的希望水平。从员工的角度来讲，应该拓展策略性思维，确定实现工作目标的途径，明确在完成目标的过程中可能遇到的困难与障碍，并制订消除障碍的计划。在实施过程中，每个员工都会得到他人关于如何消除障碍或实现目标的建议，所以可以用这些信息来进一步完善其目标计划。通过这种树立希望的练习，员工实现目标的途径能在很大程度上得到扩展，这将有利于削弱障碍对员工心理造成的负面影响，从而保证员工在工作过程中具有明确的目标和较强的意志力。

3．培养乐观精神

企业应建立一种和谐、宽容的文化与氛围，时刻鼓励员工积极进取、不怕失败。同时，加强对员工的及时激励，让员工感受到自己的努力得到了承认与重视。另外，企业还应注重对员工职业生涯规划的培训，帮助员工更好地规划其职业生涯。从员工的角度来讲，可借鉴一些研究学者归纳出的以下三种培养乐观精神的方法：① 宽容过去，即学会重新组织和接受自己过去的失败、错误和挫折；② 欣赏现在，即感激和满足于当前生活中积极的一面；③ 为将来的进步和发展寻找机会，即将未来的不确定性视为发展和取得进步的机会，并以积极、自信和欢迎的态度来应对。

例证 1-5

丰田公司的"内幕"：文武之道，一张一弛[46]

丰田汽车工业公司在短短十几年的时间里，就从一个名不见经传的小企业成长为世界汽车行业的一大霸主。丰田的秘密是什么呢？它具有被别人形容为"把干毛巾再拧出一把水来"的企业精神，丰田公司的每位员工都把企业当作自己的家。员工之所以能全身心地投入，是因为丰富多彩的公司活动培育出了员工乐观敬业的精神。有人说，"丰田在两年内天天开运动会都不成问题""单是体育设施，就足够召开全国性的运动会"，其规模之大，让人羡慕。丰田公司积极号召职工参加运动部、会（25 个部、8 个同一爱好者会）和文化教育部、会（13 个部、32 个同一爱好者会），除活跃在日本联赛中的足球部外，橄榄球、排球、垒球、游泳、滑雪等部约有 1 000 名会员；围棋、日本象棋、纸牌、吹奏乐团、日本式古筝、吟诗和占卜学等文化教育部等约有 1 800 名会员。丰田的员工在体育娱乐之中放松了自我，培养了乐观、自信的精神，并在不知不觉中产生了强烈的工作动机，正所谓"文武之道，一张一弛"。

4. 提升幸福感

企业应该做到以人为本，实行情感管理。管理者必须尊重、理解和关心员工，充分信任员工，相信员工有能力、有潜力走向成功，给每一个员工提供发展的机会，充分发挥员工的潜能、发展员工的个性，真正体现员工在工作中的"主人"地位。积极心理学认为，只有当员工得到尊重、理解、关心和信任时，他们才能真正体验到工作的快乐，从而产生幸福感和满足感，最终实现企业的绩效目标。另外，管理者也应加强对员工日常生活和工作的关心，加强企业的内部沟通，建立和谐、温暖的工作氛围，满足员工职业归属的需要和自我实现的需要，从而提升员工的主观幸福感。从员工的角度来讲，员工应主动与他人建立和谐的人际关系，加强与他人的沟通，并积极主动地与他人交流自己工作上的问题，逐渐在企业中寻找到归属感和幸福感。

例证 1-6

西南航空公司 CEO 凯莱赫的人性化管理[47]

1973 年，凯莱赫在达拉斯组建了西南航空公司。凯莱赫一直注重对员工进行人性化管理，他认为管理者应对员工抱有积极、热情的态度。公司提出了很多创新方案，使员工与管理者融洽相处。例如，公司总部每周都组织郊外野餐，员工与凯莱赫一起庆祝公司取得的成就，还经常举行聚会，纪念公司历史上的标志性事件、祝贺某员工晋升等。凯莱赫的幽默感也是人尽皆知的，实际上，他坚持员工也应该有幽默感。在他的影响下，员工都会在飞行中穿着别出心裁的服装，给乘客讲笑话。对于凯莱赫的这种人性化管理，员工们也给予回报，他们高度热情地工作，参与加班飞行，超时超额地工作，以支持公司实现目标。

5. 增强复原力

企业可以让导师引导员工进行增强复原力的训练。首先，由导师要求员工将可利用的资源尽量完整地列举出来，同时及时补充其没有列出的资源，并要求员工尽可能地利用这些资源。其次，让员工尽可能地预测实现目标的过程中可能会遇到的障碍，并制订规避障碍的计划。最后，让员工对自己在面对逆境时可能产生的想法和情感进行批判性反思，并思考如何基于多种资源和选择，采取最合理的方法来克服逆境，最终达到目标。

当然，员工也可以通过"增加资源、规避风险、干预影响过程"的思路来提高自身的复原力。员工一方面要做好资源准备，并预测将会遇到的障碍，做好规避障碍的计划；另一方面要做好思想准备，培养不怕困难的精神，以积极的心态对待工作上的挑战。

 本章小结

➢ 管理心理学的发展历史共分为三个阶段：以泰勒为代表的经典科学管理理论阶段（1900—1927 年）；以霍桑实验开始的人际关系理论以及后来的 X—Y 理论阶段（1927—1965 年）；以权变态度和方法来看待人及其管理心理与行为的现阶段（1965 年至今）。

➢ 管理心理学是一个研究领域，它探讨个体、群体以及结构对组织内部行为的影响，以便应用这些知识来改善组织的绩效。

➢ 管理心理学与组织行为学既有联系，又有区别。

➢ 管理心理学有助于：（1）强化人性化管理意识，充分调动员工的工作积极性；（2）合理选拔和使用人才，做好职业生涯规划；（3）改善管理沟通，增强团队的凝聚力；（4）提高领导能力和水平；（5）促进组织变革和发展；（6）积极心理品质和能力的开发及有效管理。

➢ 管理心理学的一般模型是指个体、群体和组织心理和行为的结果总是通过特定的外部有效性表现出来，从而显示出心理和行为（自变量）与行为有效性（因变量）之间的某种因果关系。

➢ 管理心理学的研究方法包括实验法、案例分析法、现场研究法和测验法。近年来，神经科学技术和质的研究方法开始得到了应用。

➢ 路桑斯将积极管理心理学定义为：为提高工作绩效，对心智、能力进行测量、开发及有效的管理，并以员工的积极活力为导向的应用学科。

➢ 心理资本是指个体积极的心理发展状态，这种状态符合积极管理心理学的标准，能够通过有针对性地投入和开发而使个体获得竞争优势。

➢ 心理资本的五个维度：自我效能感、希望、乐观、主观幸福感和韧性（复原与超越）。

思考练习题

一、选择题

1. 霍桑实验中的访谈实验是为了研究（   ）。
   （1）员工满意度对生产效率的影响
   （2）访谈和关注对生产效率的影响
   （3）非正式群体对生产效率的影响
   （4）正式群体对生产效率的影响
2. 管理心理学研究方法中不属于量的研究的是（   ）。
   （1）测量法
   （2）问卷调查法
   （3）观察研究法
   （4）实验法

二、简答题

1. 简述管理心理学的概念。
2. 什么是管理心理学的一般模型？
3. 什么是积极管理心理学？

三、选择题

目的：本练习在于帮助学生认识管理心理学知识如何促进其对组织生活的理解。

指示：阅读下面每句陈述，并根据学生的看法对其正确与否画圈。全班讨论后，再由老师解释。

1. 是　　否　　快乐的员工的生产效率高。
2. 是　　否　　即使有迹象表明决策无效，但决策层仍会继续支持决策的实施。
3. 是　　否　　能够防止员工发生冲突的组织比较有效。
4. 是　　否　　个人谈判比小组谈判更好。
5. 是　　否　　有很强的企业文化的公司是最有效的。
6. 是　　否　　未经受压力的员工的工作绩效更佳。
7. 是　　否　　与男性领导相比，女性领导在做出决策时更喜欢其他员工的参与。
8. 是　　否　　大多数高层领导是 A 型行为类型者（即态度强硬、缺乏耐心、爱竞争、好发脾气，具有很强的时间紧迫感，说话很快）。
9. 是　　否　　当获得的报酬比与自己干活差不多的其他员工多时，员工通常会感到占了便宜，感到内疚。

心理测试

PCQ 心理资本问卷

下面有一些句子，描述了你目前是如何看待自己的。对于这些描述，请采用下面的量表判断你同意或者不同意的程度。

1 非常不同意	2 不同意	3 有点不同意	4 有点同意	5 同意	6 非常同意

1. 我相信自己能分析长远的问题，并找到解决方案。
2. 与管理层开会时，在陈述自己工作范围之内的事情方面，我很自信。
3. 我相信自己对公司战略的讨论有贡献。
4. 在我的工作范围内，我相信自己能够帮助公司设定目标/目的。
5. 我相信自己能够与公司外部的人（如供应商、客户）联系，并讨论问题。
6. 我相信自己能够向一群同事陈述信息。
7. 如果我发现自己在工作中陷入了困境，我能想出很多办法从中摆脱出来。
8. 目前，我在精力饱满地完成自己的工作目标。
9. 任何问题都有很多解决方法。
10. 目前，我认为自己在工作上相当成功。
11. 我能想出很多办法来实现我目前的工作目标。
12. 目前，我正在实现为自己设定的工作目标。
13. 在工作中遇到挫折时，我很难从中恢复过来，并继续前进。（R）
14. 在工作中，我无论如何都会去解决遇到的难题。
15. 在工作中即使不得不去做，我也能独立应战。
16. 我通常能对工作中的压力泰然处之。
17. 因为以前经历过很多磨难，所以我现在能挺过工作上的困难时期。
18. 在我目前的工作中，我感觉自己能同时处理很多事情。
19. 在工作中，当遇到不确定的事情时，我通常期盼最好的结果。
20. 如果某件事情会出错，即使我认真地工作，它也会出错。（R）
21. 对于自己的工作，我总是看到事情光明的一面。
22. 对于我的工作未来会发生什么，我是乐观的。
23. 在我目前的工作中，事情从来没有像我希望的那样发展过。（R）
24. 工作时，我总相信"黑暗的背后就是光明，不用悲观"。

注：R 代表该题需要反向计分，即 7 分减去原得分

该问卷为路桑斯开发的 PCQ 问卷[33]，此问卷每题最大值为 6 分，共 24 道题。整体

问卷总评分最大值为 144 分，问卷值越大，代表被访者的心理资本越高，越有助于其发挥工作上的主观积极性，更好地完成工作绩效，创造更多的工作价值。

此问卷在中国某大学的教师中做过测试[48]，样本数为 322 份，样本群体的平均心理资本值为 107.25，最小值为 51，最大值为 137，总体数据的众数是 117，中位数是 108。

 管理游戏

1-1 我的期望

在任何时候，只有知道对方到底想要什么，才能很好地做到有的放矢，更好地满足对方的需要，这个游戏就通过教师与学生之间的沟通说明了这一点。

参与人数：集体参与。

时间：10 分钟。

场地：室内。

道具：纸笔，"我的期望"卡。

应用：教学刚开始前的沟通与交流。

游戏规则和程序：

1. 给每一个学生发一张"我的期望"卡，给他们两分钟时间，让他们讲今天来这里上课的目的是什么，他们想要从这个课程里面得到什么。

2. 接下来让大家分享一下他们来这里的目的，选出最有代表性的问题等。

问题讨论：

1. 大家分享一下彼此来此学习的目的，这个游戏对于以后的教学有什么好处？

2. 这种方式还可以用在什么地方？

"我的期望"卡

姓名：_____

学号：_____

我的期望：

1. _____
2. _____
3. _____
4. _____
5. _____
6. _____
7. _____
8. _____

1-2　宏伟的蓝图

游戏目的：团队协调、分工合作、激发潜能。

游戏人数：不限。

游戏工具：白纸（50厘米×60厘米）、彩笔（12色，根据人数设定，以不等着用为宜）。

游戏规则和程序：

1. 将全体学生按每组5～8人分成若干组，每组发一张白纸。

2. 每组将对未来的想象用笔画在纸上，未来都用完整的河流及其地带的一部分表示。画画过程中，每组可派人适当沟通。

3. 所有组的画拼在一起要构成一条完整的河流及其地带。

问题讨论：

1. 分享活动中团队的合作过程（如解决冲突、协调、合作）。

2. 如何实现宏伟的蓝图？

案例分析

华为"最差奖大会"[49]

2000年9月1日，华为召开了一场特殊的"颁奖大会"，参加者是研发系统的几千名员工，几百名研发骨干被一个个点名到主席台"领奖"，奖品是几年来华为研发、生产过程中因工作不认真、测试不严格、盲目创新等人为因素导致的报废品，以及因不必要的失误导致的维修后的各种费用单据等。当时，每一个获奖者都面红耳赤，任正非要求获奖者要把"奖品"带回家，放在客厅最显眼的地方，每天都看一看。

这种场面隆重的"颁奖大会"在华为经常举行，目的就是揭犯错者的伤疤，将问题暴露出来，不遮遮掩掩，以唤起他们的耻辱心，增强其在今后工作中的责任心。任正非希望华为人撕破遮挡面子的面纱，让员工在批评与自我批评中进步，把危机的苗头扼杀于萌芽状态。为此，任正非指出："只要勇于自我批评，敢于向自己开炮，不掩盖产品及管理上存在的问题，我们就有希望保持业界的先进地位，就有希望向全世界提供服务。"

管理心理学认为，激励的最高境界是"自我激励"，也就是自己激励自己，每一位管理者都应该认清这一点。无论对员工进行奖励还是惩罚，最终目的都是让员工自己认识到自己所应承担的责任，并最终对此负责。换句话说，要通过外在的惩罚促成员工的内在奖惩，即自我奖惩。因此，一味地由管理者批评员工的错误，不如让员工自己认识到错误所在，从而达到自我激励的效果。

问题讨论：

1. 华为的做法是否与本章提出的积极管理心理学理念有冲突？

2. 请你阐述华为"最差奖大会"对员工可能产生哪些好与坏的影响？

 参考文献

[1] 李小勇. 100 个成功的人力资源管理[M]. 北京：机械工业出版社，2004.

[2] TAYLOR F W. Scientific management, comprising shop management: the principles of scientific management[M]. New York: Harper & Row, 1964.

[3] MÜNSTERBERG H. Psychology and industrial efficiency[M]. London: Constable, 1913.

[4] GILBRETH L M. The psychology of management: The function of the mind in determining, teaching, and installing methods of least waste[M]. Easton: Hive Pub. Co, 1980.

[5] SCOTT W D. The psychology of advertising: a simple exposition of the principles of psychology in their relation to successful advertising[M]. Boston: Small, Maynard, 1908.

[6] SCOTT W D. Personnel management: principles, practices, and point of view[M]. 6th ed. New York: McGraw-Hill, 1961.

[7] 朱祖祥. 工业心理学[M]. 杭州：浙江教育出版社，2001.

[8] MAYO E. The human problems of an industrial civilization[M]. New York: Viking Press, 1960.

[9] ROETHLISBERGER F J. Management and morale[M]. Cambridge, Mass.: Harvard University Press, 1941.

[10] ROETHLISBERGER F J, WILLIAM J DICKSON. Management and the worker: an account of a research program conducted by the western electric company[M]. Cambridge, Mass.: Harvard University Press, 1966.

[11] LEAVITT H J. Managerial psychology: an introduction to individuals, pairs, and groups in organizations[M]. Chicago: University of Chicago Press, 1958.

[12] 薛恩. 组织心理学[M]. 余凯成，译. 北京：经济管理出版社，1987.

[13] 马斯洛. 动机与人格[M]. 许金声，等，译. 北京：中国人民大学出版社，2005.

[14] 麦考密克，伊尔根. 工业与组织心理学[M]. 卢盛忠，译. 北京：科学出版社，1991.

[15] 斯蒂芬·罗宾斯，蒂莫西·贾奇. 组织行为学[M]. 孙健敏，王震，李原，译. 16 版. 北京：中国人民大学出版社，2016.

[16] 卢盛忠. 管理心理学[M]. 杭州：浙江教育出版社，1985.

[17] 俞文钊. 管理心理学[M]. 兰州：甘肃人民出版社，1988.

[18] 陈立. 工业管理心理学[M]. 上海：上海人民出版社，1988.

[19] 徐联仓，陈龙. 管理心理学[M]. 北京：光明日报出版社，1988.

[20] 王重鸣. 劳动人事心理学[M]. 杭州：浙江教育出版社，1988.

[21] 李永鑫. 中国管理心理学 25 年发展回顾与展望[J]. 华北水利水电学院学报（社

科版），2006，22（01）：10-15.

[22] 崔宁宁. 管理心理学在组织管理中的应用[J]. 化工管理，2016（04）：88-89.

[23] Eren E. Organizational behavior and management psychology[J]. Istanbul, Betaşyayınları, Extended, 2001.

[24] 张昱. 论组织行为学与管理心理学的区别和联系[J]. 中南财经大学学报，1994，2：115-122.

[25] 康婧，许恩友，颜悦，等. 管理心理学在人力资源管理中的应用[J]. 环球市场，2017，000（015）：111.

[26] 朱永新. 管理心理学[M]. 北京：高等教育出版社，2014.

[27] DIENER E, EMMOS R A, LARSEN R J. The satisfaction with life scale[J]. Journal of personality assessment, 1985, 49(01): 71-75.

[28] 王建新. 当代西方心理学研究新进展对我国管理心理学发展的影响[J]. 甘肃社会科学，2009（06）：245-248.

[29] 卢谢峰，韩立敏. 中介变量，调节变量与协变量[J]. 心理科学，2007，30（4）：934-936.

[30] Baron R M, Kenny D A. The Moderator-Mediator variable distinction in social psychological research: conceptual, strategic, and statistical considerations[J]. Journal of personality and social psychology, 1986, 51(6): 1173.

[31] 孟瑶，梁巧转，张晶，等. 战略领导力的核心构成对下属工作绩效影响的跨层级研究——积极组织行为学视角[J]. 软科学，2014（01）：76-80.

[32] 陆昌勤，方俐洛，凌文辁. 组织行为学中自我效能感研究的历史、现状与思考[D]. 北京：北京大学，2002.

[33] 温忠麟，侯杰泰，张雷. 调节效应与中介效应的比较和应用[J]. 心理学报，2005（2）：268-274.

[34] 郭秀艳，杨志良. 实验心理学[M]. 北京：人民教育出版社，2005.

[35] Kerlinger F N. Foundations of behavioral research[M]. 3rd ed. Fort Worth: Holt, Rinehart and Winston, Inc. 1986.

[36] HACKMAN J R. Doing research that is useful for theory and practice[M]. San Francisco: Tossey-Bass, 1983.

[37] SELIGMAN M E P, CSIKSZENTMIHALYI M. Positive psychology: an introduction[J]. American psychologist, 2000, 55(01): 5-14.

[38] 马甜语. 积极心理学：理念、视野及动向[J]. 赣南师范学院学报，2006，27（01）：30-34.

[39] 马甜语. 积极心理学及其应用的理论研究[D]. 长春：吉林大学，2009.

[40] FREDRICK B L. The role of positive emotions in positive psychology: the broaden and build theory of positive emotions[J]. American psychologist, 2001, 56(03): 218-226.

[41] 杰克·韦尔奇. 杰克·韦尔奇自传[M]. 曹彦博，译. 北京：中信出版社，2010.

[42] GOLDSMITH A H, VEUM J R, DARITY W. The impact of psychological and human capital on wages[J]. Economic inquiry, 1997, 35(4): 815-829.

[43] 路桑斯. 心理资本[M]. 李超平，译. 北京：中国轻工业出版社，2008.

[44] 温磊，七十三，张玉柱. 心理资本问卷的初步修订[J]. 中国临床心理学杂志，2009（02）：145-148.

[45] 柯江林，孙健敏，李永瑞. 心理资本：本土量表的开发及中西比较[J]. 心理学报，2009，41（09）：875-888.

[46] 代凯军. 管理案例博士点评[M]. 北京：中华工商联合出版社，2000.

[47] 王建华. 在欢声笑语中赚钱：美国西南航空公司总裁赫布·凯莱赫[J]. 思维与智慧，2001（10）：23-25.

[48] 赵正艳，臧维. BG 大学教师心理资本调查研究[J]. 商业时代，2005（27）：106-110.

[49] 孙科柳. 华为带队伍[M]. 北京：电子工业出版社，2014.

第二章
知觉、归因理论与个人决策

学习目标

➢ 了解知觉、知觉防御和错觉
➢ 掌握常见的人际知觉偏差
➢ 了解归因理论及归因分析
➢ 了解个人决策模型与风格

引例

人 物 印 象

照片上的这个人（见图 2-1）留给你的是什么印象？先自己想一想，然后看看其他人的评价。

一位研究者曾经做过这样一项研究：分别让两组大学生看完这张照片后，用文字写下他们各自的印象。其中一组被试学生的大体描述是自负、凶残、工于心计。从深陷的双眼可以看出其内心充满仇恨，性格冷酷无情，突出的下巴表明了他不达目的决不罢休的决心。另一组被试学生的描述是坚毅、智慧、进取、百折不挠，深陷的双眼表明他的思想具有深度，对探索未知世界充满热忱，突出的下巴表明他具有克服困难和无畏向前的决心。

图 2-1　人物印象

你一定觉得奇怪，为什么针对同一张照片形成的印象竟会有如此大的差异？原来，在试验之前，研究者向第一组被试学生介绍说，这是一名制造了多起恐怖活动的恐怖组织头目；而向第二组被试学生介绍说，这是 20 世纪一位伟大的心理学家。仅仅因为一句不同的介绍，就导致了人们对同一个人的印象产生如此大的差异！人们在做出判断和个人决策时究竟易受哪些因素的影响？是否存在一些特定的机制和规律？本章将对这些问题进行探讨。

人的行为的产生有赖于个体对其所在环境的理解和判断，而这种理解和判断是通过知觉作用产生的。人的知觉直接影响人的心理状态和行为。因此，在管理中要研究和预测人的行为，必须了解人的一般知觉过程及其规律，尤其是知觉在社会交往、归因和个人决策中的作用。

第一节 知 觉

知觉（Perception）必须建立在感觉的基础之上，但又与感觉不同，它是对事物各种属性的综合反映。

一、知觉的概念和特征

知觉是个体为了对自己所在的环境赋予意义而解释感觉印象的过程。知觉和感觉的区别在于感觉是对于对象个别属性（如颜色、气味、外观等）的反映，而知觉则是对于对象的各种不同属性的总和以及它们之间相互联系的反映。感觉是知觉的基础。

知觉有如下四个基本特征。

（一）整体性

知觉的整体性是指根据知觉对象的特点将其感知为具有一定结构的整体形象。就对象的特点来说，制约知觉整体性的因素有连续、接近、封闭、相似等。

（1）连续性规律：将对象看成是有连续性的事物的倾向，如将图2-2看成是一条连续曲线。

（2）接近性规律：空间上彼此接近的部分易被作为整体来感知，如将图2-3看成是由（a）和（b）两部分组成的。

图2-2 知觉连续性   图2-3 知觉接近性

（3）封闭性规律：视野中封闭的曲线容易组成图形，如将图2-4看成是封闭的区域。

（4）相似性规律：视野中相似的部分容易组成图形，如将图2-5中"×"归为一类，将"○"归为另一类，竖着往下看比横着看觉得舒服一些。

图2-4 知觉封闭性   图2-5 知觉相似性

（二）相对性

知觉的相对性是指根据事物之间的相对关系进行反应。图形与背景之间的关系就是知觉的相对性的典型表现。如图 2-6 所示，当将白色当图形、黑色当背景时，我们看到一个花瓶；当将黑色当图形、白色当背景时，则可看到两张侧脸。

图 2-6　图形与背景的关系

（三）理解性

知觉的理解性是指以过去的知识经验为依据，力求对知觉对象做出某种解释，使其具有某种意义。图 2-6 中，大脑或将其解释为黑色背景上的白色花瓶，或解释为白色背景上的两个侧面人像。这种理解随时存在，但又不能同时获得。

（四）恒常性

知觉的恒常性是指知觉条件发生变化时，知觉映像仍保持不变，包括知觉对象的亮度、形体、大小、颜色等方面的恒常性。如无论是强光下还是阴暗处，我们总是把煤看成黑色，把雪看成白色，实际上，强光下煤的反射光亮远远大于暗光下雪的反射光亮，这就是亮度恒常性。人通过听知觉、味知觉、嗅知觉、触知觉以及经验，保持相对不变的心理倾向。知觉的恒常性使人们在环境发生变化时，仍然能够正确地认识客观世界。

二、影响知觉的因素

影响知觉的因素包括知觉者、知觉对象和情景。

（一）知觉者

知觉者因素包括知觉者的态度、价值观、动机、需要、兴趣、经验、期望、个性特点。有不少实验表明，知觉结果受知觉者的生理、需要、动机和过去经验的影响。

例证　2-1

关 注 点

让 23 个经理人员（财务、销售、技术人员、后勤等）阅读一份介绍一家钢铁厂全面情况的材料，阅读后要求他们写出各自认为最主要的问题。这 23 个经理人员中，有 6 个负责销售，5 个负责生产，4 个负责财务，8 个负责其他部门，结果每个人所写的主要问题都是与自己业务有关的问题，而不反映这家工厂的全貌。这种只见树木不见森林的现象常常导致不同部门之间相互指责[1]。

一家皮具生产企业出了问题，要寻找问题的根源，要求各部门的主管参加讨论：问题到底出在哪里？开发、销售、财务、生产、行政、人力资源的管理人员各有说法，开发部主管说生产部门不按设计的样品来做，生产出来的产品达不到设计要求标准的 50%；

采购部主管说开发部开发的新产品的材料很难找，只能将就改换别的替换材料；销售部主管说生产出来的产品品质不那么好；生产部主管说采购部供给材料不及时，导致生产工人有时无法开工，有时又要加班，诸如此类，结果搞得大家相互指责，相互推卸责任。

（二）知觉对象

知觉对象因素包括大小、强度、对比、动感、重复、新颖等。以下是相应的一些规律。

（1）大小法则：尺寸、空间越大，则越容易引起注意、重视。比方说，一个高大醒目的广告比普通小广告更引人注意。

（2）强度法则：强度越高，则越容易被感知。

（3）对比法则：与背景相反和出乎意料的事物最容易被人们感知。

（4）动感法则：活动的事物比静止的事物更易于被感知。

（5）重复法则：经常重复出现的事物比只出现一次的事物更容易被感知。

（6）新颖法则：新颖的事物容易被感知。

（三）情景

情景因素包括时间、工作环境和社会环境。人的知觉总离不开一定的情景，也离不开对当时情景的分析。

例证 2-2

情景对自我知觉的影响

有企业曾经做过这样一个实验，设计了四种情景，让工人们解释在每种情景下积极工作或者能够坚持工作的动机。第一种情景是给予很高的报酬，但工作比较单调乏味。第二种情景是报酬并不很高，但工作很有趣。第三种情景是报酬不高，工作也很乏味。第四种情景是报酬很高，工作也很有趣。在第一种和第二种情景中，绝大多数工人都能够解释自己积极工作的原因，指出之所以在第一种情景中积极工作，是因为有很高的报酬，在第二种情景中是因为工作很引人入胜。但在第三种和第四种情景下，工人对于自己仍能够坚持或者积极工作的原因往往不能做出正确的解释。

三、知觉防御和错觉

（一）知觉防御

知觉防御是指为了防止自己受到威胁性刺激或不利于自己的信息的侵扰，人们自动地抑制自己对它们的知觉和反应的倾向，对其或视而不见或加以歪曲。如果某些刺激给我们造成很大的精神压力，我们就会将它们从大脑中排除出去，或者延迟对它们的识别。有实验表明，人们对"跳舞""儿童""火炉""音乐"等中性词的识别时间比较短，而对"强奸""淫妇"等"猥亵"的词的识别时间比较长[2]。

例证　2-3　■　■　■

推销员的自我防御

　　销售经理经常抱怨推销员不愿打"对方反应冷淡"的电话，推销员不是说自己工作太忙，就是说还有更好的生意，或者说还需赶做一些报告。这样的推销员是懒惰，还是只是为了逃避，或者是无意识地进行自我防御？ 如果推销员这样做是为了自卫，经理可采用两种方法来改变这种情况：一是教导推销员不要惧怕这类电话，要学会应对；二是对推销员施加压力，使推销员无法逃避这类电话。

（二）错觉

　　错觉是指一种不正确、被歪曲了的知觉。错觉的产生主要受知觉者生理和心理的状况以及知觉对象和背景的特点的影响。知觉者在过度疲劳、饮酒过度、幻觉或催眠等状态下容易产生错觉。当知觉对象和背景的特殊性作用于正常人时，因感知能力有限也可能导致错觉的产生。错觉的种类很多，常见的有大小错觉、形状错觉、方向错觉、承重错觉、倾斜错觉、运动错觉、时间错觉等。图 2-7 是一些常见的错觉情形。

不要以为当"头"就大　　说长道短人难免　　竖长横短存偏见

夜郎自大属自欺　　为"一点"众说纷纭　　总有人说没有"摆平"

图 2-7　常见的错觉

　　在管理和产品设计中，可以巧妙地利用错觉以达到预期的目的。例如，Apple 公司推出的 iPhone 通过有意地缩小边缘部件的尺寸来突出屏幕尺寸的大小，这便是采用了大小对比有意营造出面积大小的错觉。又如，在水果、糕点柜台上斜置镜子，可以使商品显得丰满；在设计化妆品瓶时，可设计成圆形、扇形、葫芦形、梯形等，尽管瓶内容量相当，消费者却认为有的装得多，有的装得少。再如，在制定商品价格时，日用品可采用小数定价法，宁可定价 9.98 元，也不定价 10 元，这样可以让消费者觉得便宜、实惠；为高档商品定价则可采取整数定价法，如定价 5 000 元，而不定价 4 998.97 元，可使消费者觉得商品高档、贵重。

第二节 人际知觉

人际知觉由美国心理学家布鲁纳于 1947 年首次提出，即认为对人、对群体的知觉不仅取决于被感知的人、群体本身，也取决于感知者的目的、态度、价值观和过去的经验。人际知觉可分为社会知觉和自我知觉。社会知觉是指个体对社会环境中有关个人和团体特性的知觉。自我知觉是指个体通过对自己行为的观察而对自己心理状态的认识。在任何组织和机构中，人际知觉对个体判断和决策都具有至关重要的作用。

例证 2-4

人际敏感性

有时问题很简单，做出错误的判断只是缺乏对他人的敏感。有位工头儿曾抱怨自己手下的行为如何古怪。一次，这位工头儿对他的一个手下说："嘿，小伙子，过去把它抬起来！"这位雇员竟然恼怒地嚷道："不要叫我'小伙子'，我有名字！"工头儿无法理解，一位年纪轻轻的雇员怎么会对这样一个合理的称呼发火呢？

人际知觉有一个规律，叫作一致性规律。具体表述如下：当获得关于某个人的少量的信息资料后，就力图对他的大量特性做出判断，形成一致的印象。人们对物的认知允许事物的各种特性不协调一致，而对人的认知通常不允许人的各种特性不协调一致。

社会知觉中存在各种偏见，主要有首因效应、晕轮效应、近因效应、定型效应、投射五种。

一、首因效应

首因效应（First Impression Effect）是指最初的印象或第一印象对人的认知具有强烈的影响，它一般发生在陌生人之间。例如，招聘面试、新官上任等的第一印象都至关重要。若对个体的第一印象良好，就会从好的方面影响到人们今后对他的行为的看法，即使他后来表现得相对差一点，也容易取得人们的谅解；若第一印象不好，要改变就相当费力了。

管理者在看待员工时，要尽量避免受第一印象的影响而产生错误看法。新上任的领导者宜注意给员工留下良好的第一印象，若一开始就留下一个坏印象，以后通过长期交流也许会有所转变，不过仍会造成一些损失，从而影响上下级关系和工作的正常开展。

例证 2-5

巧用首因效应

一个新闻系的毕业生正急于找工作，一天，他到某报社对总编说："你们需要一个编辑吗？""不需要！""那么记者呢？""不需要！""那么排字工人、校对呢？""不，我们现在什么空缺也没有了。""那么，你们一定需要这个东西。"说着，他从公文包中拿出一块精致的小牌子，上面写着"额满，暂不雇佣"。总编看了看牌子，微笑着点了点头，说："如果你愿意，可以到我们的广告部工作。"这个大学生通过自己制作的牌子表现了自己的机智和乐观，给总编留下了良好的第一印象，引起其极大的兴趣，从而为自己赢得了一份满意的工作。

二、晕轮效应

晕轮效应（Halo Effect）是指对一个人的某种特性形成好或坏的印象之后，人们倾向于据此推论该个体其他方面的特性，即"抓住一点，不顾其余"，如"一白遮百丑"。

美国心理学家阿希（Asch，1952）曾做过一个实验：他给被试者一张列有五种品质（聪明、灵巧、勤奋、坚定、热情）的表格，要求被试者想象一个具有这五种品质的人，结果被试者普遍把具有这五种品质的人想象为一个友善的人。然而，他把这张表格中的"热情"换为"冷酷"，再要求被试者根据这五种品质（聪明、灵巧、勤奋、坚定、冷酷）想象出一个合适的人时，却发现被试者普遍推翻了原来的形象，而产生了一个否定的、完全不同的形象[3]。

表 2-1 列出了根据相片中人的相貌的美丑，人们对他们相应特性的评估，说明了人们受晕轮效应的影响，一般认为"漂亮的就是好的""丑的就是不好的"。

表 2-1　相貌的美丑对认知产生的晕轮效应[4]

特性的评定	刺激人具备的特性		
	相　貌　丑	相　貌　一　般	相　貌　漂　亮
人格的社会合意性	56.31	62.42	65.30
刺激人的婚姻能力	0.37	0.71	1.70
刺激人的职业地位	1.70	2.02	2.25
刺激人做父母的能力	3.91	4.55	3.54
刺激人社会和职业上的幸福	5.28	6.34	6.37
刺激人总的幸福状况	8.83	11.60	11.60
结婚的可能性	1.52	1.82	2.17

注：数值越大，刺激人就越具备表中的特性

美国的一项研究发现，漂亮的人不仅仅外表漂亮，还更有钱、更成功，也更容易相处，漂亮的人比那些看上去并不漂亮的人的收入多了 12%。研究人员推断，由于美貌更容易帮助人们在同事间建立合作关系，所以漂亮的人赚钱更多，由此可以看出，美貌也是产生晕轮效应的一个重要成因。

三、近因效应

近因效应（Recency Effect）是指最后给人留下的印象有强烈的影响，它一般产生于熟悉者之间。例如，当发现一个平时表现不错的人犯了某种错误后，人们往往会把问题看得比较严重，甚至夸大错误，并否定他以往的表现。又如，一个平时表现一般的人突然做了一件好事，人们往往会对其刮目相看，并肯定他以往的表现。近因效应掩盖甚至否定对一个人的一贯印象，从而影响对人的全面认识。

四、定型效应

定型效应（Stereotype Effect）是指对某个群体形成的一种概括而固定的看法，又称刻板印象。人们头脑里存在的"定型效应"是多种多样的，按年龄、性别、职业、国籍等划分可以形成不同的"定型效应"。例如，按年龄归类，认为年轻人总是举止轻浮、"嘴上没毛，办事不牢"，而老年人则是墨守成规、缺乏进取心；按性别归类，认为男性总是独立性强、果断勇敢、自信和有抱负，而女性则是"头发长，见识短"、依赖性强、起居洁净、讲究容貌、细心、软弱；按国籍归类，认为日本人总是精明、勤奋、进取、狡猾，而美国人则有雄心、天真开朗、不拘小节等。

定型效应有时是人们认识某一交往对象的捷径，不失为人的一种智慧的表现，但也可能使人们看不到人的复杂性，以致对人的行为品质做出错误的评价和判断。

性别角色刻板印象（Gender-role Stereotype）是指人们对于男人和女人在行为、人格特征等方面的期望、要求和一般看法。在一项调查结果中，所有被试者对男人和女人的正负刻板印象按选出形容词次数的百分比由高到低的前五位排序如表 2-2 所示[5]。

表 2-2　对男人和女人正负刻板印象的前五位人格特征形容词

排序	对男人的刻板印象				对女人的刻板印象			
	重要的人格特征	百分比/%	不应有的人格特征	百分比/%	重要的人格特征	百分比/%	不应有的人格特征	百分比/%
1	有创造力的	78.01	斤斤计较的	18.24	自立的	46.04	见钱眼开的	27.15
2	有幽默感的	61.54	目光短浅的	16.90	善良的	42.71	依赖性强的	20.72
3	自立的	46.39	欺软怕硬的	16.12	贤淑的	36.07	斤斤计较的	18.64
4	乐观的	37.83	优柔寡断的	14.70	温柔的	33.14	自卑的	15.09
5	精干的	31.68	自卑的	14.70	文雅的	32.57	挥霍的	10.72

例证 2-6

韦尔奇刻板印象用人[6]

韦尔奇是一位管理大师。他曾自称在通用的最大贡献就在于为通用招了一批精兵强将。在我们的印象中，韦尔奇是一位"看相"大师，无论什么样的人，他只需瞄一眼就能猜测出十之八九，但事实绝非如此。他经常凭应聘者的外表、学历、掌握的语言种类等外在条件来决定是否聘用。例如，他招营销人员时十分看中应聘者的容貌、口才等指标。韦尔奇十分偏爱有多个学位的员工，因为他认为有多个学位的人的学习能力强，却忽视了这类人往往对一件事不够专心的缺点。他还总是凭着自己的偏好来选择他所用的人，为此他犯了一个大错误——让一个曾在通用电气做业务的"外人"来做集团的副董事长，理由仅是他曾在一次部长级会议上被这位员工的演讲技巧所折服。但是韦尔奇后来发现此人并不适合所担任的职位，不得不解雇他。

五、投射

投射（Projection）是指由于自己具有某种特性，因而判断他人也一定会有与自己相同的特性。在现实生活中，投射有两种既典型又对立的表现形式：① 有些人总是从好的方面来解释别人的言行及需要，认为世上尽是好人；② 有些人总是从坏的方面来解释别人的言行及需要，认为世上尽是坏人。当一个人知觉他人时，如果受到投射的干扰，其认识、判断和看法往往从"是这样""一定会这样"等心理倾向出发，把他人的特性强行纳入自己既定的框框儿中，按照自己的思维方式加以理解，从而导致主观臆断并陷入偏见的泥潭。

在谈论别人或与自身无关的事情时，人们更乐于说出自己的真实想法，推测别人这样做的原因。其实，通过投射效应，个人很多的真实想法都可以表露出来，许多心理测验正是运用了这个原理。

第三节　归因理论

社会知觉和自我知觉都涉及解释行为的原因和意义的问题。自 20 世纪 60 年代以来，许多人致力于探讨行为的因果关系，进行行为原因的归属，即归因理论（Attribution Theory）的研究。

一、归因的概念

归因就是指人们对别人或自己的行为进行分析，解释和推测其原因或者动机的过程。海德（Fritz Heider，1896—1988）是第一位提出归因理论的学者。他认为归因理论包括三个步骤：① 对行为的知觉；② 对行为意图的判断；③ 对个性的归因。[7] 事实上，在现实生活中，人们经常在做各种归因的工作。人们对周围发生的一些事情总要问"为什么会这样"，以探究其原因。例如，总经理在会议上大发雷霆的主要原因是什么？通过推测和查找原因，分析其影响及意义，判断行为的性质，进而预测将来的发展。这种通过对因果关系的认知，解释各种行为和现象，分析人的动机与行为的归因过程，对于认识他人、认识自我、改善管理、教育职工等都具有重要的应用价值。

归因理论研究的基本问题主要有三个：① 因果关系归属，即对人的心理活动以及行为的原因进行归属；② 社会推论问题，即对行为者的心理特征和个性差异做出推论；③ 未来行为预测，即根据人们过去的行为，预测其在今后有关情境中比较有可能表现出来的行为。

例证　2-7

为什么要存钱

当问到为什么要存钱时，人们的答案各种各样。有的说"谈恋爱存钱买礼物""为准备结婚存钱""存钱买房买车"，有的说"存钱作为教育经费""把钱存起来以备不时之需""投资"等[8]。

二、归因的类别

行为产生的原因很多，海德把行为产生的原因划分为两大类，即内因和外因。内因又称为个人倾向归因，即归于主观条件，如个体的人格、道德品质、态度、动机、能力、努力程度等；外因又称为情境归因，即归于环境因素，如宏观的大势、社会舆论、奖惩、运气、工作难度等。

例证 2-8 ■ ■ ■

斯奈德的实验[9]

斯奈德邀请一部分被试者参加赛跑，另一部分被试者观看赛跑，赛后请参加赛跑的被试者解释自己成败的原因。结果，胜利者把自己的成功归因于内在因素，如赛跑的技术等，失败者则把自己的失败归因于外部因素，如运气不好等。而观看赛跑的人则认为，胜利者的成功是由于运气等外在因素，失败者则是败于技术差等内在因素。

凯利（H. H. Kelly）发展了海德的理论，把归因的类别分为三种。他认为说明行为的原因可以使用如下三种不同的解释：① 归因于从事该行为的人；② 归因于行为者的对手；③ 归因于行为产生的情境[10]。例如，主管甲批评了下属乙，可以进行三种归因：① 归因于下属乙本人责任心不强、懒惰；② 归因于主管甲平时对人刻薄，爱批评人；③ 归因于情境因素（如任务难度较大），主管甲误解了员工乙。这三种可能性都存在，关键在于如何找出哪个是真正的原因。

三、归因的参照点

凯利认为，要找出真正的原因，可使用下面三个方面的信息作为归因的参照点，即一致性、一贯性和特殊性：① 一致性，是指行为者的行为是否与其他人的行为相一致。如果每一位主管都批评下属乙，则主管甲的行为是一致性高的；如果只有主管甲一个人批评了下属乙，则为一致性低。② 一贯性，是指行为者的行为表现是否与平时的行为相一贯。如主管甲总是批评下属乙，则为一贯性高；反之，则为一贯性低。③ 特殊性，是指行为者的行为指向是否具有持续性。如果主管甲每次批评人总是针对下属乙进行，则认为特殊性高；如果主管甲不只批评下属乙一人，且经常批评别的下属，则为特殊性低。如此根据这三个参照标准的不同组合，则可以做出判断，如表 2-3 所示。因为凯利强调了上述三方面信息的重要性，所以他的理论又被称为三度理论。

表 2-3　主管甲批评下属乙的归因

组合情况	提供的信息			归因类别	判断结论
	一致性	一贯性	特殊性		
1	低	高	低	归于行为者本身	主管甲爱批评人

续表

组合情况	提供的信息			归因类别	判断结论
	一致性	一贯性	特殊性		
2	高	高	高	归于行为对象	下属乙表现不好
3	低	低	高	归于情境	具体情境使主管甲误解了下属乙

四、对成功与失败的归因

维纳（B. Weiner）等人运用海德的归因理论对成功与失败的归因问题进行了研究。他们认为，成功或失败可以归因于下述四个方面的因素，即努力、能力、任务难度和机遇。这四个因素又可按照三个维度，即内因—外因、稳定—不稳定、可控—不可控进行归类，如表 2-4 所示。[11]

表 2-4　成败归因的三个维度

三个维度	因素归类	
内外因	内因 -- 外因	
	努力、能力	任务难度、机遇
稳定性	稳定 -- 不稳定	
	能力、任务难度	努力、机遇
可控性	可控 -- 不可控	
	努力	任务难度、机遇、能力

对成功与失败的原因做不同的归因判断，可能产生不同的结果和影响。如果把成功归结为内部因素（努力、能力强），则很有可能使人感到满意和自豪；而把成功归结于外部因素（任务容易、机遇好），则可能使人产生惊奇和感激的心情。如果把失败归结于内因（不够努力、能力不足），可能使人产生内疚感和无助感；而把失败归结于外因（任务困难、运气不好），则可能使人气愤、产生敌意。如果把成功归结于稳定性因素（任务容易、个人能力强），则可能提高个体今后工作成功的信心；把成功归结于可控性因素（努力），则可能使人更加努力；而把成功归结于不稳定且不可控的因素（运气好），则可能使人产生侥幸心理，对提高积极性没有多大作用。把失败归因于稳定性因素（任务难、能力差），则可能使人降低以后工作的积极性；而归因于不稳定因素（运气不好、不够努力），可能减少失败给人带来的挫折感，提高其以后工作的积极性。

综上所述，了解人的归因倾向和规律，正确地进行归因，有助于人们对成功的经验和失败的教训进行合理的分析和总结，从而达到增强自信心、激发努力动机、提高工作积极性的目的。

例证　2-9

领导归因模型

米切尔等人的领导归因模型（Leadership Attributional Model）指出，领导者对下属行为原因的解释，尤其是对下属工作绩效的归因影响着管理措施的采用[12]。例如，归因时，领导者会先观察下属的绩效，然后试图理解为什么下属的绩效符合、超过或低于期望和要求。由于低绩效是管理控制中比较敏感的问题，领导者会格外认真地进行归因分析。领导者将根据一致性、一贯性和特殊性这三类信息对低绩效进行内因和外因的区分，并根据区分的结果采取相应对策。领导者对下属的绩效进行归因时经常犯基本归因错误（Fundamental Attribution Error），即个体在对他人的行为进行归因时，倾向于低估外在因素的影响，高估内部因素的影响。

米切尔等人曾经研究了护理主管对护士工作差错的归因过程，指出如果护理主管认为护士的工作差错或事故源于其缺乏努力与责任感，将会采取斥责和惩罚措施；如果认为差错源于护士的能力不够，将会对其提供更多的详细指导。相反地，如果认为护士的工作差错是由于外在因素，如工作条件太差、劳动设备陈旧等造成的，将会采取其他的应对措施，如改善工作环境，增添新的工具、设备，改变工作日程等。[13]

第四节　个人决策

在有效地达到组织目标的过程中，决策居于十分重要的地位。西蒙（Herbert Simon）曾指出："管理就是决策。"管理的一个重要职能就是决策。本节主要探讨个人决策的过程模型、影响个人决策的因素以及如何避免个人决策的失误。

一、个人决策概述

（一）个人决策的含义

所谓个人决策，就是指在面临某种问题的情况下，个人为了实现某种目标，在两个以上的备选方案中选择一个方案的分析判断过程。组织中的个体都要做出决策，高层管理者要决定设置什么样的组织目标，提供什么样的产品或服务，如何建构最佳的公司总部，在哪里建一个新厂等；中低层管理者要决定生产日程的安排，新员工的选择，如何合理分配增量的薪水。非管理层的员工所做出的决策同样影响到他们的工作和他们为之工作的组织。近年来，越来越多的组织把工作相关的决策权授予非管理层的员工，这些权力在过去只有管理者才拥有。因此，个人决策成为组织行为中非常重要的内容。

（二）影响个人决策的因素

影响个人决策的因素比较多，主要有知觉、思维方式、心理素质、气质与性格、情绪与情感、情景以及周边群体（如家庭、朋友、组织）的影响等。

1. 知觉

决策方案的制定、选择及实施过程均受到决策者知觉过程的影响。首先，是否存在问题和是否有决策的需要是一个知觉问题。例如，一个管理者可能认为他的工厂的年生产能力提高了8%是一个严重的问题，需要采取行动解决可能存在的问题；而另一名管理者面对同样的情况，可能觉得很满意。其次，决策者的知觉过程会影响他对信息的获取、解释和评估，因此，不恰当的知觉可能使决策者错失与问题有关的信息而影响方案的制定。同时，由于对信息的过滤、加工和解释的不同，知觉还会影响决策者对方案的评价与选择。

2．思维方式

思维贯穿于决策的整个过程，对决策有着最直接的影响，而且决策本身也是一个思维过程。决策思维主要表现为对问题认识的全面性、客观性，对信息掌握和判断的正确性与深刻性以及思维的系统性等，它们都直接关系到决策的正确性。具有全局思维方式的人适合做战略性决策，而具有分析思维方式的人适合做战术性决策；具有发散性思维方式的人适合做非程序性决策，而具有聚合性思维方式的人适合做程序性决策。一般来讲，软件行业有两种基本商业模式：专有软件销售模式和免费软件销售模式，但是美国红帽公司的 CEO 鲍勃·扬采用整合性思维，结合两种商业模式的特点，创造了第三种商业模式——Linux 操作系统，获得了意想不到的效果。[14]

3．心理素质

在决策时，决策者需要调动心理因素，克服各种心理障碍。此外，决策者还必须具备承担决策风险的心理承受能力。任何决策都在不同程度上带有一定的风险，决策者对待风险的不同态度会影响决策方案的选择。愿意承担风险的决策者，通常会在被迫对环境做出反应之前就采取进攻性行动，并经常会进行新的探索；而不愿意承担风险的决策者，通常只对环境做出被动的反应，按过去的规则策划将来的活动。个人决策者行使决策职能时，经常会受到自身心理条件和其他一些能力条件的影响。所以，个人在学习决策的过程中，尤其要注意提升自身的心理素质。

4．气质与性格

个人的决策行为往往与其气质和性格相联系。首先，个人的决策行为受气质的影响。胆汁质者决策时容易冲动、盲目、大胆冒险，过程比较快；抑郁质者的决策过程较慢，他们一般选取风险较小的决策，但一旦做出决策，便很难改变；多血质者决策时能够吸收多方面意见，使决策比较有效，但容易受他人影响而轻易改变决策。其次，个人的决策行为也会受性格的影响。意志坚强的人能够果断地做出决策，而意志薄弱的人往往优柔寡断，迟迟做不出决定，甚至在目标确定后，还可能轻易地改变。自信心强者容易独立做出决策，而自卑者决策时容易受他人影响。自尊心强者不轻易改变决策，自尊心弱者容易改变决策。

5．情绪与情感

决策还会受到决策者情绪和情感的影响。沉稳、愉快的情感会使决策者思维敏捷，抑郁的情绪会降低大脑的兴奋度，而使思维迟钝，阻碍问题的顺利解决，而过度兴奋、情绪高涨也会妨碍合理的分析推理；暴躁的情绪、情感往往会使决策者所做的决策草率而冲动；忧郁苦闷、悲观失望又可能使所做的决策消极怠惰。因此，对于决策者，应努力克服消极的情绪，培养和激发良好的情绪。

此外，个体的决策还受到群体压力、朋辈压力、家庭压力、组织压力、榜样等他人因素和情景因素的影响。

二、决策过程模型

对于个人决策，主要有纯理性人和有限理性人两种假设。

（一）基本假设I——纯理性人

自亚里士多德时期开始，哲学家就认为人是理性动物，其行为是由理性驱使的，只有在特殊情况下，如疲劳、醉酒和愤怒时，人们的决策和思维才会是非理性的。该模型认为正常的人具有合理的推理能力，掌握了规范化的理智和决策原则，这些理性的决策原则表现在人们的思想和行动上。传统经济学秉承理性人的学说，承认"经济人"的假设，认为人类为个人利益所驱使，决策者基于所掌握的信息做出全面的权衡，进而做出最优的抉择。

纯理性人的基本假设如下。

（1）决策者是追求最大限度的组织目标的完美、有理性的人。

（2）决策者拥有做出最好决策所必需的全部正确信息。

（3）决策者只找出那些能写成线性形式的、具有一个或一组目标的问题的最佳值。

（4）所有决策者在做出决策时，能够以相同的态度来运用信息。

在企业中，早期的决策主要凭管理者直觉的常识进行判断。一个理性决策者的决策过程模型如图2-8所示：在识别某一问题时，开始寻找信息；这类信息说明了问题的性质，据此提出选择方案；通过对这些选择方案进行认真评价，选出最佳方案贯彻执行；然后对实施过程进行监控、评价、纠偏，以保证决策目标的实现。如果在实施过程中任何一个环节出现困难，就应及时反馈有关信息，必要时需重新开始或再循环。

图 2-8　理性决策过程模型

然而，认为决策者是纯理性人的假设存在很大的缺陷。纯理性人的原型是经济人，经济人在现实生活中是不存在的。纯理性人的基本假设具有以下明显的局限性：第一，不考虑决策者个人的知觉、个性差别、动机和学习等心理因素对决策的影响；第二，人在客观上存在着有限合理性，以及个人认识和客观条件的限制。

（二）基本假设 II——有限理性人

1978 年诺贝尔经济学奖获得者赫伯特·西蒙（Herbert Simon）[15]考虑到人的心理因素在经济行为中的作用，提出"有限理性"理论。他曾指出，经营者表现出有限理性而非纯理性。换句话说，当他们试图理性地行动时，会受到获得信息和加工信息的能力方面的限制。另外，时间限制和政治考虑（如需要取悦于组织中的其他人）也会束缚人按理性行动。

心理学家丹尼尔·卡纳曼（Daniel Kahneman）[16-18]获得了 2002 年诺贝尔经济学奖，他遵循赫伯特·西蒙的有限理性理论和启发式的思想，提出了三种常见的启发式：代表性、可得性以及锚定和调整。卡纳曼发现，人类的决策行为常常是非理性和有偏差的，这与传统经济学理论（期望效用理论）的预期不符，而且这种偏差是有规律的，并提出前景理论，以解释人类在不确定条件下的判断和决策行为。卡纳曼获得诺贝尔经济学奖是因为他把心理学的，特别是关于不确定条件下人的判断和决策的研究思想应用到了经济科学中[19]。

1. 不确定性判断：启发式与偏见

遵循西蒙的有限理性学说，卡纳曼指出，人们在不确定性世界中做判断时依赖于有限的启发式。其中有三种最重要的启发式：代表性、可得性以及锚定和调整。

（1）代表性启发式。代表性启发式是指人们倾向于根据样本是否能代表（或类似）总体来判断其出现的概率，对于代表性越高的样本，就判断其出现的概率越高。

例证 2-10

取球的概率[19]

人们一般认为从 A 盒子（70 个红球、30 个白球）中取出 4 白 2 红的概率小于从 B 盒子（70 个白球、30 个红球）中取出的概率。这可以看作是代表性启发的作用：4 白 2 红的样本与 B 盒子中白多红少的构成更类似。

（2）可得性启发式。可得性启发式是指人们倾向于根据客体或事件在知觉或记忆中的可得性程度来评估其相对频率，容易知觉到的或容易回想起的客体或事件被判定为更常出现的。

例证 2-11

英文单词中的字母 k[19]

对于下面这个问题，"字母 k 常出现在英文单词的第一个字母位置还是第三个字母位置？"绝大多数人认为字母 k 常出现于英文单词的开头儿，但实际上，在英文里，第三个字母是 k 的单词数是以 k 字母开头的单词数的三倍。人们之所以认为字母 k 常出现于英文单词的开头儿，显然是由于人们更容易回忆出以某个特定字母开头的单词，而不容易回忆出有特定的第三个字母的单词。

（3）锚定和调整启发式。锚定和调整启发式是指在判断过程中，人们最初得到的信息会产生"锚定效应"，人们会以最初的信息为参照来调整对事件的估计。

例证 2-12

乘积估计[19]

对两组被试者分别提出下列两个问题：（1）8×7×6×5×4×3×2×1=？（2）1×2×3×4×5×6×7×8=？要求被试者在 5 秒内估计出其乘积。结果发现，被试者对第一道题的估计的中数是 2 250，对第二道题的估计的中数是 512，两者的差别很大，并都远远小于正确答案40 320。可以设想，被试者在对问题做了最初的几步运算以后，产生"锚定效应"，就以获得的初步结果为参照来调整对整个乘积的估计。由于两道题的乘数数字排列不同，第一道题的最初几步的运算结果大于第二道题的，因而估计其整个乘积也较大。

与丹尼尔·卡纳曼同一时期的另一位心理学家斯洛维克·菲纽肯（Slovic P. Finucane）提出了情绪启发式。菲纽肯认为，个体的头脑中有一个情绪库（Affect Pool），里面存有各种各样的正性的或负性的情绪标签，所有进入人们头脑中的表征都会被赋予一个情绪的标签，情绪标签的强度因头脑中的表征的不同而各有不同。在决策过程中，情绪标签可以作为许多重要判断的线索。相比较去权衡每一个选项的正反两面，或者从记忆中提取相关例子的方式，运用一个整体的、更容易获得的情绪标签可能会更容易或更有效率，尤其是当所要做的判断是复杂的，或者是心智资源受到限制时。研究者把大脑的这种走捷径的活动方式称为情感启发式[20]。

许多研究表明，积极情绪和消极情绪所对应的判断方式是不一样的：在积极情绪下，人们采用启发式加工策略；而在消极情绪下，人们则采用精细加工策略。在积极情绪下，个体更依赖于内部思考、偏好、观点，而非外部刺激信息的认知风格。在这种模式下，个体倾向于把外部的信息同化到他们已有的知识之中。Schwarz（1990）则假设消极情绪是当前环境存在问题的信号，告知个体应该采用精细、系统的加工策略；积极情绪是环境安全与良好的信号，个体可以采用启发式的简单加工策略[21]。

2. 前景理论的主要假设

（1）回避损失。回避损失（Loss Aversion）是指损失的效用要比等量收益的效用得到更大的权重。

例证 2-13

计划选择[19]

由于受市场变化和金融海啸的威胁，某 CEO 面对一个两难问题。他的财政顾问告诉他得采取行动，否则公司的三个制造厂就会倒闭，6 000 名雇员会失业，并提交了两个计划。

计划 A：执行该计划必定可以保存一个工厂，保留 2 000 名雇员。

计划 B：执行该计划，有 1/3 的概率可以保留全部三个工厂和 6 000 名雇员，但是有 2/3 的概率使全部工厂倒闭以及全部雇员失业。

上述两个计划可以从损失的角度改写为以下形式。

计划 C：执行该计划，必定损失两个工厂，损失 4 000 名雇员。

计划 D：执行该计划，则有 2/3 的概率损失全部三个工厂和 6 000 名雇员，但是有另外 1/3 的概率没有任何工厂倒闭，也没有任何雇员失业。

从客观的以及传统的期望效用理论的观点来看，这四个计划可以导致相似的结果。

但实验结果表明，在计划 A 和 B 中，大多数人倾向选 A，表现出为获益而回避风险；而对于计划 C 和 D，大多数人倾向选 D，表现出为回避损失而冒风险。可见，从收益和损失两种不同的角度提出问题，可以使人们做出大不相同的选择。人们对损失更关注，以至于宁愿冒险去回避损失。

（2）参照依赖。参照依赖（Reference Dependence）是指人们对资产的变化比对净资产更敏感，因此人们根据参照点来定义价值，而不是根据净资产本身。

例证　2-14

依赖参照的选择[19]

让两组不同的被试者分别回答下列两组问题。

第一组：假设你现在已经有 1 000 美元，除了你所拥有的之外，你可以在下面两项中选择一项。

A：必定获得 500 美元；

B：50%的可能获得 1 000 美元，50%一无所得。

第二组：假设你现在已经有 2 000 美元，除了你所拥有的之外，现在你可以在下面两项中选择一项。

A：必定获得 500 美元；

B：50%的可能获得 1 000 美元，50%一无所得。

在第一组中，84%的被试者选 A；第二组中，69%的被试者选 B。对于被试者可以获得的净收益来说，两个问题都是一样的。然而由于两组被试者的参照点不同，被试者的选择也会不同。第一组被试者以已拥有的 1 000 美元为参照，选择比较保守；而第二组被试者以 2 000 美元为参照，倾向于选择冒险。可见，可以通过改变人们的参照点来改变其行为。

（3）捐赠效应。捐赠效应（Endowment Effect）是指对于获得的自己的财产之外的东西，人们倾向于给予更高的评价。

例证　2-15

买卖杯子[19]

将被试者分为三组，假如给第一组被试者每人一个杯子，第二组被试者则什么都不给，第三组被试者可以选择要杯子或者要等量的钱。结果发现，第一组拥有杯子的被试者期望以不低于 7.12 美元的价格卖出杯子，而第二组被试者则期望以不高于 2.87 美元的价格得到杯子，第三组被试者对杯子的估价是 3.12 美元。对此结果的解释是，拥有杯子的被试者，因为对于获得的本来非自己财产的杯子的评价更高，不想放弃，所以对杯子的估价更高。

三、个人决策风格

如前所述，个性心理特征影响个人决策行为。决策体系模型以人们的思维方式和对不明确性的容忍度的不同为假设前提，定义了个人决策的四种风格[22]。

（1）命令型风格。具有命令型风格的决策者思考问题偏于理性，讲求效率和逻辑，通常具有较低的不明确性容忍度。他们多关注短期效果，能够快速、简洁地做出决策。

（2）分析型风格。此类型的决策者以谨慎为特征，比命令型风格的人具有更高的不明确性容忍度，且具有适应特殊情况的能力。

（3）概念型风格。概念型风格的决策者眼界开阔，趋向于广泛考查备选方案。他们通常着眼于长期目标，善于寻求解决问题的创造性方案。

（4）行为型风格。行为型风格的决策者擅长与他人相处，关心下级的工作绩效。他们愿意接受不同建议，以提高决策方案的可接受度。

除决策风格不同外，个人的性别、年龄、道德发展水平等维度均存在差异，这些特质的综合构成了衡量个人决策的复合型标准，共同导向决策目标的实现。因此，个人特质的多元化在一定程度上利于增加组织的创造力和解决方案的多样性，对于做出优良决策具有较大的参考价值。

例证　2-16

董明珠的决策风格[23]

众所周知，格力在董明珠强势风格的领导下节节攀升，一跃成为家电行业的龙头老大，迅速成为世界著名的民族品牌。然而，目前的格力内部却暗藏动乱。除了历史遗留下来的股权争夺问题，股东们对于领导人董明珠的强势风格也从未停止诟病，尤其是在她执意推出格力手机并受挫后，这种诟病之声达到了顶峰。最近，一向自信的董明珠又强势出击，提出了一系列的决策方案，将目光投向格力毫不擅长的产业领域。这一次，她的决策又遭到了股东的强烈反对。2016 年 10 月 28 日，在格力的临时股东大会上，董明珠因为提议收购珠海银隆被否，当场发飙。该事件一度成为资本市场上热议的话题，而股东与董明珠的矛盾也达到白热化的状态。早在 2016 年 10 月 18 日，珠海国资委就曾下发任免通知，宣告董明珠卸任格力集团董事长一职，遏制了其发挥集团决策的控制权，但接任人选迟迟没有落实。另外，根据 2016 年财报显示，净利润的绝对额和增长率均超格力的美的，一跃成为家电行业龙头老大，格力退居第二。可以说，目前的格力正处在一个内忧外患的环境当中。面对这一复杂的内外部局势，格力的处境颇为尴尬。

本章小结

- ➢ 知觉是个体为了对自己所在的环境赋予意义而解释感觉印象的过程，具有整体性、相对性、理解性和恒常性四个基本特征。
- ➢ 常见的社会知觉偏见有首因效应、晕轮效应、近因效应、定型效应和投射五种。
- ➢ 归因就是指人们对别人或自己的行为进行分析，解释和推测其原因或者动机的过程。
- ➢ 行为的原因基本上可划分为两大类，即内因和外因。
- ➢ 归因的参照点包括一致性、一贯性和特殊性。
- ➢ 影响个人决策的因素比较多，主要有知觉、思维方式、心理素质、气质与性格、情绪与情感以及周边群体（如家庭、朋友、组织）。
- ➢ 有限理性个人决策理论中三种常见的启发式是代表性、可得性以及锚定和调整。
- ➢ 个人决策风格划分为命令型风格、分析型风格、概念型风格、行为型风格四种决策风格。

思考练习题

一、选择题

1. 军事上的伪装是利用知觉的（　　　　）。
   - （1）整体性　　　　　　　（2）选择性
   - （3）理解性　　　　　　　（4）恒常性
2. 社会知觉中，对人认知的以偏概全或以点概面的倾向属于（　　　　）。
   - （1）首因效应　　　　　　（2）晕轮效应
   - （3）知觉防卫　　　　　　（4）刻板印象
3. 在决策过程中，力求"稳扎稳打"，谨慎行事属于（　　　　）。
   - （1）命令型风格　　　　　（2）分析型风格
   - （3）概念型风格　　　　　（4）行为型风格

二、简答题

1. 什么是知觉？感觉和知觉有何区别？
2. 什么是晕轮效应？
3. 什么是归因理论？
4. 什么是个人决策？

归因方式测验

请回答以下每个陈述在多大程度上符合你的情况：1=非常不符合；2=不符合；3=有点不符合；4=介于符合与不符合之间；5=有点符合；6=符合；7=非常符合。本测试所需时间约 10 分钟。

1. 能够得到想要的东西是因为自己的努力。
2. 制订计划时，相信自己能够让它发挥作用。
3. 喜欢带有运气的游戏，而不是纯粹需要技术的游戏。
4. 只要下定决心，就能学会几乎所有的东西。
5. 自己的专业成就完全取决于努力工作和能力。
6. 通常不设定目标，因为自己最终很难实现它们。
7. 竞争不能使人变得优秀。
8. 人们通常靠运气获得成功。
9. 在所有的考试或竞争中，想知道自己比别人做得怎样。
10. 干一些对于自己来说太难的事情，没有意义。

记分：

将第 3、6、7、8、10 题进行反向记分（即 1=7，2=6，3=5，4=4，5=3，6=2，7=1），然后将所有陈述的分数相加，得到一个总分。

解释：

研究者选取了一个大学生样本，平均分是：男生 51.8 分、女生 52.2 分，标准差均为 6.58 分。59 分以上者为得分高者，得分高者是内控的，得分越高，表明越相信自己能够把握自己的成功。如果得分远远高于平均值，说明你会奖励自己的成功，并为自己的失败负责。46 分以下者为得分低者，得分低者是外控的，表明你倾向于相信外在因素决定你的成功，如更强有力的人或者机遇决定着在你身上发生的事情。

（资料来源：佚名. 你的自控能力如何[J]. 人力资源，2003（12）：63.）

问题讨论：

列举一段在自己身上发生的经历（成功或失败），谈谈你是如何对成败进行归因总结的，并与其他同学分享。

2-1　九点问题

由个人独立完成。假如某学生已了解如何完成该活动，请暂不作声。

图 2-9 中有九个点。只用四条连续相接的直线（每条直线之间必须相连，而且不能重

叠）将这九个点连接起来，画的时候笔不能离开纸面。

图 2-9　九点问题

问题讨论：

1. 是什么让你找不到问题的答案？
2. 是什么妨碍你更快地解决问题？

 案例分析

你继续投资吗？

2013 年 11 月 7 日，Twitter 成功上市。自 Facebook 令人大跌眼镜的上市经历之后，这是一次最平稳的科技公司 IPO（Initial Public Offernings，首次公开募股）。作为路演、股权分配、定价和上市事务的负责人，该公司首席执行官迪克·科斯特洛的表现堪称完美，被誉为一流的执行者。上市交易第一天，Twitter 股价暴涨 73%。但 2014 年 1 月 9 日，早在公司公布第一季度收益报告之前，有 3 位分析师就调低了对其股票的评级，Twitter 股价由此遭遇了第一次打击。随后，Twitter 一直处于守势，股价增长乏力。华尔街对 Twitter 存有诸多不满：公司不盈利；诸如每月活跃用户数量这类关键指标均无增长；Twitter 没有达到 Snapchat 或 Instagram 那样的主流化程度；产品容易造成混淆；广告也没有足够的吸引力。投资者开始感觉到，Twitter 注定是一家永远无法发挥潜力的公司。

Twitter 已经失去了吸引新用户的魔力——在艰苦的创业初期，Twitter 之所以能够一路前进，靠的便是对用户的吸引力。科斯特洛甚至试图改变对用户增长的表述方式和考量，他强调的是在互联网上看到推文的人数（5 亿人），而不是实际使用 Twitter 的用户数（不足 3 亿人）。该公司甚至计划从这些"未登录"用户身上产生收益，但对于这种策略，投资者并不买账。

（资料来源：ERIN GRIFFITH.为什么员工和董事会都爱他，投资者却要逼他下台？[EB/OL].（2015-06-18）.http://www.fortunechina.com/management/c/2015-06/18/content_242195.htm.）

问题讨论：

1. 假如你是一家投资公司的 CEO，你会选择向 Twitter 投资吗？为什么？
2. 请用前景理论对你的个人决策做分析。

参考文献

[1] 苏水东. 管理心理学[M]. 上海：复旦大学出版社，2004.

[2] 郑雪. 生态文化与感知觉[J]. 前沿，1995（05）：15-20.

[3] ASCH E SOLOMON. Social Psychology[J]. American Journal of Sociology, 1952, 35(6): 101.

[4] DION K B, WALSTER E. What is beautiful is good[J]. Journal of personality and social psychology, 1972, 24(3):285-290.

[5] 秦启文，余华. 性别角色刻板印象的调查[J]. 心理科学，2001（05）：593-594.

[6] 黄快生，晏国祥. 成功韦尔奇的管理昏招[J]. 中国中小企业，2005（08）：16-17.

[7] HEIDER F. The psychology of interpersonal relations[M]. New York: John Wiley & Sons, 1958.

[8] 吴宣劭. 懂得存钱[J]. 中国工会财会，2016（10）：53.

[9] 刘玉梅. 管理心理学理论与实践[M]. 上海：复旦大学出版社，2011.

[10] KELLY H H. Attribution theory in social psychology[M]//LEVINE D. Nebraska Symposium on Motivation. Lincoln: University of Nebraska Press, 1967.

[11] WEINER B. Achievement motivation and attribution theory[M]. Morristown, N. J.: General Learning Press, 1967.

[12] MITCHELL T R, GREEN S G, WOOD R E. An attributional model of leadership and the poor performing subordinate: Development and validation[M]//STAW B, CUMMINGS L L. Research in organizational behavior. New York: JAI Press, 1981: 197-234.

[13] MITCHELL T R, WOOD R E. Supervisors' responses to subordinate poor performance:a test of an attributional model[J]. Organizational behavior and human performance, 1980, 25: 123-138.

[14] 李彩凤. 整合性思维：卓越领导者的决策思维方式[J]. 领导科学，2010（6）：25-26.

[15] SIMON A HERBERT. Theories of bounded rationality[J]. Decision & Organization, 1972, 1(1): 161-176.

[16] KAHNEMAN D, TVERSKY A. Subjective probability: a judgment of representativeness[J]. Cognitive psychology, 1972, 3: 430-454.

[17] KAHNEMAN D, TVERSKY A. On the psychology of prediction[J]. Psychological review, 1973,80: 237-251.

[18] KAHNEMAN D, TVERSKY A. Prospect theory: an analysis of decision under risk[J]. Econometrica, 1979,47: 313-327.

[19] 周国梅，荆其诚. 心理学家 Daniel Kahneman 获 2002 年诺贝尔经济学奖[J]. 心理科学进展，2003（01）：1-5.

[20] 李爱梅，高训浦，田婕. 生态理性视角下风险决策的情绪机制研究[J]. 统计与决策，2009（03）：63-65.

[21] 斯蒂芬·P. 罗宾斯，玛丽·库尔特. 管理学[M]. 孙健敏，等，译. 北京：中国人民大学出版社，2009.

[22] 卜晓珊. 个体决策简论[J]. 管理观察，2011（15）：1-2.

[23] 张丹. 性格色彩学视角下管理者过度自信对财务决策的影响[D]. 杭州：浙江工商大学，2017.

第三章
个性与心理测验

学习目标

- 了解个性的概念
- 掌握四种气质类型及 AB 型性格理论
- 了解个性与职业匹配的理论
- 了解常见的心理测验

引例

顺丰王卫：低调且神秘的快递巨头[1]

　　他是中国快递行业最有权力的人之一。1993 年，22 岁的王卫在广东顺德建立了顺丰速运。当时，这家公司算上王卫本人也只有 6 个人。2010 年，这家公司的销售额已经达到 120 亿元人民币，拥有 8 万名员工，年平均增长率为 50%，利润率为 30%。27 年前，当王卫背着装满合同、信函、样品和报关资料的包往返于顺德到香港的陆路通道的时候，他肯定想不到，未来顺丰会成为不折不扣的行业冠军。

　　王卫太神秘了。创业以来，王卫从未接受过任何媒体的采访，而寻找王卫的可不只是媒体，投资银行的经理人也在找他。他们可不只是出于八卦和好奇心，而是明明白白地嗅到了金钱的味道。据说，早在 2004 年，FedEx 策划进入中国市场的时候就曾经接触过王卫。传闻中，FedEx 希望以 40～50 亿元人民币的价格收购顺丰，但是被王卫拒绝了。那一年，顺丰的销售额是 13 亿元人民币。寻找王卫的 PE 和 VC 越来越多，一位咨询公司的董事长甚至透露说，包括花旗银行在内的很多美国投资商曾经找到他，希望他能够撮合注资顺丰的交易，一旦成交，将付给他 1 000 万美元的佣金。就连马云也寻找过王卫，马云曾经在香港数次约见王卫，都被王卫婉拒。

　　王卫是一线收派员出身，做过"背包客"。不论在公司内部讲话，还是在公开的会议场合，一旦谈到顺丰，王卫总是试图把人们的注意力从他自己身上转移。他曾经不只一次在公司年会上说，顺丰的一线收派员才是"最可爱的人"。在顺丰优选的前总裁刘淼看来，王卫是他见过的最有钱的工作狂，这多半源于王卫在创业初期保留下来的职业习惯。20 多年来，他每天工作 14 个小时再正常不过，还定期到一线收发快递。有高管说王卫是那种很有危机感的人，三个月没有创新和改革，就会让他有危机四伏的感觉。大多数跟随王卫的高管都评价王卫是一个很"规矩"的人。在顺丰速运集团的副总裁杨峰看来，王卫是个责任感很强的人："他想做事，他办企业的根本目的不是挣钱。"也因此，王卫多次拒绝了联邦快递、UPS 等海外巨头的收购。

引例中，王卫低调、危机感强、责任感强的个性和态度决定了顺丰的快速发展并促使其成为行业巨头。

个性决定行为，组织中的每个人，由于受各种因素的影响，会形成不同的个性倾向和心理特征。了解员工的个性心理特征（包括气质、性格、能力）是安排岗位和工作、说服教育员工和调动员工积极性的基础。迄今为止，一些已标准化和本土化的心理测验可用于诊断和测查员工的个性心理特征，心理测验在管理中的应用越来越广泛。

第一节 个 性

个性与我们在日常生活中所谈的性格有所不同，性格只是个性的一个组成部分。个性的心理结构主要由个性倾向性与个性心理特征组成。个性倾向性主要包括需要、动机、兴趣、理想、信念和世界观等，这些都是人进行活动的基本动力。个性心理特征主要包括气质、性格、能力等。本章主要探讨个性心理特征，个性倾向性将在第四章和第五章加以探讨。

一、个性的概念

个性是指个体的比较稳定的、经常影响个体的行为并使个体和其他个体有所区别的心理特点的总和。影响个性形成的因素主要包括遗传、环境和情景。个性受基因的影响很大，有的人天生开朗，有的人生来忧郁，这些说法有一定的科学依据。基因学专家在实验中取得的大量的证据证明：类似抑郁等负性情绪的发生具有重要的遗传学基础[2]。此外，脾气好坏在很大程度上也是由遗传基因决定的。表 3-1 列出了常见的一些性格表现与基因之间的关系。

表 3-1 性格与基因关系

性 格 表 现	受基因影响程度/%
外向（急躁、和蔼、喜欢引人注目）	61
保守（尊敬传统和权威、守纪律）	60
忧郁（易忧伤、灰心、感情脆弱、敏感）	55
创新（喜欢在更高的层次思考问题）	65
孤僻（爱独处、总感到被人利用和被生活抛弃）	55
乐观（自信、愉快、快乐）	54
谨慎（逃避风险、宁可费事也求平安）	51
好斗（爱实施暴力、爱报复）	48
事业心强	46
条理性强	43
热情好客	33

环境对性格形成的影响很大。例如，饮食对人的性格就有影响，如湖南人好吃辣，湖南妹子又称辣妹子，与海南、广东、福建的女孩相比，她们遇事比较有主见，性格比较刚烈，这就可能跟她们长期吃辣的食物有关[3]。表 3-2 列出了一些食物与性格之间的某种相关性。

表 3-2　食物与性格的某种相关性

喜欢的食物	性 格 特 点
大米	自得其乐，但不太爱帮助别人
面食	能说会道，对事物容易渲染
辣椒	遇事有主见，吃软不吃硬，性格坚强
糖	脾气较暴躁
桃子	与周围的人关系非常协调，是个善于交际的人
草莓	乐观、热情，懂得与人相处，缺点是少些进取心
西瓜	脾气好，善于忍耐，关心、体贴别人，缺点是缺乏自己的原则
酱菜	较稳重，善于埋头苦干，做事有计划
油炸	勇于冒险，有干一番事业的愿望
煮、炖食	性格温和，和谁都谈得来，常富于幻想，但不愿表现自己
烤制品	上进心强，性情急躁、欠温和，爱出主意但缺乏当机立断的气魄
生冷食物	对大自然有浓厚的兴趣，性格坚强、冷酷，有暴力倾向

此外，情景因素对性格表现也有一定的影响。例如，性格内向的人在安全、愉快、轻松、热闹的气氛下有时也会变得开朗、爱笑、外向。

例证　3-1

马云的个性气质[4]

马云从小性格坚强、勇敢、不服输，虽然自己个头儿小，但打起架来不看对方块头大小，从不怕个头儿大的，"因为你个头儿小，所以人家不防你。所以你进攻速度一定要快。"这些打架的经历和心计形成了马云性格中争强好胜、不惧怕强者的特点，这在马云的企业经营中都可以看得出来。在创办中国黄页时，他不怕和电信公司直接竞争；在创办阿里巴巴时，不怕已有的竞争者，最后做成全球最大的 B2B 网站；在创办淘宝时，C2C 市场已经有了一个绝对的强者——易趣，但淘宝依然强势进入，不到两年的时间就成为与易趣势均力敌的市场对手。

二、个性的理论

个性的理论有两类：一类是个性的类型理论；另一类是个性的特质理论。

（一）个性的类型理论

个性的类型理论即将人的个性加以类型化。四种气质类型以及 AB 型性格就是典型的个性的类型理论，下面对它们分别加以介绍。

1. 四种气质类型

沿用古希腊医生希波克拉底（Hippocrates，公元前 460—公元前 377）的划分方法，可将气质分为多血质、胆汁质、黏液质和抑郁质四种基本类型，具体特点如下。

（1）多血质：感受性低而耐受性较高，不随意的反应性强；具有可塑性和外倾性；情绪兴奋性高，外部表露明显；反应速度快而灵活。

（2）胆汁质：感受性低而耐受性较高，不随意的反应性高，反应的不随意性占优势；外倾性明显；情绪兴奋性高，抑制能力差；反应速度快，但不灵活。

（3）黏液质：感受性低而耐受性高，不随意的反应性和情绪兴奋性均低；内倾性明显，外部表现少；反应速度慢，具有稳定性。

（4）抑郁质：感受性高而耐受性低，不随意的反应性低；严重内倾；情绪兴奋性高而体验深，反应速度慢；具有刻板性，不灵活。

表3-3列出了上述四种气质类型的区别。

表3-3　四种气质与神经类型的行为特点

气质与神经类型	内、外向	情绪稳定性	行　为　特　点
胆汁质（兴奋型）	外向	不稳定	暴躁、好动、攻击、兴奋、善于社交、冲动、乐观、积极
多血质（活泼型）	外向	稳定	有领导能力、无忧无虑、灵活、活泼、逍遥自在、敏感、健谈、开朗、社交型
黏液质（安静型）	内向	稳定	被动、谨慎、有思想、温和、能控制、可信赖、脾气好、安静
抑郁质（抑制型）	内向	不稳定	安静、不善社交、保守、悲观、严肃、刻板、焦虑、忧虑

日常生活中通常采用性格内向与外向（社交态度）、情绪稳定和不稳定（神经质、情绪状况）两个维度来分辨一个人的气质。四种典型气质类型的人在遇到放在公园凳子上的帽子被他人坐扁的情况时，会出现不同的反应和表现。第一种情形，受损害者大发雷霆，属于外向与不稳定性格，这种人有攻击性，表现出不安和暴躁，属于胆汁质类型；第二种情形，若无其事，属于内向与稳定性格，表现出小心、镇定、有控制力，属于黏液质类型；第三种情形，伤心、沮丧，属于内向与不稳定性格，表现出易怒、严厉、悲观，属于抑郁质类型；第四种情形，一笑置之，属于外向与稳定性格，表现出随便、活泼、健谈，属于多血质类型。此外，四种典型气质类型的人在遇到迟到10分钟，被电影院的门卫拒绝入内的情况时也会有不同反应和表现。

2. A型性格和B型性格

有些人总愿意从事高强度的竞争活动，并长期有时间紧迫感，这些人就拥有A型性格（Type A Personality，见心理测试3-1）。A型性格者总是不断驱动自己要在最短的时间里做最多的事，并对阻碍自己努力的其他人或事进行攻击。在竞争日趋激烈的社会，这种特点被高度推崇，直接影响到个体的物质利益的获得。

A型性格表现为如下五个方面。

（1）运动、走路和吃饭的节奏很快。

（2）对很多事情的进展速度感到不耐烦。

（3）总是试图同时做两件以上的事情。

（4）无法处理休闲时光。

（5）着迷于数字，他们的成功是以每件事中自己获益多少来衡量的。

例证 3-2

A型驾驶员的事故倾向性[5]

冲动、好斗、有攻击性的人在驾驶过程中容易被激怒，并采用攻击性方式驾驶。这类驾驶员在行车过程中表现出易急躁、违章、超速和应急能力差等，容易成为交通事故的肇事者。

A型人常处于中度至高度的焦虑状态中，他们不断地给自己施加时间压力，总为自己限定最后期限，这些特点导致了一些具体的行为结果。例如，A型人是速度很快的工人，他们对数量的要求高于对质量的要求，从管理角度来看，A型人表现为愿意长时间从事工作，但他们的决策欠佳也绝非偶然，因为他们做得太快了。因为A型人关注的是数量和速度，他们常常依赖过去的经验解决自己当前面对的问题，因此很少有创造性。对于一项新工作或项目，需要专门的时间来开发解决它的具体办法，A型人却很少分配出这种时间。他们很少根据环境的各种挑战改变自己的应对方式，因而他们的行为比B型人更易于预测。

与A型性格相对的是B型性格（Type B Personality），B型性格的人很少因为要从事不断增多的工作或要无休止地提高工作效率而感到焦虑。B型性格表现为如下四个方面。

（1）从来不曾有时间紧迫感以及其他类似的不适感。

（2）认为没有必要表现或讨论自己的成就和业绩，除非环境要求如此。

（3）充分享受娱乐和休闲，而不是不惜一切代价实现自己的最佳水平。

（4）充分放松而不感到内疚。

例证 3-3

皮尔·卡丹的果断性格[6]

服装设计师皮尔·卡丹认为自己个性中的"当机立断，迅速决定"是他取得成功的重要本钱。他说："请不要这样浪费自己的时间。"凡是接触过皮尔·卡丹的人都不难发现，他的工作始终是以快速、便捷的步伐进行，从不吞吞吐吐、优柔寡断，但又绝非草率行事。深思熟虑与当机立断被他运用得那样协调与完美，皮尔·卡丹的性格体现了A、B型性格的完美结合。皮尔·卡丹几乎在所有国家和地区都有一家分公司，总量超过10 000家，仅巴黎一个城市就有300多家，雇员超过20万人。他拥有6座陈列馆，还拥有一个私人码头。他创造了"皮尔·卡丹帝国"，而他就是这个"帝国"里的君王。

（二）个性的特质理论

个性的特质理论即认为人的行为不受自己的类型制约，而是由个人在一定程度上都有的种种稳定的特质决定的。特质是指个人有别于他人的特性，这些特性是较为永久一致的，这里以卡特尔16种个性特质为例加以说明。

由美国心理学教授卡特尔（Raymond Bernard Cattell，1905—1998）编制的卡特尔16种个性因素问卷（The Sixteen Personality Factor Questionnaire，16PF）被认为是最典型的因素分析个性问卷，在临床、工商业、政府部门及教育方面有着广泛的应用，特别是在人才选拔、就业指导及心理咨询方面具有较高的使用价值。

卡特尔16种个性特质包括以下内容：

A. 乐群性	B. 聪慧性	C. 稳定性	E. 恃强性
F. 兴奋性	G. 有恒性	H. 敢为性	I. 敏感性
L. 怀疑性	M. 幻想性	N. 世故性	O. 忧虑性
Q1. 实验性	Q2. 独立性	Q3. 自律性	Q4. 紧张性

各项心理特质高、低分者呈现的特征如表3-4所示。

表3-4　卡特尔16种个性特质的特征

心 理 特 质	低分者特征	高分者特征
A. 乐群性	缄默、孤独	乐群、外向
B. 聪慧性	迟钝、学识浅薄	聪慧、富有才识
C. 稳定性	情绪激动	情绪稳定
E. 恃强性	谦虚、顺从	好强、固执
F. 兴奋性	严肃、审慎	轻松、兴奋
G. 有恒性	权宜、敷衍	有恒、负责
H. 敢为性	畏缩、退却	冒险、敢为
I. 敏感性	理智、着重实际	敏感、感情用事
L. 怀疑性	信赖、随和	怀疑、刚愎
M. 幻想性	现实、合乎成规	幻想、狂放
N. 世故性	坦白、直率、天真	精明能干、世故
O. 忧虑性	安详、沉着、有自信心	忧虑、抑郁、烦恼多端
Q1. 实验性	保守、服膺传统	自由、批评激进
Q2. 独立性	依赖、随群附众	自主、果断
Q3. 自律性	矛盾冲突、不明大体	知己知彼、自律严谨
Q4. 紧张性	心平气和	紧张困扰

三、个性与职业匹配的理论

个性与职业的匹配问题是早期管理心理学家研究的一个重要课题。20世纪60年代，霍兰德（John L. Holland）提出的个性与工作匹配理论认为，人的人格类型、兴趣与职业密切相关，每个人都有自己独特的能力模式和人格特征，每种人格特征的人都可以找到适合自己的职业[7]。该理论极大地影响了职业指导运动、人才招聘与选拔的实践。自20世纪80年代以来，研究者们开始由原来的个性与职业的匹配问题研究逐步拓展到个性与组织类型、环境的匹配问题研究。

工作效率与人的个性特点是密切相关的。研究者在一项针对 800 名男士的追踪研究中发　现，其中 160 名成就最大与 160 名成就最小的人相比，在智力方面没有什么差距，而他们的个性特点却有很大差异[8]。成就大者有理想、有强烈的进取心，表现出自信、不屈不挠、谨慎、认真的性格特点。美国学者的另一项研究的结论则是，个人的工作效率与其毕业学校的名望并不相关，而他的心理特点（如信念、态度与个性等）对工作效率的作用却重要得多。

正是因为个性在预测工作效率、缺勤、离职等个体和群体行为方面的重要性，有关个体、个性与工作、职业、组织、环境之间的匹配问题和理论研究才得到了管理心理学学者的关注。

例证 3-4

容易妥协的人的平均薪水较低

新加坡《联合早报》援引美国《人格与社会心理学》期刊的一篇研究报道指出，北美一项研究发现：容易妥协的人的平均薪水比据理力争的人的要低。

这项研究项目由美国康奈尔大学利文斯顿、圣母大学贾吉与加拿大西安大略大学赫斯特共同主持，采访对象是近十年来进入劳动市场的 9 000 人。研究人员在测试受访者的人格特质后，比对了他们的收入情况，结果发现：容易妥协的男性比起不轻易退让的男性，平均少赚 7 000 美元（约合人民币 44 450 元）；女性的处境更糟，无论是否坚持升迁加薪，收入都比男性少了约 14%。该研究团队的一名成员说："据理力争并不是指很难跟人相处，而是指你愿不愿意为自己的权利奋战到底。"

容易妥协的人的人格特质包含顺从、谦逊、为他人着想，这些特点可能带来好人缘，却不利于增加收入。研究发现，公司管理阶层更愿意为主动争取权利的员工升迁与加薪。

（一）气质与职业的匹配

根据各种气质的特点以及职业要求，可以找到气质与职业之间的匹配关系。表 3-5 列出了气质与职业之间的匹配关系。

表3-5　气质与职业选择

类别	气质			
	多血质	胆汁质	黏液质	抑郁质
气质特点	活泼、好动、敏感	热情、直率、外露、急躁	稳重、自持、内向	安静、情绪不易外露、办事认真
适合的职业	政府及企事业管理者、外事人员、公关人员、驾驶员、医生、律师、运动员、公安、服务员等	导游、推销员、勘探工作者、节目主持人、外事接待人员、演员等	外科医生、法官、财会人员、统计员、播音员等	机要员、秘书、人事、编辑、档案管理员、化验员、保管员等
不适合的职业	单调或过于细致的职业	长期安坐的细致工作	创业或环境不断变化的职业	热闹、繁杂环境下的职业

研究者对广东省 80 多家公司的 225 名企业管理者（其中男 132 人，女 93 人）进行了问卷调查，结果表明，管理者气质类型主要分布为略偏多血质（占 27.1%）、多血—黏液混合（占 23.1%）、胆汁—多血混合（占 10.2%）、略偏黏液质（占 9.3%），上述这几种气质类型的管理者占了总人数的 69.7%。另外，没有一个典型抑郁质的管理者，男女管理者气质类型分布的总体差异不大。具体结果如表 3-6 所示。[10]

表 3-6　管理者气质类型分布（N=225）

气质类型	总人数	占总数的比例/%	男性	占男性总数的比例/%	女性	占女性总数的比例/%
典型胆汁质	1	0.4	1	0.8	0	0
典型多血质	8	3.7	5	3.8	3	3.2
典型黏液质	3	1.3	2	1.5	1	1.1
典型抑郁质	0	0	0	0	0	0
略偏胆汁质	7	3.1	5	3.8	2	2.1
略偏多血质	61	27.1	39	29.5	22	23.7
略偏黏液质	21	9.3	15	11.4	6	6.5
略偏抑郁质	5	2.2	1	0.8	4	4.3
胆汁—黏液混合	7	3.1	5	3.8	2	2.1
胆汁—多血混合	23	10.2	9	6.8	14	15.1
胆汁—抑郁混合	3	1.3	2	1.5	1	1.1
多血—黏液混合	52	23.1	32	24.2	20	21.5
多血—抑郁混合	5	2.2	4	3.0	1	1.1
黏液—抑郁混合	11	4.9	4	3.0	7	7.5
胆汁—多血—黏液混合	8	3.7	4	3.0	4	4.3
胆汁—多血—抑郁混合	5	2.2	2	1.5	3	3.2
多血—胆汁—黏液—抑郁混合	2	0.9	1	0.8	1	1.1
多血—黏液—抑郁混合	3	1.3	1	0.8	2	2.1
合计	225	100	132	100	93	100

根据表 3-6，可以得出如下三个结论。

（1）典型胆汁质和抑郁质气质类型的人不适宜做管理者，前者表现为鲁莽、易激动、脾气急躁、不能控制自己等；后者表现为沮丧、抑郁、孤僻、行动迟缓等。

（2）典型多血质、黏液质，或多血—黏液混合、胆汁—多血混合气质类型的人比较适合做管理者。这是因为多血质类型者因兴奋占优势，对外反应快，能够控制自己，具有平衡外向性，其机敏而均衡的气质特点有利于生产经营管理。黏液质类型者具有平衡内倾性，这种气质也是管理者所不可缺少的。多血—黏液混合气质类型的管理者兼有多血质和黏液质气质类型的优势，胆汁—多血混合气质类型的管理者有别于胆汁质类型的管理者，前者热情的性格能够得到有效的控制而保持适当的均衡，活跃、务实，这有助于他们成为有效的管理者。

（3）现实中还是存在极少数典型胆汁质和抑郁质类型的管理者的，这部分管理者对自己是否能胜任目前的管理工作基本上持否定的态度，他们走上管理岗位可能是因为任人唯亲或受资历、机遇等因素的影响。

（二）管理者的性格类型

采用卡特尔 16 种人格因素量表的研究结果表明，企业中层管理者与一般工人在以下四种特质方面存在显著差异：① 缄默孤独与乐群外向；② 情绪激动与情绪稳定；③ 权宜敷衍与有恒负责；④ 专业而有成就。自律性是选拔管理人员的重要个性特征，而且管理人员的级别越高，其自律性越强。管理人员必须善于控制自己的情绪和行为。[11]

有学者曾采用卡特尔 16 种人格因素量表对北京市各类企业中从事组织人事工作、营销管理工作和财务工作的 248 位人员进行了个性测查，结果表明：上述三个职业群体的个性结构有许多共同之处，如都有较高的稳定性、有恒性和自律性，但他们之间的差异也是显而易见的。组织人事管理者和营销管理人员更加外向、开朗，而财会人员则比较内向、严谨，这明显反映了职业特点，即组织人事工作和营销工作更多的是以人为对象，而财会人员每天面对的更多的是数据。另外，测验结果还反映了组织人事管理者讲实际、工作原则性强而不留情面，有保守倾向，营销人员冒险敢为，具有广泛的社会联系，而财会人员则有细心敏感、独立性较高的个性特征。[12]

有关性格和能力与职业的匹配将在第十二章中介绍。

第二节 心 理 测 验

近年来，随着个性特征的信息在员工招聘、选拔、工作绩效预测等方面的广泛应用，管理心理学对于个性模型的研究自 20 世纪 90 年代以来再次趋于活跃。国家人力资源和社会保障部有关部门已在公务员考试和企业咨询中采用了心理测验。在一项对 83 家分别来自江苏、浙江、上海、广东、安徽、江西、山东、河北、天津等省市的企业的调查中，有 25 家企业（30.1%）表示采用了心理测验的方法，采用的心理测验主要有：16PF（10 家）、IQ（7 家）、韦氏成人智力量表（4 家）、Holland 职业兴趣测试（4 家）、大五人格测验（3 家）、MBTI（3 家）[13]。随着国内心理测验工具的成熟和管理的日益规范，越来越多的企业将会使用心理测验，而且网上测验已经随网络技术和人员招聘中的网上申请的发展而得到快速发展。

一、常用心理测验

常用的心理测验包括韦氏智力量表、迈尔斯—布里格斯类型指标测验、"大五"个性因素模型、加州心理测验、投射测验、创造力测验、卡特尔 16 种人格因素测验、霍兰德职业人格测验等。

（一）韦氏智力量表

韦氏智力量表（Wechsler Intelligence Scales）由美国心理学家韦克斯勒（David Wechsler）编制，是迄今为止最权威和应用得最广泛的儿童智力量表之一。韦氏成人智力测验（Wechsler Adult Intelligence Scale，WAIS）是韦氏智力量表的一部分。龚耀先于 1981

年主持修订 WAIS（1955 年版），为中国修订韦氏成人智力量表（WAIS-RC），分为城市式和农村式（较长时间生活、学习或工作在县属集镇以上的人口，适用城市式；长期生活、学习或工作在农村的人口采用农村式）。

WAIS-RC 包括 11 个分测验，分为言语量表和操作量表两部分：言语部分包括知识、领悟、算术、相似性、数字广度、词汇 6 个分测验；操作部分包括数字符号、图画填充、木块图、图片排列、图形拼凑 5 个分测验。

注意事项如下。

（1）标准程序施测。一定要按照量表标准程度施测，所有人员一定要阅读手册。

（2）掌握测量技术。主试必须受过训练，掌握本量表测验技术—提问技术、鼓励回答技术、书写回答格式、记分方法、记分标准、原始分换算标准分方法、计算智商方法、测量结果解释。

（3）测验材料齐备。测验材料有组织，使用得心应手。

（4）测验时间要选择恰当。

（5）取得被试合作。主试应努力取得被试合作，尽量使之保持对测验的兴趣。可用"好""这不会花你许多时间的""这里还有另一些不同方式的测试""我想你一定会感兴趣"等鼓励言语，但不能说"对""不错"。

（6）严格控制测量时限。有些项目无时限，但不能任意延长。一般被试可在 10 秒或 15 秒后考虑好并做出回答（有时限的时间反而长）。

（7）按指导语执行。每个测验均有指导语，主试应按原话宣读指导语，不得改变原意。

（8）原话记录分数。主试按被试回答原话记录，并将分数记录在该项目后面。

（二）迈尔斯—布里格斯类型指标测验

MBTI 量表（Myers-Briggs Type Indicators）是目前世界上应用得最为普遍的个性评价工具，在国外，每年有几百万人都在接受 MBTI 测验。近些年，MBTI 专家在原始工具基础上，相继开发出十余个版本的量表，主要经由美国心理类型应用中心、咨询心理学家出版社以及 MBTI 信托机构（Trust）三大组织共同合作出版了三阶段评估工具，其理论基础愈趋深厚，评估结果也愈加个性化。也正因此，该量表越来越广泛地被应用于自我了解和发展、职业发展和指导、组织发展、团队组建、管理和领导培训、人际关系咨询、教育及课程发展等方面。

最初的 MBTI 量表测验是由美国学者伊莎贝尔·迈尔斯（Isabel Myers）与她的母亲凯瑟琳·库克·布里格斯（Katherine Briggs）在荣格分析心理学内外倾向性格和思想基础上发展起来的，即认为人的心理可以通过以下四个双极维度描述。

（1）外向型（E）—内向型（I）：表示获得与运用能量的方式。

（2）感知型（S）—直觉型（N）：表示收集与获取信息的方式。

（3）思考型（T）—感觉型（F）：表示做出决策的方式。

（4）判断型（J）—认知型（P）：表示组织生活的方式。

四个维度，两两组合，共有 16 种类型，人的性格靠近哪个维度组合，就意味着其会有哪个方面的偏好[14]。例如，直觉思维型（NT）的人有着天生的好奇心，喜欢梦想，有独创性、创造力和洞察力，有兴趣获得新知识，有较强的分析问题、解决问题的能力。他们是独立的、理性的、有能力的人。大多数 NT 类型的人喜欢物理、研究、管理、计算机、法律、金融、工程等理论性和技术性强的工作。有研究表明，成功企业家的特征之一是具有直觉思维型（NT）的个性。对来自苹果电脑公司、联邦快递公司、本田汽车公司、微软公司和索尼公司等的 13 位企业家（创始人）的调查表明，他们全部为直觉思维型（NT）个性。这一结果十分有趣，因为直觉思维型人仅占总人数的 5%。"外向—直觉—思考—认知"（ENTP）类型和"外向—感知—思考—认知"（ESTP）类型的管理者的工作绩效比较高。

例证 3-5

IBM 公司的说服游戏[15]

IBM 公司曾经要派一批人去印度开展工作，由于对印度缺乏了解和存在文化上的偏见，几乎没有人愿意去。于是，相关部门就对候选人的性格类型进行了针对性研究，对不同类型的候选人制定了不同的说服方案。例如，对于 ENTJ（外向思考直觉判断）的人就用晋升、加薪和新工作富于挑战性来吸引他们；对于 ISFP（内向感知感觉认知）的人就动之以情，晓之以理，向他们表明印度的工作将最大限度地体现出他们的价值，并许诺提供最自由的工作空间让他们充分发挥，同时暗示他们有机会领略印度灿烂的古代文明是一次难得的人生体验。由于充分研究了候选人的性格特质，说服工作进展得非常顺利，人事部门也就出色地完成了这次原本被认为不可能完成的任务。而且大部分被派往印度的人在到达印度之后，不仅在工作上有很大的进步，而且也庆幸地认为前往印度是自己人生中最为成功的决定之一。

（三）"大五"个性因素模型

"大五"个性因素模型（Big Five Factor Model）最初由突普斯和克里斯特（Tupes & Christal）提出，该模型认为任何个体都存在着五个相对显著、独立而且稳定的个性因素[16]。这五个因素包括精力充沛、情绪稳定、相容协同、责任意识和文化修养。后来的学者们一般将个性的五大因素命名为外向、情绪稳定性、随和、责任心和开明性[17]。

（1）外向。该因素既包括个体爱交际、乐群、武断这一极端到安静、保守、谦恭、退让的另一极端，也包括友善、社会化、支配欲、权力欲、社会能力。

（2）情绪稳定性。该因素既包括个体的坚定、稳健、冷静这一极端到焦虑不安、担心、情绪化的另一极端，也包括神经过敏。

（3）随和。该因素既包括同情、合作、好脾气、热情这一极端到坏脾气、不高兴、不愉快、冷淡的另一极端，也包括信任、攻击性、喜欢、友好、顺从。

（4）责任心。该因素既包括努力工作、勤劳、负责这一极端到任性、不负责和懒惰的另一极端，也包括可信赖、成就欲、自我控制与冲动、野心与慎重、约束和工作。

（5）开明性。该因素的最显著的特征是创造力、想象力、广泛的兴趣和勇敢。

"大五"性格因素如图 3-1 所示。1990 年以来，"大五"性格因素模型在我国也得到了验证，成为得到普遍认可的一种个性结构理论。研究表明，"大五"个性因素与工作绩效有着较为密切的关系。

图 3-1　"大五"性格因素

（四）加州心理测验

加州心理测验量表（California Psychological Inventory）由美国加州大学的心理学教授高夫（H. G. Gough）编制，共包括 480 个是否型的问题，由 18 个分量表构成[18]。18 个分量表按所测查的个性心理特征又可分为四大类：① 考查人际关系适应能力；② 涉及社会化、成熟度、责任心及价值观念的测量；③ 考查成就能力与智能效率；④ 涉及个人的生活态度和倾向。该测验主要考查人与社会相关的各个方面，从人与社会的交往中了解个体的特点。

（五）投射测验

投射测验（Projective Tests）是给被试者呈现一种模棱两可的情景、图片或陈述，要求其尽快做出解释反应，被试者在回答或解释反应的过程中往往会置入自己的思想、态度、愿望、价值观和情感，测试者据此分析了解被试者的个性特征。目前，应用得比较广泛的投射测验有罗夏克墨迹测验和主题统觉测验。下面对其分别加以介绍。

（1）罗夏克墨迹测验（Rorschach Inblot Technique）。该测验由瑞士精神病学专家罗夏克（Hermann Rorschach，1884—1922）于 1921 年提出。[19]通过让被试者解释一套用墨迹组成的图形，进而推论被试者的个性特征，如图 3-2 所示。

（2）主题统觉测验（Thematic Apperception Test）又称 TAT 测验，是由美国心理学家于 1930 年提出的个性测量方法。测验时，向被试者呈现一套反映不同情景的图片，要求被试者用五分钟看完一张图片并讲出一个故事或发表自己的意见，测试者运用一定技术分析故事或见解，推论被试者的个性特点，如图 3-3 所示。[20]

图 3-2　罗夏克墨迹测验例图　　　　　图 3-3　主题统觉测验例图

二、心理测验在管理中的应用

心理测验在管理中的应用主要表现在员工的招聘、人才的培育选拔、心理健康测查以及潜能开发等人力资源管理方面。下面对公务员考试和企业网上申请中的心理测验以及背景调查分别加以介绍。

（一）心理测验在公务员考试中的应用

我国公务员考试是社会人才从事政治管理或跻身公务员队伍的一个有效的途径，建立公平、公正的考试制度对国家建设发展至关重要。其考试形式包括笔试、面试、心理测试等方面，通过一系列的测验以衡量和评价应试者的知识、能力、专业水平以及心理素质等是否符合国家公务员要求。心理测验在公务员考试中的应用主要有三个特征：一是其信度和效度都比较高。目前，一些省份在公务员录用考试的心理测验中使用的量表都是世界各国长期使用后得出明确结论的著名量表。二是采取的手段比较新颖。目前，心理素质测验主要采取心理问卷的方法，既便于操作又有固定的标准。三是测验的标准化程度较高。心理测验与物理测量一样，都是根据一定的法则将某种物质属性表示成数字，同时又都有严格标准的测试方案，从而最大限度地排除无关因素的干扰，使测试结果准确、标准，而且可以相互比较。心理测验能对人的心理素质进行科学、准确的评估，为择优录用提供客观有效的依据，因而已经成为国家选拔公务员的常规办法。目前，越来越多的国企和事业单位也开始运用心理测验进行人才选拔和人事决策。[21-23]

（二）心理测验在企业网上申请中的应用

随着国内心理测验工具的成熟和管理的日益规范，越来越多的企业开始使用心理测验，而且网上测验已经随网络技术的发展和线上招聘渠道的兴起得到越来越广泛的应用。目前有许多国内外知名企业（如腾讯、宝洁、联合利华、京东、恒大）在应聘人投递简历后，会根据不同的职业选拔需要，要求应聘者进行相应的线上心理测试。心理测试结果将作为企业筛选应聘者的一个重要参考因素。例如，企业利用智力量表测验中的言语测验测量管理、销售人员的言语理解能力和与人沟通的能力；利用人格因素调查问卷，如卡特尔的测试问卷、明尼苏达多项人格问卷（MMPI）、艾森克人格问卷（EPQ）、大五人格测验等，测查候选人的人格特质，为其进行职业类型匹配度确认；利用投射测验可以考查出应聘者的工作动机和与工作有关的生活态度。以往，用人单位的网上招聘工作因无法对应聘者进行深入全面的了解而深受诟病，如今，企业使用线上心理测验做辅助，线上招聘的科学性、准确性和公正性都有了大幅度的提升。

（三）背景调查在招聘中的应用

背景调查就是企业人力资源部门通过各种正常的、合法的、合理的方法和渠道，对应聘人员的工作经历、教育背景、品质、兴趣、薪资等情况进行暗中调查，以获得应聘人员背景资料的相关信息，并对获得的信息与应聘人员所提供的简历、面谈介绍以及职位信息进行对比，以成为企业人力资源管理者进行员工聘用决策的参考依据，为人才决策提供重要的证据材料。[24]

美国企业的主要背景核实方式为推荐信核实和电话核实，也有委托商业调查公司进行调查的。目前，我国的员工背景调查则主要包括身份识别、犯罪记录调查、教育背景调查、工作经历调查、个人资信和资质调查等。

由于我国目前的法律没有明确地对企业背景调查的权利和义务进行界定，应聘人对公司的背景调查结论持不同意见时有可能会诉诸法律。因此，在实际应用中，企业进行背景调查前要获得应聘人的理解、支持和书面知情同意书，要避免涉及个人隐私问题。其次，企业在背景调查过程中要保持严谨和客观的态度，妥善处理背景调查的结果，并且注意完善背景调查的各种制度和流程，保留各种书面资料。

例证 3-6

提供虚假证明人骗取高职位

某候选人在应聘某公司时，向公司表明自己上一份工作的职位是总监，且在工作期间能力突出、表现良好，离职是因个人发展需要。HR 觉得候选人的面试表现不错，拟定录用。由于候选人应聘的岗位属于高管级别，在发送正式 offer 前，根据公司要求需要对候选人进行背景核查。在调查时，HR 通过候选人前雇主公司发现，候选人提供的证明人从未在前雇主公司工作任职，并非该公司员工，其真实身份是候选人的朋友。不仅如此，候选人在前雇主公司任职期间，人际关系非常不好，喜欢打压同事，甚至出现过越权行为，给公司造成了一定的经济损失。前雇主公司后续进行业务调整，需要裁员，整个部门只有他被裁掉。所以，候选人其实是为了避免应聘公司知悉自己的真实情况，提供了虚假的证明人，以掩盖自己过往的工作劣迹。

（供稿：广州市八方锦程人力资源有限公司，2020）

三、使用心理测验应注意的问题及对策

为准确地了解个体的个性特点，必须正确地使用心理测验，否则，不仅不能有效地了解个体的个性特点，反而可能造成不良的后果。为使心理测验能够最大限度地发挥其功效，使用心理测验时宜注意以下六个问题并且采取相应的对策。

（1）心理测验存在局限性[25]。心理测验是了解个体个性特点的重要手段，是诊断、招聘和选拔、决策的重要工具。但是，心理测验的信度和效度始终存在一些令人不满意的地方，存在不可忽视的局限性，因此，必须科学、严肃、慎重、谦虚地对待心理测验，不能把心理测验当作唯一准确可靠的工具。心理测验可信，但不能全信；心理测验可用，但不能完全依靠它。

（2）个别心理测验不够科学。心理测验有优劣之分。目前，许多报刊为吸引读者登载了不少游戏性心理测验，这些心理测验不够科学，不能拿来使用。我们必须采用按照科学方法编制的、经过标准化程序处理的心理测验。心理测验软件必须通过专家鉴定、科学有效并配有使用手册，方可使用。

此外，我国使用的心理测评方法与测评表大多从国外引进，由于文化背景有差异，引进的测试量表需根据我国实际情况加以修改。尽管近年来国内科研单位、高等院校以及从事人才测评的服务机构先后研制出了一批国产品牌的心理测试量表和软件，但也基本是在参考国外量表的基础上制作的。目前，我国仅对 MMPI-1、16PF、EPQ 等少数引进的量表进行了严格修订，其他量表少有认真修订。目前，只有少数心理学研究所和教学机构严格修订了引进的量表，其他引进量表的单位和个人没有能力或缺乏耐心，通常只是草草修订或不修订，直接翻译过来使用，以致一些在国外使用效果很好的心理测验到了我国就出现了使用效果大打折扣的现象。

（3）心理测验专业人士的缺乏。心理测验是一项专业技术性很强的工作，测验人员必须是经过专门的心理测验训练、具备相应资格的人。对于测验的选择、施测、结果解释，只有训练有素的专业工作者才能胜任。国外心理测评的从业人员都要经过专门的培训，而且至少要具备心理学专业本科学历，并取得执业资格方可上岗。而我国目前的心理测试从业人员数量较少，从业人员的素质也参差不齐，有很多非测验专业的人士也大量使用心理测验，而不考虑自己是否具有相关心理学理论的知识背景，也不考虑心理测验编制的原理、心理测验的优点和缺点、使用心理测验应注意的问题等，这种知其然不知其所以然的情况可能会导致测评结果的失真。只有由专业人士施测，才能把误差控制在最小的范围内，才能提高测试结果的可靠性和有效性。

（4）对心理测验结果的解释不当。在解释心理测试结果的过程中，主试有时会忽略实测过程中可能产生的误差，有的人可能还会因主观因素而曲解分数，从而对被试者产生不好的影响。在解释结果时，主试宜十分慎重，避免感情用事、无中生有、无端推测或者曲解分数，更应防止被试者因分数低而悲观失望，或因分数高而骄傲自满。心理测验的结果是否真实有效受到很多因素的制约，并不是一测就准，往往需要多次反复测量，并采用多种测量方法相结合的形式，才能在一定程度上揭示人的心理特征。总之，对心理测验的结果不能过于依赖，需要慎重解释与使用。

（5）心理测评的意义被过分夸大[26]。不少人过分夸大和迷信心理测评的作用与意义，形成"万能论"和"唯测评论"。一些人认为测评结果可以说明一切问题，有些单位则把测评结果作为用人的完全依据。诚然，心理测评较之以往的"学历+工作经验"的人才选拔方法更具科学性、准确性和客观性，但它也并非十全十美。心理测验通过间接测量和取样的方法推论出人的特质，不可避免地存在误差。况且，不同的心理测试测评方法所依据的理论基础不尽相同，每个理论都会存在一个"脆弱的前提假设"，这也加大了测试结果的不确定性。因此，当使用心理测试时，我们应当认识到，心理测试同其他任何一种人才测评工具一样，都是决策的辅助性工具，其分析结果不能作为唯一依据来使用。

（6）心理测评出现滥编滥用的现象。目前网络上流行着不少改编的趣味性心理小测试，这些测试虽然满足了普通大众的娱乐性需求，但其编制过程不一定科学且欠缺权威，并不适合于正规用途。心理测评滥编滥用的现象影响人们对心理测评的信任，损害现代测评技术的声誉。当前，由于心理测评被更多的人认可，许多单位和个人为了满足实践的需要引进或制作各种各样的测评工具，以致有人将心理测评当作一种时尚，或不问其应用的科学性，或编制量表时缺乏理论依据，程序不够规范，甚至将一些信效度不高的量表引入实践中。权威性心理测评要在大量收集样本的基础上，经过严格的、科学的专门研究和多次试测，才会最终成为一种专门工具，而且只有经过国家认证的专业机构和获得相应资格的专业人员才能做心理测评工作。

本章小结

> 个性是指个体的比较稳定的、经常影响个体的行为并使个体和其他个体有所区别的心理特点的总和。
> 个性的理论可分为个性的类型理论和个性的特质理论。
> 气质分为多血质、胆汁质、黏液质和抑郁质四种基本类型。
> 个性与职业的匹配问题研究逐步扩展到个性与组织类型、环境的匹配问题研究。
> 心理测验是了解个体个性特点的重要手段，是诊断、招聘和选拔、决策的重要工具。
> 心理测验已被应用到公务员考试、企业网上申请中，笔迹分析也被应用到机关企事业单位的招聘等实际领域中。
> 心理测验具有一定的局限性，必须正确地使用心理测验。

 思考练习题

一、选择题

1. 性格类型不能够做好坏评价（　　）。
   （1）是　　　　（2）否

2. 智力是一种特殊能力（　　）。
   （1）是　　　　（2）否

3. 抑郁质类型的人思想刻板、内向、孤僻，因此抑郁质是一种不好的气质类型（　　）。
   （1）是　　　　（2）否

二、简答题

1. 什么是个性？个性心理特征包括哪些内容？个性倾向性包括哪些内容？
2. 何谓个性与职业的匹配？
3. 心理测验应注意哪些具体事项？

3-1 你是A型人格吗？

在下列各特质中，你认为哪个数字最符合你的行为特点？本测验约需五分钟。

1. 不在意约会时间	1 2 3 4 5 6 7 8	从不迟到
2. 无争强好胜心	1 2 3 4 5 6 7 8	争强好胜
3. 从不感觉仓促	1 2 3 4 5 6 7 8	总是匆匆忙忙
4. 一时只做一事	1 2 3 4 5 6 7 8	同时要做好多事
5. 做事节奏平缓	1 2 3 4 5 6 7 8	节奏极快（吃饭、走路等）
6. 表达情感	1 2 3 4 5 6 7 8	压抑情感
7. 有许多爱好	1 2 3 4 5 6 7 8	除工作之外没有其他爱好

记分：累加7个问题的总分，然后乘以3。分数高于120分，表明你是极端的A型人格；分数低于90分，表明你是极端的B型人格。分数对应的人格类型如表3-7所示。

表3-7 分数对应的人格类型

分　　数	人格类型
120以上	A+
106～119	A
100～105	A-
90～99	B
90以下	B+

3-2 "大五"人格问卷

表3-8列出了60个描述您在日常生活中的行为和态度的说法，请认真阅读每一句话，并表明您对该说法赞同或不赞同的程度。请尽可能根据您的实际情况对它们做出诚实、客观的回答。使用下面的量表，并在相应的数字上画圈。时间需15～25分钟。

表3-8 "大五"人格问卷

	1 完全 不同意	2 不太 同意	3 有些 同意	4 同意	5 完全 同意
1. 我无忧无虑	1	2	3	4	5
2. 我喜欢周围人多	1	2	3	4	5

续表

	1 完全 不同意	2 不太 同意	3 有些 同意	4 同意	5 完全 同意
3. 我不喜欢想入非非	1	2	3	4	5
4. 我尽量对我所遇到的任何人以礼相待	1	2	3	4	5
5. 我将自己的物品保持得干干净净且井井有条	1	2	3	4	5
6. 我常常感到不如别人	1	2	3	4	5
7. 我很容易大笑	1	2	3	4	5
8. 我发现哲学争论很无聊	1	2	3	4	5
9. 我经常同我的家人和同事争吵	1	2	3	4	5
10. 我比较善于安排将事情按时做完	1	2	3	4	5
11. 当我压力重重时，有时就会感到要身心崩溃	1	2	3	4	5
12. 我并不认为自己的心情非常愉快	1	2	3	4	5
13. 艺术和自然界的各种状态常激起我的好奇心	1	2	3	4	5
14. 有人认为我自私且以自我为中心	1	2	3	4	5
15. 我并不是一个做事很有条理的人	1	2	3	4	5
16. 我很少感到孤独或愁闷	1	2	3	4	5
17. 我的确喜欢与人交谈	1	2	3	4	5
18. 我认为，让学生听一些有争议的演讲只会使他们迷惑不解或产生误导	1	2	3	4	5
19. 我宁愿与他人合作，也不与他们竞争	1	2	3	4	5
20. 我努力把分给我的任务尽心尽职地去做好	1	2	3	4	5
21. 我经常感到紧张而且神经过敏	1	2	3	4	5
22. 我喜欢付诸行动的过程	1	2	3	4	5
23. 诗歌对我的影响很少或者根本没有什么影响	1	2	3	4	5
24. 我常会怀疑别人的用意	1	2	3	4	5
25. 我有明确的目标，并且按部就班地朝着它们努力	1	2	3	4	5
26. 我有时感到自己毫无价值	1	2	3	4	5
27. 我往往喜欢单独做事情	1	2	3	4	5
28. 我经常品尝一些新的外来食品	1	2	3	4	5
29. 我认为，如果你不防备，大多数人就会利用你	1	2	3	4	5
30. 在静下来工作之前，我会浪费很多时间	1	2	3	4	5
31. 我很少感到惧怕或焦虑不安	1	2	3	4	5
32. 我常常感到自己的精力无比充沛	1	2	3	4	5
33. 我极少注意到不同的环境所引起的情绪或感觉上的变化	1	2	3	4	5
34. 我认识的大多数人都喜欢我	1	2	3	4	5
35. 我为达到自己的目标不懈努力	1	2	3	4	5
36. 我常常为人们对待我的方式而感到气愤	1	2	3	4	5
37. 我是一个快活、充满激情的人	1	2	3	4	5
38. 某些音乐能够引发我无限的想象	1	2	3	4	5

续表

	1 完全 不同意	2 不太 同意	3 有些 同意	4 同意	5 完全 同意
39. 有些人认为我冷漠无情且斤斤计较	1	2	3	4	5
40. 一旦我开始从事某件事,我一定坚持把这件事情做完	1	2	3	4	5
41. 一旦事情变糟,我常常会失去信心并且想放弃	1	2	3	4	5
42. 我并不是一个乐观派人物	1	2	3	4	5
43. 在阅读诗歌或欣赏文艺作品时,我有时会激动不已	1	2	3	4	5
44. 我任性,不轻易改变自己的态度	1	2	3	4	5
45. 有时候,我不能做一个像我应该做到的那样可靠的人	1	2	3	4	5
46. 我很少感到悲伤或沮丧	1	2	3	4	5
47. 我的生活节奏很快	1	2	3	4	5
48. 我对探索宇宙或人类的本质根本没有多大的兴趣	1	2	3	4	5
49. 我一般情况下会周密思考并为他人着想	1	2	3	4	5
50. 我是一个办事效率高并且总把自己的工作完成的人	1	2	3	4	5
51. 我常常感到孤立无援,并且希望有其他人来解决我面临的问题	1	2	3	4	5
52. 我是一个很活跃的人	1	2	3	4	5
53. 我的求知欲望十分强烈	1	2	3	4	5
54. 如果我不喜欢别人,我就会让他们知道	1	2	3	4	5
55. 我从不感到自己做事有头绪	1	2	3	4	5
56. 有时我感到难为情,以至于自己想躲起来	1	2	3	4	5
57. 与其领导别人,不如走我自己的路	1	2	3	4	5
58. 我很喜欢理论或抽象的概念	1	2	3	4	5
59. 如果需要的话,我会利用别人来达到自己的目的	1	2	3	4	5
60. 我力求对自己做的每一件事情精益求精	1	2	3	4	5

记分:

神经质(12题):1*, 6, 11, 16*, 21, 26, 31*, 36, 41, 46*, 51, 56。分数越高,情绪越不稳定。

外向性(12题):2, 7, 12*, 17, 22, 27*, 32, 37, 42*, 47, 52, 57*。分数越高,性格越外向。

经验开放性(12题):3*, 8*, 13, 18*, 23*, 28, 33*, 38, 43, 48*, 53, 58。分数越高,性格越开明,态度开放,容易接受新事物。

宜人性(12题):4, 9*, 14*, 19, 24*, 29*, 34, 39*, 44*, 49, 54*, 59*。分数越高,性格越随和。

责任意识(12题):5, 10, 15*, 20, 25, 30*, 35, 40, 45*, 50, 55*, 60。分数越高,责任意识越强。

其中,带"*"号的题为反向记分题,即6减去所圈的数字,将各子量表相应题目的得分相加即为该子量表的得分。笔者对397名大学教师的测试结果表明,各子量表的项目内部一致性系数(Cronbach Alpha)介于0.67~0.83,说明这些子量表的信度可以接受;

对 283 名大学生的测试结果表明，各子量表的项目内部一致性系数介于 0.64～0.85；五大人格的均值和方差为：神经质 29.6±4.6（20.4 以下为典型低分，38.8 以上为典型高分），外向性 34.9±4.0（26.9 以下为典型低分，42.9 以上为典型高分），经验开放性 40.1±3.7（32.7 以下为典型低分，47.5 以上为典型高分），宜人性 39.4±4.5（30.4 以下为典型低分，48.4 以上为典型高分），责任意识 36.4±3.9（28.6 以下为典型低分，44.2 以上为典型高分）。在各个子量表上，男女不存在显著的性别差异。[27]

案例分析

乔布斯——有缺口的完美人生[28]

完美是乔布斯喜欢的词语，是他毕生的追求、成功的秘诀。在产品设计上，乔布斯精确到每一个细节，甚至要求工程师把没人会拆看的机箱电路板也设计得非常漂亮、吸引人。研发 iPhone 时，设计团队尝试过数百种不同的手机外壳，而研发"侵略了整个地球"的 iPhone 4 时，乔布斯甚至规定：主要零件间距不能大于 0.1 毫米，这是为了避免用户打电话时夹到头发。心理学家说，每个锱铢必较的完美主义者都有一颗充满控制欲的心，每个控制狂都有一个自恋的灵魂。

1. 一切从被收养开始

乔布斯从没说过他具体在哪年哪月哪天、以怎样一种方式知道了自己的身世。乔布斯的亲生父母在即将读研时生下了他却无力抚养，一对蓝领夫妻收养了他，并给他取名为史蒂夫·乔布斯。

在乔布斯还不知道自己是个养子时，收养的心理印记就早已烙印在他的身上。童年时，他是个爱哭、孤僻的孩子，被同学欺负了，就躲在角落里悄悄地流眼泪。直到乔布斯成为叱咤风云的"苹果帮"帮主，他的不少工作伙伴仍然用"少言寡语""孤僻"来评价他，但成年的乔布斯不再相信眼泪，他选择了一条更为坎坷的逃避之路。

1977 年，乔布斯 22 岁，苹果公司正式成立。就在这一年，乔布斯的女友布里南怀孕了。乔布斯不怎么喜欢这个"惊喜"，建议布里南堕胎，但布里南不同意。1978 年，乔布斯的第一个女儿丽莎诞生，但他拒绝承认。即使亲子鉴定显示他的确是丽莎的亲生父亲，乔布斯仍然奋力否认，甚至不惜牺牲自己的名誉和尊严，在法庭上说："我没有生育能力，不可能生出这个孩子。"直到 1980 年，乔布斯才承认了丽莎的身份。

那两年，没人明白乔布斯究竟在想什么。他不承认丽莎，却又把新研发的电脑命名为"丽莎"。或许，曾被亲生父母遗弃的乔布斯在用这种方式拒绝长大，他拒绝的不是丽莎，而是成为父亲的事实。

2. "我最重要"的感觉

乔布斯也许永远也不会忘记自己是个养子。终其一生，这个出生就被抛弃的男人都像个孩子一样，追求着"我最重要"的感觉。

苹果公司成立的那天，斯蒂夫·沃兹被推选为 1 号员工，乔布斯是 2 号员工。沃兹是乔布斯多年的合作伙伴，更是苹果电脑的设计者。即使如此，"2"的感觉仍让乔布斯不爽，于是他抗议了一番，然后给了自己一个让人觉得无奈又好笑的称呼：0 号员工。

乔布斯喜欢车，但从不上牌照。他"拉风"地对警察强调："我是名人，每天都会被人偷掉车牌，还不如不装。"一度，乔布斯爱上一款保时捷表，一旦有人夸他的表好看，他就当场送给对方，过一会儿又"变"出一块戴在手上。原来，这块价值 2 000 美金的手表，他一买就是一箱，送一块，再戴一块。对他来说，金钱是粪土，只要能引人关注。

所有老板都热衷于经营形象，乔布斯却说："让慈善见鬼去。"熟悉乔布斯的人这样说道："乔布斯把主要的精力都放在提高自己的生活质量上，以便让自己潜心研究、发明创新，然后直接（通过雇用员工）或间接（用产品改善大众的生活质量）地影响更多人。"这就是乔布斯的慈善逻辑：我不给你钱，我用我的重要性来改变你。

3. 改变与控制

乔布斯说，活着就是为了改变世界。

1978 年，在苹果公司首次举办的化装晚会上，23 岁的乔布斯扮演了耶稣，或许这就像他的人生预言：我是最重要的上帝，我可以改变世界，也可以控制世界。

他做到了，他改变了全世界对科技的认知与审美，没人能跟得上他超前的眼光和步伐，但前提是：一切尽在掌握。

乔布斯严格地控制着他创造的世界。他是个只吃鱼肉和素食的人，于是苹果的食堂里就弥漫着豆腐的味道。保密是苹果最苛刻甚至带有侮辱性的公司政策：员工一旦泄密必遭解雇，哪怕是无心说漏嘴；公司内有无数摄像头监控员工的工作情况；新产品必须蒙上黑布，揭开黑布的时候必须打开红色警示灯；甚至，高管会故意在公司内散布错误信息，测试泄密可能性。

控制，这在苹果的产品上展露无遗。苹果的产品缺少开放性和兼容性，永远是完美而封闭的：不开放的系统、没有兼容性的蓝牙设备、用户甚至不能更换电池。乔布斯用他的产品告诉你：我可以给你最好的世界，但你必须放弃其他的一切。

乔布斯对自己的舆论形象也严加控制。他曾亲自打电话给坚持发稿的记者："夜里别自己骑自行车出门，小心被撞死！"对于报道了自己诸多私生活的八卦记者，他禁止苹果员工与其说话；未经他"官方授权"而撰写《乔布斯传记》的作者被他"封杀"。2008 年起，乔布斯的癌症恶化，他终于"授权"了"官方"自传的采访和出版，这或许是他对死后舆论的最后一次有效控制。

4. 善解人意与粗暴

乔布斯是全世界最善解人意的产品设计者，数十年来，"用户体验"一直是苹果最重要的追求目标。但乔布斯的这份善解人意很少能惠及身边的人，生活中，他经常漠视他人感受，是个粗暴的自恋者。

他亲生父母所生、于 27 岁时与他相认的胞妹莫娜在第三部小说《一个凡人》中描写了一个抛弃女儿的自恋狂企业家，这们企业家对他人的愿望和想法丝毫不予考虑，人生目标是"这个星球因为他的诞生而从此改变"，大家都知道这位主人公的原型是谁。

乔布斯是个爱用"咆哮体"的老板。在公司里，他动辄怒吼："你们这群笨蛋！"

"废物""饭桶"都是他经常用的词。

乔布斯的合作伙伴曾这样评价他："在他的世界里，只有黑与白。"终其一生，乔布斯都像个孩子，二元地分化着世界，被他"鉴定"为"坏人"的人，只有被他羞辱、鄙视的份儿。

问题讨论：

1. 请你简要概括乔布斯的性格特征。
2. 乔布斯的性格特征对他的管理风格有何影响？
3. 为什么乔布斯能够让苹果手机风靡全球？

 讨论题

社交风格分析

社交风格（Social Types）是指一个人在别人面前所表现的一贯的行为模式。它是由两个主要的行为维度，即果断性与反应性决定的一种很有价值的模型。果断性（Assertiveness）是指在别人眼中，一个人的行为态度所表现出来的强硬与明确的程度。行为态度越是强硬与明确，则表示果断性越强，否则果断性越弱。反应性（Responsiveness）是指在别人眼中，一个人所表现出来的情绪化反应或者控制情绪的程度。情绪化反应越是明显，则表示反应性越强，而反应性越强，则表现为控制情绪的能力越弱。由此根据上述两个维度可以将人分为四种类型，即分析型、驾驭型、表现型和温和型。这四种类型的人所采用的沟通取向很不相同，其中，分析型以过程为导向，驾驭型以行动为导向，表现型以念头为导向，温和型以人为导向。人们很容易就能判别自己和他人的社交风格。根据你的实际情况，在图 3-4 所示的坐标图的水平轴（x）和垂直轴（y）各选取一点，然后画出由它们所组成的象限点（x,y），根据象限点判断自己社交风格的大体类型。

图 3-4　社交风格坐标图

关于四种社交风格的说明如表3-9所示。

表3-9 社交风格特征

类　型	特　征
分析型	从容 有判断力 以逻辑思维贯穿 严厉、苛刻、一丝不苟，精确而富有逻辑性 以数据为基础 善于合作而不具有决断性
驾驭型	以行为和结果为导向 苛刻 迅速 有决断力、冷酷无情 情绪化 坚持原则和底线 缺乏耐心
温和型	支持 友善 沉默 服从团队 友善且乐于助人 合作 反应迟缓 不构成威胁
表现型	外向 热情、有活力 善于表达 冲动 善变 有风度 有同情心 模仿

那么，这四种社交风格类型的人在他人眼中是什么形象呢？你又该如何与他们更好地进行合作呢？下面将逐个进行介绍。

形象一：如果你被其他人描述成分析型，那么你在他们眼中的形象是怎样的？你应如何与他们进行更好的合作？具体建议如表3-10所示。

表 3-10　对分析型的评价及如何与其合作

类　型	评价与看法	如何更好地与分析型社交风格的人合作
分析型	分析型的人认为你：理智，要求更多事实依据，保守，沉默，苛刻，有逻辑性，为人冷淡，透彻 质疑你：不合作，疏远，有保留，严厉苛刻，一丝不苟，值得信赖	如何更好地与分析型的人合作： 认识到他们需要确定的时间表和最终的决定。这是由于分析型的人过分需要事实和资料，结果花费太多时间和精力，最终无法取得成效
驾驭型	驾驭型的人认为你：逻辑性强，以事实为依据，精确，可信赖 质疑你：对事实的过多要求，缺乏决断性和冒险精神	如何更好地与驾驭型的人合作： （1）概述事实的各种结果，然后由他们来决断 （2）靠自我约束，而不是过分的报告和精确的指示 （3）用金钱报酬来奖赏成果
温和型	温和型的人认为你：合作，精确，保守，有耐心 质疑你：缺乏热情，疏远他人，过分依赖数据	如何更好地与温和型的人合作： （1）表现出你感兴趣的是他们本人而不是他们提供的数据 （2）通过发挥他们协调的能力和技巧来建立在组织内部的和谐关系 （3）帮助他们取得更多的支持从而提升他们的声望
表现型	表现型的人认为你：可信赖，合作 质疑你：对数据的依赖，苛刻，古板的天性，没有个性，乏味	如何更好地与表现型的人合作： （1）与他们在非正式时间相处，如喝咖啡、吃午饭和饮啤酒 （2）认识到他们需要突出个性，爱表现，接受竞争 （3）在不挑剔、尊重对方的前提下，询问他们的观点 （4）培养多方面的兴趣和爱好，以便很好地与他们沟通

　　形象二：如果你被其他人描述成驾驭型，那么你在他们眼中的形象是怎样的？你应如何与他们进行更好的合作？具体建议如表 3-11 所示。

表 3-11　对驾驭型的评价及如何与其合作

类　型	评价与看法	驾驭型如何更好地与各个风格合作
分析型	分析型的人认为你：效率高，逻辑性强，按数据和任务来支配行动 质疑你：仓促，跋扈，专断，竞争，冒险行动	如何更好地与分析型的人合作： （1）提供给他们具体的数据和逻辑性的文字表述 （2）在他们评价和审核资料的精确性时要给予耐心 （3）通过确定最后期限来帮助他们达成最终结果
驾驭型	驾驭型的人认为你：身体力行，快速，摆架子，命令式，有效率，固执 质疑你：苛刻，隐藏，不善于倾听，冷漠	如何更好地与驾驭型的人合作： （1）事前征得他们的同意 （2）确立具体目标，并提供自由的工作资源，太多的控制而不允许独立自主将导致没有收获的僵局

类　　型	评价与看法	驾驭型如何更好地与各个风格合作
温和型	温和型的人认为你：效率高，守纪律，冷漠 质疑你：苛刻，缺乏思考，没耐心，隐藏	如何更好地与温和型的人合作： （1）表现出你对他们及其家庭的关心 （2）逐渐向他们提供具体的、明确的完成目标的方法 （3）用个人的关心、努力和成果来支持他们
表现型	表现型的人认为你：有成就，独立，果断 质疑你：冷酷，缺乏幽默感，挑剔的天性，刻板	如何更好地与表现型的人合作： （1）与他们分享更多自己的感受、观点、个人情况 （2）鼓励他们在工作之余消遣、休闲 （3）对他们的成就提供公开的奖励—— 让他们在其他人面前赢得认可和尊重

　　形象三：如果你被其他人描述成温和型，那么你在他们眼中的形象是怎样的？你如何与他们进行更好的合作？具体建议如表 3-12 所示。

表 3-12　对温和型的评价及如何与其合作

类　　型	评价与看法	温和型如何更好地与各个风格合作
分析型	分析型的人认为你：合作，细心，沉默，考虑全面而积极肯干 质疑你：过于软弱，随意，感性化，对别人过于顺从	如何更好地与分析型的人合作： （1）强调对事实和数据作为依据的需要而不是感性地去完成一个任务，但是允许他们在时间限制内进行检查 （2）提供更多的学习机会作为完成活动目标的回报 （3）让对方表现并证明自己的技术能力
驾驭型	驾驭型的人认为你：支持，帮助，有合作精神，体贴 质疑你：缺乏创造力，对细节过分要求，观念狭隘，有偏见	如何更好地与驾驭型的人合作： （1）表现出你的高效率，让他们告诉你应该如何去帮助他们以及他们需要什么，不要试图去建立一种伙伴关系 （2）恪守时间及日程安排，提供具有事实根据的概况给他们 （3）让他们在你所提供的建议的基础上做决定
温和型	温和型的人认为你：支持，友善，内向，与世无争，有团队精神，帮助，善良体贴，容易相处，顺从，开放，积极肯干，细心，合作 质疑你：反应迟钝，不构成威胁，心软，沉默	如何更好地与温和型的人合作： 表现出冷静、踏实。在这种情况下，固执和坚持虽然不是一个令人愉快的角色，却是必需的，否则很有可能会导致没有人能够提供必要的创意，最终导致无法达成令人满意的结果
表现型	表现型的人认为你：支持，友善，乐于助人，易受影响 质疑你：行动迟缓，过度细心和顺从，没有竞争力	如何更好地与表现型的人合作： （1）提供给他们明确的选择，毫不犹豫地去寻求第三方有力的支持 （2）在公众面前奖励、奖赏他们的成就 （3）当事先建立好的原则遭到挑衅时，要坚持你的立场

形象四：如果你被其他人描述成表现型，那么你在他们眼中的形象是怎样的？你如何与他们进行更好的合作？具体建议如表 3-13 所示。

表 3-13　对表现型的评价及如何与其合作

类　　型	评价与看法	表现型如何更好地与各个风格合作
分析型	分析型的人认为你：富于想象，有煽动性，创新 质疑你：不具有完成允诺的能力，暴躁，有偏见	如何更好地与分析型的人合作： （1）讲事实而不仅仅是想法，将工作分解，最好用书面的形式 （2）用权威的资料来支持你的观点 （3）当他们发现了一些你已经知道的事实以后，要表现出非常有耐心
驾驭型	驾驭型的人认为你：外向，有想象力，有竞争力，具有个人风度 质疑你：狂热，躁动，爱炫耀，冲动，有偏见	如何更好地与驾驭型的人合作： （1）用事实的成效来支持你的热情，从而证明你的设想 （2）准时地遵照事先预定好的限制，提供事实材料 （3）提供各种活动的选择，让驾驭型的人去挑选他们行动的方式
温和型	温和型的人认为你：热情，热心，有煽动性，具有个人魅力 质疑你：好表现，吵闹，善变，有偏见，冲动	如何更好地与温和型的人合作： （1）将工作的节奏放慢，降低你的音量，用一段很长的时间来培养与他们的人际关系 （2）一次只干一件事，允许由于工作过多和想法各异而造成一些混乱 （3）鼓励他们多提建议，倾听并欣赏他们提供的建议和创意
表现型	表现型的人认为你：外向，热情，热心，善于表达，直觉，感性，有煽动性，有想象力，活泼，善变，有魅力，竞争，体贴 质疑你：冲动，吵闹，暴躁	如何更好地与表现型的人合作： （1）对于相互之间的关系要用纪律来约束，否则，所有的创造和乐趣最终将一事无成；有原则地遵守规定 （2）作为一个倾听者和思考者，允许他们进行细心而有限制的尝试

按社交风格分组（四种风格共四组，还可将人数较多的某种风格再分为两组或三组），讨论问题（时间需要 60～90 分钟），然后：

1. 与小组其他成员分享自己对自己和小组所属社交风格的认识。

2. 如何与其他小组（不同社交风格）的人友好相处？结合自己与同学交往的经验加以说明。假如今后在工作中，自己作为其他社交风格的人的上级、同事或者下级，应当如何分别应对？

3. 总结与自己小组社交风格类型比较难以相处的类型，提出应对策略，并在小组之间展开对话。

参考文献

[1] 樊力. 顺丰王卫：低调且神秘的快递巨头[N]. 财会信报，2012-04-30.

[2] 刘迪迪，王美萍，陈翩，等. COMT 基因 Val158Met 多态性与抑郁的关系[J]. 心理科学进展，2018，26（08）：1429-1437.

[3] 田海波，唐明德，彭喜春. 饮食习惯与性格相关性研究综述[J]. 按摩与康复医学旬刊，2010，1（5）：31-32.

[4] 刘世英，彭征. 谁认识马云[M]. 北京：中信出版社，2006.

[5] 张长军，李冲，范茂林. 机动车肇事驾驶员人格特征的对照研究[J]. 中华行为医学与脑外科学杂志，2009，18（1）：63-65.

[6] 邱男. 血型特质决定一生[M]. 北京：新世界出版社，2010.

[7] HOLLAND J L.A theory of vocational choice[M]. Journal of counseling psychology, 1959(6), 35-44.

[8] 赵慧军. 不同职业者的个性模式及其测评——个性轮廓匹配法的应用[J]. 中国人力资源开发，1999（05）：32-34.

[9] 北美研究发现易妥协者人缘好但平均薪水低[EB/OL].（2011-12-16）. http://xl.39.net/a/20111216/1864845.html.

[10] 陈国海. 企业管理者气质类型分布调查[J]. 中国人力资源开发，2002（10）：61-64.

[11] 翟洪昌，许铎. 管理人员个性的因子分析及其科学评价问题的研究[J]. 心理科学，2000，23（02）：211-213.

[12] 晁连生. 山西省国有大中型企业高中层管理者基本素质分析与对策研究（三）[R]. 太原：山西省科委软科学研究项目组，2002.

[13] 吴杲. 中国企业人员测评技术的应用：现状和思考——以制造企业为例[J]. 南京理工大学学报（社会科学版），2011，24（01）：47-53.

[14] MCCRAE R R, COSTA P T. Reinterpreting the Myers-Briggs type indicator from the perspective of the Five-Factor model of personality[J]. Journal of personality, 1989.

[15] 袁希. 从 MBTI 看 IBM 管理实践[J]. IT 时代周刊，2004（14）：77-78.

[16] TUPES E C, CHRISTAL R E. Recurrent personality factors based on trait ratings[R]. Lackland Air Force Base, Texas: Personnel Laboratory, Aeronautical Systems Division, 1961.

[17] 杨波. 大五因素分类的研究现状[J]. 南京师大学报（社会科学版），1998（1）：79-83.

[18] GOUGH H G. CPI, California psychological Inventory [kit][M]. Palo Alto, California: Consulting Psychologists Press, 1987.

[19] RORSCHACH H. Rorschach Test-Psychodiagnostic Plates[M]. Cambridge, MA: Hogrefe Publishing Corp, 1927.

[20] CRAMER P. Storytelling, Narrative, and the Thematic Apperception Test[M]. New York: Guilford Press, 2004.

[21] 杨光，陈相元，于清磊，等. 心理测试在公务员考录中的应用[J]. 中国公务员，2003（12）：47-48.

[22] 孙天威. 公务员面试过程中的心理素质评估[J]. 理论界，2009（3）：212-213.

[23] 熊珂. 我国公务员考试制度研究[J]. 低碳世界，2016（10）：237-239.

[24] 杨贵芳. 背景调查在企业招聘中的应用[J]. 现代商业，2011（24）：93. [24].

[25] 田禾，廖倩倩. 人力资源管理中心理测验技术应用的思考[J]. 华中农业大学，2009（03）：45-48.

[26] 魏颖. 简析我国人力资源中的心理测评[J]. 商业文化月刊，2008（12）：35-36.

[27] COSTA P T JR, MCCRAE R R. The NEO-PI-R: professional manua[M]. Odessa, F.L.: Psychological Assessment Resources, 1992.

[28] 李小昼. 乔布斯——有缺口的完美人生[J]. 婚姻与家庭，2011（12）：26-27.

第四章

价值观与态度

 学习目标

- ➢ 了解价值观和态度的概念
- ➢ 掌握常见的态度转变的理论
- ➢ 掌握态度调查的方法
- ➢ 掌握工作满意度的概念和内容
- ➢ 了解提升员工工作满意度的方法
- ➢ 了解组织承诺的概念和作用

引例

宜家集团价值观

宜家创始人——英格瓦·坎普拉德生活得极其简朴，如乘飞机总是坐经济舱，在自助餐餐厅将自己的口袋塞满盐袋、胡椒粉，20年以来一直用着那辆1993年款的沃尔沃汽车，从不穿西装，没有昂贵的腕表……因此，他节俭的美德也同样影响着全球最大的家具家居用品零售商——宜家集团[1]。宜家集团的价值观里便包括了成本意识和简单，认为应该尽可能地让更多的人拥有一个成本较低、美观实用的家，同时也鼓励人们"做自己，脚踏实地，不拘礼节，实事求是"。此外，宜家的价值观里还囊括了团结、关怀人类和地球、更新和改善、与众不同而又意义非凡、承担责任、以身作则。例如，宜家长久以来使用可再生材料制作的购物袋，收集并加工废弃的聚乙烯薄膜，将其作为制作新产品的"原材料"，由此也体现出了宜家的经营理念——为大众创造更加美好的日常生活。长期以来，宜家一直致力于为老百姓提供种类繁多、美观实用、物美价廉的产品，以帮助普通大众创造美好生活。在员工管理制度方面，宜家鼓励员工尝试不同的角色，员工可以根据自己的兴趣和对未来的目标自行规划职业发展，许多员工在整个工作过程中会在不同部门、不同岗位之间转换，以发现最适合自己的岗位，从而发挥更大的作用。正因为如此，宜家中国的总体流动率不到15%，而《2012年—2013年中国零售行业人力资源管理蓝皮书》显示，中国零售业人员平均流失率为30%～40%。从企业文化到员工管理，宜家集团的价值观一直被各界各业称赞和学习。从1943年创始到2017年，宜家已成为全球最大的家具家居用品零售商，销售包括宜家办公、宜家家具零售、宜家餐饮家具三个系列的 9 500 款产品，销售总额达到 287 亿欧元[2]。

（资料来源：宜家职业发展-IKEA 宜家家具[EB/OL]. [2020.02.28]. https://www.ikea.cn/ms/zh_CN/this-is-ikea/the-ikea-concept/index.html. ）

引例中，宜家在经营理念、员工管理等方面都受到其价值观的影响，并且在这一基础上不断开拓创新，为企业持续发展注入新动力。价值观差异和态度差异是个体差异的重要方面。价值观和态度是构成个性倾向性的重要组成部分，对人们的行为具有重要的影响作用，对组织管理具有重要的意义。对企业来说，员工的价值观和态度在很大程度上决定一切。企业宜定期开展调查，了解员工的价值观和态度（包括工作满意度、组织承诺），以便整合组织价值观和员工价值观，提高员工的工作满意度和组织承诺，进而提高工作绩效。

第一节　价　值　观

个体对客观事物（如工作、金钱、感情）有自己的衡量标准，这些客观事物对个体而言，有轻重主次之分。价值观不是与生俱来的，而是在后天生活、工作的环境中逐步形成的，一旦形成，就具有相对稳定和持久的特点。

一、价值观的含义

价值观（Values）代表一系列基本信念和看法：从个体或社会的角度来看，某种具体的行为类型或存在状态比与之相反或不同的行为类型或存在状态更可取。[3]价值观是个体对客观事物的综合态度，能够直接影响个体对事物的看法和行为。价值观如同一个总指挥，支配着个体的需要、动机乃至行为。价值观影响个体的人际关系，影响个体的决策，影响对个体及组织的成功的看法。

二、价值观的类型

价值观按内容、表现形态可分为不同的类别，奥尔波特、罗克奇、霍夫斯泰德等学者对价值观分别进行了分类。

（一）奥尔波特的价值观分类

心理学家奥尔波特将事物的价值分为六种，即经济的价值、理论的价值、审美的价值、社会的价值、政治的价值和宗教的价值。[3]相应地，人们的价值观也可分为六种，如表 4-1 所示。

表 4-1　奥尔波特的六种价值观

类　型	价值观特点
经济型	强调有效和实用
理论型	重视以批判和理性的方法寻求真理
审美型	重视外形与和谐匀称的价值

续表

类 型	价值观特点
社会型	强调对人的热爱
政治型	重视拥有权力和影响力
宗教型	关心对宇宙整体的理解和体验的融合

（二）罗克奇价值观调查

罗克奇设计了罗克奇价值观调查问卷，将价值观分为两种类型，每一种类型有 18 项具体内容，如表 4-2 所示。第一种类型称为目的价值观，指的是一种期望存在的最终目的，它是一个人希望通过一生而实现的目标；第二种称为工具价值观，这种价值观指的是偏爱的行为方式或实现目的价值观的手段，主要表现在道德和能力两个方面。[5-6]

表 4-2　罗克奇价值观

目的价值观	工具价值观
舒适的生活（富足的生活）	雄心勃勃（辛勤工作、奋发向上）
振奋的生活（刺激的、积极的生活）	心胸开阔（开放）
成就感（持续地贡献）	能干（有能力、有效率）
和平的世界（没有冲突和战争）	欢乐（轻松愉快）
美丽的世界（艺术与自然的爱）	清洁（卫生、整洁）
平等（兄弟情谊、机会均等）	勇敢（坚持自己的信仰）
家庭安全（照顾自己所爱的人）	宽容（谅解他人）
自由（独立、自主选择）	助人为乐（为他人的福利工作）
幸福（满足）	正直（真挚、诚实）
内在和谐（没有内心冲突）	富于想象（大胆、有创造性）
成熟的爱（性和精神上的亲密）	独立（自力更生、自给自足）
国家的安全（免遭攻击）	智慧（有知识的、善于思考的）
快乐（快乐的、闲暇的生活）	符合逻辑（理性的）
救世（救世的、永恒的生活）	博爱（温情的、温柔的）
自尊（自重）	顺从（有责任感、尊重的）
社会承认（尊重、赞赏）	礼貌（有礼貌的、性情好）
真挚的友谊（亲密关系）	负责（可靠的）
睿智（对生活有成熟的理解）	自我控制（自律的、约束的）

（三）霍夫斯泰德的民族文化价值观维度

荷兰社会学专家吉尔特·霍夫斯泰德（G. H. Hofstede）提出了一种由五种文化维度组成的框架[8]，可以用来比较民族文化的价值观。

（1）权力距离（Power Distance），指某一社会中，地位低的人对于权力在社会或组织中不平等分配的接受程度。各个国家由于对权力的理解不同，在这个维度上存在着很大的差异。欧美人不是很看重权力，他们更注重个人能力，而亚洲国家由于体制的关系，人们比较注重权力的约束力。

（2）不确定性规避（Uncertainty Avoidance），指一个社会受到不确定的事件和非常规的环境威胁时，是否通过正式的渠道来避免和控制不确定性。回避程度高的文化比较重视权威、地位、资历、年龄等，并试图以提供较大的职业安全，建立更正式的规则，不容忍偏激观点和行为，相信绝对知识和专家评定等手段来避免这些情景。回避程度低的文化对于反常的行为和意见比较宽容，规章制度少，在哲学、宗教方面容许各种不同的主张同时存在。

（3）个人主义/集体主义（Individualism and Collectivism）维度，用以衡量某一社会总体是关注个人的利益还是关注集体的利益。个人主义倾向的社会中，人与人之间的关系是松散的，人们倾向于关心自己及小家庭；而具有集体主义倾向的社会则注重族群内关系，关心大家庭，牢固的族群关系可以持续地保护人们，而个人则必须对族群绝对忠诚。

（4）男性化与女性化（Masculinity and Femininity）维度，这一维度主要看某一社会代表男性的品质，如竞争性、独断性更多，还是代表女性的品质，如谦虚、关爱他人更多，以及对男性和女性职能的界定。男性度指数的数值越大，说明该社会的男性化倾向越明显，男性气质越突出；反之，则说明该社会的女性气质突出。

（5）长期取向和短期取向（Long-term and Short-term Orientation）维度，指的是某一文化中的成员对延迟其物质、情感、社会需求的满足所能接受的程度。这一维度显示有道德的生活在多大程度上是值得追求的，而不需要任何宗教来证明其合理性。长期取向指数与各国经济增长有着很强的关系。20世纪后期，东亚经济突飞猛进，长期取向是促进其发展的主要原因之一。

三、我国当今劳动力中占主导地位的价值观

随着我国经济水平的提高和人民生活条件的改善，人们更加关注对身心健康的投资。考虑到这方面的价值观，某些经营管理者就可以开设一些健身活动场所，以满足人们的需求，同时也为企业增加效益提供了可能性。表4-3列出了我国不同时期劳动力的一些主要价值观。

表4-3　我国不同时期劳动力中占主导地位的价值观

阶　　段	进入劳动力领域的时间	占主导地位的价值观
崇拜主义	新中国成立初期	忠诚、爱国、热情、服从、崇拜、勤劳刻苦、诚实、节省
"文化革命"主义	"文革"时期	猜疑、知识系统性不够、明哲保身、压抑、稳重、谨慎、踏实
文化精英主义	20世纪80年代	好学、忠诚、诚实、传统、成功、负责、健康
物质主义	20世纪90年代	灵活、对组织的忠诚度降低、享受、竞争、思考、好学、成就、独立
享乐主义	21世纪（90后）	享受、好玩、灵活、好学、旅游、创业、冒险
享乐主义	21世纪（00后）	自我、现实、关怀、平等、包容、适应

四、三种经营管理价值观

经营管理价值观是对经营管理好坏的总的看法和评价。作为企业对某种特定的行为方式所存在的基本信念，企业价值观在整个企业运作中起着至关重要的作用。企业主要有三种经营管理价值观，即最大利润价值观、企业价值最大化价值观和企业价值—社会效益最优价值观。表4-4对上述三种经营管理价值观做了比较。

表4-4　三种经营管理价值观的比较

比 较 方 面	最 大 利 润	企业价值最大化	企业价值—社会效益最优
一般目标	最大利润	令人满意的利润水平加上其他集团的满意	利润只是一般手段，只具有第二位的重要性
指导思想	个人主义、竞争、野心勃勃	混合的，既有个人主义，又有合作	合作
政府的作用	越少越好	虽然不好，但不可避免，有时是必要的	企业的合作者
对职工的看法	只是一种手段，只有经济的需要	既是手段，也是目的	本身就是目的
领导方式	专权方式	开明、专制和民主混合	民主、高度的参与式
股东的作用	头等重要	主要的，但其他集团也要考虑	并不比其他集团更重要

企业经营管理价值观与企业经营行为有着直接关系，决定着企业行为的选择和结果。两名研究者对美国、日本、印度、澳大利亚的两千多名经理的价值观进行评估的结果表明，高盈利者一般都重视生产率、能力、进取心、创造性、竞争和变革等观念；低盈利者则重视服从、安排、信任、遵从、社会福利等观念。

随着企业内外经营环境的变化，企业经营管理价值观也发生了相应的变化。根据罗伯特·海和爱德·格雷的研究，美国企业的经营管理价值观是从20世纪初的追求利润最大化，发展到20世纪30年代的追求满意的利润水平，再发展到70年代兴起的生活质量哲学的。生活质量经营哲学对员工的基本看法是企业员工的利益与企业的利益是一致的。企业的人比金钱和技术更为重要，员工的尊严应受到保护。这也就是说，美国企业的经营价值观经历了由利润最大化，到利润—价值最大化，再到价值最大化的发展过程。

例证　4-1

腾讯"用户第一"的经营理念

腾讯公司成立于1998年11月，是目前中国最大的互联网综合服务提供商之一，也是中国服务用户最多的互联网企业之一。成立以来，腾讯坚持"用户第一"的理念，维护用户利益，保持对用户需求的敏感，重视用户消费体验，注重培养用户的满意度和忠诚度。在企业管理方面，腾讯也秉持着"关心员工成长，强化执行能力，追求高效和谐，平衡激励约束"的管理理念。

2019年11月，马化腾在发给腾讯全体员工的邮件中更新了腾迅的使命愿景和价值观。其使命愿景是"用户为本，科技向善"，而其价值观是"正直、进取、协作、创造"。

马化腾表示："我们抠细节、勤迭代，抱着'不辜负用户，与用户做朋友'的信念创造了QQ。由此开始，腾讯一步一步地走到今天。正是因为恪守了'用户为本''一切以用户价值为依归'的理念，在过去21年中，无论面对怎样的迷茫与取舍，腾讯都始终坚守这个信念，走在正确的路上。对此，腾讯会坚定地传承下去。"

（资料来源：腾讯21岁生日宣布企业文化3.0：用户为本 科技向善[EB/OL]. [2019-11-11]. https://tech.sina.com.cn/i/2019-11-11/doc-iicezuev8669118.shtml）

第二节　态度及其改变

员工会自觉地在态度之间以及态度与行为之间寻求一致性，这就是态度的一致性规律。如出现失调的情况，员工会采取一定措施和方法使之重新趋于平衡，减少内心冲突。员工态度调查可帮助管理者掌握员工具体的态度，以便可以预测员工的行为。态度调查结果可能常常在管理者的意料之外。

例证　4-2

员工快乐，企业获利

"员工快乐，企业获利"，虽然有例外的情况，但这句话基本是正确的。看看《财富》杂志评选的"最佳工作场所"前25名，当中许多是出了名的高利润公司：谷歌、斯堪的纳维亚航空公司（SAS）、爱德华·琼斯、REI户外用品等。然而，并不是所有的快乐都有功效。

例如，一个员工因为自家的母狗刚刚生了小狗而感到快乐，但这种快乐不一定能使他当天更努力工作。同样地，为了让员工更快乐，雇主会采用一种看上去与利润的增长没有直接关系的方式，如谷歌的保龄球馆和爱尔兰酒吧、Facebook的免费巧克力午餐、Salesforce.com的破纪录派对。利润并不一定是既得利益，尽管这也很重要。举例来说，万豪酒店的员工会感激公司给自己打折。还有调查表明，员工非常重视带薪假，也非常看重401k这样的缴费确定型养老金计划，以及更低的医疗保险费。

事实证明，快乐带给公司的益处体现在员工的工作态度和敬业度上。就像韬睿惠悦总经理朱莉·加保尔所说的："并不仅仅是为了让他们快乐，这跟公司业务没关系，提高他们的敬业度才是目的。"工作敬业度高且快乐的员工更愿意努力工作，令顾客满意，且会一直留在公司——以上三点便是提高生产力并降低人员流失损失的主要因素。此外，许多获得"最佳工作场所"称号的公司在股市上的表现也相当不错。

一、态度的含义

态度是指主体对特定对象做出价值判断后的反应倾向——要么喜欢，要么不喜欢。态度包括认知、情感、行为三种成分。"老板很有魄力，非常随和"是某员工对老板态度的认知成分；"我很钦佩我的老板"是该员工对老板态度的情感成分；"我愿意与我的老板一起讨论事情，有时也开开玩笑"是该员工对老板态度的行为成分。

与工作相联系的态度主要有三种，即工作满意度、工作参与和组织承诺。工作满意度是指个人对自己所从事工作的一般态度。工作参与是指个体在心理上对自己的工作的认同程度，认为自己的绩效水平对自我价值的重要程度。组织承诺是指员工对于特定组织及其目标的认同，并且希望维持组织成员身份的一种状态。

二、态度改变的理论

态度改变的理论主要包括费斯汀格的认知失调理论、海德的认知平衡理论、凯尔曼的态度转变与形成三阶段论、墨菲的沟通改变态度理论、预言实现改变态度理论、社会学习论、勒温的参与改变理论。

（一）费斯汀格的认知失调理论

认知失调理论是社会心理学家费斯汀格（Leon Festinger，1919—1989）提出的。[10]认知失调是指一个人的态度和行为等的认知成分相互矛盾，从一个认知推断出另一个对立的认知时而产生的不舒适感、不愉快的情绪。认知失调理论认为，一般情况下，个体的态度与行为是相协调的，因此不需要改变态度或行为。假如两者出现了不一致，如做了与态度相违背的事，或没做想做的事，这时个体就产生了认知失调。认知失调会产生一种心理紧张，个体会力图解除这种紧张，以重新恢复平衡。费斯汀格将认知元素间的关系划分为三种：① 不相关。此时两种认知元素间没有联系，例如，"我每天早上七点钟吃早饭"与"我对足球不感兴趣"。② 协调。此时两种元素的含义一致，彼此不矛盾，如"我是一个品德高尚的人"与"我做了一件帮助他人的事情"。③ 不协调。此时"如果考虑到两个认知元素单独存在的情况，那么一个认知元素将由其反面而产生出它的正面……假如从 y 产出非 x，那么 x 和 y 就是不协调的"，如"我是一个品德高尚的人"与"我做了一件损人利己的事"，这两者就是不协调的。

费斯汀格认为，不协调在程度上是有区别的。具体地说，它取决于两个方面：① 不协调的程度同某一认知元素对个人生活的重要性成正比，例如，丢掉一元钱与丢掉一份满意的工作造成的不协调程度是不同的。② 不协调的程度取决于一个人所具有的不协调认知的数目与协调认知数目的相对比率，可用公式表示为

$$\text{不协调程度} = \frac{\text{不协调认知项目的数量} \times \text{认知项目的重要性}}{\text{协调认知项目的数量} \times \text{认知项目的重要性}}$$

在解决认知不协调的问题上，费斯汀格提出了三种途径：① 改变行为，使对行为的认知符合态度的认知。② 改变态度，使其符合行为。如认为"自己比别人都聪明"而期末考试时"两门功课不及格"的人，改变对自己原先的评价，认知到自己不过是个中等或者中等偏下的学生，这样认知可达到协调。③ 引进新的认知元素，改变不协调的状况。如个体为了缓解吸烟问题上出现的认知不协调和心理紧张，会寻找有关吸烟不会致癌，反而对身体有些益处的事例知识。例如，某人想得到一等奖金（原来的态度），自己付出了很大的努力（原来的行为），但未能达到目的。在这种情况下，主体可能引进某种新的认知元素，如强调客观条件不佳、工作难度太大、有新的竞争力量等，尽可能地使原来的态度与行为相协调。这样，两个认知元素便协调起来了。

由上可见，费斯汀格的认知不协调理论同海德的认知平衡理论的基本假设是一致的。但是，前者强调了个体通过自我意识调节达到认知平衡，而后者更着重于人际关系对认知平衡的影响。两者各有特点，可以相互补充，都有参考和应用的价值。

例证 4-3

认知协调理论的实验[10]

E. 阿伦森和贾德森·米尔斯进行过这样的实验：让女大学生自愿参加一个讨论性心理学团体。让1/3的女生经历一个漫长而严格的争取入会的检测选拔程序，另外1/3的人经历一个缓和的程序，剩余1/3的人则未经任何程序就被允许加入该团体。然后让所有人听同样的"讨论会发言"（一段录音），其结果是：经历严格考验的一组女生认为这一讨论是有价值和有趣的，而另外两组女生则认为该讨论浪费时间、枯燥乏味。这是因为付出努力者在心理上要为自己付出的努力辩解，否则就会产生认知失调。

企业开展提高员工技能和生活素质的讲座和培训时，常是自愿参加和免费的。在这种前提下，报了名但后来因各种原因未到场的人往往很多，所以一些企业就采用先报名和交押金的做法。如果报了名，员工不来或中途退场，则押金充公，或者捐赠给希望工程，这是管理自愿参加培训的好办法。

（二）海德的认知平衡理论

认知平衡理论是海德（Fritz Heider，1896—1988）提出的。海德认为，我们的认知对象包括世界上各种人、物、事、概念等，这些对象有的互不相关，有的互相联结。海德将构成一体的两个对象的关系称为单元（Unit），将对于每种认知对象的感情和评价（喜恶、赞成、反对）称为情绪。当个体对一个单元内两个对象的看法一致时，其认知体系呈现平衡状态；当对两个对象有相反看法时，就产生不平衡状态。海德强调一个人（P）对某一认知对象（X）的态度，常受他人（O）对该对象态度的影响，即海德十分重视人际关系对态度的影响力。[12]

海德认为若P、O、X三者关系相一致，则P、O、X体系呈均衡状态。由此，海德根据P、O、X三者的情感关系推导出八种模式，如图4-1所示。其中，四种是平衡的，四种是不平衡的。海德认为，人类普遍具有一种平衡、和谐的需要。一旦人们在认识上有了不平衡和不和谐性，就会在心理上产生紧张和焦虑，从而促使他们的认知结构向平衡与和谐的方向转化。

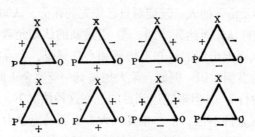

图4-1 海德认知平衡理论八种模式

由图 4-1 可以看出：处于平衡状态的三角形三边符号相乘必为正，而处于不平衡状态的三角形三边符号相乘必为负。例如，P 为职工，O 为受尊敬的领导，X 为拟开发的新项目。P 主张开发新项目 X，听到 O 赞同，则其认知体系为平衡状态；若听到 O 表示不赞成开发新的项目 X，则其认知体系呈现不均衡状态。解除不均衡状态的方法有以下三种：① 接受领导的劝说，改变态度（如 P—X 关系变为"－"）；② 坚持己见，改变对领导的评价，不再尊敬领导（P—O 关系变为"－"）；③ 认为领导的反对态度只是一种假象，实际上领导还是持赞成态度的（擅自将 O—X 关系变为"＋"）。

认知平衡理论的作用在于使人们以"最小努力原则"来预计不平衡所产生的效应，使个体尽可能地少改变情感关系，以恢复平衡结构。

（三）凯尔曼的态度转变与形成三阶段论

心理学家凯尔曼（H. C. Kelmen，1927—   ）通过研究，提出态度的形成过程主要经历了三个阶段：服从、同化和内化。[13] 服从又称为顺从，这是态度转化的第一阶段，即一个人从表面上转变了自己的观点，这是个体遭受外部压力的情况造成的。同化则是一个人自愿地接受他人的观点、信念、态度与行为，使自己的态度与他人的态度相接近。内化是一个人从内心深处相信和接受他人的新观点，而彻底转变自己的态度，这意味着把他人的新观点、新思想纳入自己的价值体系，使之成为自己态度体系中的一个有机组成部分。

（四）墨菲的沟通改变态度理论

沟通改变态度理论起源于心理学家墨菲关于对黑人的态度的研究。他选择了一批白人作为被试者，随机把他们分为两组：实验组和控制组，并用瑟斯顿量表法对他们进行态度测量，证实他们对种族歧视的态度大体相同。随后，让实验组看宣传黑人成功事迹的电影、电视和画报，控制组则不参加这种活动。结果发现，实验组对黑人的态度发生显著的改变，而控制组的态度则没有变化。

（五）预言实现改变态度理论

别人的预见以及由此而采取的对待方式会影响个体的心理。称赞和鼓励会诱发个体上进的动机；经常遭受指责、歧视，会导致个体消极、自暴自弃。用公式表示为

$$员工的行为 = f(管理者的期望 × 对待方式)$$

例证 4-4

罗森塔尔效应[14]

1968 年，美国心理学家罗森塔尔（R. Rosenthal）在加利福尼亚的一所小学做了一个著名实验。他先故意对 1～6 年级的学生做了一次智力测验，然后随意从每班抽 3 名学生，共 18 人，将他们的名字写在一张表格上，交给校长，极为认真地说："这 18 名学生经过科学测定，智商很高。"事过半年，罗森塔尔又来到该校，发现这 18 名学生的确表现超常。这就是自我预言的实现。教师由于受到心理学家的有意影响，对那些原本可能智

力平平的学生产生了积极良好的期望，而这种良好期望会促使教师对他们做出更积极的教育行为，自然有利于学生的发展，最终结果是心理学家罗森塔尔的预言的实现。

（六）社会学习论

社会学习论（Social Learning Theory）是由美国心理学家班杜拉等人于20世纪60年代提出，此后又不断加以发展的学习理论。目前，该理论已受到国际心理学界的重视。[15]

社会学习论首先提出个体行为起源于直接经验学习和间接经验学习。社会学习论把态度看作是在"刺激—反应"模式中，即社会刺激引起反应的作用下习得的，认为其他形式的学习原理也适用于态度的形成和变化，态度就是在刺激的作用下逐渐形成和不断改变的。

1953年，霍夫兰德、贾尼斯和凯利提出了一个态度的形成与改变的基本模式：态度的主体在有关的某种态度对象的刺激（信息的传播）作用下，是否受此传播信息的影响形成或者改变态度，必须经过注意、了解、接受三个过程，同时强调联想与强化的作用。

班杜拉（1977）非常强调替代性强化在态度形成中的作用。个人可以自我强化，模仿性的观察学习也是人们获得态度的途径。模仿是个体对榜样人物的形象示范产生的联想反应。

例证 4-5

米德拉斯基（1973）等人的实验[15]

该实验让六年级学生玩游戏，赢一次得一张代币券，多了可换更好的礼品。被试者可把赢的代币券放入标有"我的钱"的罐中，或放入标有"给穷孩子的钱"的罐中。控制组面临上述情况；实验组除面临上述情况外，还加上榜样的示范。

结果：控制组的捐献者极少，而实验组大都捐献，若实验者对他们的行动给予强化，则捐献者增多。

结论：口头说教不一定起作用，最好的方法是做出示范以引起仿效并给予强化。

（七）勒温的参与改变理论

参与改变理论（Participant Changing Theory）是指运用参与手段来改变态度的理论。德国心理学家库尔特·勒温认为，个体态度的改变依赖于其参与群体活动的方式。个体在群体中的活动方式既能决定其态度，也会改变其态度。

勒温在他的群体动力研究中发现：个体在群体活动中可以被分为主动型的人和被动型的人。主动型的人主动参与群体活动，自觉地遵守群体的规范；被动型的人被动参与群体活动，服从权威和已制定的政策，遵守群体的规范等。

例证 4-6

个体参与群体活动对改变态度的影响[16]

第二次世界大战期间，美国由于食品短缺，政府号召家庭主妇用动物的内脏做菜，而当时美国人一般不喜欢以动物的内脏做菜。由此，勒温用不同的活动方式对美国的家庭主妇进行态度改变实验：（1）把被试者分成两组：控制组和实验组；（2）对控制组采取演讲的方式，亲自讲解猪、牛等动物的内脏的营养价值、烹调方法、口味等，要求大家改变对内脏的态度，把内脏作为日常食品，并且赠送每人一份烹调内脏的食谱；（3）对实验组，要求她们开展讨论，共同议论内脏做菜的营养价值、烹调方法和口味等，并且分析使用内脏做菜可能遇到的困难，如丈夫不喜欢吃的问题、清洁的问题等，最后由营养学家指导每个人亲自实验烹调；（4）结果：控制组有 3%的人采用内脏做菜；实验组有 32%的人采用内脏做菜。

结论：口头说教不一定起作用，最好的方法是做出示范以引起仿效并给予强化。

实验组的被试者是主动型，他们主动参与群体活动，在讨论中自发地提出某些难题，又亲自解决这些难题，因而态度的改变非常明显，速度也比较快。控制组的被试者属于被动型，她们被动参与群体活动，很少把演讲的内容与自己相联系，其态度也就难以改变。基于这一实验，勒温提出了他的"参与改变理论"，认为个体态度的改变依赖于其在群体中参与活动的方式。

三、如何转变员工的态度

转变员工态度是指管理人员把员工消极的态度转变成积极的态度，把员工较弱的积极态度转变为较强的积极态度，或者把员工较强的消极态度转变为较弱的消极态度的过程。转变员工的态度是人力资源管理的有效途径，对提高人力资源管理的效率具有重要的意义，同时也有助于企业建立良好的企业文化，建立企业内部和谐的人际关系。为了有效地转变员工的态度，不但需要了解影响员工态度转变的因素，而且要掌握转变员工态度的方法。

（一）影响员工态度转变的因素

为了有效地转变员工的态度，需要了解影响员工态度转变的因素。影响员工态度转变的因素有两种，即外部因素和内部因素。外部因素主要包括人际影响、企业内部的信息沟通、企业文化等因素；内部因素主要包括员工的认知、需要、个性心理特征等因素[17]。

1. 外部因素

外部因素主要包括如下三个方面。

（1）人际影响。苏联著名的心理学家维果茨基认为，人之所以会改变自己，是因为以他人作为参照系来对照自己的行为。员工身边人员的观点、态度等都对其自身态度转变有着重要的影响，如上级领导、同事、下属、客户等。

（2）企业内部的信息沟通。企业内部的信息沟通是影响员工态度转变的一个重要因素。信息沟通包括对每一个员工进行信息传递和对所有员工进行信息传递。企业内部的信息传递方式、选择的传递技术对改变员工态度具有重要的影响。

（3）企业文化的影响。企业文化是指一个企业内形成的独特的文化现象、价值观念等。员工的态度受到企业文化的影响和制约，作为企业的一员，员工必须维护和遵守企业的规章制度、价值观念、道德观念等企业文化。

2. 内部因素

内部因素主要包括如下三个方面。

（1）员工对工作已有的认知态度。员工原先对态度对象的认知越深刻，员工态度的转变就越困难。若员工只有意念而未采取行动，则其态度较容易改变；若既有意念又有行动，态度则较难改变；若不仅有意念而且又做公开表态，其态度会有更大的抗拒性，则特难改变。因此，要针对员工的原有态度强度，采取适当的方法来改变它。

（2）员工的需要。员工的需要是能够随着时间的改变而改变的，如果当前的态度无法满足员工的需要，他便会转变态度以满足需求。而若转变之后的态度能够满足员工的需求，并能消除由行为的内驱力而引起的紧张状态，员工在情感上就比较容易接受，便形成积极的态度，从而使原有的态度得到转变；反之，员工便会形成消极的态度，不利于原有态度的转变。

（3）员工的个性心理特征。员工的气质和性格对员工态度的转变有着重要的影响。一般认为气质为胆汁质、多血质的员工的态度转变比较容易，而黏液质、抑郁质的员工的态度转变比较难；性格外向的员工比性格内向的员工的态度转变更容易些。一般情况下，低自尊、低智力、低自信者易被说服，高自尊、高智力者比低自尊者更难被说服。

例证 4-7

由感激到失望——一个员工对公司领导态度的转变

某公司职员小燕在博客中写道，公司领导曾承诺将上海市市中心的两套房子租给小燕及其同事，这样他们每个月在房租上的开支便可以减少一半，这一举措让小燕非常感激。可在一周后，小燕问领导要钥匙时，领导闪烁其词。她后来从同事那里得知，领导已经把房子租给别人了。这一事情让小燕对公司和公司领导很失望，她认为公司领导在行动时应该真正做到一言既出、驷马难追，这样才能提高员工对公司的忠诚度，努力为公司创造更高的价值。基于我国组织情境下受到遵从权威等传统文化的影响，领导对员工的态度行为存在重要影响。因此，组织管理者与员工在人际社会交往过程中需要注意采取尊重、平等的态度，确保组织员工形成较高的互动公平感知，以帮助员工形成积极正向的工作态度[18]。

（资料来源：由感激到失望——一个员工对公司领导态度的转变[EB/OL]．[2007-9-17]．http://blog.sina.com.cn/s/blog_4130522201000amc.html．）

（二）转变员工态度的方法

员工态度的转变需要一个过程。在管理中，要使员工的态度发生转变，管理者要有耐心，不能有一蹴而就的思想，与员工建立和保持沟通是成功改变员工态度的关键。

例证 4-8

"低价引诱"

在商业经营中，商家经常以极优惠的价格诱导顾客同意交易，然后再慢慢地改变交易条件，结果使顾客付出比最初所同意价格更高的价格达成交易，这种方法称为"低价引诱"，这种控制手法也同样适用于改变员工的态度。例如，管理者与某位员工进行沟通，最初只要求占用其五分钟时间，结果后来却谈了半个小时。假如管理者最初就要求与员工进行半小时的沟通谈话，员工很有可能以有要事在身而拒绝，从而导致上下级缺乏沟通。

此外，管理者还必须注意转变员工态度的方式、方法。这里介绍宣传法、员工参与法、组织规范法。

1. 宣传法

宣传法就是借助于一定的手段（如简报、局域网、广播、讲座等）把信息传递给员工，改变他们的原有态度以形成新态度的方法。宣传分为单向宣传和双向宣传。单向宣传是由管理者向员工讲事情有利（或不利）的一面。双向宣传是管理者与员工相互沟通，既讲事情有利的一面，也讲事情不利的一面。双向宣传往往被人看作是更公正、偏见更少的，会减少人们的对抗心理或防御心理，从而更易于说服员工；而单向宣传往往会被看作是有偏见的，所以会增强员工的抵触心理。因此，同时提出正反两种观点，而后强调自己见解的正确性和重要性，则更具有影响力。对于文化程度高者而言，双向宣传有效；对于文化程度低者而言，单向宣传容易改变其态度。另外，当员工与管理层的观点一致或对问题不熟悉时，单向宣传的效果更好；如果员工与管理层的观点不同，对问题又较为熟悉，那么双向宣传要比单向宣传更有效。

此外，适当的恐惧唤起有助于改变员工的态度。在运用恐惧唤起手段进行宣传时，一般可采用中等强度的恐惧。

例证 4-9

恐吓戒烟法[19]

国外一家公司考虑到员工健康和预防火灾，用各种形式宣传吸烟的害处，劝员工不要吸烟。半年后，收效甚微。后来董事会开会决定，准备采用恐惧唤起手法，即到处张贴血淋淋的展示血管内脂肪堆积及肺内癌肿瘤的图片，让烟民目睹吸烟对身体带来的伤害。半年后，火灾事故数量明显下降，员工的健康水平有了一定的提高，许多员工对戒烟也开始持积极态度。

在宣传的过程中，既可以借助理性说服，也可以借助感情的唤起来影响员工，做到晓之以理、动之以情。一般地，可以唤起人们感情的宣传能够更好地改变员工的态度。管理者的权力和威望对员工态度的转变有着重要的影响。

宣传过程中常见的心理效应有如下三种。

（1）权威效应。所谓权威效应，是指因宣传者的威望而产生的，使宣传对象无保留地接受宣传信息及观点的影响力与效果。霍夫兰德（C. I. Hovland）曾经以大学生为实验对象，将其分为两组，施以同样的宣传。但对一组大学生说宣传者是一位威望很高、受到人们尊敬的人，而对另一组则说宣传者是一个普通人。实验结果显示，前者有23%的人转变了态度，后者转变态度的人数不足总数的 7%，这说明有崇高威望的宣传者发出的信息具有强烈的心理影响力。[20]

（2）名片效应。所谓名片效应，是指宣传者在论述自己的基本观点前，先表明自己在许多问题上与宣传对象有一致的意见，造成其宣传的观点与宣传对象已有的态度相近、有共同之处的印象，从而使宣传对象更容易接受其所宣传的观点。这是因为事先已有共同见解可以减少对立情绪，削弱受宣传者对宣传观点的挑剔态度，便于求同存异。

（3）"自己人"效应。除了宣传者与宣传对象间的观点一致，他们之间的任何相似之处（职业、民族、籍贯、经历、学历、研究领域等）都会增强宣传的效果。因为相似之处会使人产生认同的趋向，把对方看作"自己人"，从而缩短心理距离，这就是"自己人"效应。

例证 4-10

顺丰是如何"护犊子"的

公司如何看待发生在员工身上的问题是公司如何对待员工的重要体现。2019 年，顺丰的"护犊子"行为受到了网友的一致认可。

2019 年 4 月，顺丰快递员在派送过程中与小轿车发生剐蹭，结果被车主辱骂且连抽数个耳光。事发当天，顺丰官方微博就对快递员被打事件做出回应："我们的快递员小哥是二十几岁的孩子，他们不论风雨寒暑穿梭在大街小巷，再苦再累也要做到微笑服务，真心希望发生意外时大家能够相互理解，首先是尊重。我们已经找到这个受委屈的小哥，顺丰会照顾这个孩子，请大家放心。"与此同时，顺丰总裁王卫也发声了，"我王卫向着所有朋友声明！如果不追究到底，我不配做顺丰总裁。"顺丰的回应一方面体现出企业勇于承担责任的良好形象，另一方面也增加了员工对于企业的信任度和忠诚度。让员工知道发生困难时，公司与他们肩并肩，公司会是他们最大的靠山。

（资料来源：顺丰是如何留住自己的员工？[EB/OL].[2019-12-30].http://www.hrsee.com/?id=1288.）

2. 员工参与法

员工参与法即员工通过参与活动与他人进行交往，并在交往中得到别人的启发和教育，从而转变自己的态度。因此，管理者宜注意通过使员工参与活动来转变员工的态度。沟通对员工态度转变的影响起着重要的作用。

在现实管理工作中，许多人应用"角色扮演法"，如一些工厂让工人轮流担任质量督导员，或开展"一日厂长"等活动，这对于强化职工的质量意识，引导职工关心企业、积极参与企业的管理活动起到了很好的作用。

例证 4-11

福特汽车公司与员工关系管理

全员参与生产与决策制度是福特公司职工管理方法中最突出的一点。"参与制"最主要的特征是将所有能够放在基层的管理的权限全部下放，对职工报以信任的态度并不断征求他们的意见。公司赋予员工参与决策的权力，缩小职工与管理者之间的距离，职工的独立性和自主性得到了尊重和发挥，积极性也随之高涨，这使管理者无论遇到什么困难，都可以得到职工的广泛支持。同时，这种职工参与管理制度在某种程度上缓和了劳资双方势不两立的矛盾冲突，改变了管理阶层与工人泾渭分明的局面，大大减轻了企业的内耗。

（资料来源：福特汽车公司与员工关系管理[EB/OL]．[2016-10-21]．http://www.hrsee.com/?id=300.）

例证 4-12

鞍钢的"一日厂长制"

近年来，鞍钢化工总厂进行管理创新，建立了"一日厂长制"。首先，在制度上做到规范，即建立"一日厂长"活动制、"一日厂长"活动反馈制、"一日厂长"报告制、"一日厂长"奖励制。其次，"一日厂长"们还有四项权力，即参加总厂各种会议的权力、对各方面工作提出意见和建议的权力、对车间和科室工作进行检查的权力以及向厂长建议对集体和个人进行奖励和处罚的权力。"一日厂长"活动对推进企业民主管理产生了很大作用。著名劳动模范李晏家当上"一日厂长"时提出，运焦皮带钢制增面辊设计不合理，因此使用周期短，既影响焦炭运输生产，又浪费原材料，是一项老大难问题。他建议用橡胶增面辊代替钢制辊。工厂对此建议十分重视，实施后，每年仅材料费就节约 47 万元[21]。

3. 组织规范法

每个人都处于一定的组织中，组织的准则、价值、规范化的规则都可以有效地影响人的态度。组织规范法就是利用群体规范的强制力、约束力，或者采用一定的行政手段、经济手段和规章制度，迫使员工了解管理者发出的信息，促使其逐步改变态度的一种方法。员工开始可能是在压力强制下被迫地去接受规定，随着时间的推移，员工变得越来越习惯，进而越来越自觉，以至于最后改变原来的态度。

例证 4-13

华为军队般的企业纪律

华为，1987 年年底创办于中国深圳，是全球领先的高科技公司之一。作为一家无背景、无资源、缺资本的民营企业，其二十余年的飞速发展为西方人所震惊。这背后除了任正非所坚持的"狼的文化"之外，还有他一贯坚持的军队般的企业纪律。在二十多年的发展中，华为企业管理的军事化特征比较明显，如"农村包围城市"发展战略、高度集权式管理结构、对抗练兵式的员工培训手段等。

华为在对研发人员的保密措施方面也很严格：上班时不能连接互联网，不能在公司收发与工作无关的邮件，而邮件由公司网络安全部门监控，所有邮件都能被看到。另外，电脑的 USB 接口都是封死的，不允许共享任何可能泄密的文档，不允许安装任何与工作无关的软件。在业余时间，华为人不能进行唱 KTV、打麻将等娱乐活动，更严禁赌博。冰冻三尺非一日之寒，华为今天取得的成就也绝非一日之功，是华为人用超出其他人几倍的努力而取得的，也是中国改革开放以来中国优秀企业崛起的一个缩影[22]。

四、员工态度调查

员工态度调查就是管理者为了解员工对与工作有关的变量的态度所做的认真的、有系统的调查。员工态度调查具有如下三种作用：① 测量，即帮助管理者客观、准确地了解员工工作动机和士气以及关于企业发展、工作本身及工作效率等的关键性问题；② 沟通，即员工态度调查是管理者与员工沟通的重要渠道，它为员工提供了沟通个人情感、信仰和观念的机会，使员工可以利用这样的机会建立他们的工作世界，同时也为管理者提供了向员工表达他们对员工的关心的机会；③ 管理过程，即调查结果可以帮助企业发现问题，纠正失误。

经常调查的问题是员工对工作的满意度、工资和福利、主管的工作和对企业整体的态度。态度的测量和调查方法主要有问卷法（量表法）、面谈法、行为观察法。

（一）问卷法（量表法）

量表法通常采用标准的量表进行。员工态度调查以纸笔问卷调查最为普遍，随着互联网技术的发展，网上调查正在逐步兴起。

员工态度问卷调查通常有五个阶段。

（1）准备阶段：调查者确定要调查的问题并设计问卷。

（2）问卷填写阶段：调查者发放问卷并回收问卷。

（3）问卷分析阶段：调查者分析数据，得出结论，写出结果报告。

（4）追踪阶段：调查者组织员工分析数据和调查结果并做出相应的改革建议。

（5）庆祝阶段：调查者报告调查工作的情况和根据建议所做的相应改革的结果。

下面介绍两种问卷法，即坐标法和句子完成法。

1. 坐标法

坐标法主要用来测量人们对某一问题赞成或反对的程度。程度可以分为三等到十一等（奇数），常用的是五等。

例如，有人提议本厂与××厂联营，你认为如何？

a. 坚决支持　　　　　b. 支持　　　　　c. 无所谓

d. 反对　　　　　e. 坚决反对

把收集的信息进行处理，填入表4-5中。

表4-5　态度坐标测量处理表

项　　目	有人提议本厂与××厂联营，你认为如何	人　　数	所占比率/%
反应	坚决支持		
	支持		
	无所谓		
	反对		
	坚决反对		
合计			

据此可以立刻看到对这个建议持积极态度的有多少人，持消极态度的有多少人，这对于了解员工的态度并做出正确的决策是十分有意义的。

2．句子完成法

句子完成法是事先准备好一些与你想了解的内容有关的未完成句子，让员工把句子写完，从中反映出员工对某一事物的态度。

这种方法的主要优点是：员工不易隐瞒自己的真实态度；缺点是：分析起来有一定难度。下面是一些未完成句子的例子。

（1）工作意味着……

（2）如果工厂倒闭，我……

（3）我一个人工作时……

（4）大家认为我……

（5）我在厂里感到……

（6）领导待我……

（7）我们厂的产品……

（8）我的工作环境……

（9）家庭对我来说……

（10）工厂对我来说……

（二）面谈法

面谈法是了解员工态度的主要方法，采用的方式主要有各种会议、现场谈话、离职面谈。面谈要长期坚持，必要时形成制度，管理者要虚心听取员工的意见和建议，并反映在决策上。企业要客观评价员工的"离职""跳槽"等行为，由此引起对自身不足的警觉，通过恳请批评寻找缺点。

例证　4-14

松下对离职员工的态度[23]

日本松下公司的电器产品以精工制作、品质优良而行销于世界各地，公司总经理松下幸之助却冷静地把注意力集中在听取逆耳之言上，他对待"跳槽"员工的态度就表现了这种愿望。松下认为"跳槽"的员工总是希望到更高、更强的企业就职，是有进取心的优秀员工，他们往往已经发现了松下公司的某些弊端。为此，松下幸之助对主动脱离该公司另谋高就的员工不仅一律热忱欢送并表示祝贺，还十分诚恳地请求他们留下批评意见。在曾经跟随他26年的后藤清一离开公司时，他用一个多小时的时间认真倾听后藤的见解。松下公司的许多决策就是根据"跳槽"员工临别时留下的意见重新修正的。

（三）行为观察法

行为观察法是指调查者深入现场观察员工的行为，根据员工的言语、表情及行为表现来推断其对某事物的态度。由于这种方法在使用时不会被员工发现，故可以比较准确地收集资料。

近年来，随着科技的发展，许多企业使用新技术和新方法进行员工问卷调查，表4-6对多种员工态度调查方法做了比较。

表4-6　员工态度调查方法比较

方　　法	特　　点	优　　点	缺　　点
小组面谈	员工用自己的话表达感觉，调查者通过提问，了解员工要表达的意思	尤其适用于探测性地了解问题的深度和广度，对问题的感觉及其强度；也用于问卷设计的初稿阶段和为了澄清某些问题而进行的问卷调查结果的追踪	所获信息可能不能准确地反映被调查群的整体态度；如果被调查群差异较大，需要组织数个面谈小组
计算机调查	员工使用计算机或网络回答问题	有趣、高参与率，可查出员工回答的自相矛盾的问题并加以解决	只能调查那些能接触并使用计算机或网络的人
内向电话调查	员工拨通一个 800 号码，由一个问讯者回答电话，提问调查问题，并将数据输入计算机	速度快、准确度高	无法控制员工拨打电话的次数；需要足够的问讯者；数据收集的人力成本高
外向电话调查	问讯者给员工打电话进行调查	高参与率；可以控制被调查者的参与次数；能够测量特殊的员工群体；效率高、准确度高	有些员工不接电话或不能接电话；保密度低；数据收集的人力成本高
观察法	调查者深入现场观察	准确度高	有些态度和行为难以观察；速度慢，数据收集的人力成本高；行为与态度并非一对一关系，有效性比较差

第三节　工作满意度

Hoppock 最先给出了工作满意度的概念，工作满意度通常被界定为员工对工作的积极情感反应。Hoppock 认为，工作满意度指员工在心理和生理两方面对环境因素的满足感受。

一、工作满意度的概念与内容

工作满意度是指个人对其所从事工作的一般态度。这种态度影响管理心理与行为，甚至身体健康。塞尔斯（Sales，1969）曾做过一项研究，使员工完成 1 小时的实验工作，发现其血液中胆固醇的含量与其对任务的喜爱程度呈负相关趋势。[24] 一些跨国公司在他们的顾客服务研究中，已渐渐从研究外部顾客满意度转向研究内部顾客满意度，即员工的满意度。联邦快递公司认为，"无法想象一个连内部顾客都不满意的企业，能够提供令人满意的服务给顾客"，他们发现当其内部顾客满意度达到85%时，公司的外部顾客满意度可达到95%。

人们一般认为，工作满意度实际上是几种相关的态度。所以，当我们说满意时，我们必须明确"对什么满意"。研究表明，有五个方面的内容是工作中最重要的特征，人们会对之有情感上的反应，它们是：

（1）工作本身，是指员工所从事的工作的有趣程度，提供进一步学习的机会和承担更多的责任；

（2）报酬，是指所得到的报酬多少、报酬的公平性和支付报酬的方式；

（3）升职机会，是指升职的现实可能性；

（4）上司，是指上司的技术和管理能力，上司对员工及其利益关心的程度；

（5）同事，是指同事友善、有技术能力和支持合作的程度。

尽管工作的其他方面也很重要，但上述五个方面在评价组织中的工作态度时最为常用。

二、影响工作满意度的因素

影响工作满意度的因素比较多，既包括员工自身的因素，如员工的年龄、职业阶层、受教育年限，也包括工作和环境因素，如组织规模、领导风格和工作的丰富程度。下面分别介绍员工的年龄、职业阶层、受教育年限以及组织规模、领导风格和工作的丰富程度对工作满意度的影响。

（一）年龄

年长的员工有较高的工作满意度，如表4-7所示。

表4-7　年龄与工作满意度（N=4 000）

年　　龄	满意度指数（MSQ）
30 岁以下	3.41
30～40 岁	3.42
41～55 岁	3.57
55 岁以上	3.62

上述结果的产生原因可能是青年人对工作有更多的期望，而当一个人逐渐长大，社会经验变得丰富起来，对环境的评价逐渐现实后，满足感便会提高。此外，随着年龄的增长，人们社会地位的提高也是满意度增加的一个重要因素。

（二）职业阶层

员工的职业阶层越高，满足度越高，如表4-8所示，职位阶层较高的员工对自身的工作满意度较高，而职位阶层较低的职业，如服务工人、作业员等，这些群体的工作满意程度甚至呈负数，最低为-42%。当问及：假如有机会让你重新选择职业，你还会选你现在所从事的职业吗？调查结果如表4-9所示。可见，白领员工更多地选择同类工作，而蓝领员工则较少地选择同类工作。造成此类现象的主要原因在于工作条件随着阶层提升而得到改善，与此同时，工资福利都会有所提高，从而增加了满意程度。更重要的是，高职业阶层的工作能够充分发挥人的才能，使人得到自我实现的机会。

表4-8　职业阶层与工作满意度

职　业　团　体	样　本　人　数	平均满意度/%
专业技术人员	323	25
管理者、官员、店主	319	19
推销人员	112	11
工匠、班组长	270	8
服务工人	238	−11
事务人员	364	−14
作业员	379	−35
非农业工人	72	−42

表4-9　在选择职业时，人们仍然计划选择同类工作的比率

层　　　次	职　业　团　体	比率/%
白领	公立大学教授	93
	数学家	91
	物理学家	89
	生物学家	89
	化学家	86
	公司律师	85
	学校负责人	85
	律师	83
	新闻工作者	82
	教会大学教授	77
	私人律师	75
	白领工人	43
蓝领	熟练的印刷工人	52
	报社工人	42
	熟练的汽车工人	41
	熟练的钢铁工人	41
	纺织工人	31
	蓝领工人	24
	不熟练的钢铁工人	21
	不熟练的汽车工人	16

（三）受教育年限

一些调查发现，受教育年限与工作满意度有很大关系，如图4-2所示，图中的曲线走向呈U字形，从中可以反映出受教育年限和员工工作满意度的关系并不是简单的正比或反比关系，而是呈现出先下降再上升的趋势，即当受教育年限较低时，员工的工作满意度会相对偏高；相比之下，中等教育年限的群体的工作满意度最低；当受教育年限不断

增加后，员工的工作满意度也会大幅度增加。

图 4-2　受教育年限与工作满意度的关系

例证 4-15

雇用保安和空姐[25]

美国建立第一个农业大工厂时，首先要雇用一批保安人员。因为当时劳动力过剩，工厂制定雇用保安人员的最低标准为高中毕业生，并具有三年工厂保卫的经验。但按这个标准雇用的保安人员工作后，感到农业工厂的保安工作（只检查进出门的证件）单调、乏味，表示无法容忍，因而对工作漠不关心、不负责任，而且离职率很高。后来工厂雇用只受过四五年初等教育的人来担任这个工作，他们对工作满意、责任心强、工作负责，缺勤率、离职率很低，保卫工作做得很出色。

无独有偶，中国台湾长荣航空公司只招收应届高中毕业生当空姐。为什么不招收本科毕业生呢？这是因为本科毕业生志向比较高、难服侍，让她们在空中"端盘子"服侍人，可能会做不好，所以就改招应届高中毕业生。长荣航空公司开风气之先，将航空服务人员交由日本航空公司代为培训，并招募被称为"养成宝宝"的高中应届毕业生为空中服务人员，她们需要接受六个月的养成教育。这一措施大大提高了公司的服务品质。年轻漂亮的空服人员在飞机将要着陆时，向乘客 90°鞠躬致意，亲切的笑容和认真的态度赢得了广大乘客的称赞。

（四）组织规模

组织规模越大，员工满意度越低。组织规模增加后满意度降低的原因是：在规模较大的单位，人员较多，许多活动被"肢解"。由于沟通协调不畅，职工一般很难参与最高决策，人和人之间的人情味也大幅度地减少，解决问题层次太多、太繁杂。

（五）领导风格

领导风格的类型包括变革型、交易型、放任型等。一般来说，变革型的领导能够对员工的工作态度产生积极影响。因为变革型领导能够指明组织的奋斗目标和发展方向，阐明工作的重要之处，能够给下属有效的激励。在这种领导风格下，员工感到自己是被重视的，是组织中真正的一分子，这会大大提高他们的工作积极性和满意度。

（六）工作的丰富程度

工作本身的特性包括工作中需使用的技能或才干的多样程度、工作范围的覆盖程度或复杂程度、工作对他人的生活或工作的实际影响程度、工作允许个人独立及自由发挥的程度、员工能及时明确地获悉自己所从事工作的结果等。如果某项工作具备上述前三点特性，员工会觉得从事这项工作能够成长并实现自我价值；如果在工作中有较大的自由裁量权，员工更愿意发挥主观能动性和创新性；如果企业能及时对员工的工作效果予以反馈，他们就能根据反馈情况及时改进工作[26]。

三、工作满意度的现状

2018年世界大型企业联合会（The Conference Board）报告显示，51%的美国员工对2017年自身职业表示满意，这是2005年以来该机构调查得到的最高满意度。报告同时显示，年收入7.5万美元以上员工的薪资满意度为58%，而年收入7.5万美元以下员工的薪资满意度则只有29.4%。可见，随着时代发展，工作满意度的总体水平也在发生变化。有调查表明，不满的来源因工作性质、年龄等不同而存在差异。青年工人不满的原因主要是个人期望不符合现实、受过太高的教育而显得"能力过剩"、反对独裁式领导。蓝领工人不满的主要原因是无法改变目前的地位、宣传媒介对这一阶层的轻视、工作乏味和工资下降。而对于中层管理者而言，缺乏参与决策的机会、个人地位不稳固、职业缺乏保障及权力减少是最令他们不满的因素。

改革开放以来，我国服务业有了长足的发展，但服务业员工并没有因此而感到满意，他们的工作满意度普遍较低。其中，工作待遇、提升机会及进修机会是工作满意度较低的主要影响因素[26]。

同时，一项关于中小型企业员工满意度的调查显示，自我实现、物质需求、安全需求、社交需求、尊重需求五个维度中，只要提高其中一个维度的满意度，其他维度的满意度也会相应地得到提高。而当前中小型企业在满足员工自我实现、物质需求、安全需求、社交需求等方面的措施还不够完善，因此中小型企业应该采取一定措施解决这些问题[27]。

如今，"90后"成了进入职场的主力军，"90后"对工作的需求及满意度同样值得关注。一项对"90后"工作满意度的调查显示，"90后"员工对所在企业的群体关系氛围较为满意，在人际关系交往方面处理得比较好；而对工作所得到的回报的满意度较低，说明"90后"员工认为自己在薪酬发展方面达不到理想状态。基于企业持续健康的良性发展，建议企业人力资源管理者从改善工作环境、坚持能岗匹配、完善薪酬体系等方面提高"90后"员工的工作满意度[28]。

四、员工敬业度调查

敬业度是与工作相联系的一种积极状态——员工愿意为了工作付出积极的努力[29]。员工的工作满意程度与敬业度紧密相连，根据北森人才管理研究院发布的《2018—2019中国企业敬业度报告》显示，2018—2019年，中国企业员工敬业度水平为62.46%，与2017—2018年度相比变化不大，两年内员工整体敬业水平相对稳定。在层级的对比分析结果中，中高层管理人员表现了尤为突出的敬业度水平（80.79%），相比之下，一线员工的敬业度为 60.84%，其敬业状态需要更多地被关注；从学历角度看，不同群体的敬业水平随着学历的提升而持续走低，即高学历员工的敬业度更低，且不同群体间的敬业度差距较大。与此同时，越来越多的"95 后"进入职场，他们有想法、爱自由、敢想敢说，被称为企业"最难管理"的员工群体。因此，总体上看，"95 后"的敬业度水平偏低，在留任意愿上与整体的差距最大（-9.1%）。

　　（资料来源：《2018—2019 中国企业敬业度报告》[EB/OL]. [2019-11-25]. https://www.useit.com.cn/thread-25472-1-1.html.）

五、员工表达不满的方式

　　员工可以通过各种方式来表达他们的不满，可从建设性和积极性两个维度将员工表达不满的方式分为四种，即退出、建议、忠诚、忽略，如图 4-3 所示。

图 4-3　员工表达不满的方式

　　（1）退出：调动、离职或辞职。调动和离职使组织遭受经济损失，增加人事成本，还会引起各种影响，如造成士气低落，使工作绩效水平下降。

　　（2）建议：采取积极性和建设性的态度试图改善目前的环境，包括表达不满，提出改善工作的建议，与上级讨论问题和组织某些形式的工会活动。

　　（3）忠诚：消极但乐观地期待环境的改善。员工面临外部压力时为组织说好话，相信组织和管理层会做出正确的决策和措施，组织环境会逐步改善。

　　（4）忽略：消极地听任事态发展，结果是问题得不到解决，甚至更坏，包括长期缺勤和迟到，降低努力程度，增加错误率，消极怠工，甚至出现偷盗的行为。缺勤是员工对工作不满意的突出表现。美国每年因为缺勤损失大约 260 亿美元，加拿大因为缺勤而产生的经济损失大约在 60 亿美元。缺勤和工作满意度之间的相关系数常为 0.3～0.5。在恶劣环境（如暴风雪）下仍坚持出勤的职工的工作满意度很高，相关系数为 0.8～0.9。

六、提高员工工作满意度的方法

　　所谓员工满意战略，是指以员工满意为核心，最大限度地满足员工的合理需要，激发员工的积极主动性和能动性，提高全员的运作能力，从而推动企业发展的战略。企业的灵魂是员工，员工出色的工作促成企业的良好运作，企业才具有足够的竞争力立足于市场，才能得以长足发展。员工满意战略的实质就是通过企业自身建设满足员工的需要。要满足员工的需要必须树立"以人为本"的企业文化价值观。具体要做到以下七个方面。

（1）把员工的需要同企业的目标有机地结合起来，尽量满足员工的需要。

（2）让员工参与企业的决策，使其有主人翁责任感及对企业的归属感，如日本一些公司的决策不是由主管一个人完成的，而是强调集体决策。

（3）鼓励员工提合理化建议，管理人员帮助其实现，以满足员工实现自我成就感。

（4）为员工营造一个良好的工作环境。良好的工作环境分为两个方面：一方面是硬环境，主要是指功能全面、用途专门、安全性好、风格新颖的工作和休息环境；另一方面是软环境，主要是指文化环境、人际环境等。

例证 4-16

Google 中国的办公环境[30]

Google 素以为员工提供良好工作环境而著称。

1. Googler 的标准配备

Google 技术人员标准桌面：宽屏 20 英寸 LCD×2+人体工程学键盘&鼠标+ThinkPad×1+各种各样的贴纸和私人物品（如布娃娃）。

2. Googler 的娱乐环境

劳逸结合才是提高效率的正解，Google 亦深谙这一道理。例如，在北京工程院并不富余的空间中绝不会对休息、娱乐空间缩水。首先是 Googler 的休息空间：零食、咖啡、饮料、水果按需自取，还可以聚在桌前闲聊，当然，也少不了那个经典的"Google 冰箱 Tips"。娱乐空间里有乒乓球台和美式桌面足球，有时乒乓球台无处安放，也可能被搬到前台门口。

3. Googler 的个人空间

每个 Googler 都有 30 美元预算来点缀自己的私人工作空间，除了各种毛绒玩具、模型、照片以外，甚至有 Googler 将帐篷放在自己的"办公领域"，午休也很惬意。

（5）管理人员实行走动管理（Management By Walking Around，MBWA），经常与职工自由交谈，保持上下级沟通，促进了解，消除误解。所谓走动管理，是指高层管理人员走出办公室，通过直接的面对面谈话，向组织中的其他人学习。

（6）重视员工培训。提高人的素质是"以人为本"的核心内容，现代企业只有不断提高人的素质，企业才能不断发展；只有具有高素质的人，才能有一流的技术、一流的质量和一流的产品。

例证 4-17

屈臣氏的员工培训

为保证整个连锁机构的顺畅运作，所有政策适时落实到位，新老员工能及时了解公司战略部署，屈臣氏的管理层非常重视培训这项任务。

（1）新员工入职培训。所有新员工经过应聘入职后，都必须到屈臣氏总部进行为期两天的企业文化培训，然后将这些员工安排到各个门店进行为期一周的基本操作训练。新员工经考核合格后才被允许正式上岗服务。

（2）管理人员培训。屈臣氏会定期对店面的营运管理层进行培训，包括常规的培训以及战略培训，管理人员都必须经历如"基本督导技巧""促销管理"等的专业培训，并且要熟读共有上下册两本的《屈臣氏营运手册》。

（3）各门店日常培训在屈臣氏也是非常重要的一项作业。如员工之间的交叉培训，各个部门互相介绍自己部门的新商品信息，让所有员工了解商品的知识，有利于向顾客介绍。另外，门店培训员会向员工讲解一些专业知识以及向药房的药剂师讲解专业知识，这都是非常重要的环节。

（4）培训员培训。各门店的培训员要定期到总部进行专业知识培训，有利于贯彻执行公司的培训工作。

（5）门店主管、经理培训。门店主管、经理除了定期进行业务知识培训外，还要参加屈臣氏每月举行两次的促销活动。由于每次都有相关的主题，为了让各门店在促销活动、卖场布置、商品陈列、促销要点方面切实按公司的要求做到统一，各店经理在促销开始前都要去参观样板店。

（资源来源：屈臣氏员工培训大全[EB/OL].（2016-02-18）. http://guanli.1kejian.com/ziyuan/qiyepeixun/153812.html#down_l.）

（7）建立精神激励机制。员工是"社会人"而不是"经济人"，因此对员工的激励应既有物质上的奖励，同时又要给员工精神上的荣誉感。

第四节 组织承诺

组织承诺通常是指员工对组织及其目标的认同感，以及对组织的归属感。组织承诺代表了员工对组织的忠诚度。高组织承诺意味着员工希望保持组织成员的身份；低组织承诺的员工则倾向于与组织隔离。组织必须采取一定的措施提高员工的组织承诺。

一、组织承诺的概念和内容

阿伦和梅耶（Allen & Meyer，1991）认为，组织承诺（Organizational Commitment）是个体体现出的一种对组织的感情倾向，以及对离开组织造成损失的认知和对组织应负的道德责任。他们将组织承诺划分为三个维度，即感情承诺（Affective Commitment）、规范承诺（Normative Commitment）、继续承诺（Continuance Commitment）。[31]

（一）感情承诺

感情承诺是指个体对其所在组织的感情依恋、认同和投入度，是指个体对组织的积极情感，包括认同组织的价值和目标、为自己是组织的一员而感到自豪、愿意为组织利益做出牺牲等。个体对组织所表现的忠诚和为组织努力工作，主要是由于其对所在组织有深厚的感情，而非追求物质利益。

（二）规范承诺

规范承诺是指个体基于义务和社会责任而继续留在组织内工作的认知。个体在社会化的过程中，不断地被灌输和强调一种观念或规范，即忠诚于组织是会得到赞赏和鼓励的一种恰当行为，以至于在个体内心产生顺从这种规范的倾向。

（三）继续承诺

继续承诺是指个体对离开组织所导致损失的认知而不得不继续留在该组织内的一种意愿。这种承诺建立在物质利益基础之上，具有浓厚的交易色彩。员工进入一个组织，有着维持生活、提升自我、获取成就等方面的期望和需要，员工通过为组织努力工作，满足这些需要。例如，获得良好的报酬和退休金，掌握专门的技术和技巧，在组织中形成的人际关系和所具有的资历、地位。

近二十年来，出现了一个与组织承诺有关的概念——职业承诺（Professional Commitment）。职业承诺（又称专业承诺）是指由于个体对特定职业或专业的认同和情感依赖，对职业或专业的投入和对社会规范的内化而导致的不愿变更职业或专业的程度。简单地说，职业承诺是个体对职业的忠诚，组织承诺是个体对组织的忠诚。

通过对我国企业员工的组织承诺进行研究，我国学者凌文辁、张治灿、方俐洛（2001）发现，我国员工的组织承诺包括五个维度的内容，形成一个五因素模型，如表 4-10 所示。[32]五因素模型表明，员工之所以会留在组织中，是因为感情承诺、理想承诺、规范承诺、经济承诺和机会承诺五个因素的作用，即因为他们对组织有心理上的依附感、经济上的依赖、期望的满足、其他机会的缺失以及他们觉得应该留在组织中。

表 4-10　我国员工组织承诺的五因素模型

因　素	包 含 内 容	影 响 因 素
感情承诺	➤ 对组织认同，感情深厚 ➤ 愿意为组织的生存与发展做奉献，甚至不计较报酬 ➤ 在任何诱惑下都不会离职跳槽	➤ 对领导的信任度 ➤ 来自组织的生活支持 ➤ 领导的团体维系行为 ➤ 组织的可依赖性
理想承诺	➤ 重视个人的成长，追求理想的实现 ➤ 关注个人的专长在该组织中能否得到发挥 ➤ 组织能否提供各项工作条件和学习提高及晋升机会，以利于实现理想	➤ 员工的社会公平交换水平 ➤ 员工对同事的满意程度 ➤ 员工所处团体的集体工作精神
规范承诺	➤ 对组织的态度和行为表现均以社会规范、职业道德标准为准则 ➤ 对组织有责任感，对工作、对组织尽自己应尽的责任和义务	➤ 对领导的信任度 ➤ 来自组织的工作支持 ➤ 受教育程度 ➤ 职位 ➤ 领导的工作向导行为 ➤ 对工作的满意度
经济承诺	因担心离开组织会蒙受经济损失，所以才留在该组织	➤ 工龄 ➤ 对领导的信任度 ➤ 员工的社会公平交换水平

因　　素	包 含 内 容	影 响 因 素
机会承诺	➤ 留在这个组织的根本原因是找不到其他更满意的组织 ➤ 因自己技术水平低，没有另找工作的机会	➤ 对报酬的满意度 ➤ 来自组织的生活支持 ➤ 组织的可依赖性 ➤ 员工的社会公平交换水平 ➤ 对组织的总体满意度 ➤ 受教育程度 ➤ 年龄 ➤ 改行的可能性

二、影响组织承诺的主要因素

根据组织承诺水平的因素来源，国内外学者将影响组织承诺的主要因素分为三类，即环境因素、组织和工作因素、个体因素。[33]

（一）环境因素

员工及其所在组织所处的环境状况对员工的组织承诺水平存在如下三方面的影响：① 从劳动力市场看，失业率的高低决定了个人就业机会的多少，失业率与员工的组织承诺水平正相关；② 从社会文化角度看，在主张创业、冒险、单干的社会文化中，员工的组织承诺水平较低；③ 从行业性质看，人才竞争激烈的行业中，员工的组织承诺较低，这是因为同行之间的人才争夺使得员工更换工作后的收益提高，推动员工在行业内部流动。

（二）组织和工作因素

1．组织变革

在组织变革的环境（如公司合并、裁员）中，员工通常会担心自己的发展前途以及是否会被解雇，其组织承诺较低。

2．组织特性

企业效益和发展前景、薪酬福利、企业领导的能力和素质、组织文化、管理运行机制、组织中的公平性和支持性直接影响到员工的组织承诺。一项关于企业文化对员工组织承诺影响的研究显示，在以员工为导向的组织中，因为组织重视员工的发展，能够为员工的知识共享和知识转移提供信任、尊重和支持性氛围，而且组织中的公平程序和分配原则能够为员工提供安心工作的职业环境，也会正向影响员工的组织承诺[34]。

3．职业工种

工作相对稳定、没有多大风险、劳动负荷不是很大且有愉快的工作经历，则员工的组织承诺较高；相反，对于工作环境恶劣、风险较大的工作，员工的组织承诺较低。

4．人际关系

员工长期在所从事单位工作和生活，其身边人员的观点、意见、态度等都对其自身态度转变有着重要的影响，如上级领导、同事、下属、客户等。如果组织中员工之间、员工与上司之间合作得非常愉快、气氛融洽，员工之间的沟通无障碍，员工的组织承诺较高。

5. 工作投入

工作投入程度高的员工对他们所做的工作有强烈的认同感，并且真的很在意他们所做的工作类型。这是因为，员工一旦在他们所工作的岗位上经历了认真学习、艰难适应的过程，便会对所从事的工作和岗位产生依恋感，这使他们积极主动工作，甚至热爱、迷恋自己的工作，故组织承诺较高。

（三）个体因素

根据影响组织承诺水平的个体特征的来源，可以分为以下三类。

1. 年龄和工作年限

工作年限越短、年纪越轻，员工的继续承诺越低，而流动率越高。工作年限长的员工，对工作的投入度更大，他们在自己的工作领域已经取得一定地位和成就，对自身工作有较大的满意度，因此组织承诺也就更高。

例证 4-18

"80后"和"90后"员工组织承诺的比较

调查表明，"80后"一代比其他年代的员工对于企业薪资福利的牢骚更多，一旦这种不满情绪得不到缓解，他们就会动摇而选择离开，另谋高就，具体表现为"80后"的跳槽率、辞职率高[34]。而"90后"新生代认为创造性、独特、挑战对他们来说最重要，他们追求新鲜感、多样性和挑战性。影响直接体现在：组织和管理者越注重个体的内在价值，员工的组织承诺、工作绩效、组织公民行为就越显著，其行为对组织就越有利，离职倾向也越低，有利于组织留住人才[36]。

2. 性别

一项对知识型员工的调查研究显示，女性的职业生涯管理和组织承诺水平比男性低。一方面是由于处于26～35岁的女性一般都以家庭为重，从而导致她们忽略职业生涯管理。另一方面，从用人单位的角度来说，男性更容易成为用人单位的培养目标，他们能够获得很多的发展机会，因此男性的组织承诺就更高[37]。

3. 婚姻

研究显示，已婚员工的组织承诺明显高于未婚员工，离职率低于未婚员工。这可能是因为相对未婚员工，已婚员工面临的经济压力更大，同时他们承担的责任也更多，相应地，责任感会更强，因此对企业的组织承诺也会更高[38]。

三、组织承诺的作用

组织承诺对组织的重要性日益显著，在某种意义上，组织成员的组织承诺水平代表了组织的凝聚力和竞争力。其作用主要表现在如下三个方面[39]。

（一）组织承诺对降低员工离职率的作用

研究者们越来越认同用组织承诺描述员工的工作态度，并将其作为联结工作满意度和离职行为的中介变量，组织承诺被认为是离职率的良好预测指标。

要降低员工的离职率，基于组织承诺，至少有如下三种主要措施可以采用：① 加强员工与企业匹配来提高员工的感情承诺水平；② 强化企业薪酬激励来提高员工的继续承诺水平；③ 倡导员工遵守企业职业规范来提高员工的规范承诺水平。

（二）组织承诺对组织公民行为的促进作用

组织公民行为是员工在自己的角色之外对组织额外的贡献，因此，只有具有更高组织承诺（特别是感情承诺）的员工才会有更多的组织公民行为。组织中感情承诺高的员工在心理上会觉得应该完成的任务更多，更容易主动接受指派的工作，而且对他们来说，投入地去完成工作基本上是无须考虑的，如主动帮助新员工和同事，对顾客更加热情负责。

（三）组织承诺对工作绩效的影响

感情承诺对工作绩效表现出显著的影响，但继续承诺和规范承诺对员工的工作绩效并没有影响。

四、增强组织承诺的方法

组织承诺对于企业组织的重要性越来越明显，尤其在当前伴随新技术成长的"80后""90后"群体逐渐成为职场主力军的情况下，更需要企业组织加大对员工组织承诺的关注力度。因此，提高员工的组织承诺就尤为重要。

（1）建设员工导向型的企业文化。员工导向的组织文化下，组织关注员工的需求，重视员工关系，为员工创造舒心的工作环境，帮助员工发展。组织应建设员工导向型组织文化，关注员工的发展，增进其对组织的认同，使其对组织产生深厚的感情，愿意为组织的生存和发展做贡献。

（2）做好员工职业生涯管理。接受过高等教育的员工对工作的需求也更高。因此，组织可通过针对员工的职业追求，为其设计职业发展规划，提供职位信息、工作条件以及学习提高的机会，畅通职业晋升渠道等方式提高员工的组织承诺。

（3）丰富新生代知识型员工的工作内容，改善工作环境。"80后""90后"员工大都不喜欢循规蹈矩的工作，组织可通过工作再设计，使其工作内容更加丰富，增加工作的自主性、挑战性和反馈性，赋予员工更多的控制权、决定权、知情权等。

（4）增强责任感教育。责任感作为一种内驱力，决定着员工的工作投入和绩效产出，最终影响组织的竞争力。组织应通过对员工进行责任感教育，使其感到自己肩上责任的重大，形成正确的职业观念，主动、自觉地在本职岗位上努力工作，全身心投入，爱组织如家，忠诚于组织，从而调动其工作的积极性和主动性[40]。

本章小结

➤ 价值观代表一系列基本信念和看法：从个体或社会的角度来看，某种具体的行为类型或存在状态比与之相反或不同的行为类型或存在状态更可取。

➤ 态度是指主体对特定对象做出价值判断后的反应倾向，包括认知、情感、行为三种成分。

➤ 态度转变的理论主要包括费斯汀格的认知失调理论、海德的认知平衡理论、凯尔曼的态度转变与形成三阶段论、墨菲的沟通改变态度理论、预言实现改变态度理论、社会学习论、勒温的参与改变理论。

➤ 工作满意度是指个人对其所从事工作的一般态度。这种态度影响管理心理与行为，甚至身体健康。

➤ 组织承诺是个体体现出的一种对组织的感情倾向，以及对离开组织造成损失的认知和对组织应负的道德责任。可以将组织承诺划分为三个维度，即感情承诺、规范承诺、继续承诺。

➤ 组织承诺的作用主要表现在如下三个方面：（1）有利于降低员工离职率；（2）促进组织公民行为；（3）提高工作绩效。

思考练习题

一、选择题

1. 在宣传过程中采用恐惧性诉求时，（　　　）等程度的恐惧性唤起可以取得最佳效果。
   （1）高　　　　　　　（2）中　　　　　　　（3）低

2. 成就感属于罗克奇价值观中的（　　　）。
   （1）目的价值观　　　（2）工具价值观　　　（3）其他价值观

3. 影响组织承诺水平的个体特征来源不包括（　　　）。
   （1）性别　　　　　　（2）婚姻　　　　　　（3）外貌

二、简答题

1. 简述罗克奇的价值观类型。

2. 什么是工作满意度？

3. 什么是组织承诺？

价值观[41]

表4-11可以帮助我们更好地理解自己的重要的个人价值观。它应该由个人完成，其

结果可作为开展团队/班级讨论的基础。本测试约需 30 分钟。

　　价值观是我们去发现值得做和有意义的事情的原则，它能够指引我们该做什么、如何去做。下面从表 4-11 中选出 10 种对你来说很重要的价值观。然后利用所提供的等级表，按照优先顺序对它们进行排列。你也可以为列表添加其他价值观，并根据需要将其纳入你的选择之中。

表 4-11　66 种价值观

1. 有职责	18. 乐趣	35. 平等	52. 稳定性
2. 优秀	19. 协作	36. 参与	53. 权力
3. 成就	20. 健康	37. 道德	54. 地位
4. 名声	21. 共性	38. 知识	55. 压力
5. 进步	22. 帮助他人	39. 领导能力	56. 刺激
6. 家庭	23. 能力	40. 信仰	57. 私密
7. 冒险	24. 帮助社会	41. 爱	58. 时间
8. 快节奏	25. 竞争	42. 名誉	59. 提拔
9. 威信	26. 诚实	43. 忠诚	60. 信任
10. 经济回报	27. 创造力	44. 责任心	61. 质量
11. 人道主义	28. 独立	45. 意义	62. 多样性
12. 舒适	29. 以顾客为导向	46. 安全	63. 认可
13. 环境保护	30. 内部融洽	47. 开诚布公	64. 独立工作
14. 自由	31. 果断	48. 服务	65. 人际关系
15. 挑战	32. 正直	49. 和平精神	66. 与他人合作
16. 友谊	33. 效率	50. 慢节奏	
17. 变革	34. 智慧	51. 个人发展	

注：如果你还有其他价值观，请写出

　　将你选出的 10 种价值观填入表 4-12 第一栏"价值观"中，赋予每种价值观一个编号。其他两列先空着（以后再处理），直接进入下一个等级表的操作。

表 4-12　10 种价值观

价值观（填入）	A 栏 被选择的总次数	B 栏 排序（1～10）
1		
2		
3		
4		
5		
6		
7		
8		
9		
10		

现在请你完成下面的等级表，如表 4-13 所示。你需要将每一种价值观和其他的 9 种价值观依次做比较，以决定在每两种价值观之间更偏向于哪一种（在每一空格中圈出它的编号）。例如，第一个格是让你在价值观 1 和 2 之间做一个选择。

表 4-13　等级表

1　2								
1　3	2　3							
1　4	2　4	3　4						
1　5	2　5	3　5	4　5					
1　6	2　6	3　6	4　6	5　6				
1　7	2　7	3　7	4　7	5　7	6　7			
1　8	2　8	3　8	4　8	5　8	6　8	7　8		
1　9	2　9	3　9	4　9	5　9	6　9	7　9	8　9	
1　10	2　10	3　10	4　10	5　10	6　10	7　10	8　10	9　10

当完成选择后，统计一下你圈中每一种价值观的次数，这就是你给它分配的优先权值，将其填入表 4-12 的 A 栏中。

然后，在表 4-12 的 B 栏中安排各价值观的优先等级。

将优先权值最大的价值观（A 栏中最高的数值对应的价值观）安排为 1 号，将优先权值最小的价值观（A 栏中最低的数值对应的价值观）安排为 10 号。

与团队中其他成员讨论你的发现。

 管理游戏

价值观大拍卖

目的：协助学生明确自己的价值观。

形式：全体参与。

时间：50 分钟。

道具：价值观项目表，A4 纸。

场地：室内。

程序：

1. 活动前教师先制作"价值观项目表"，如表 4-14 所示，并将这些项目另书写于墙报纸上。

表 4-14　价值观项目表

项　　目	优　先　级	预估价格	成交价格
1. 使世上的人对待他人正如个人希望的方式			
2. 有 100 万元给世界上需要的人			
3. 有机会成为你所喜欢的学科/专业中最优秀的学生			
4. 有一年时间可以尽量做个人爱做的事			

续表

项 目	优 先 级	预 估 价 格	成 交 价 格
5. 有一年时间做全世界最聪明的人			
6. 有一粒使人说实话的药丸			
7. 有机会完全自主			
8. 有一屋子的钱			
9. 有机会当地方行政长官（如某市市长）			
10. 被班上每个人喜爱			
11. 在世界上最美的地方有座房子			
12. 有机会成为世界上最吸引人的人			
13. 有机会健康地活到 100 岁			
14. 有颗可以解决你担心的问题的药丸			
15. 有座藏有你喜爱的书的图书馆			

2. 教师发给每位学生一张"价值观项目表"及一张 A4 纸。

（1）教师请学生将 A4 纸做成总金额为 10 000 元的"纸钞"，面额为 5 000 元、2 000 元、1 000 元及 500 元（亦可为其他面值，只是单位越小，所花时间越多），张数不限，但总金额须为 10 000 元。

（2）请学生预想：若 10 000 元代表人的一生的所有时间和精力，你会花多少钱来买"价值观项目表"的哪些项目？教师可给 5 分钟时间，让学生在"价值观项目表"上进行估算。

3. 教师的身份转成银行，担任拍卖的工作（亦可让学生轮流担任）。

（1）教师说明拍卖规则（如可不可以向银行借款，或可不可以将买到的"物品"转卖等）。

（2）进行拍卖。

分享：

1. 拍卖完毕，学生分组讨论，或在班级里分享自己在此活动中的心得。

2. 教师说明价值观对个人的发展与人际关系有极大的影响。因此，认清自己的价值观可增强自己对人、事的辨别与决策能力，而此活动也可使学生看到自己是属于敏锐果断、眼明手快的类型，还是优柔寡断、犹豫不决的类型。

3. 你是否买到自己认为最重要的价值观项目？

（1）如果是，买到时的心情如何？

（2）如果不是，则因何故没有买到？没有买到的心情如何？

（3）你最想买的项目是什么？其背后隐含的价值观是什么？为什么它对你而言那么重要？

4. 有些人什么都没有买到，为什么？

5. 参与拍卖活动时，你的心态如何？

（1）你所买的项目是否都是你喜欢的？是否是在赌气或不得已的情况下买的？

（2）在拍卖过程中，你的心情是紧张的？兴奋的？还是……

案例分析

价值2亿美元的工作态度[42]

2004年年底，国际航空联盟决定在亚洲遴选一座有超级吞吐能力，且在软硬件上都过关的机场，作为国际客运及货运的航空枢纽，成为各个国际航班的中转站。选定后的这个航空枢纽预计年乘客运输量在3 000万人次以上，货物吞吐量达200万吨。如果哪家机场能幸运地最终入选，那么每年在收取停机费以及提供其他机场服务等方面，就将会有近2亿美元的收入。

此消息一出，亚洲各国机场纷纷摩拳擦掌，积极申报参与竞争，最终中国的浦东机场、日本的成田机场、马来西亚的吉隆坡机场以及韩国的仁川机场从众多申报者中脱颖而出。

接下来，国际航空联盟的官员们开始对这4家机场展开调研，逐一打分。很快，凭借着机场现有的吞吐能力和未来已定下的扩建规模，浦东机场和地处东北亚交通网中心的仁川机场进入了最后的决赛圈。

决赛争夺得尤为激烈，因为在各项硬件条件上，浦东和仁川不相上下，就看谁的软件服务更胜一筹了。

国际航空联盟的几个官员将自己乔装成普通的乘客，到两家机场"明察暗访"，在登机以及乘坐的过程中，两家机场都给予了同样的规范化服务，难分伯仲。

接下来，等暗访的官员们下了飞机，来到行李区取自己的行李箱时，却发现从仁川机场拿过的箱子非常干净，几乎是一尘不染，在浦东机场取到的箱子却显得有些脏兮兮的，有一个官员的箱子甚至无缘无故地新增了一道裂纹，好像是被摔过。

官员们开始了现场调查，他们发现在下行李时，当行李箱从滑梯上滑下来后（注：当时机场有专门工作人员帮着下行李，与今天的自助式不同），仁川机场的地勤工作人员面带微笑、小心翼翼地接过行李箱，然后用一块抹布将整个箱子从头到尾认真地擦了一遍，然后再将其小心、认真地摆放到行李车上，等着乘客来取。整个过程，工作人员不仅是全身心一丝不苟地投入，而且还是发自内心的喜爱和热爱。

而在浦东机场，官员们却发现了另一番景象：当行李箱滑下来后，地勤工作人员接到后，随意地使劲将其朝放在一旁的行李车上一扔，发出"轰"的一声响。有时没扔准，行李箱掉了出来，他们则显得很不耐烦，恨不得上前踹上一脚。工作中，他们表情麻木，感受不出一点对这份工作的喜欢和享受。

随后，官员们又随即询问了几名来取自己行李的乘客，他们都是每周至少要来浦东机场乘坐一次航班的商务人士，官员们提出的问题是："你们随身的行李箱，因为损伤一般多长时间需要更换一次？"得到的回答是："一年，最多一年半。"

3个月后，结果出来了，浦东机场输给了仁川机场。对于为何是仁川机场而不是浦东机场，国际航空联盟给出的解释是这样的：我们不能把每年200万吨乘客携带的货物交给一群不热爱自己工作的人来随心所欲地处理，这不符合亚洲中心空港的气质，也不符合每年近 3 000 万乘客的心愿！

当浦东机场的工作人员得知自己败给对手的真正原因时，追悔莫及。虽然他们表示一定会立即整改，然而一切都晚了，不仅没能拿到每年近 2 亿美元的收入，而且为迎接检查所做的一切投入和努力都付之东流。

事实证明，国际航空联盟的决定是正确的，根据日内瓦国际机场协会在 2006 年和 2007 年的调查，仁川国际机场连续两年获得"全球服务最佳机场"第一名。

问题讨论：

1. 根据价值观和态度的相关理论对国际航空联盟的决定进行分析。
2. 这个案例给了我们什么启发？

参考文献

[1] 佚名. 宜家之魂的缔造者：英格瓦·坎普拉德[J]. 中国商界，2019（10）：112-115.

[2] 高霞. 宜家中国员工低离职率现象研究——以宜家家居天津门店为例[J]. 当代经济，2017（07）：60-61.

[3] 袁贵仁. 价值观的理论与实践[M]. 北京：北京师范大学出版社，2013.

[4] ALLPORT G W. Study of values: a scale of measuring the dominant interests in personality[M]. Boston: Houghton Miffin, 1931.

[5] ROKEACH M. The nature of human values[M]. New York: Free Press, 1973.

[6] ROKEACH M. Rokeach value survey[M]. Palo Alto: Consulting Psychologists Press, 1983.

[7] 吕伟峰. 上海国际机场股份有限公司人才激励机制研究[D]. 北京：中国人民大学，2007.

[8] HOFSTEDE G H. Culture's consequences: international differences in work-related values [M]. Beverly Hills, California: Sage Publications, 1980.

[9] BLANKENSHIP M H. Happier employees + happier customers = more profit[J]. HR magazine, 2012(7): 36-38.

[10] FESTINGER L. A theory of cognitive dissonance[M]. Evanston, Illinois: Row, Peterson, 1957.

[11] 檀传宝. 态度改变理论和德育的审美选择[J]. 高等师范教育研究，1994（06）：31-37.

[12] HEIDER F. The psychology of interpersonal relations[M]. New York: Wiley, 1958.

[13] KELMAN H C. Processes of opinion change[J]. Public Opinion Quarterly, 1961(25): 57-78.

[14] 吴东林. 略论罗森塔尔效应的价值及应用[J]. 现代教育科学，2011（12）：7-8.

[15] 张荣伟，张灵聪. 试论班杜拉社会学习论的学习自控观[J]. 长江师范学院学报，2006，22（2）：126-130.

[16] 廉茵. 管理心理学[M]. 北京：对外经济贸易大学出版社，2007：19.

[17] 葛少虎. 组织管理中转变员工态度的路径研究[J]. 北方经济，2012（22）：95-96.

[18] 朱朴义. 可雇佣性对员工态度行为作用机制研究[D]. 武汉：华中科技大学，2015.

[19] 朱长丰. 组织行为学[M]. 杭州：浙江大学出版社，2012.

[20] ROSENBERG M J, HOVLAND C I. Attitude organization and change: an analysis of consistency among attitude components[M]. New Haven: Yale University, 1960.

[21] 姜甲生. 让职工当"一日厂长"好[J]. 经贸导刊，1999（08）：32.

[22] 张雪峰. 军事化管理在企业中的实践研究[D]. 上海：上海交通大学，2012.

[23] 袁丁. 从松下对"跳槽"员工的态度说起[J]. 决策与信息，1995（10）：32.

[24] 斯蒂芬·P. 罗宾斯. 组织行为学[M]. 孙健敏，李原，译. 北京：中国人民大学出版社，2008.

[25] 成丽丽. 员工工作满意度浅析[J]. 企业改革与管理，2018（21）：101-102.

[26] 魏球，熊懿，张兴贵. 国内外传统服务业员工工作满意度研究述评[J]. 广东财经职业学院学报，2009，8（06）：24-28.

[27] 王家庭，李和煦. 中小企业员工满意度对职业变动倾向的影响研究[J]. 产业创新研究，2019（08）：15-21.

[28] 曾卉，刘洪江. 基于"90后"员工工作满意度问卷调查的人力资源管理探析[J]. 经营与管理，2019（09）：76-78.

[29] BIGGS A, BROUGH P, BARBOUR J P. Strategic alignment with organizational priorities and work engagement: a multi－wave analysis[J]. Journal of organizational behavior, 2014.

[30] 佚名. Google 员工的幸福生活[J]. 新闻世界，2008（02）：24.

[31] MEYER J P, ALLEN N J A. A three-component conceptualization of organizational commitment[J]. Human resource management review, 1991(1): 61-89.

[32] 凌文辁，张治灿，方俐洛. 中国职工组织承诺研究[J]. 中国社会科学，2001（02）：90-102.

[33] 蓝红星，马玲. 员工组织承诺及其人力资源提升策略探析[J]. 经济研究导刊，2008，28（09）：106-107.

[34] 张玮. 组织文化对员工职业成长与组织承诺的影响研究[D]. 北京：北京交通大学，2016.

[35] 刘红霞. "80后"与"80前"员工组织承诺的比较研究[J]. 中国青年研究，2010（05）：69-73.

[36] 覃芳. 90后新生代员工工作价值观研究[D]. 南宁：广西大学，2018.

[37] 梁青青. 知识型员工绩效影响因素的实证研究——基于职业生涯管理、组织承诺与敬业度的视角[J]. 技术经济与管理研究，2017（05）：65-69.

[38]　谢智红. 民营企业员工组织承诺影响因素及实证[J]. 四川理工学院学报（社会科学版），2009（05）：87-91.

[39]　王颖，张生太. 组织承诺对个体行为、绩效和福利的影响研究[J]. 科研管理，2008，29（02）：142-148.

[40]　王立君，马建军，白晓君，等. 基于组织承诺理论的新生代知识型员工管理策略[J]. 经济师，2019（11）：17-18.

[41]　莎拉·库克. 培训的100件工具——培训师、管理者的问卷与评估表[M]. 吴咏蓓，王平，邹勇平，等，译. 上海：上海交通大学出版社，2004：415-418.

[42]　牧徐徐. 价值2亿美元的工作态度[J]. 现代阅读，2011（10）：72.

第五章
激励理论及其应用

 学习目标

➢ 了解激励的基本概念和重要性
➢ 掌握常见的内容型与过程型激励理论
➢ 了解激励理论的运用方法
➢ 掌握物质激励和精神激励的常见形式和方法

引例

星巴克的"咖啡豆股票"期权计划[1]

　　星巴克公司的员工不叫员工，而叫"合伙人"，即受雇于星巴克公司的员工有可能成为星巴克的股东。1991年，星巴克开始实施"咖啡豆股票"（Bean Stock）计划。这是面向全体员工的股票期权方案，其思路是：让每个员工都持股，成为公司的"合伙人"，这样就把所有员工与公司的总体业绩联系起来。要获得股票派发的资格，一个"合伙人"在财政年度内必须至少工作500个小时，平均为每周20小时，并且在下一个股票派发期仍为公司雇用。第一次股票赠予是在1991年10月1日，大约有一半的员工至少参与了其中的一项计划。员工按年薪的一定比率获得期权，通常这一比率是10%，但由于公司盈利能力的增强，所以实际比率一直高于10%，每个"合伙人"都可以获得相当于其基本年收入12%的股票期权，如果局面利好，比率则为14%。星巴克公司的股票期权待权期为5年，任何"合伙人"在工作90天以后都可按照股票购买计划购买股票，"合伙人"购买股票时可以通过薪水折扣获得15%的优惠，只要股票上涨，股票期权就越来越值钱。主管及以上职位的人员不参加"咖啡豆股票"期权计划，但可以参加专门针对"关键员工"的股票期权计划。

　　通过这种多层次的股票期权计划，星巴克为每个员工提供成为公司"合伙人"的机会，这是面对全体员工的福利，上到总经理，下到基层员工，哪怕是兼职员工，也同样可以持股，并拥有成为公司"合伙人"的权利。这既是对员工基础薪酬的有益补充，是对长期为公司服务并做出相应成绩的员工的奖励，又巧妙地将员工的利益和企业的利益结合在了一起。

　　引例说明了星巴克股票期权计划对提高员工的生产积极性的重要性，即激励作用。

所谓激励，就是激发员工的工作动机，调动其工作积极性，以促使他们有效地完成组织目标和任务。内容型激励理论探讨什么需要能够调动人的积极性；过程型激励理论探讨在满足员工需要过程中应当怎样引导，使其发挥最大效用。从 20 世纪 60 年代至今，激励问题一直是企业管理研究的热点。

第一节　内容型激励理论

内容型激励理论基本上是围绕如何满足员工的需要，进而调动其工作积极性开展研究的，也称为需要理论，这方面比较成熟的理论主要有马斯洛的需要层次论、赫兹伯格的双因素论和麦克利兰的成就需要理论。

一、马斯洛的需要层次论

马斯洛（Abraham H. Maslow，1908—1970）的"需要层次论"认为，员工是被一种想满足内在需要的愿望所驱使而行动的。马斯洛在其《人类动机理论》（1943）一书中提出了"需要等级"的概念并指出了五个需要等级[2]，如表 5-1 所示。

表 5-1　马斯洛的五个需要等级

需 要 等 级	需 要 名 称	基 本 因 素	具体的组织因素
1	生理	空气 食物 房屋 性欲	保暖和空气调节 基本工资 食物 工作条件
2	安全	安全 保障 胜任 稳定	安全的工作条件 福利 普遍增薪 工作保障
3	归属	伙伴关系 感情 友谊	领导质量 和谐的工作团体 同事间的友谊
4	尊重	承认 地位 自尊 被尊敬	工作头衔 奖励工资的增加 同事/领导的认同 工作本身 负有责任
5	自我实现	成长 成就 晋升	有挑战性的工作 创造性 组织内晋升 工作中的成就

按对个体的重要程度，马斯洛的五个需要等级排列如下。

（一）生理需要

生理需要是人类维护自身生存的最基本要求，即原始需求，包括食物、水、住房、睡眠、走动、性生活等。

（二）安全需要

安全需要是人类要求保障自身安全，摆脱失业、财产损失、身体受伤等威胁的需要。

例证 5-1

科学有序抓好疫情防控与复工复产[3]

2020 年年初，"新冠"疫情发生后，德鲁尼迅速启动"全国经销商千万大驰援"帮扶计划，计划投入一千万元，以货款、补贴、工资等形式帮助各级经销商减少因疫情带来的仓储、人力、成本等经营压力，同时通过遍布全国各地两千多家韩氏、德鲁尼品牌专卖店，持续向抗疫一线输出各类板材、辅料等医疗机构建设必备原材料，捐赠饮用水、食物等生活必备物资。随着新冠疫情的进一步发展，2020 年 2 月 17 日，该公司在江苏省邳州市新型冠状病毒肺炎疫情防控应急指挥部现场捐赠现金 100 万元，用于新冠肺炎防治工作。

为了保障国内市场的订单供应，满足终端消费者的消费需求，在有效可控的安全防护下，公司全力推动企业复工复产，部分车间已经开始正常运行。在开工前，防疫应急小组从大年三十便开始对企业厂区、办公室、车间、食堂、卫生间等区域进行重点消毒；上班时，防疫应急小组对进入公司的车辆进行消毒，并进行每日三次的厂区消毒工作；上班前、午餐后、下班前，每天三次测量体温，做好实时监控，让员工放心工作；企业食堂餐具进行严格消毒，实行分时、分段、分餐制度。在一系列防控措施的保障下，经过邳州市防疫、市场监督、安监、环保等相关部门的现场指导、检查，德鲁尼各车间井然有序地开始复工生产。

（三）归属需要

归属需要是指人们具有进行社会交往和归属某种群体的需要。例如，情感（如友情、亲情、爱情）、人际交往、归属感等。当生理和安全需要相对满足后，这类需要就突显出来了。

（四）尊重需要

尊重需要包括自尊和受人尊重两个方面。自尊意味着个体在现实环境中希望自己有实力、有成就、能胜任和有信心，以及"要求独立和自由"；受人尊重是指个体"要求有名誉或威望"，获得别人对自己的尊重、赏识、关心、重视或高度评价。

例证 5-2

海底捞的"特权"[4]

海底捞有个非常明显的特点，就是以充分信任来尊重每一位员工，通过授权使每一位员工成为管理者。海底捞规定，总经理签字权是 100 万元以上，副总经理、财务总监、大区经理权限是 100 万元以下，大宗采购部部长、工程部部长、小区经理的权限有 30 万元，店长权限有 3 万元。另外，海底捞还有其他企业"学不会"的一项权限：每个服务员，不论什么原因，只要认为必要，都可以给客人免一个菜的费用或者加一个菜，甚至免去一餐的费用。西安四店的一位服务员在接待一桌客人时，发现他们是在给一位孕妇过生日，马上叫后堂按自己家乡的传统给孕妇准备了一份生日礼物：苹果、莲子、花生、大枣，还有一幅宝宝画，让客人获得了一个意外的惊喜。像这样的事每天都在门店发生，海底捞把员工当亲人一样信任，尊重员工人格，大胆授权，让员工处理和解决不时冒出来的各种问题，其结果是顾客盈门，生意兴隆。

（五）自我实现需要

自我实现需要指的是促使个人的潜能得以发挥，希望自己越来越接近所期望成为的人物，完成与自己能力相称的一切事情。

例证 5-3

海尔自主经营体的内部创业机制[5]

创新和创业一直是海尔的主旋律。通过自主经营体的经营模式，海尔的 8 万名员工组成了 2 000 多个内部创业团队。海尔自主经营体是大型企业对全员内部创业及内部企业家精神的具体实践。海尔集团首席执行官张瑞敏在 2001 年提出全流程 SBU 损益建设的想法和操作思路，即通过企业平台，企业员工转化成资产，而这些资产是有价值的。企业使员工成为创新的资源，员工的创新成为企业最有价值的资产。企业员工在管理上从客体变为主体，成为各司其职、自主经营的内部企业家。海尔集团这种基于"所有人都是创业家"的理念，为普通员工提供一个平台，使得普通员工也具有创业和创新的激情、动力和能力。

马斯洛认为，上述五种需要基本上反映了在不同文化环境中人类共同的特点：人类的基本需要是由低级到高级、以层次形式出现的，当某一层次的需要得到相对满足时，其激发动机的作用随之减弱或消失。人们已被满足的需要不会再起到大的激励作用，组织应善于发现每个员工的优势需要，并随员工的需要结构的变化而采取相应的管理措施。

随着时代的发展，世界范围内企业员工的需要层次普遍提高。戴维斯（K. Davis）根据马斯洛的需要层次论对美国工人优先需要变化的估计如表 5-2 所示。

表 5-2　对美国工人优先需要变化的估计

年　份	需　要　种　类				
	生理需要/%	安全需要/%	社会需要/%	尊重需要/%	自我实现需要/%
1935	35	45	10	7	3
1995	5	15	24	30	26

近年来，随着我国经济的快速发展，我国职工正在由生存型需要向享受及发展型需要转化，与老一代员工（20 世纪 80 年代和 90 年代进入劳动力市场）相比，新一代员工（2000 年以后进入劳动力市场）更强调成长、享受和发展的需要以及自我价值的实现。和"60 后"和"70 后"员工相比，"80 后"员工从小处在相对优越的成长环境中，普遍接受

过九年义务教育甚至高等教育，且受信息多元化因素的影响，其人生观、价值观、事业观也呈现出多元化的特征，他们对于工作本身的价值和意义具有较高的期望和追求，内心深处有着强烈的参与管理的愿望，希望自己能充分发挥所学的知识，以体现自我价值。[6]

二、赫兹伯格的双因素论

"激励因素—保健因素"（Motivation-Hygiene Factors）理论，即双因素理论，是赫兹伯格（Frederick Herzberg，1923—2000）和他的助手们在匹兹堡心理研究中心得出的工作成果。20世纪50年代后期，他们访谈了该地区9个企业的200多名工程师和会计师，采用"关键事件法"，要求被访者回答两个问题：① 你什么时候对工作感到特别满意？ ② 你什么时候对工作感到特别不满意？

赫兹伯格在《工作激励》一书中提出了"双因素理论"的基本观点，把能促使人们产生工作满意感的一类因素称为激励因素，把另一类促使人们产生不满意感的因素称为保健因素。[7]激励因素是指与工作内容紧密相关的因素，这类因素的改善会使人们产生工作满意感，缺乏则使员工产生"没有满意"的感觉。保健因素指与工作环境相关的因素，这类因素的满足会使员工感到满意，如得不到改善，则会引起员工对工作的不满。激励因素与保健因素的具体区别如表5-3所示。

表5-3 激励因素与保健因素的比较

项　目	激　励　因　素	保　健　因　素
起源	人类形成的趋向	动物生存的趋向
特征	性质上属于心理方面的 长期满足 满足或没有满足 重视目标	性质上属于生理方面的 短暂满足 不满足或没有不满足 重视任务
满足和不满足的源泉	工作性质（对个人来说主要是内部的） 工作本身 工作标准	工作条件（对个人来说主要是外部的） 工作环境 非个人标准
显示出来的需要	成就 成长 责任 赏识	物质 社交 身份地位 方向、安全 经济
具体内容	工作上的成就感 工作中得到认可和赞赏 工作本身的挑战意义和兴趣 工作职务上的责任感 工作的发展前途 个人成长、晋升的机会	公司（企业）的政策和行政管理 技术监督系统 与高级主管之间的人事关系 与同级之间的人事关系 与下级之间的人事关系 工作环境或条件 薪酬 个人的生活 职务、地位 工作的安全感

双因素激励理论实际上说明了对员工的激励可分为内在激励和外在激励。内在激励是从工作本身得到的某种满足，如对工作的爱好、兴趣、责任感、成就感。这种满足能够促使员工努力工作，积极进取。外在激励是指外部的奖酬或在工作以外获得的间接满足，如劳动保险、工资等。这种满足具有一定的局限性，它只能产生少量的激励作用。这是因为，人除了物质需要以外，还有精神需要，而外在激励或保健因素难以满足人的精神需要。管理者若想持久而高效地激励员工，必须注重工作本身对员工的激励作用。

科学管理的原则是提倡劳动分工，这种分工以系统的工作分析为基础，具有高度的控制性。它促进了专业化：你不会，我会；你不能，我能。但是，厌烦和工作的重复会使员工产生对工作的不满意。为使员工满意，双因素理论提倡工作扩大化和工作丰富化，这对企业管理实践影响深远。所谓工作扩大化，是指向员工提供更多的同样的工作。工作丰富化是指通过"垂直"的工作扩展，使员工控制更大范围的工作，意味着员工具有更多的技能、更大的自主性和更重要的意义。有时要做到工作丰富化，工人需要掌握更多的技能，企业就必须给员工提供足够的培训。此外，很多企业实行工作轮换制。所谓工作轮换制，主要是指员工在一定时间内轮换一项新工作，使其不会对工作产生厌倦感。通过工作扩大化、工作丰富化和工作轮换制的实行，员工的缺勤、早退及辞职现象可大为减少。

例证 5-4

YG 公司工作丰富化实践[8]

YG 公司是山东一家专业生产建材钢化玻璃的微型企业。该公司订单很多，但也像广大小微企业一样，存在生产工人短缺的问题。公司常年招工，却难以招来和留住新员工；员工士气低落，怠工和流失现象频发，生产任务因此不能如期完成。

为此，该公司首先分析出问题产生的主要原因，即福利待遇满意度较低、作息制度满意度较低、员工和谐度较低和员工缺乏组织参与感。

为了解决上述问题，该公司根据赫兹伯格的行为科学理论，运用工作丰富化方法，以降低企业员工不满足感和提升其满足感为目标，采取以下措施。

（1）结合各工作岗位，重新设计薪酬方案。

（2）对各部门人员进行重组。

（3）打包拨付薪酬给各班组，由班组员工自行协商分配。

（4）实行弹性作息制度。

以上措施执行了几个月后，员工收入大幅提高，不满足感骤减；员工参与度提高、归属感增强；员工情绪稳定，人才得以留住；公司生产效率显著提高，劳资间实现双赢。

三、麦克利兰的成就需要理论

麦克利兰（David McClelland，1917—1998）于 1961 年将人的高级需要分为权力需要（need Power，n-Power）、归属需要（need Affiliation，n-Aff）和成就需要（need Achievement，n-Ach），并以成就需要为主导。[9]这三种需要的具体内容如下。

（一）权力需要

权力需要是影响和控制他人的欲望。具有较高权力需要的人对影响和控制别人表现出很大的兴趣，这种人总是追求领导者的地位。组织中管理者的权力可分为两种：① 个人权力：追求个人权力的人表现出来的特征是围绕个人需要行使权力，在工作中需要及时的反馈和倾向于自己亲自操作；② 职位权力：职位权力要求管理者与组织共同发展，自觉地接受约束，从体验行使权力的过程中得到一种满足。

（二）归属需要

归属需要是指建立友好和亲密的人际关系的欲望。具有高归属需要的人努力寻求友爱，喜欢合作性的而非竞争性的环境，渴望有高度相互理解的关系。高归属需要者具有如下七个特征：① 喜欢被夸奖；② 需要得到上级和下级两方面的肯定；③ 对他人非常敏感；④ 对可能的拒绝产生焦虑；⑤ 努力维护关系；⑥ 以牺牲工作为代价；⑦ 控制成员，而非提拔和促进他们的发展。波雅伊斯（Boyatzis，1973）进一步将归属需要划分为两种形式：一是归属信念，即强调密切关系，由此产生安全感；二是归属兴趣，即对别人的感觉产生兴趣，但不以完成工作为代价。由此他得出结论：归属信念较强的人不适合做管理工作。[10]

（三）成就需要

成就需要是追求卓越以实现目标的内驱力。具有高成就需要的人，对工作的成功有强烈的要求，他们乐于接受挑战性工作，善于表现自己。这种人喜欢长时间地工作，即使失败也不过分沮丧。具有高成就需要的人通常具有下列四个特点：① 事业心强，比较实际，敢冒一定程度的风险；② 有较高的实际工作绩效，要求及时得到工作的信息反馈；③ 一旦选定目标，就会全力以赴地投入工作，直至成功地完成任务；④ 把个人成就看得比金钱更重要，从成就中得到的鼓励超过物质鼓励的作用，把报酬看作是对成就的一种肯定。

研究表明，成功的领导者具有较高的权力需要以及较低的归属需要，他们属于人际影响能力强，而不是支配能力强的人。一般认为，地位高的领导对下级具有支配性，但麦克利兰的研究证明，事实并非如此。他分析了领导者的讲话录音，如丘吉尔和肯尼迪对学生的讲话。他发现，这些人并不是去支配他人，而是在提高他们的听众对权力的感受，让听众也感到自己很有权力。在一家大规模的美国公司里，研究者在对一些人进行持续 8～16 年的追踪研究后发现，具有上述领导激励模式的管理者比其他管理者晋升的速度更快。[11]

四、如何运用内容型激励理论

前面已经介绍过需要层次论、双因素论和成就需要理论等内容型激励理论，在实际管理工作中应该如何应用这些理论，而不至于成为书呆子或者陷入理想主义的泥潭？

恰当地应用内容型激励理论至少包括如下四个步骤。

第一步，了解和调查员工的需要。途径包括平时的观察、谈话、座谈会、建议、问卷调查、培训、教练等。员工的需要是多方面的，要尽可能地做到比较全面、客观、深入地了解，必要时可以列出员工的主要需要清单。

第二步，分类整理员工的需要。员工的需要也许很多，但经过分析后可以归类。可以根据实际将需要分为普遍需要和个别需要，合理需要和不合理需要，能够被满足的需要、暂时不能够被满足的需要以及不能够被满足的需要，或以内容型激励理论对需要进行分类，如马斯洛的五种需要等级。

第三步，对员工进行解释和说服教育。特别是当员工提出不合理需要、暂时不能够被满足的需要以及不能够被满足的需要时，必须结合企业实际和条件对员工进行必要的解释、引导和说服教育，讲明需要为什么不合理，需要为什么暂时无法被满足，为什么要延迟对需要的满足以及有些需要永远不可能被满足。

第四步，逐步满足员工的合理、可满足的需要。对合理、可满足的需要也要分类排序，分清轻重缓急，特别是对普遍需要、广大员工普遍关心的需要，可结合企业实际和条件逐步予以满足。

例证　5-5

海尔的激励措施[12]

在海尔的企业内部，激励手段分为正激励（奖）和负激励（罚）两种。正激励是对员工符合组织目标期望的行为进行奖励，使这种积极向上的行为更多地出现，即更好地调动员工的积极性。例如，海尔用工人的名字来命名其所改革的创新工具，这一措施大大地激发了普通员工在本岗位创新的激情。负激励就是对员工违背组织目标期望的行为进行惩罚，以使这种负面行为不再出现。处罚使人产生内疚感，使人头脑清醒，认识自己的错误或不足，从而修正自己的行为，使错误的行为朝正确的方向转移。海尔每个月都对干部进行考评，考评档次分表扬与批评。表扬得 1 分，批评减 1 分，年底二者相抵，达到-3 分的就要被淘汰。同时，通过制定制度让干部在多个岗位轮换任职，全面增长其才能，根据轮岗表现决定是否升迁。

第二节　过程型激励理论

过程型激励理论着重对行为目标的选择，即动机的形成过程进行研究，主要包括弗鲁姆的期望理论与心理契约、亚当斯的公平理论、洛克的目标设置理论、波特和劳勒的激励过程模型。强化理论属于调整型激励理论，着重对达到激励的目的，即调整和转化人的行为进行研究，因此也放在本节加以讨论。

一、期望理论与心理契约

（一）期望理论

期望理论（Expectancy Theory）由弗鲁姆（Victor H. Vroom，1932—　）提出。该理

论认为，个体努力的程度取决于个体行为可能带来的工作绩效的期望程度以及因绩效而获得组织的奖赏对个体的吸引力。[13]

在任何组织中，员工都会注意如下三个问题。

（1）如果我努力的话，我能不能达到组织要求的工作绩效水平？

（2）如果我尽力达到了这一绩效水平，组织会给我什么样的报酬或奖赏？

（3）我对这种报酬或奖赏有何感想？这是不是我所迫切希望得到的？

员工所关心的上述三个问题对应如下三种关系。

（1）努力—绩效的关系：个体认为通过一定努力会带来一定绩效的可能性，包括两个方面，即通过一定努力会带来的实际绩效的可能性以及绩效评估客观测量实际绩效的程度。

（2）绩效—奖励的关系：个体相信一定的绩效会带来组织给予自己报酬或奖励的程度。组织奖励包括加薪、晋升职务、带薪休假、免费旅游等。

（3）奖励—个体目标的关系：组织奖励满足个体目标或需要的程度以及组织奖励的意义被个体所理解的程度。

要运用好期望理论，就要好好研究上述三种关系。在运用该理论对员工进行激励时，管理者需要做好如下五项工作。

（1）发现员工重视的报酬或奖励是什么。

（2）根据组织目标，明确期望出现的员工行为（如让员工明白阿谀奉承是不受欢迎的，埋头苦干是会得到肯定的）。

（3）确保绩效目标可以达到，否则员工可能不愿意付出努力，这也要求管理者要为下属创造支持的环境；确保期望的绩效与报酬之间的联系是直接的、清晰的和明确的。如果员工重视内在的奖励，像有趣的工作，那么管理者要能够集中力量重新设计工作而不是提高报酬。

（4）确保对员工没有冲突的期望（如要求员工做出色的营销员的期望与要求员工做有效的管理者的期望之间可能存在冲突）。

（5）确保奖励或报酬的差距或变化幅度是巨大的。小的奖励只会产生少量的努力和因此而增加的少量绩效，大的奖励会产生较大的努力和因此而增加的大量绩效。这种报酬变化幅度与原有报酬的基数有关。另外，要确保奖励制度公平地对待每一个员工。

在运用该理论对员工进行激励时，组织需要做好如下几方面工作。

（1）设置合理的、有一定难度且被员工认同的目标。

（2）设计有效的、公正的绩效评估系统，确保绩效评定结果与实际绩效之间的关系是一致的。

（3）设计薪酬支付制度以奖励期望的绩效，并确保绩效与奖励之间的关系是明确的。

（4）设计任务和工作以便员工通过工作满足自己的需要。

（5）将组织个性化，以反映不同个体的不同需要。这不仅包括工作本身，还包括员工获得的利益，还要制定可供员工自我选择利益的制度，如弹性奖励制度、弹性福利制度。其前提是建立一个内容和方式多样化的奖励体系。

（6）形成组织与员工之间的心理契约，建立员工对组织奖赏的正确预期，榜样、及时的口头承诺和兑现奖励的作用是显而易见的。

（二）心理契约

1. 心理契约的概念

心理契约（Psychological Contract）的概念是在 20 世纪 60 年代正式被提出的，而有关心理契约问题的研究是在 20 世纪 80 年代中期以后才蓬勃兴起的。最早使用"心理契约"这一术语的是阿吉里斯（Argyris）。他在 1960 年所著的《理解组织行为》一书中用了"心理工作契约"一词来刻画工人与工长之间的一种关系状况。[14]1962 年，莱文森（Levinson）等人注意到"心理契约"这一概念，明确地把它界定为一种"没有成文的契约"。[15]1965 年，雪恩（Schein）也注意到了"心理契约"概念，并把它看作个体与组织之间每时每刻都存在的一组没有成文的期望。[16]Kotter（1973）认为，心理契约是个人与组织之间的一份内隐的协议，内容包括一方给另一方付出什么同时又得到什么。[17]

Rousseau（1989）认为心理契约是员工个人以雇佣关系为背景，以许诺、信任和知觉为基础而形成的关于个人与组织双方各种相互责任的信念，因此是一种单方契约。[18]Herriot 和 Pemberton（1995）不同意 Rousseau 的单方契约的观点，认为心理契约是定位在个人和组织两个方面的双方契约，是组织和个人在雇佣关系中彼此为对方提供的各种相互责任的知觉。这种知觉或来自对正式契约的感知，或隐蔽于各种期望之中。[19]

综上所述，心理契约是员工与组织双方在相互关系中对己方要为对方担负什么责任义务，同时对方要为己方担负什么责任义务的主观约定，是雇佣双方或劳资双方关于双边关系中相互责任义务的主观信念。[20]

例证　5-6

"事业低谷期"[21]

陈某怀着满腔热情投入工作，可是，在拿到试用期第一个月的工资后，她发现所拿工资与本科生试用期工资没有差别，满意度瞬时降低，并找人事和财务说明缘由，其理由暂可接受。于是陈某相信，试用期过后，薪资会恢复至百分之百，并且比本科生高，能够体现自己硕士毕业生的价值。

于是，陈某还是认真投入工作，顺利转正。后来，拿到了转正后第一个月的工资，薪资果然提高了。但细心的她发现，她的工资与本科生转正的没有差别，完全体现不出硕士毕业生的价值。她感觉到自己上当受骗了，满意度瞬间降到了冰点。

按照行业的规律计算，如果工资水平不与学历、职称挂钩，等升为高级工程师时，陈某已经 40 岁了，升职加薪变得遥远起来。想到这些，她的工作积极性受到很大打击。作为女性，她今后都不会有太多机会下到车间去，想以突出的工作成绩来缩短职称晋级时间，几乎不可能。

此时，陈某虽然刚刚转为正式员工，但已然没有了当初的工作热情和积极态度。由于待遇优厚且稳定，她暂时没有考虑跳槽，只是在工作过程中产生了消极怠工的情绪，悠闲地处理着手头为数不多的、简单的工作。

2. 心理契约的内容和类型

（1）心理契约的内容。心理契约主要指的是员工的责任和组织责任。Herriot 和 Manning 等人（1997）的研究结果发现，心理契约中的组织责任有：① 培训；② 公正；③ 关怀；④ 协商；⑤ 信任；⑥ 友善；⑦ 理解；⑧ 安全；⑨ 有恒一致；⑩ 薪资；⑪ 福利；⑫ 工作稳定。而员工责任有：① 守时；② 务业；③ 诚实；④ 忠诚；⑤ 爱护资产；⑥ 体现组织形象；⑦ 互助。[19]

（2）心理契约的类型。Rousseau（1990）提出心理契约的两维结构：交易契约（Transactional Contract）和关系契约（Relational Contract）。交易契约是指雇员以加班、职责外工作为代价来换取组织提供的高额报酬、绩效奖励、培训和职业发展，是以经济交换为基础的契约关系；关系契约是指雇员以长期工作、忠诚和愿意接受内部工作调整为代价来换取组织提供的长期工作保障，是以社会情感交换为基础的契约关系。[22]

3. 心理契约的作用

心理契约在组织中的作用主要有如下三个方面。

（1）有助于调动员工的工作积极性，提高员工的工作满意度。员工的工作积极性和工作满意度在很大程度上取决于组织与员工之间心理契约的实现程度。员工会从企业管理者的行为中感受是否得到了自己期望的，从而决定是否值得全力以赴或者适当付出努力。

（2）有助于提高雇佣双方的安全感和信任感，降低员工离职率。正式协议或者劳动合同是现实中员工与企业关系的直接规定和约束，但是它不可能涉及雇佣双方关系的方方面面，而心理契约存在于雇佣双方的心中，可以填补正式协议或劳动合同留下的空白，减少双方的不确定感。在我国文化中，人们普遍认为关系比书面契约更重要，心理契约的有效履行可以提高雇佣双方的安全感和信任感，进而降低员工的离职率。

（3）有助于员工和组织规范各自的行为。从契约的效力上看，心理契约不像劳动合同、正式协议那样，一经制定就受到法律强制力的约束和控制，它是由契约双方自我约束、自我控制的。心理契约作为一个主观行为准则，对组织和员工的行为进行约束和调节。员工以组织对自己所负的责任为尺度来衡量和控制自己对待组织的行为，以此作为调节自己对组织行动的砝码。同样地，心理契约也可以使组织不断地审视自己对员工所承担的责任和义务以及组织满足员工需要的程度，从而更好地提高组织对员工的吸引力。

例证 5-7

如何留住人才——满足员工的心理契约诉求[23]

近年来，M 公司的知识型员工的离职率一直处于比较高的水平。研究人员选取 2012 年 1 月到 2012 年 2 月这一时间段该公司的知识型员工的流动情况作为研究样本，发现公司知识型人才流失的比率在 30%左右，这已经远远超过了企业可承受的范围，特别是流失的员工中有很多是公司核心的技术人才。

研究还发现，流失的知识型员工对 M 公司所承担的提高员工发展机会的责任、提供工作环境的责任的履行认知度比较低，而对组织所提供的人际关系和物质激励比较认同。

同时也发现：知识型员工对组织所提供的发展机会和环境支持的感知影响着其对组织的认可；知识型员工对于组织提供的发展机会的感知对员工工作态度有着很大的影响。

对于这种现象，企业应积极了解员工的心理契约感知情况，因为任何类别的心理契约履行程度和感知程度降低都会引起连锁反应，导致知识型员工整体违背感上升，产生离职倾向。企业应多关注知识型员工所重视的个人发展、福利、薪酬、工作条件、工作环境与知识型员工心理期望之间的差距，积极做出调整。

4. 心理契约管理

心理契约管理至少从如下三个方面进行[24]。

（1）招聘过程中传递真实有效的信息。招聘过程中传递真实有效的信息是建立心理契约的基础。一些企业在招聘时为了吸引到更多的人才，往往夸大薪酬福利、职业培训与发展机会，应聘者怀着美好的愿望与组织达成了心理契约，当他们真的进入企业工作后，却发现实际情况与面试官的陈述和允诺不相符合，由此感到心理契约被破坏，从而对组织产生怀疑，甚至选择离开。

因此，企业在招聘过程中应向应聘者真实地介绍现有组织，包括优缺点。同时，在面试和雇佣的过程中，员工和组织间应当摒弃口头的心理契约，以免员工产生不切实际的期望。

（2）通过不断沟通将心理契约明晰化。新员工工作一段时间后，会对自己与组织间的心理契约进行一个新的认识和评估。面对这样一种适应过程和心理契约变化，企业应有所准备。新员工入职之后，管理者应提供日常工作之外的交流的机会，如部门员工的工作交流，或者是组织一次讲座，也可以是小规模外出参观等，让新老员工有私下交流的机会。通过这种沟通，新员工可以逐步明晰某些心理契约的内容。

（3）在心理契约受到破坏时合理解释原因。员工觉察到心理契约的变化、破坏或违背，并不一定就会在情绪和行为方面发生变化，其中起关键作用的是员工对心理契约变化、破坏或违背所做出的解释。影响员工解释过程的因素主要有两个：一是员工对心理契约的变化、破坏或违背的归因；另一个是在这样一个心理契约的变化过程中，员工所感受的公平性。对于事件的归因是影响心理契约破坏后员工行为和情绪的一个重要因素。如果员工归因于企业故意违背契约，那么其随之而产生的反应就会是负性的，员工会对企业管理者的所作所为进行谴责，并降低自己的工作表现甚至离职。而如果归因于双方理解上的不一致，这种反应就会好得多。因此，在管理实践中，因客观原因导致员工心理契约被破坏的情况不可避免，此时如果管理者漠然处之，员工就会将心理契约的违背归因于企业未能实现当初的承诺；如果企业管理者关心员工，情况则相反。

二、公平理论

（一）亚当斯的分配公平理论

公平理论（Equity Theory）是由美国学者亚当斯（J. Stacy Adams）根据公平概念与认知失调理论提出的一种激励理论。该理论认为，由对自己报酬的知觉和比较所引起的认知失调会导致当事人的心理失衡。为减轻或消除这种心理紧张，当事人会采取某种行动，以恢复心理平衡。如果对报酬感到公平，当事人就会获得满足感，从而激励当事人的行为。[25]

员工的投入包括教育、技能、工作经验、努力程度和花费的时间；报酬包括薪酬、福利、成就感、认同感、工作的挑战性、工作体验、职业前程等外在和内在的报偿。当事人用来比较的对象主要有自己和他人两种。当事人将自己目前的报酬/投入与自己过去的报酬/投入相比较，称为自我比较，包括将自己目前的报酬/投入与过去在其他组织工作时的报酬/投入相比较，以及将自己目前的报酬/投入与过去在相同组织内不同职务工作时的报酬/投入相比较。当事人将自己目前的报酬/投入与他人（包括组织内或组织外的其他人）的报酬/投入相比较，称为社会比较。公平理论认为，人与人之间存在社会比较，且有就近比较的倾向。

例证 5-8

IBM 公司的全面报酬体系[26]

IBM 全面报酬体系在单纯的薪酬、福利的基础上引入了工作体验的概念。IBM 认为，员工在一个组织中工作所获得的报酬并不仅仅包括可以货币化的薪酬和福利，还有更重要的东西，那就是工作体验，即员工在工作过程中所体会到的尊重、快乐、幸福、价值以及进步。

通过自我比较或社会比较，会出现两种结果，即要么公平，要么不公平。不公平包括"吃亏"和"占便宜"两种情况。人们在感到不公平时，可能对如下六种行为加以选择并付诸行动。

（1）改变自己的投入（如不再那么努力）。

（2）改变自己的产出（如实行计件工资制企业的员工通过增加产量、降低质量来增加自己的工资）。

（3）改变自我认知（如夸大自己的贡献）。

（4）改变对他人的看法。

（5）选择另一个不同的比较对象。

（6）抱怨、情绪崩溃甚至离职。

如何在企业薪酬管理中运用公平理论？下面是相关的十二点建议。

（1）建立按劳分配的报酬体系。

（2）确保薪酬政策的内部一致性。

（3）做到男女同工同酬，这也是薪酬政策内部一致性的表现。

（4）保持本组织薪酬水平与其他组织薪酬水平相比较时的竞争力。

（5）保证员工的薪酬逐年得到增长，特别是扣除物价指数增长之外还略有增长。经济萧条时，如需削减薪酬，一定要做好充分的论证和其他准备工作。

（6）在坚持公平原则的基础上，要坚持效率优先的原则。具体体现在分配上，主要以绩效为基础。

（7）考虑合理的薪酬结构。

（8）增加其他形式（除了金钱之外）的报酬（如温暖、尊重、互助、信任、团结、认可的人际环境）。

（9）保证报酬的分配过程公平、公正。如规章制度制定过程中讨论、统计工作量和绩效考核的公开、透明。

（10）妥善运用发放薪酬的保密制度。

（11）依法治企，奖惩明确，不可因领导个人好恶随意变更管理规章制度。

（12）相应的机构或人员及时对员工的不满给予关注和受理，并加以必要的疏导。

（二）程序公平

公平除了考虑分配公平之外，也应考虑程序公平（Procedural Justice），这一概念由西波特和沃尔克提出。[27]程序公平更强调分配资源时使用的程序、过程的公正性。西波特和沃尔克发现，当人们得到了不理想的结果时，如果认为过程是公正的，也能接受这个结果，这种现象被称为"公平过程效应"或"发言权效应"。个体在过程上的不公平知觉，则会导致个体对过程的怨言，久而久之就出现个体不再关心过程甚至玩世不恭的现象。[28]

对于任何组织而言，制定分配程序时应注重吸收员工的参与。如奖励和惩罚标准的制定应征求员工的意见，使员工知道奖励和惩罚的标准和原因，这有利于政策的落实，达到激励效果。组织制定报酬、晋升和绩效评估等政策时应充分了解员工的意见，并建立正式的申诉渠道。

此外，比斯和莫克提出了互动公平（Interactional Justice）概念。[29]互动公平有两种：一种是人际公平，另一种是信息公平，主要指是否给当事人传达了应有的信息。

三、目标设置理论

洛克（Edwin A. Locke）于 1967 年提出目标设置理论。[30]该理论认为，设置达到目标是一种强有力的激励，是完成工作的最直接的动机，也是提高激励水平的重要过程。外来的刺激，如奖励、工作反馈、监督的压力等，都是通过目标来影响动机的。目标导致努力，努力创造工作绩效，绩效增强自尊心和责任心，从而产生更高的目标。另一管理学家休斯（C. L. Hughes）也认为成长、成就和责任感都要通过目标的达成而满足个人的需要。因此，重视目标和争取完成目标是激发动机的重要过程。

洛克等从实验中还发现，从激励的效果来说，有目标比没有目标好，具体的目标比空泛的、号召性的目标好，既能被执行者接受而又有适当难度的目标比唾手可得的目标好。遇到难度很高、很复杂的目标，可以把它划分为若干阶段性目标，通常称为"小步子"。通过"小步子"的逐一完成，最后达到总目标，这是完成艰巨目标的有效方法。

四、波特和劳勒的激励过程模型

波特和劳勒综合了以往的一些激励理论，提出了"激励过程模型"。[31]该模型是一种比较全面而又充分的理论。图 5-1 就是波特和劳勒的激励过程模型。

图 5-1　波特和劳勒的激励过程模型

从图 5-1 可以看出，直接决定员工"努力"的因素是员工所得报酬的价值和通过努力工作能获得相当报酬的概率，这两个方面实际上就是报酬的适宜性和公平性。报酬的适宜性反映了报酬对员工需要的针对性。对员工来讲，报酬的针对性越高，其价值就越大，反之就越小。报酬的公平性则反映了企业的报酬是否按劳分配。实行按劳分配，多劳者多得，员工可看到的努力——报酬概率就大，反之则小。

波特和劳勒将报酬分为外在报酬和内在报酬两种。外在报酬包括福利、晋升、授衔、表扬、嘉奖、认可等，内在报酬包括学习新知识和新技能、责任感、光荣感、胜任感、成就感等。员工的满足不仅在于获得外部报酬，也在于获得内部报酬，有时内部报酬比外部报酬更重要。

例证　5-9

银行扫雪[32]

2012 年 12 月的某一天，邮储银行某县支行王行长一早醒来，发现地上积雪有一尺多厚。考虑到大雪会造成道路不畅，可能影响正常工作的开展，王行长顾不上吃早饭，匆匆赶往单位。

当他到单位大院门口时，发现门口和营业室外临街的积雪已经被清扫完了。他进到大院，发现积雪清扫工作将近结束，一些职工在做收尾工作。

王行长很感动，当即加入清扫的队伍，并对周主任说："由于雪大路滑、交通拥堵，今天迟到的人员不进行登记。根据考勤机数据，今天未迟到、八点三十分前准时上班的人员，每人奖励 50 元。"王行长的话引来了职工们的热烈掌声。

九点三十分，周主任拿着未迟到人员名单向王行长汇报。王行长指示周主任将名单公示，让大家都看一看。

几天以后，又下了一场大雪，这一次王行长收到了令人惊喜的考勤记录，竟然没有一个人迟到。事情远远没有结束，在接下来的首季业务大会战中，该支行的业绩一直很好，并提前 10 天完成了计划目标。王行长总觉得，首季业务大会战能完成得这么好，跟首季的激励政策固然相关，但跟那一次扫雪也有着密不可分的联系。

五、强化理论

强化理论（Reinforcement Theory）主要是利用正性或负性的强化来激励员工或创造激励的环境。个人之所以要努力工作是基于桑代克所谓的效果率（Law of Effect），即某项特定刺激引发的行为反应若得到奖赏，则该行为再出现的可能性较大；而若没有得到奖赏，甚至受到惩罚，则该行为重复出现的可能性极小，也叫操作条件反应（Principles of Operational Conditioning）。[33]行为修正就是将操作条件反应原理应用在管理员工的工作行为上。管理者可运用正强化，如赞赏、奖金或认同等手段，以增强员工对良好工作方法、习惯等的学习；也可运用负强化，革除员工的不良工作习惯和方法，使员工避开不当的行为结果。卡兹丁对强化和惩罚做了分类，具体内容如表 5-4 所示。[34]

表 5-4 强化的类型

管 理 行 为	事 物	
	好 的	不 好 的
给 予	正强化	惩罚
去 掉	消退	负强化

例证 5-10

美味馅饼联号店[35]

美味馅饼店的奖励体系设计是：食品和饮料的成本及利润按百分率制定，若没有卖出去的食品或各种损失的百分率很低，经理就能得到奖金；反之，经理只能得到基本工资。百分率可以变动很大，因为经理们不可能 24 小时都在店里，一些员工会趁机吃一点，一天下来，百分率也就上升了。有时调味瓶会被打翻，馅饼会烤煳，有时会做出大小不合适的馅饼而没办法卖出去。虽然规定员工损坏店内物品或厨师把馅饼烤煳，费用由个人承担，但是碍于同事的面子，夜班经理很少管过，全由商店承担损失。所以往往到月底动用了储备时才发现问题，这时经理的奖金已经无望了。

为此，经理采取报复性办法：以前，每个员工每 6 小时可以吃一次免费馅饼、一份色拉，饮料随便喝；现在由 6 小时提高到 12 小时。但工人们的对策是利用一切经理或副经理不在店里的机会休息。虽然夜班经理在晚间拥有全部经营的控制权，但他不像经理或副经理那样关心商店。因为他得到的是和一般工人一样的工资，他不可能也没有权力惩罚其他员工。再加上他的年龄一般也与别的员工一样大，有时甚至比他们还小，故难以惩罚其他员工。由此，馅饼店产生了人员间冷漠的状况，经理与员工更疏远了。

日本一家公司对员工强化激励方法与效果曾做过分析（见表 5-5），从中可以看出，对员工的表扬奖励，采取公开方式的效果较好，变好的要占 87%，变差的只占 1%；对员工的指责批评，采取个别方式的效果较好，变好的占 66%，变差的只占 11%；采取公开的方式体罚员工的效果明显不好。在提倡人性化管理的今天，企业宜逐步改变过去动辄惩罚、少奖励的做法，而代之以多奖励、适当惩罚的做法。[36]

表 5-5　员工强化激励方法及其效果分析

激励方法	效果（行动变化的比重/%）		
	变　好	没　有　变	变　差
公开表扬	87	12	1
个别指责	66	23	11
公开指责	35	27	38
个别体罚	28	28	44
公开体罚	12	23	65

另外，强化必须要及时。现代心理学研究表明，及时强化的有效度为 80%，滞后激励的有效度为 20%。管理者必须充分注意激励的时效性，选择在员工激励需求边际效用最大时，及时满足并强化之，这样会得到事半功倍的效果。[37]

例证　5-11

美国福克斯波罗公司的"金香蕉"奖[38]

及时激励即使是很小的表示，也能起到良好的作用。当年，美国福克斯波罗公司为求生存，急需新的技术成果。一天，公司一位科研人员拿着一件自己研制的新产品样品来到总经理办公室。该样品构思精巧，设计新颖，总经理一下子惊呆了。惊喜之余，他忽然在自己的抽屉、橱柜中东翻西找起来。最后，经理终于找到一件"奖品"——一根香蕉。他兴冲冲地把香蕉递给对方说："伙计，奖给你的！"这位科研人员十分感动，因为这根香蕉是当时总经理所能拿出来的唯一奖品。此后，福克斯波罗公司决定用"金香蕉"奖章作为对本公司科研成果研发者的最高奖励。

第三节　激励理论的应用

激励既要重视物质激励，又要重视精神激励；既要考虑激励对象的多样化，又要考虑激励方法的多样化。有调查表明，美国企业的平均寿命为 40 年，日本企业为 13 年，我国企业约为 3 年。相比之下，我国企业的寿命较短[39]。因此，有人形容我国企业具有"流星效应"。造成这种现象的一个重要原因是企业特别是国有企业的激励制度不完善。年薪制、员工持股计划、股票期权制和积分制管理被认为是能够对员工起到重要激励作用的重要手段，本节将简单地做一些介绍和讨论。

一、激励的多样化

（一）激励对象的覆盖面广

激励并非对少数人的激励。传统的激励方法多为奖励极少数有突出贡献者，旨在树立"典型""楷模"。然而，这种激励手段并不是最理想的，因为长期采用此法就会使大多数员工失去受奖励的机会，甚至觉得奖励是极少数人的事情而漠不关心。同时，长期以极少数人为对象的奖励还可能使员工产生逆反心理，可能使"典型""楷模"在企业内部遭到孤立、嘲讽，甚至打击。因此，激励方法应充分考虑激励范围。在奖项设置上，应多设集体奖，少设个人奖；多设单项奖，少设综合奖。在奖金数额上，可考虑多设小奖，少设甚至不设大奖，要特别注意对每一个员工的微小进步都给予及时的肯定和强化，从而形成一个从小到大，多层次、多种类的激励体系。

例证 5-12

日本电产公司形式多样的奖励[40]

日本电产公司老板永守重信先生制定了多样化的公司奖励制度，每年除了有"公司英雄"奖励外，还设有"提前上班奖""合理建议奖""受训斥奖"等各种名目的奖励三十余种。他甚至还规定每年受到奖励的员工必须占到总职工人数的80%以上。其中，"受训斥奖"别出心裁，该奖对受到一次严厉批评者奖励3 000日元，目的是既要使违纪者受到应有的"斥责"，又要通过奖励化解受训者的心理矛盾，防止出现对抗。

激励宜考虑不同类型员工的需要。例如，在我国知识型员工主要激励因素调查中，位于前五位的分别是：工作报酬与奖励、个人的成长与发展、有挑战性的工作、公司的前途以及有保障和稳定的工作。[41]

此外，激励宜考虑每个员工各自不同的需要。在企业中，有的员工想成为技术专家；有的想到本公司的其他部门工作；有的想发展与现有工作岗位相关的技能；有的被提升到管理岗位而他本人并不想做一个管理人员；还有人认为他们的满足感主要来自群体中的合作精神。可见，员工的需要呈现多样化状态。激励要从员工的个性心理特征出发，通过研究个体心理的不同需要，做到对症下药，因人而异。

（二）激励方法的多样化

物质激励是指通过物质刺激的手段，鼓励职工工作的积极性。其主要表现形式有正激励，如发放工资、奖金、福利等；负激励，如罚款等。

物质需要是人类的第一需要，是人们从事一切社会活动的基本动因。但在实践中，不少单位在使用物质激励的过程中，虽耗费不少，但预期的目的并未达到，职工的积极性依然不高，反倒贻误了组织发展的契机。

例证 5-13

腾讯的54张福利王牌[42]

每一位入职腾讯的新员工都能领到一副"福利扑克"，54张牌，每一张代表一种福利，王牌就是传说中的"10亿安居计划"。此外，还有家属开放日、30天全薪病假、15天半薪事假、中医问诊、各种保险、腾讯圣诞晚会、各种节日礼包、各种协会……涵盖了员工工作和生活的各个层面，这些项目在腾讯内部专门的福利网站上被归类为三大块：财富、健康、生活，分别由不同的小组负责。腾讯很好地让我们看到，福利体系除了庞大、昂贵，还要有开放的产品心态和用心的用户体验。腾讯大福利团队把每一种福利都当作产品来做，体现出用心，而不是简单地用"薪"。如果只把福利当成面子工程，作为不得不开销的预算，那很难真正激励到员工，让福利变为生产力。关爱，才是企业给员工最好的福利。

1. 运用工作激励

尽量把职工放在其所适合的位置上，并在可能的条件下轮换一下工作以增加职工的新鲜感，从而赋予工作更大的挑战性，培养职工对工作的热情和积极性。

2. 运用参与激励

通过参与，形成职工对企业的归属感、认同感，可以进一步满足员工的自尊和自我实现的需要。企业职工参与企业决策和企业管理的渠道有许多，其中，职工通过"职代会"中的代表参与企业重大决策的模式较为普遍，但目前"职代会"流于形式的情况依然存在，仍有待进一步完善和健全。

3. 运用荣誉激励

荣誉激励是物质激励的重要补充部分，具有物质激励所达不到的功效，将二者结合使用，效果最佳。现在，荣誉激励的方式在企业中采用得比较普遍，这是一种比较有效的方法，它正是有效地利用了员工的荣誉需求，才取得了良好的激励效果。

例证 5-14

美国同仁公司的评比竞赛[43]

在美国同仁公司，一进楼道，迎面一条大横幅，白底红字，中间画了一个装饰有四颗红星的士兵头盔，大意是开展争当"四星头盔士兵"活动。旁边墙上还贴着"四星头盔"标志的竞赛墙报。公司管理人员说："这项活动本来只在美国军队进行，我们引入公司是借其形式来开展'先进工作者'评比竞赛。每月评比一次，评上的得一颗红星，一年中累计得了四颗红星的，就是先进工作者，有重奖。"更有意思的是，在计算机机房门前还立着一块大白板，贴着当月已得红星的职员的彩照，这不就是"光荣榜"嘛！

4. 运用升迁激励

升迁激励的本质是通过自我价值的实现来激发人的能动性。每个人有各自不同的价值观，有的人立志成为一名企业家，有的人则以钻研技术为人生的最大乐趣。因此，企业的升迁激励要因人而异，让有管理才能的人走行政职务升迁之路，让有技术特长的人走技术职务升迁之路，二者要有相同的待遇。特别是要鼓励技术人员从事自己喜欢的职业，充分发挥自己的专长，术业有专攻，要鼓励他们走专业化发展的道路。

5. 运用情感激励

现代企业已步入人本管理时代，企业与个人的关系由"契约型"向"盟约型"转变，企业与个人形成了利益共同体。一个成功的企业在营造和谐的氛围、培养团队的合作精神、增强企业的凝聚力和情感激励方面一定有其独到之处，如松下公司采用终身雇佣制，林肯公司只减薪、不解雇的做法，这大大提高了员工对企业的信任度，激发了员工为企业奉献的热情。[44]

例证　5-15

美国 IBM 公司的"百分之百俱乐部"[45]

在美国 IBM 公司，每当有业务代表完成年度销售定额时，就会被批准成为"百分之百俱乐部"的成员，他和他的家人会被邀请参加隆重的集会。结果，力争获得"百分之百俱乐部"成员资格逐步成为 IBM 新雇员的第一目标，公司的销售业务也因此得到有力的推动。

（三）激励的跨文化适用性

随着全球经济的发展和我国市场经济的发展，为提高企业的效率，许多中国企业越来越重视构建对于职工的激励机制。在跨文化企业中，至少存在着两种不同的文化，它们会导致公司的营销理念、经营理念、经营方式等产生不同，而文化差异所产生的文化之间的矛盾也会对公司的生产和业务活动产生不确定影响。[46]麦克法林和斯威尼（2014）从马斯洛的需要层次论、赫兹伯格的双因素理论、公平理论、强化理论以及弗鲁姆的期望理论五个方面来研究激励理论的跨文化适用性[47]。

1. 马斯洛需要层次论的跨文化适用性

在高度工业化的发达国家中，员工有着追求更高需要的动机（如自我实现需要），而在较不发达的国家和地区，员工对低层次的需要（如生存和安全需要）的追求则表现得更为明显。例如，对于某些中国员工来说，具有合作精神的同事及其他社会需要排在自我实现这一需要之上。在强调个人主义的社会环境（如美国）中，其员工比强调集体主义社会环境（如日本）中的员工更热衷于追逐个人成就。

2. 赫兹伯格双因素理论的跨文化适用性

与法国经理相比，英国经理对责任感及自主权比较感兴趣，而与英国人比起来，法国人则更重视保障、额外福利及良好的工作环境。一般来说，这意味着工作丰富化在英国更加容易实现。事实上，当雇员更重视个人主义、风险的承担（低不确定性规避）及绩效（男性主义）时，赫兹伯格的激励方式可以视为增强个人成就的一种方法。

3. 公平理论的跨文化适用性

不同的社会和民族文化对公平的界定、理解和评价方式存在很大的差别，而且往往是通过其他文化难以理解的方式进行。无论如何，管理者都很有必要参照公平理论给出的一些重要的原则和启示来进行管理。例如，重视个人主义的文化倾向于支持公平的概念。在这种文化背景下，个人投入非常重要，产出的高低主要取决于付出的多少。而在集体主义的文化背景下，报酬可能被平均分配给每个员工，不论其绩效的多少，以此来保持组织的和谐与凝聚力。

4. 强化理论的跨文化适用性

管理者应该知道员工重视什么，这样才能有效地使用正强化，但这种方法并不像看起来那样简单。例如，南非的公司如果能够努力帮助消除因为种族隔离而造成的社会不公平，那么黑人员工将会备受激励。这种工作及生活之间的联系反映了非洲的文化价值，即强调社会和家庭的重要性。

5. 期望理论的跨文化适用性

期望理论与大家已经很熟悉的美国文化相当吻合。它强调个人主义及男性主义导向的文化，因为个人主义及男性主义更重视任务而不是人际关系。期望理论还认为，个体员工通过努力可以在很大程度上控制自己的生活。

二、年薪制

年薪制是以年度为单位，依据企业的生产经营规模和经营业绩，确定并支付经营者年薪的分配方式。为探索和建立有效的激励与制约机制，使经营管理者获得与其责任和贡献相符的报酬，逐步实现企业经营管理者及其收入市场化，企业才制定了这种依据自身规模和经营业绩，以年度为单位支付经营管理者收入的分配制度。经营管理者年薪由基本年薪和风险年薪两部分组成。

年薪制改革的初衷是把经营者的利益与其经营业绩挂钩，提高经营者的积极性，保证国有资产的保值和增值。经营者利益和员工利益适当分离，使经营者与员工之间相互制衡，有利于建立企业内部自我约束机制。经营者年薪收入公开化、规范化有利于减少经营者过高的在职消费，控制国有企业资产流失。但年薪制改革在推行过程中遇到了一些问题需要解决。如经营者的任用未形成竞争机制，经营者仍由上级主管部门任命，并非通过竞争上岗，因而经营者只对上级负责而不对企业负责的状况很难改变；企业经营指标难以严格考核成为令政府头疼的问题，这也给年薪制的有效实施设置了障碍。问题虽多，但有关年薪制的理论探讨和试点工作仍令人满意。2004年1月1日，国务院国有资产监督管理委员会（简称国资委）正式出台《中央企业负责人经营业绩考核暂行办法》（2009年12月28日修订，2010年1月1日施行），将其作为国有企业改革进程中的一个重要成果，年薪制终于成为一项薪酬制度。2019年3月7日，国资委发布了新版《中央企业负责人经营业绩考核办法》，该办法于2019年4月1日施行，与旧版考核办法不同的是，新的考核办法中增加了对网络安全事件的考核要求。

目前，社会各界对年薪制褒贬不一，在我国的实施过程中，年薪制还存在许多问题有待解决。如年薪制的实施对象问题、年薪的确定主体问题、年薪水平的确定依据问题、行业间的苦乐不均问题、经营者业绩的考核标准问题、经营者职业消费的"隐性收入"的问题等。针对这些问题，国有企业经营者可以通过以下方法改进和完善年薪制实施方案：第一，合理划定经营者年薪制的实施对象及标准；第二，建立完善的公司治理结构，发挥董事会在年薪制实施中的作用；第三，确定合理的年薪水平，强化经营业绩对年薪的决定作用；第四，探索按行业实施年薪制；第五，建立科学、合理的经营者业绩考核评价指标体系；第六，建立完善企业经营者业绩的监督考核及管理制度；第七，对年薪制进行长期化设计、改造，以加强年薪报酬方式的长期激励作用；第八，加强对经营者在职消费的管理和监督，将隐性收入显性化；第九，加强经营者年薪制的综合配套改革。

三、员工持股计划

西方国家实行的员工持股制度是在重振本国经济、改善劳资对立关系的大背景下提出并被逐渐广泛实施的，并且获得了成功。1952 年，美国辉瑞公司为了避税，第一个推出面向所有雇员的员工持股计划。近年来，员工持股计划风行美国，数以千计的公司、上千万的职工加入了这一计划。

例证 5-16

晋商的人力股制度[48]

以人力资本折算股份的做法曾被在明清时期称雄国内商界的晋商广泛采用。这种人力制度也称"身股""人身股""顶生意"。商号（企业）的主要员工或有突出贡献的员工一般可以顶零点几厘到几厘，以至一股的股份，股份的多少由财东，也就是真正出资的股东根据职工任职时间、能力、贡献大小来决定。

在一个账期（一般每三年为一个大账期）结束时，"人身股"与财东的资本股一起参加分红，资本股一般一万两白银为一股，而大掌柜（即总经理）一般能顶八到九厘，最高十厘（即一股）。每当遇到账期总结，都要评定职员功过，检查三年的成绩和问题，整顿人事，调整"身股"厘数，并记入"万金账"，即股本账。银两股和人身股享用同等的分红权。

近二十多年来，美国许多企业推行员工持股计划，具体做法主要有两种：一种方式是由公司提出一部分股份或拿出资金，提交给职工信托基金会，该基金会购买本公司的股票，然后根据职工工资水平分配这些股票，这种分配相当于公司给职工劳动股的投资凭证，职工以自己的劳动获得这种投资凭证，并根据这种凭证获取公司利润；另一种方式是由公司担保从银行借款购买本公司股票以分到个人名下，这两种方式都不需要员工个人掏腰包。员工持股计划的具体作用表现在以下四个方面。

（一）有利于实现低成本激励

持股计划实施后，职工的收入不再是传统的工资加奖金，而是工资加股权收入，这就将公司对职工的激励由间接方式的奖金变成了直接方式的股权收入。如果公司经营状况好转，职工工资虽然不变，但是股利增加可以使其收入增加，而且业绩的改善可使公司股票价格上涨，从而使职工受益，股票价格的变动往往比业绩和股利的改变大，而且也比间接激励方式的奖金高。同时，运用员工持股计划没有增加公司的支出，就可以使职工更具有工作积极性，从而实现了低成本激励。

（二）有利于降低管理费用，减少管理环节

由于实施员工持股计划后，职工的收入与公司经营业绩更紧密地联系起来了，他们将更加自觉地工作，使一些管理部门的作用逐渐减小，以致有些部门失去了存在的意义

而可以被撤销，所以实施员工持股计划有利于精简机构，减少管理的中间环节，从而降低管理费用，提高经营业绩。

（三）促使职工参加公司日常管理，监督经理人员经营业绩

由于实施员工持股计划后，公司经营状况与职工收入更加紧密相关，职工不仅将更加积极地参加公司的日常管理，为公司发展出谋划策，而且可以监督企业的经营效率。由于他们对公司情况更加熟悉，这种监督的力度与效率都比外部监督者更高，从而有利于管理绩效的提高，可使企业经营效率得到改善。

（四）提高职工的工作效率、创新精神，避免短期行为

与传统激励方法相比，实施员工持股计划可以使广大员工更富有创新精神，工作更有效率，能够有效克服其短期行为。因为职工的工作效率提高和创新行为如果产生效益，将使其股价提高得更快，令其自身获益更多；同时，损害企业长远利益而提高短期利益的行为对持有股权的职工来说也是不经济的。

例证 5-17

华为的员工持股激励模式：力出一孔，利出一孔[49]

在日趋激烈的市场竞争环境中，为了在员工流动性大的情形下吸纳人才，华为等企业采取将股票以及期权发放给公司核心员工的做法。华为公司在 1990 年开始施行内部股权计划，这项持股计划实施以后，员工个人能力和前途与公司的长期发展密切地联系在一起，促进了共同奋斗，有利于实施员工和公司的共享机制。受外部环境的变化和企业自身发展状况的影响，华为公司员工持股激励形式和内容有相应的改变，持股员工的数量逐年增加，员工持股规模不断扩大。

另外，华为公司实施员工持股计划的基本原则是保障最具责任心和最有才干的人不断拥有大份额股权，进入中坚管理层。通过浮动的股权分配原则，员工对公司的实际贡献大小决定了员工能够持有的股权份额的多少。

总之，华为公司的员工持股计划在真正意义上使员工拥有管理企业的权利。企业盈利时可以分配剩余收益，企业的产品开发、市场运作、经营决策都是员工在共同意愿下决定的，有效地避免了"一权独大"的局面，众多持股股东可以与经营管理层平等地协商意见。

虽然员工持股计划可以解决普通员工激励与对经营人员的监督问题，但还不能有效解决对经营者的更高的激励问题，以及对吸引高级人才的监督问题，要有效解决这些问题，还有赖于实施股票期权计划。

四、股票期权制

（一）美国企业股票期权制

1. 股票期权的类型

股票期权通常包括两种类型：① 法定型期权（Qualified Stock Option，QSO），或称

激励型期权（Incentive Stock Option，ISO）。这种期权在符合美国国内税收法典的限制性条件下，个人收益中部分可作为资本利得纳税，同时可以从公司所得税税基中扣除。② 非法定期权（Non-qualified Stock Option，NQSO）。这种期权不受美国税收法典的约束，公司可以自行规定方案；个人收益作为普通收入缴纳个人所得税，并且不可以从公司所得税税基中扣除。

2. 股票期权的受益人

从一般意义上来讲，股票期权的受益人范围主要包括公司的经理阶层，即公司的高级管理人员，而独立董事和持有 10%以上表决权资本的经营者不参加。最近几年，员工股票期权（Employee Stock Option，ESO）的受益人范围呈扩大趋势。目前，美国通用电气公司约有 27 000 名雇员持有认股权，接近其雇员总数的三分之一。1997 年，英特尔公司将其 ESO 的授予范围扩大到公司在全球范围内的所有雇员。

3. 股票来源和授予时机

实现 ESO 所需的股票主要有三个来源：① 由公司发行新股供期权执行人按预先约定的价格认购；② 公司通过留存股票账户从市场上回购；③ 库存股票。

4. 期权费、行权价与授予数量

一般来说，ESO 是无偿授予的。为了在激励的基础上对公司经理人员或雇员增加约束力，有的公司要求经理人员或雇员在取得 ESO 时支付一定的期权费。ESO 执行价格（行权价）的确定是期权方案设计最为关键的一环。一般来说，行权价包括折价、平价和溢价三种类型。在实践中，ESO 执行价格以后两种方式居多。ESO 的授予数量反映了期权激励的强度。在通常情况下，ESO 的授予数量没有下限，但有些公司规定有上限，如美国雅虎公司就规定：每人每财政年度获赠的 ESO 不得超过 150 万股。

5. 股票期权的执行期限

对于法定期权来说，ESO 的有效期一般为 10 年。持有 10%以上表决权资本经股东大会批准参加计划的，有效期为 5 年；持有者自愿离职、丧失行为能力、死亡或公司并购、公司控制权变化等条件下，ESO 可能改变条件；退休时，所有 ESO 的授予时间表和有效期限不变，但如果 3 个月内没有执行可行权 ESO，法定期权则转为非法定期权，不再享受税收优惠。非法定 ESO 没有有效期的限制，由公司自行决定（一般为 5～20 年）。

6. 股票期权的执行

股票期权通常有三种执行方法：现金行权、无现金行权和无现金行权并出售。现金行权是指股票行权的受益人（即行权人）以现金向公司指定的证券商支付行权费用以及相应的税金和费用，由证券商以执行价格为受益人购买公司股票。无现金行权是指受益人不必以现金支付行权费用，转而由证券商以出售部分股票获得的收益来支付行权费用。在这种情况下，受益人在委托证券商时需要对委托指令进行选择。无现金行权并出售指行权人自己决定对部分或全部可行权 ESO 行权并立刻出售，以获取行权价与市场价的差价。

7. 股票期权的日常管理

股票期权通常由公司的薪酬委员会负责决策、管理、解释、修改和终止等。薪酬委员会直接归董事会领导，独立行使职能，不受企业经营者的影响，某些特殊事项需经股东大会批准，而股票期权的执行由公司委托证券商进行交易和结算。

（二）我国企业经营管理者股票期权制

2006年，证监会《上市公司股权激励管理办法》和国资委《国有控股上市公司（境内）实施股权激励试行办法》分别于年初和9月正式颁行，此后，股权激励制度在我国迅速发展。

股票期权（Stock Option）又称为"经营者期权"或"认股期权"，指的是企业所有者授予激励对象在未来一定时限内，以预先确定的价格和行权条件购买该公司一定数量股份的权利。其在很大程度上解决了企业经营者激励约束的相容问题，这种独特的制度安排把经营者的未来报酬与公司的长期业绩和市场价值联系起来，从而实现经营者报酬和股东利益的趋同效应。其激励的作用具体有以下四个方面：激励与约束并重；有效地防范经营者的短期行为；增强企业的凝聚力，留住人才；利于解决国有企业体制方面存在的固有矛盾。

例证 5-18

华为的股权激励方案[50]

华为从1990年开始实行员工持股计划，迄今为止，已实施了实股配股、虚拟股配股、饱和股配股、时间单位计划（Time Unite Plan）等股权激励计划。

2001年以前，华为实行实股配股计划，极大地激发了员工工作的积极性。由于实股存在一些弊端，2001年以后，华为实行虚拟持股。由于股票增值收益与公司的经营状况息息相关，员工会更加尽职地监督企业的经营状况，降低企业经营风险。

2008年，华为实施"饱和股配股"方案，顺利度过金融危机。具体做法是：以员工的级别和对其工作的考核为依据，核定员工当年虚拟股配股数量，再根据员工级别分配股份数。

2012年年初的银行个人创业扶助贷款被叫停后，华为的虚拟受限股制度失去了其实际意义，很多员工决定将手中的股票套现。华为为解决员工购股资金压力，于2013年实施了名为"时间单位计划"的员工持股计划，这使新员工不再有以现金购买股票的压力，使新老员工都关心增值收益，从而使其为公司做出更大贡献。

《2017年虚拟受限股分红预测通知》显示，2017年，工会虚拟受限股每股收益约为2.83元，每股现金分红为1.02元；2017年度销售收入为6036亿元人民币，净利润增长28%至475亿元人民币；20级的管理层老员工大概有100万虚拟股，至少分红近300万元人民币。华为员工的分红收益和升值收益非常可观，持股数较多的员工不仅会考虑分红收益，也会考虑增值收益，这样他们就会更多地注重公司的长期发展，努力地为公司做出更多的贡献。

五、积分制管理

"积分制"在人们的日常生活中是熟悉的事物，如很多商家为了促销而推行"会员积分制"，高校图书馆里有"阅读积分制"，一些特大城市对外来务工经商人员落户实行"流动人口积分制管理"等，还有不少地方政府在推行网格化管理中，制定了用上报治安隐患等事件获得相应的积分，积分累积到一定程度即可获得奖励的措施。

企业管理中的积分制应用是湖北省荆门市群艺数码广告传媒有限公司董事长李荣先生于 2003 年独创的一种全新的管理方法，它的核心内容是对人的能力和综合表现用奖分和扣分进行量化考核并用软件记录和永久性使用，目的在于全方位调动人的积极主动性[51]。实行积分制管理需要为员工建立积分的使用平台以及设立相关的积分兑换制度，如腾讯内部可以用积累的腾讯币兑换子女入读幼儿园等员工福利、广汽集团对于营销人员的积分奖励等。

积分制管理具有不需要修改现有规章制度、管理流程及公司现有的工作习惯，不受体制和行业的限制，从国有企业机关单位到民营企业都可以有针对性地推行使用等特点。国内新近研究认为，积分制激励在企业管理中具有以下优点[52]：相对人性化，更有利于增强制度的执行力；可以满足员工体现自我价值的需求；在一定程度上解决了分配不合理的问题，更有利于留住人才。有的学者则提炼出更多积分激励的优点[53]：积分不与金钱直接挂钩，巧妙地转移了员工注意力；有利于组织分权；解决组织公平问题，提升组织公平感；可以为管理者和员工提供及时的反馈信息；"参与式"管理模式有利于激发员工的组织公民行为；兼顾长期和短期的激励作用；有效解决员工"优胜劣汰"的问题；有利于企业中的组织目标和个人目标协调统一。

积分制管理制度的落实可以参考以下步骤。

（1）确定负责相关事情的专门人员。

（2）确定执行积分奖扣的管理团队。

（3）制定公司积分制管理的奖扣标准，包括启动期的一次性积分标准、每月固定积分标准及 A（与工资挂钩）、B（与福利挂钩）分的奖扣标准。

（4）制定管理人员的奖扣分权限，主要是指上限。

（5）制定公司奖扣标准与管理人员奖扣权限的运用原则。

（6）制定管理人员的奖扣分任务。

（7）制定积分奖励方案。

（8）制定积分制管理操作流程，如图 5-2 所示。

图 5-2　积分制管理操作流程

六、构建有效的激励系统

前面介绍了许多激励的方式方法和例子，但是它们比较零散，并不构成一个激励系统。为使激励多样化，企业必须构建符合自身特点和历史文化的、行之有效的激励系统。那么企业究竟如何构建自己的激励系统呢？基准学习（Benchmarking；可参阅网站 http://www.benchnet.com）是一种很好的方法。基准学习是指企业识别、理解其他公司和企业在激励方面的一些优良实践经验，并为己所用，以提高激励的有效性，包括如下六个步骤。

第一步，列举企业现有的各种激励方法。

第二步，对这些激励方法的有效性进行评估，如进行成本效益分析。

第三步，根据评估结果将这些激励方法分为三类：可继续使用、需修订后继续使用、需停止使用。

第四步，对需修订后继续使用的激励方法进行讨论和修订，并重新公布使用。

第五步，从企业内部或者外部了解和学习一些先进的激励方法和手段，对其进行讨论和评估，筛选出可以借鉴的激励方法。

第六步，新的激励方法试行一段时间后对其进行评估，重复前面的步骤。

本章相关视频资料

激励理论

激励理论（课件）

 本章小结

➤ 激励就是激发员工的工作动机，调动其工作积极性，以促使他们有效地完成组织目标和任务。

➤ 内容型激励理论基本上是围绕如何满足员工的需要进而调动其工作积极性开展研究，也称需要理论，主要有需要层次论、双因素论和成就需要理论。

➤ 过程型激励理论着重对行为目标的选择，即动机的形成过程进行研究，主要包括弗鲁姆的期望理论与心理契约、亚当斯的公平理论、洛克的目标设置理论、波特和劳勒的激励过程模型。

➤ 心理契约是员工与组织双方在相互关系中对己方要为对方担负什么责任义务，同时对方要为己方担负什么责任义务的主观约定，是雇佣双方或劳资双方关于双边关系中相互责任义务的主观信念。通过恰当的心理契约管理达到组织与员工双赢的目标很有必要。

> ➤ 激励既要重视物质激励，又要重视精神激励；既要考虑激励对象的多样化，又要考虑激励方法的多样化，还要考虑到不同文化要采用不同的激励方法。

> ➤ 近年来，企业常用的薪酬激励方法有年薪制、员工持股计划、股票期权制和积分制管理等。

 思考练习题

一、选择题

1. 根据双因素激励理论，只有将奖金变为"保健因素"才能调动职工的工作积极性（   ）。

　　（1）是　　　　　（2）否

2. "工作扩大化"是指增加同一或类似任务的数量，实现满负荷工作（   ）。

　　（1）是　　　　　（2）否

3. 心理契约有助于提高雇佣双方的安全感和信任感（   ）。

　　（1）是　　　　　（2）否

二、简答题

1. 什么是双因素激励理论？如何将保健因素转化为激励因素？

2. 假如你是一位主管，在工作中你会如何去了解下属的需要？

3. 什么是心理契约？

心理测试

需要调查问卷

以下是一种可供使用的需要调查量表。它包含了与职务有关的 13 个方面，可测出被测者在每一方面的需要强度及各个方面在其心目中的相对重要性，每一方面都用一个 7 级标尺测定其对该方面的现状、期望及重要性的判断。此问卷在计算分数时，又把 13 个方面归纳为安全、社交、荣誉、自主与自我实现 5 个维度。本测试约需 15 分钟。

（一）调查问卷

1. 对于能担任此职，你有一种自尊感：

　　a. 现在实际有多少？　　　　（最少）1　2　3　4　5　6　7（最多）

　　b. 应该有多少？　　　　　　　　　1　2　3　4　5　6　7

　　c. 这对你有多重要？　　　　　　　1　2　3　4　5　6　7

2. 你任此职有个人成长与提高的机会：

　　a. 现在实际有多少？　　　　（最少）1　2　3　4　5　6　7（最多）

　　b. 应该有多少？　　　　　　　　　1　2　3　4　5　6　7

      c. 这对你有多重要？　　　　　　1　2　3　4　5　6　7

3. 此职务在本单位内的威望：

      a. 现在实际有多高？　　　（最少）1　2　3　4　5　6　7（最多）

      b. 应该有多高？　　　　　　　　1　2　3　4　5　6　7

      c. 这对你有多重要？　　　　　　1　2　3　4　5　6　7

4. 在此岗位上独立思考与自主行动的机会：

      a. 现在实际有多少？　　　（最少）1　2　3　4　5　6　7（最多）

      b. 应该有多少？　　　　　　　　1　2　3　4　5　6　7

      c. 这对你有多重要？　　　　　　1　2　3　4　5　6　7

5. 对现职的稳定感（"饭碗"的可靠性）：

      a. 现在实际有多大？　　　（最小）1　2　3　4　5　6　7（最多）

      b. 应该有多大？　　　　　　　　1　2　3　4　5　6　7

      c. 这对你有多重要？　　　　　　1　2　3　4　5　6　7

6. 你做这一工作有能发挥自己才智的机会：

      a. 现在实际有多少？　　　（最少）1　2　3　4　5　6　7（最多）

      b. 应该有多少？　　　　　　　　1　2　3　4　5　6　7

      c. 这对你有多重要？　　　　　　1　2　3　4　5　6　7

7. 你这一职务在本单位之外受到的尊重：

      a. 现在实际有多大？　　　（最少）1　2　3　4　5　6　7（最多）

      b. 应该有多大？　　　　　　　　1　2　3　4　5　6　7

      c. 这对你有多重要？　　　　　　1　2　3　4　5　6　7

8. 在本岗位上觉得取得了有意义的成就：

      a. 现在实际有多大？　　　（最小）1　2　3　4　5　6　7（最多）

      b. 应该有多大？　　　　　　　　1　2　3　4　5　6　7

      c. 这对你有多重要？　　　　　　1　2　3　4　5　6　7

9. 这一职务是否有帮助别人的机会：

      a. 现在实际有多少？　　　（最小）1　2　3　4　5　6　7（最多）

      b. 应该有多少？　　　　　　　　1　2　3　4　5　6　7

      c. 这对你有多重要？　　　　　　1　2　3　4　5　6　7

10. 这一职务有参加设置自己工作目标的机会（即在确定分配给自己的任务时有发言权）：

      a. 现在实际有多少？　　　（最小）1　2　3　4　5　6　7（最多）

      b. 应该有多少？　　　　　　　　1　2　3　4　5　6　7

      c. 这对你有多重要？　　　　　　1　2　3　4　5　6　7

11. 这一职务有参与确定自己的工作方法和步骤的机会：

	a. 现在实际有多少？	（最小）1　2　3　4　5　6　7（最多）

a. 现在实际有多少？　　　　（最小）1　2　3　4　5　6　7（最多）

b. 应该有多少？　　　　　　　　　1　2　3　4　5　6　7

c. 这对你有多重要？　　　　　　　1　2　3　4　5　6　7

12. 这一职务所拥有的权力：

　　a. 现在实际有多大？　　　（最小）1　2　3　4　5　6　7（最多）

　　b. 应该有多大？　　　　　　　　1　2　3　4　5　6　7

　　c. 这对你有多重要？　　　　　　1　2　3　4　5　6　7

13. 这一职务有交上亲密好友的机会：

　　a. 现在实际有多少？　　　（最小）1　2　3　4　5　6　7（最多）

　　b. 应该有多少？　　　　　　　　1　2　3　4　5　6　7

　　c. 这对你有多重要？　　　　　　1　2　3　4　5　6　7

（二）分数计算

1. 需要强度计算：将代表被测者对所测方面的期望（b 项）及现状（a 项）判断所勾选的分数之差（b-a）算出，即该方面的需要强度。但还请利用表 5-6 归纳到前述 5 个维度上去，这 5 个维度与马斯洛的需要分类相当（考虑到职工已解决温饱问题，生存需要在此问卷中被略去了）。

表 5-6　维度计算表

	安　全	社　交	荣　誉	自　主	自 我 实 现
	5b-5a=	9b-9a= 13b-13a=	1b-1a= 3b-3a= 7b-7a=	4b-4a= 10b-10a= 11b-11a= 12b-12a=	2b-2a= 6b-6a= 8b-8a=
维度小计分					
所含项目数	1	2	3	4	3
维度强度分					

2. 需要的重要性分计算：请利用表 5-7，将在各方面所勾选的重要性分（c 项）归纳到 5 个大维度上去。

表 5-7　维度重要性分计算表

	安　全	社　交	荣　誉	自　主	自 我 实 现
	5c=	9c= 13c=	1c= 3c= 7c=	4c= 10c= 11c= 12c=	2c= 6c= 8c=
维度小计分					
所含项目数	1	2	3	4	3
维度重要性分					

管理游戏

5-1 "糖豆"

这个游戏让学生通过给予和接受赞扬来熟悉别人，这一方法在较短的时间里就会取得效果，团队的情绪也会变得高涨。

参与人数：集体参与，人多时应分组。

时间：15分钟。

道具：纸、铅笔或钢笔，一些奖品。

场地：教室。

应用：员工激励和团队建设。

游戏规则和程序：

1. 给每个人5分钟的时间，让他们如实地对成员写出尽可能多的赞扬（"糖豆"），这些赞扬可以是程度较浅的（"你的领带真不错""你的衣服和你很相称"等），也可以是比较个人的（任何赞扬者乐意给予的东西）。唯一的原则是：在相互交换写下的赞扬时，必须进行目光的交流。这些写有赞扬的纸条可以是匿名或折起来的，但当把它交给接受者的时候，给予的人必须注视着接受者。

2. 直到所有的成员把自己写的赞扬（"糖豆"）都给了别人，收到"糖豆"的人才可以打开它们。每个人都坐下后，同时打开收到的"糖豆"。

3. 评价一下现场的气氛。

4. 在向成员发出信号让他们看自己手中的"糖豆"前，向他们提问："你们中有多少人从某个你们从未给过他'糖豆'的人那里收到了至少一个'糖豆'？""你们对此感觉如何？""为什么我们之中有那么多人忽视了真诚赞扬——因为我们只是通过做出另外一个赞扬来对得到的赞扬做出回应……"

5. 每个人打开自己收到的"糖豆"时，整个团队的情绪不断高涨，班级内相互支持的氛围也会显露出来。有些成员可能会感到有些窘迫，但毫无疑问，这样的经历是令人愉快的。

问题讨论：

1. 为什么我们总是抑制自己去如实赞扬自己所关心的甚至是一直留心观察的同学呢？

2. 当你看到别人所写的关于你的一些优点时，你的感受如何？

3. 你能对这个练习进行改编，使之成为你生活的一部分，让自己更加清醒、更善于接受他人吗？

4. "糖豆"是匿名的，这样做有什么目的？为什么？如果不是匿名的，会不会更好？

5. 如果你要将收到的"糖豆"与那些和你有过眼神接触的人对应起来，你会怎么做？这对促进双方的关系有什么帮助？

6. 你还要再送一些"糖豆"给其他人吗？当你想做的时候，为什么自己不去做呢？

5-2　生死时速

游戏目的：加强团队协调、分工合作，提高责任心与执行力。

游戏人数：不限。

游戏工具：秒表、笔、纸。

游戏规则：

1. 5～15 人一组，将全体学员分为多个组。

2. 各组人员依次报数，从 1 报到 30，报 1 开始计时，报完 30 时停止。如果人数不足 30 则照号轮流下去，如一组只有 6 个人，当第 6 个人报完 6 时，第 1 个人从 7 继续往下报，如此循环到 30。

3. 报数时不可漏报、错报、抢报。

4. 以用时最少的小组为胜出者。

回顾与分享：

分享活动中团队合作过程（如解决冲突、协调、合作、聆听、责任）。

 案例分析

丰田集团的薪酬管理制度[54]

丰田汽车公司成立于 1937 年 8 月 28 日，注册资金为 6 354 亿日元。截至 2018 年 3 月，员工数量达到 369 124 人。丰田集团创立至今，贯彻经营核心的精神来自"丰田纲领"。丰田集团希望与员工建立起一种长期的信任关系，即在没有监督的情况下，员工也能够为公司尽心尽力，那么长此以往，公司能够获得更大的成功，员工也因此受益。

丰田集团员工的工资包括三个部分：基本工资、绩效奖金与业绩红包。其中，基本工资由丰田根据行业工资水平与当地条件，每半年调整一次。在基本工资中，工龄工资是重要的一部分，可以鼓励员工长期留任。绩效奖金是一种将绩效与酬劳联系在一起的额外收入，例如，若整个工厂达到了安全、质量、生产率、成本以及出勤率等 KPI 指标，则员工就能够获得奖金。它是一种内部生产性指标，与销售不挂钩，完全在员工的掌控之中，所有员工获得的绩效奖金基本上是相同的。业绩红包每半年发一次，主要是由销售业绩决定。丰田以稳定性和相互信任为基础的福利包括以下几个方面：休假、带薪休假、短期与长期病假、退休计划、提供进修学费、提供灵活工作时间、为员工提供购车折扣、提供无息贷款等。丰田每两年调整一次福利计划，此外还有一些特殊的福利项目，如完美出勤仪式，以奖励那些出勤率达百分之百的员工；一站式的儿童保育及健身中心等。每年丰田都要邀请那些出勤率达百分之百的员工到当地体育馆或剧院，为他们举办大型晚会。在晚会上，包括团队与宾客在内的全部人员都会享受豪华的晚餐，并且随时有抽奖，奖品是 12 辆车。

问题讨论：

1. 丰田公司的薪酬体系在激励员工方面是否具有一定的竞争力？请说明理由。

2．丰田公司有哪些薪酬奖励方式？

3．丰田公司所有员工的绩效奖金与销售不挂钩，所获得的奖金数也一样，是否会影响员工的生产积极性？请根据所学知识说明理由。

 讨论题

如何调动课堂教学中师生的积极性

同学们分 6～8 人一组，讨论下面两个问题，然后分享。

1．教师在课堂中如何才能调动学生的学习积极性？

2．教学作为一个互动的过程，学生在课堂上如何才能调动老师的教学积极性？

（课堂讨论时可以仅选择上述两个问题的其中一个）

 参考文献

[1] 高维君. 星巴克的员工为何挖不动？背后秘诀就是"全员合伙"制[EB/OL].（2019-5-20）. https://www.sohu.com/a/315315072_699376.

[2] MASLOW A H. A theory of human motivation[J]. Psychological review, 1943(50): 370-396.

[3] 德鲁尼. 科学有序抓好疫情防控与复工复产[EB/OL].（2020-03-03）. http://finance.ifeng.com/c/7uXYWovwE4D.

[4] 陈伦. "海底捞"火锅店火爆现象引出的几点思考[J]. 企业与文化，2011（6）：42-44.

[5] 侯静. 海尔集团全员创业模式研究[D]. 青岛：中国海洋大学，2014.

[6] 潘新新. 80 后员工的特性及其多元化激励措施[J]. 商场现代化，2008（13）：245-246.

[7] HERZBERG F, MAUSNER B, SNYDERMAN B B. The motivation to work[M]. New York: Wiley, 1959.

[8] 刘金城. YG 公司工作丰富化实践[J]. 经营管理者，2013.

[9] MCCLELLAND D C, ATKINSON J W, LOWELL E L. The achievement motive[M]. New York: Irvington, 1953.

[10] BOYATZIS R E. Affiliation motivation[M]// MCCLELLAND D C, STEELE R S, et al. Human Motivation: A Book of Readings. Morristown, N. J. : General Learning Press, 1973.

[11] 周斌. 重庆地区企业人力资源管理状况与员工激励因素的调查研究[D]. 重庆：重庆大学，2004.

[12] 刘洪儒. 海尔集团的激励机制与企业文化——访海尔集团总裁张瑞敏（之三）[J]. 中外管理，1999（02）：9-10.

[13] VROOM V H. Work and motivation[M]. New York: Wiley, 1964.

[14] ARGYRIS C. Understanding organizational behavior[M]. London: Tavistock Publications, 1960.

[15] LEVINSON H, PRICE C R, MUNDEN K J. Menmanagement and mental health[M]. Cambridge: Harvard University Press, 1962.

[16] SCHEIN E H. Organizational psychology[M]. Englewood Cliffs, N. J. : Prentice-Hall, 1965.

[17] KOTTER J P. The psychological contract: managing the Joining-up process[J]. California management review, 1973(15): 91-99.

[18] ROUSSEAU D M. Psychological and implied contracts in organizations[J]. Employee responsibilities and rights journal, 1989(2): 121-138.

[19] HERRIOT P, PEMBERTON C. New deals: the revolution in managerial careers[M]. Chichester: John Wiley & Sons, 1995.

[20] 陈加洲. 员工心理契约的作用模式与管理对策[M]. 北京：人民出版社，2007.

[21] 朱晓妹. 创新型人才激励机制研究——基于心理契约的视角[M]. 北京：中国经济出版社，2013.

[22] ROUSSEAU D M. New hire perceptions of their own and their employer's obligations: A study of psychological contracts[J]. Journal of organizational behavior, 1990 (11): 389-400.

[23] 马军. 心理契约视角下的知识型员工离职倾向的成因分析[D]. 上海：华东理工大学，2013.

[24] 金利娟. 企业组织行为与员工心理契约管理[J]. 当代经济，2005（04）：60-61.

[25] ADAMS J. Toward an understanding of inequity[J]. Journal of abnormal social psychology, 1965, 67(5): 422-436.

[26] 刘昕. 从薪酬福利到工作体验——以 IBM 等知名企业的薪酬管理为例[J]. 中国人力资源开发，2005（06）：64-67.

[27] THIBAUT J, WALKER L. Procedural justice: a psychological analysis[M]. Hillsdale, N. J. : L. Erlbaum Associates, 1975.

[28] 李超平，时勘. 分配公平与程序公平对工作倦怠的影响[J]. 心理学报，2003（05）：677-684.

[29] BIES R, MOAG J. Interactional justice: communication criteria of fairness[J]// LEWICKI R, SHEPPARD B, BAZERMAN M. Research on negotiations in organizations. Greenwich, CT: JAI Press, 1986(1):43-55.

[30] LOCKE E A, LATHAM G P. A theory of goal setting & task performance[M]. Englewood Cliffs, N. J. : Prentice Hall, 1990.

[31] PORTER L W, BIGLEY G, STEERS R M. Motivation and work behavior[M]. 7th ed. New York: McGraw-Hill/Irwin, 2002.

[32] 袁苏芳. 巧用正激励 激发大能量——一个真实案例引发的思考[J]. 经营管理

者，2013（21）：66.

[33] THORNDIKE E L. Animal intelligence: experimental studies[M]. New York: Macmillan, 1911.

[34] KAZDIN A E. Behavior modification in applied settings[M]. 5th ed. Pacific Grove, C. A.：Brooks/Cole, 1994.

[35] 龚敏. 组织行为学[M]. 上海：上海财经大学出版社，2002.

[36] 陈松. 日本一家公司对职工强化激励方式与效果的调查表[J]. 领导科学，1988（10）：21.

[37] 荆建林. 企业管理中的激励艺术[J]. 中外企业文化，1996（07）：25-26.

[38] 晓庄. 反馈也有保质期[J]. 中外管理，2012(05)：122.

[39] 相博，李杰. 中国民营家族企业寿命短暂成因研究分析[J]. 上海管理科学，2016，38（06）：71-75.

[40] 金成镐. 世界第一经营力（日本电产的十年神话）[M]. 北京：京华出版社，2011.

[41] 张望军，彭剑锋. 中国企业知识型员工激励机制实证分析[J]. 科研管理，2001（11）：90-96.

[42] 钟宇航，陈振烨. 揭秘不为人知的腾讯福利[J]. 经理人，2013（02）：36-39.

[43] 张德. 美国企业怎样激励员工[J]. 中国建材，1999（02）：72-73.

[44] 邬艳霞. 人力资源管理中情感激励在高校管理中的应用[J]. 人力资源管理，2014（2）：69-70.

[45] 王家福. 国有企业员工激励机制研究[D]. 北京：北京交通大学，2007.

[46] 盖润洁，康玲. 基于 Hofstede 文化理论的跨文化企业文化激励机制研究[J]. 经济研究导刊，2018（29）：6-8.

[47] 迪恩·B. 麦克法林，保罗·D. 斯威尼. 国际管理（精要版）[M]. 黄磊，译. 北京：中国市场出版社，2014.

[48] 马娟. 晋商身股制度对现代人力资源管理的启示[J]. 云南财贸学院学报，2007（04）：21-23.

[49] 李丽珂，孙韦辰，唐兰. 员工持股激励模式演化研究[J]. 市场研究，2015（09）：28-30.

[50] 黄旭. 员工持股激励计划方案应用实践研究——来自华为的案例分析[J]. 国际商务财会，2017（03）：25-30.

[51] 李荣，张广科. 积分制管理概论[M]. 北京：清华大学出版社，2017.

[52] 王勇. 积分制管理体系：激发建企职工"心"动力[J]. 建筑，2017（01）：39-41.

[53] 秦尊文，徐志宽，彭雪莲. 一种新的绩效管理模式——对企业积分制管理的研究与思考[J]. 湖北社会科学，2017（02）：70-76.

[54] DERIBA B K, et al.Health professionals' job satisfaction and associated factors at public health centers in West Ethiopia[J]. Human resources for health, 2017, 15(1):1 426-1 443.

第六章
群体心理与行为

学习目标

➤ 了解群体和团队的概念和类型
➤ 掌握群体发展的五个阶段
➤ 了解群体动力的概念
➤ 掌握团队建设的理论和方法

引例

怀特经典性饭店研究[1]

威廉姆·怀特（W. F. Whyte）在他经典性的饭店研究中，表明了地位的重要性。他认为，在一个群体中，如果行为是由地位高的人向地位低的人发起的，那么他们在一起能够合作得比较愉快；如果某种行为是由地位低的人最先发起，在正式和非正式地位系统之间就会引起冲突。他引用的一个例子是：以前，顾客的菜单由饭店侍者直接递交给结账人员，这意味着，地位低的侍者在交往中占主动地位。后来，饭店在菜单上装上了铝线，这样，菜单就可以挂起来，用钩子钩，结账人员觉得必要时，才用钩子把菜单钩过来，这样结账人员就居于主动地位了。

怀特还注意到，在厨房里，那些把菜单交给厨师，然后把做好的菜端出去的服务人员是一个低技能的角色，在相互作用过程中却处于主动地位。无论服务人员明确或不明确地催促厨师"加快速度"，他们之间都会产生冲突。但是，怀特发现，有一个交菜单的人与厨师几乎没有发生过冲突，因为他先把菜单交给厨师，然后告诉厨师，菜做好后就叫他去端菜，这样厨师就处于主动地位。怀特在他的研究中还提出了一些建议，告诉饭店管理人员进行哪些方面的改变会使工作程序与人们的实际地位等级更相符合，而且会极大地改善员工之间的关系和工作效率。

可见，在群体里，群体成员的地位和权力可能会因他们互动的方式而发生变化。

怀特的经典性饭店研究表明，一个组织内群体成员之间的互动方式会影响成员的地位和权力，进而会对员工关系和工作效率产生影响。可见，非正式群体对组织的影响是非常巨大的。群体、团队与单独的个体有很大的不同，具有自身形成和发展的规律。

第一节 群体的基本概念

群体是针对个体而言的，它由无数或有数的个体组成，可分为正式群体和非正式群体。过去的组织比较重视正式群体的作用，但自霍桑实验揭示了非正式群体的存在之后，组织越来越重视发挥和引导非正式群体的作用，以达到组织目标。

一、群体及其类型

（一）群体的含义

群体是具有相同利益或情感的两个或两个以上的人以某种方式结合在一起的集合体。雪恩（E. H. Schein）认为，群体是由相互交往和认知并体会到他们具有某些共同特征的许多人员所组成的。[2]由此可见，构成群体的两个要素是：① 成员关系必须具备相互依赖性；② 成员具有共同的意识、信仰、价值观和各种规范，用以控制相互的行为。其中，"群体意识"是群体存在的关键因素。所谓群体意识，就是群体成员作为该群体的一个成员对这个群体的认识，也是群体成员在群体活动中形成的共同意识。

（二）正式群体与非正式群体

按程序正式与否，可将群体划分为正式群体与非正式群体。

正式群体是由组织精心设计与规划，有自己明确的目的和规章制度，成员的地位和角色、权利和义务都很清楚并有稳定、正式的结构的群体。在社会组织中，除了正式群体外，还存在着大量的非正式群体。

非正式群体是以观点、兴趣、爱好相似为基础，以彼此的感情为纽带自然形成的、没有固定组织形式的群体。自从霍桑实验发现非正式群体的存在及其对工作绩效的重要影响后，非正式群体成为管理心理学研究的一个重要内容。

1. 非正式群体的特征

非正式群体具有如下四个特征。

（1）自发性。非正式群体是自发形成的。员工到非正式群体去寻找归属、认同、理解并表现、完善自己，自发组成不同类型的非正式群体。

（2）成员的交叉性。有许多员工的爱好、兴趣比较广泛，体验感受比较丰富，因此他们可能同时参加多个非正式群体，从而使非正式群体成员具有交叉性。

（3）有自然形成的核心人物。非正式群体和正式群体一样有核心人物，但前者的核心人物不是由上级正式任命或员工选举产生的，而是在长期的工作、学习、生活和娱乐中自然形成的，他们大都善于协调成员间的关系，有较强的组织管理能力和影响力。

（4）排他性和不稳定性。非正式群体内部成员之间交往较多、关系亲密、互相帮助，但对本群体以外的人员则比较淡漠、疏远，甚至排斥，具有明显的排他性。同时，非正式群体又有相对不稳定性，当群体成员的看法、意见发生矛盾和分歧时，一旦调解无效，就会导致群体的分化、瓦解，以至于重新组合，产生新的非正式群体。

表 6-1 对正式群体与非正式群体的特征做了比较。

表 6-1　正式群体与非正式群体的区别

类　型	组　成　因　素	特　性
正式群体	遵照正式程序而组成	结构单一
		具有一定结构形式
	以正式结构为本，而产生心理认同	领导者常具有主管身份
		主要目标为达成工作任务
非正式群体	由人员自然交往而形成	结构具有重叠性
		不具有一定的结构形式
	由心灵组合为本，而产生无形结构	领导者不一定为主管
		主要目标为满足成员需求

2．非正式群体的类型

按形成的原因划分，非正式群体可分为六类，如表 6-2 所示。

表 6-2　非正式群体的类型

类　型	特　征
亲缘型	以亲属关系建立起来的群体
时空型	以时间和空间的接近而自然形成的群体（如同省、同地区、同学历等）或工作中经常接触的人（如校友群体、同乡群体）
情感型	以相互了解、相互信任、有共同语言为基础而建立起来的群体
爱好型	以各种个性心理特征和兴趣爱好相近为基础而建立起来的群体（如足球爱好者群体）
信仰型	有共同的宗教信仰或为实现某种抱负为基础而建立起来的群体
利益型	由于某种利益或观点上的一致而形成的群体，如汽车共乘群体（如有车的某个同事驾车接送其他几个同事一起上下班，其他同事一起分摊交通费用）

3．非正式群体的作用

非正式群体既有积极的作用，要加以利用，又有消极的作用，要加以防范和遏止。

非正式群体的积极作用主要表现在如下四个方面。

（1）弥补正式群体的不足，满足员工的需要。非正式群体的成员都是自愿参加的，原因在于这类群体可以给他们带来某些需要的满足，如自我表现、归属、安全、爱与被爱等方面需要的满足，这对稳定职工的工作情绪和提高工作效率有着非常重要的作用。

（2）融洽员工的感情。非正式群体成员相互交往，加深了解，彼此间的关系更加和谐与融洽，从而产生加强合作的意愿。如果职工把这种协作关系和合作精神带到正式组织中，将有利于促进组织活动协调进行，增强组织的凝聚力。

（3）激励和培训员工。非正式群体的群体观念很强，对于工作有困难者和技术不熟练者，非正式群体中的伙伴往往会自觉给予指导和帮助，同伴们的善意帮助和激励可以促进落后者提高工作技能，这在一定程度上帮助组织起到了激励和培训的作用。

（4）保障员工的权益。我国经济的快速发展也带来了大量过去所没有的、复杂的劳资关系和劳资纠纷。非正式群体往往能够以职工利益代表者的身份出现，维护劳动者的合法权利，在一定程度上弥补在社会经济快速发展过程中出现的某些失衡和不足。

非正式群体的消极作用主要有如下三个方面。

（1）干扰组织目标的实现。当非正式群体的目标与企业目标相冲突时，非正式群体可能对组织的工作产生极为不利的影响，阻碍管理者的努力，减弱成员的创造性和积极性，降低工作效率，使成员不自觉地抵制企业的管理政策和目标。

（2）削弱管理者的权力。管理者可能既要维护组织规章制度，又要维护自己所属非正式群体的利益，这种两难境地在无形中削弱了他们的权力。此外，非正式群体容易传播小道消息和流言蜚语，削弱企业中正式组织的管理能力。

（3）控制和束缚员工的发展和上进。非正式群体具有很大的约束力，它要求成员在思想和行动上都要一致，否则精神上就要被孤立甚至被惩罚。在我国企业中，消极型非正式群体不在少数，多年来百禁不绝的"麻将风"就是消极型非正式群体活动的一种表现形式。

随着我国全面推进党建工作落到实处，我国政府和企业越来越重视非正式群体的建设和发展，非正式群体在民众生活中的作用也日益凸显。我国社团组织的蓬勃发展主要表现在三个方面：① 数量不断增加；② 种类繁多；③ 重视社团的理论研究。其中，网络社团的发展尤其引人瞩目。越来越多的具有相似兴趣爱好或目的的网友在互联网上以虚拟身份组建社会团体，由于网络的匿名性，言论较自由，社团成员之间影响较大。但也因为这样，一些不实言论很容易获得支持，胜似"大字报"[3]。

 例证 6-1

非正式群体自然领袖的魅力

爱多公司原总经理胡总凭自己的能力和独特魅力，带领一班人让原本规模很小的爱多公司在短短几年内享誉全国。后因与主要股东在利润分配问题上发生不可调和的争议，胡总辞职后白手起家创建了步步高公司，该公司在几年内发展迅猛，取得巨大成功。步步高公司成功的关键因素之一是原爱多公司的一批部门经理跟随胡总集体跳槽加盟步步高，这批人有经验、有能力，他们的加盟使步步高公司快速步入发展的正轨。这些经理跟随胡总跳槽的原因耐人寻味："金钱不是一切。我们觉得跟着胡总干事业舒服，他有独特的个人魅力……"

这则实例表明，胡总和这批部门经理在爱多公司共事时已经结合成了一个事实上的高效而富于创新精神的非正式群体，胡总因个人魅力成为这个非正式群体的自然领袖。

（本案例源于网络并经作者加工整理）

4. 非正式群体的管理

要做好非正式群体的管理工作，发挥非正式群体的积极作用，抑制非正式群体的消极作用，主要有以下五条途径。

（1）重视非正式群体中核心人物的作用。任何非正式群体都存在着一个或若干个"重要"人物，或者说他们在某一方面特别出众而为成员们所拥戴。这样的人具有一种特殊的影响力，容易使其他人接受他们、服从他们[4]。如果能够得到这类人的协助，该组织的工作就能较为顺利地开展起来，取得良好的效果。

（2）管理者自觉增强与非正式群体的联系。管理者宜深入员工中去，了解他们的思想、工作和生活情况；摸清本企业中非正式群体的数量及各非正式群体的规模、形成原因、维系的基础、成员构成、情感倾向；了解各非正式群体领导的个性、能力、态度，做到心中有数；与非正式群体领导积极沟通，必要时理解、参与和支持非正式群体的有益活动。

（3）运用舆论导向引导。要运用舆论导向引导，首先可以运用企业的舆论工具、媒体、事件等，对非正式组织群体成员的共同意见进行有计划、有目地引导，循序渐进地使非正式组织成员的意见与企业组织目标相一致；其次，为与非正式组织群体成员意见的沟通提供机会，如举行各种舞会、电影招待会、联欢会、恳谈会、旅游、聚餐等，在潜移默化中逐渐使其接近或接受企业的观点。利用舆论导向的媒介活动还有很多，如举办各种专栏、有奖征文活动，开展合理化建议征集活动，举办体育比赛等。

（4）区别对待不同类型的非正式群体。按对企业的态度和作用的差别，可将所有非正式群体分为四种不同类型：积极型、中性型、消极型和破坏型。坚持"鼓励积极型、转化中性型、限制消极型、瓦解破坏型"的总管理原则，对不同类型的非正式群体采取不同的态度和对策。

（5）有计划地进行教育，促使消极因素转化为积极因素。非正式群体中的情感具有两极性，在一定条件下可以相互转化。如对破坏性的非正式群体可采用分化、改造、治理、取缔等措施，通过向健康方向培养他们的业余爱好，使他们融入正式群体[5]。

二、群体发展的五阶段模型

群体就如同个人一样，也要经历不同的发展阶段。领导者宜了解群体的需要，并及时采取有助于群体走向成熟、实现高绩效的行动。群体的发展一般要经历五个阶段：形成阶段、震荡阶段、规范化阶段、执行任务阶段、结束阶段。

（1）形成阶段。其特点是群体的目的、结构、领导都不确定，群体成员各自摸索群体可以接受的行为规范。他们需要被告知该做什么，这种互动是很表面的，而且集中于正式的领导人。当群体成员开始把自己看作是群体的一员时，这个阶段就结束了。

（2）震荡阶段。这是群体内部冲突阶段。群体成员接受了群体的存在，但对群体施加给他们的约束仍然予以抵制，而且，对于谁可以控制这个群体还存在争议。群体成员表现出关怀与挫折感，自由地交换看法和意见。这时群体开始学习如何处理分歧，以便顺利地完成工作任务。如果无法成功地度过这一阶段，群体会分崩离析，而且缺乏创意。这个阶段结束时，群体的领导层次就相对明确了。

（3）规范化阶段。在这个阶段中，群体内部成员之间开始形成亲密的关系，群体表现出一定的凝聚力。成员接受了群体，并且发展出解决冲突、制定决策及完成任务的常规。在这一开放与信任的阶段，成员喜欢开会，并且自由地交换信息，但也有可能出现使群体停滞于集体想法的风险。这时成员会产生强烈的群体身份感和友谊关系，当群体结构稳定下来，群体对什么是正确的成员行为达成共识时，这个阶段就结束了。

（4）执行任务阶段。在这个阶段中，群体结构已经开始充分地发挥作用，并已被群体成员完全接受。群体成员的注意力已经从试图相互认识和理解转移到完成手头的任务。群体已有了结构、目的、角色，并且已经为完成任务做好了准备。成员自动自发，在解决问题与制定决策时注重结果。随着群体完成重要的阶段性任务，该群体也逐渐获得组织中其他部门和群体的认同。

（5）结束阶段。对于长期性工作群体而言，执行任务阶段是最后一个发展阶段，而对暂时性的委员会、团队、任务小组等工作群体而言，它们要完成的任务是有限的，因此，还有一个结束阶段。在结束阶段中，群体开始准备解散，高绩效不再是压倒一切的首要任务，注意力放到了群体的收尾工作上。在这个阶段，群体成员的反应差异很大，有的很乐观，沉浸于群体的成就中；有的则很悲观，为在共同的工作群体中建立起的友谊关系不能再像以前那样继续下去而惋惜。

三、群体行为

有别于个体行为，群体行为有着自身鲜明的特征，这主要表现在从众、顺从、暗示、模仿与感染等典型的群体行为上。

（一）从众行为

个体受群体压力的影响，在知觉、判断、信仰和行为上表现出来的与群体大多数成员相一致的现象，称为从众行为。如要好的女员工可能拥有同一发型，要好的男同事可能拥有同一品牌的球鞋。

产生从众行为的心理因素有很多，主要有如下七个方面。

（1）对群体的信任度。个体对群体越信任，越觉得群体是一个可靠的信息来源，就会越遵从群体的意见。

（2）对偏离的恐惧。几乎在所有群体中都有强大的压力要求成员保持一致性，不从众的人就会有相当大的危险性，会受到惩罚。个体害怕自己若与群体意见不一致，群体会讨厌、虐待或驱逐自己，他要群体喜欢、接受、优待他，就会选择遵从。

（3）群体的规模。遵从性的强弱随保持一致性的人数规模的扩大而增长，因为根据他人意见的诚实和可信度，多个人比一个人更值得信赖，不相信一个群体比不相信一个人更困难。

（4）群体的专长。对于个人来说，其所在的群体越有专长，其对群体就越信任，也就越把群体的意见当作有价值的信息，从而越易遵从。

（5）个体的自信心。个人越缺乏自信心，其遵从他人判断的可能性就越大，如一个视力较好的人在视觉辨别方面要比近视眼的人有信心，不易遵从他人。问题难度也会影响自信心，问题越困难，个人的自信心就会越弱，对群体遵从的可能性就越大。

（6）责任感。责任感会降低遵从性，一个人如果对某个问题产生了责任感，他就更不愿意屈服于群体的压力，遵从性也随之减弱。

（7）性别差异。性别差异导致对问题的从众行为不同。在女性项目（如家务、服装等）中男性遵从较多，在男性项目（如政治活动、体育运动等）中女性遵从较多，而在其他的中性项目里，两性的遵从量几乎相等。

例证　6-2

阿希实验[6]

美国心理学家阿希（S. Asch）设计了一个典型的实验，证明个体在群体压力之下会产生顺从行为。实验把7～9人编成一组，让他们坐在教室里看两张卡片，如图6-1所示，之后让大家比较卡片（b）上的哪条直线与卡片（a）上的直线长短相等。在正常情况下，被试者都能判断出 $x=b$，错误的概率小于1%。但阿希对实验预先做了布置，在9个人的实验组中让8个人都故意做出一致的错误判断，如 $x=c$，第9个人并不知道事先有了布置。实验中，阿希故意让第9个人最后做判断。统计分析表明，所有实验组中的第9个人中有37%放弃了自己的正确判断而遵从群体的错误判断。

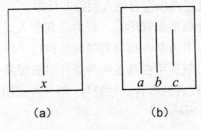

图6-1　阿希实验的卡片

（二）顺从行为

顺从又称依从，是个体为了符合群体或他人的期望和赞许而表现出的符合外部要求的行为。顺从行为与从众行为十分相似，即两者都是由于外在的群体压力而产生的，但是它们也有区别，区别就在于行为者的内心是否出于自愿。在群体压力的作用下，放弃自己原先的想法去附和大家的意见，这是从众；而在群体压力的作用下，依然保留自己的看法，但是为了符合群体的期望而改变了自己的行为，这是顺从。例如，个体看到很多同事工作很努力并因此获得很好的回报，觉着他们这样做很值得，自己也努力工作，这是从众；个体平时疏懒，并不想努力工作，可同事们都认为他干得不错，他为了获得别人的称赞就经常努力工作，这就是顺从。可见，顺从行为与从众行为相比是非内在的，是外在的。这是因为虽然个体的外部行为发生了改变，可其内心的态度和看法并没有改变。

例证　6-3

米尔·格拉姆的服从实验[7]

美国社会心理学家 S. 米尔·格拉姆曾经招募了40位不同职业、年龄的市民参与一项实验，探讨个人对权威人物的服从情况。实验时，真的被试总是充当教师，假被试（实验助手）总是充当学生。学生的任务是记住教师朗读配对的关联词，然后在教师呈现某个词后，在给定的四个词中选择一个正确的答案。如果选错，教师就按电钮给学生施以电击，作为惩罚。实验结果表明，即使"学生"表现出被电击得十分痛苦，"教师"不忍心再继续下去，但在实验者的严厉督促下，仍然有 26 名（占 65%）被试服从了实验者的命令，坚持到了实验最后。

顺从行为产生的原因主要有以下三个。

（1）为了获得别人的赞许。个体总是希望自己能够被别人肯定和接受，若站在群体的对立面，便难免会遭到嘲讽、排挤甚至驱逐。只有满足群体的期望，逐渐被群体同化，个体才能得到群体的认同。

（2）为了实现群体的目标。群体目标的实现有赖于群体成员的齐心协力，如果群体成员的意见不统一，行动也必将受到影响，很难实现群体目标。当自己意见与群体意见相左时，个体发扬谦让的风格，选择与群体统一的行为会更有助于群体目标的实现。

（3）为了保持原有的良好人际关系。由于日后还要进行长时间的人际往来，人们往往不愿意破坏原有的人际关系，想避免使他人感到难堪，或者希望维护原有的人际关系，即便有不同的想法，也尽量表现出符合他人期望的行为。

权力服从是顺从的一种典型表现形式。权力是在个人或集团的双方或多方之间发生利益冲突或价值冲突的形势下为某方拥有的强制性执行手段。权力服从是在权力影响下发生的一种特殊依从。权力服从可在具备两种条件时确保发生：一是掌权者可以实施制裁或进行制裁威胁；二是掌权者拥有合法性符号（即一种被团体内成员接受的制度规范）。

例证 6-4

《华为基本法》让管理者树立权威[8]

1995 年前后，华为老板任正非遇到一件令人头疼的事情：公司已经发展到千人规模，工资单上的很多人他都不认识，该怎么给他们确定工资？

工资制度设计本身并不困难，难的是如何确定每一个人的工资等级。首先，评价和考核的标准应该是某人是否达到了工作要求。其次，由于员工之间的高度分工和专业化，一个组织一定要告诉自己的成员，如何才能齐心协力。因此，必须明确组织想达到什么样的目标。在请来的专家的建议下，华为开始酝酿起草《华为基本法》。

《华为基本法》确定了华为的管理合法性基础，也就是说，让管理者在行使管理权力时令大家心悦诚服。管理背后一定要有权威，就像市场法则背后存在看不见的手，但在知识劳动存在的时代，这种权威被消解了。创业者的个性权威在一次创业时是有效的，因为他的个人品行、成就以及由此产生的威望能够用一种支配他人和影响他人的力量平衡各方面的关系。有个性权威的清楚分配，不需要考评制度。但企业从一次创业向二次创业转变的过程中，必须把老板的个性权威转化为制度的理性权威。

要使华为在高度专业化分工的基础上变成一个整体，一定要有制度。从"基本法"开始，华为弄清楚了要成为一个什么样的企业，何以成为这样的企业。将这些准则用系统化和文本方式表达出来的过程，也是帮助华为老板以合乎逻辑的方式把自己的思想梳理出来的过程。接下来，最重要的是，从华为老板开始，不违反制度。如果老板能够坚持几年、十几年，制度的理性权威就能建立起来。

（三）暗示、模仿和感染

1. 暗示

暗示是指在无对抗条件下，人们对某种信息迅速、无批判地加以接受，并依此而做出行为反应的过程，它具有如下两个特点：① 暗示是一种刺激，那些能够引起被暗示者反应的刺激才是暗示，不能引起被暗示者反应的刺激便不能称为暗示。如果人们经过路边的广告牌时熟视无睹，那么广告就没有产生暗示作用。可如果被暗示者不自觉地接受了广告的建议，特别注意或者购买了它所宣传的产品，广告就很好地起到了暗示作用。② 暗示不是说服，无须讲道理，它是一种直接或间接的提示。暗示主要有直接暗示和间接暗示两种。直接暗示是由暗示者把某一事物的意义直接提供给被暗示者，如管理层想推行一种新的企业制度就大力宣传此种制度的优越性；间接暗示是暗示者以其他事物或行为为中介对被暗示者进行暗示，被暗示者并未意识到自己的观念是由暗示形成的，所以间接暗示一般不会使被暗示者产生抗拒心理或逆反心理。

权威与群体是影响被暗示者心理的两个重要因素，它们也是直接地或间接地影响人们的心理健康的重要因素。对于同一种情境，权威与群体都具有显著的暗示作用，而且权威的暗示作用比群体的暗示作用更大。

例证 6-5

"中国衫"的转型冲动[9]

2005 年 1 月 1 日，全球实现纺织品贸易自由化，然而，随之而来的却是欧盟与美国对中国纺织品的一次次设限和动辄援引。中国的许多纺织企业一时间被这种始料不及的打击砸"晕"了，大量的货物积压使得它们遭遇了如海啸一样的灾难。浙江雄狮集团就是其中之一，原本规模效益巨大的雄狮集团在经过纺织品贸易打击后仅仅因为银行要收回 400 万元贷款就彻底倒下了。

其实，与其说是欧盟与美国的设限和"特保"害了诸多的中国纺织企业，不如说是"权威"暗示把它们推到了今天的艰难处境。在"中国入世和纺织品贸易配额取消后，中国将成为最大的受惠国"的"权威"暗示下，它们都以为欧美放开纺织品贸易限制的那一刻将是中国纺织品在欧美畅行无阻的时刻。于是，几乎所有的纺织企业都在不顾后果地疯狂扩军备战。它们显然忘了要进一步去分析问题：由于各方普遍认为中国将会是纺织品贸易一体化的最大受惠国，所以中国必然成为新一轮贸易保护主义的首要打击对象。

2. 模仿

模仿是有意无意地对某种刺激做出类似反应的行为方式，如模仿他人的行为举止、思维方式、态度等。模仿分为自发模仿和自觉模仿两种类型。自发模仿就是无意识地模仿他人，自觉模仿则是有意识地模仿他人。模仿对象具有一种榜样的作用。管理者可充分利用影视作品、小说和实际生活中的典型人物，把他们树立为榜样，对员工进行教育，使其模仿先进行为，不模仿落后行为。

3. 感染

感染是通过某种方式引起他人相同的情绪和行动，或者说是个体对某种心理状态无意识地、不自主地屈服。感染实质上是情绪的传递交流，相似性是其基本条件。

感染通常可分为三种类型：① 个体间的感染，即发生在两个人之间或能够直接接触的小群体成员之间的感染。② 间接感染，如企业简报。③ 大型开放人群中的感染。这种感染常在运动会会场和集会游行中见到，以及在庆功会、节日气氛中出现。其显著特点是"循环反应"，一个人的情绪会引起他人相对应的情绪的发生，而他人的情绪又反过来加剧了此人原有的情绪，反复振荡，激起强烈的情绪爆发。

感染在社会互动中起着很大的作用。首先，感染可以改变人的情绪。例如，面对危险，与勇敢者为伍，人们会凭空生出许多勇气和力量。其次，感染可以使人自然地生发出与环境一致的情绪，采取与环境一致的反应。如受喜庆氛围的感染，人们会暂时忘掉心中的烦恼，而悲伤的环境则难免让人心生伤悲。最后，感染可以整合一群人，使他们成为一个临时群体，获得紧急规范，采取一致的行动。

例证 6-6

海底捞的"微笑链" [10]

海底捞成立于1994年，是一家以经营川味火锅为主的公司。去过海底捞的人会发现：第一，顾客非常多，排队现象常见；第二，服务好；第三，服务员总是面带微笑。海底捞利用情绪感染做到了让员工"认同公司、快乐工作、微笑服务"。经理对领班微笑，领班对员工微笑，员工对顾客微笑，最后顾客对海底捞微笑，这个"微笑链"使海底捞笑傲于竞争激烈的餐饮行业。

海底捞"微笑链"的情绪感染是从提高员工的幸福感开始的。由于餐饮行业的服务人员大部分来自农村，他们进城工作是为了解决生存问题并努力给家庭带来生活上的改善。海底捞把员工当成自己的家人对待，同样地，员工也把公司当成了自己的家。此外，公司给员工确立了严格的晋升通道，每个人都必须从基层做起，靠能力提升，公平竞争。此外，公司给予员工充分的信任，只要顾客有任何的不满意，要求退钱，员工可以不经请示直接予以免单。员工在这里不是一个旁观者，而是公司发展的重要组成力量。员工感受到了工作的意义和快乐，把幸福感传递给了顾客，顾客又传递给了公司。

第二节 群 体 动 力

"群体动力"这一概念最早由德国心理学家勒温（Kurt Lewin，1890—1947）提出[11]，群体动力的公式为

$$B=f(P,E)$$

式中，B 是指个人行为；P 是指个人，包括人的遗传素质、情绪、能力、人格等内在因素；E 是指现实的社会环境，包括人际影响、群体中的社会心理气氛、群体压力、领导作风等。

群体动力是指左右和影响群体发展演变的主要力量，内容主要包括群体规范、群体压力、群体凝聚力和群体士气等。群体动力有如图 6-2 所示的放任、强扭和引导三种模式。在这三种模式中，人们一般认为图 6-2（a）和图 6-2（b）所示的放任和强扭模式是不可取的；图 6-2（c）所示的引导模式则是较为可取的。

（a）放任　　　　　　　　（b）强扭　　　　　　　　（c）引导

图 6-2　群体动力的三种模式

一、群体规范

（一）群体规范的概念

群体规范是指群体对其成员适当行为的共同期望或标准，这些标准为群体中的所有成员所公认，而且是每个成员必须遵守的。群体规范有的是正式规定的，如法律、法规、规章制度等，但大部分是在群体中自发形成的，如文化、风俗、时尚、舆论等，它们能够潜移默化地影响个人的行为及人格的发展。

群体规范的形成受从众、顺从等心理因素的影响，群体成员彼此通过暗示、模仿、感染等的相互作用，会发生一种彼此接近、趋同的类化过程，正是在此基础上形成了群体规范。

群体规范的形成[12]

美国心理学家谢里夫（Muzafer Sherif，1906—1988）利用心理学中典型的视错觉实验说明了群体规范的形成过程。让被试坐在暗室里，其面前的一段距离内有一个光点，光点出现几分钟后熄灭，让被试者判断光点移动了多远。每个人都会觉得光点在移动，实际上，光点并没有动。这样的实验进行几次后，每个被试者都建立了个人的反应模式。有的人觉得光点向右上方移动，有的人觉得向左下方移动等。随后，让这些被试者一起在暗室内看出现的光点，大家可以互相讨论。实验反复进行一段时间之后，大家对光点移动方向的判断逐渐趋于一致，即群体的规范代替了个人的反应模式，这种规范的形成显然是受了模仿、暗示等心理机制的影响。

实验继续进行后出现了一个有趣的现象。当把这些被试者重新分开令他们单独做判断后，他们并没有恢复自己原先建立的个人反应模式或形成新的反应模式，而是仍然都保持群体形成的规范。这表明群体的规范会形成一种无形的压力，约束着人们的行为，甚至这种约束并没有被人们意识到。

（二）群体规范的作用

形成后的群体规范对群体的作用是非常广泛的，具体表现在如下四个方面。

（1）维系群体的作用。群体是以整体性的形式存在着的，而整体性就体现在群体成员的行为、感情和认知的一致性上。群体规范是这种一致性的标准，它统一着群体成员的意见和看法，调节着他们的行为。要维护群体的整体性，使其存在下去，必须要有一定的准则来约束其成员。

（2）认知的标准化作用。这是指群体规范统一意见和看法的功能。日常生活中，每个人的看法是不同的，可当他们结合成为群体时，群体规范就会像一把尺子，约束着每个成员，使他们的认识和评价有统一的标准，从而形成了共同的看法和意见。

（3）行为的矫正作用。这是指群体规范为成员划定了活动的范围，规定了日常的行为方式，也就是告诉人们应该做什么，不应该做什么，怎样去做。

（4）惰性作用。这是群体规范消极的一面。规范作为一种多数人的意见，要求成员行为趋于中等水平，既不能太先进，也不能落后，由此便限制了人们的积极性和创造性。在这种限制下，一些创造性行为会被看成是越轨的、不符合群体要求的行为，这就极容易使人们习惯于在规定的范围内思考和活动，影响人们积极性和创造性的发挥。

现阶段，我国群体规范存在过渡性、不稳定性的特点，主要表现在各群体的新规范因素逐步增多，但还未及完善与充分发挥功能，同时旧的群体规范因素还继续存在并起作用，但已逐步丧失对群体成员的约束力。因此，要善于引导和调控群体规范，促使新的、积极的、健康的群体规范逐渐成为各社会群体成员所共同接受的规范。

例证　6-8

咖啡时间体现的群体规范[13]

如果公司早上允许员工有15分钟的喝咖啡休息的时间，那么那些根本不喝咖啡休息的成员以及喝咖啡休息时间较长的成员都将被视为违反小组规范。因此，团体往往希望不仅要规范工人生产多少，还要规范他们在工作岗位上投入多少时间。当管理层倾向于利用群体的某些成员时，一些工作规范就会得到加强。因此，规范还可以界定对工人与上级互动与合作的限制。

二、群体压力

（一）群体压力的概念

由群体规范的作用可以看出，每个群体都对其成员有一定的约束力量。也就是说，群体都要求其成员共同遵守一定的行为准则。而对于群体行为准则的共同遵守，往往也是群体内大多数成员的意向或愿望。有经验的管理者知道，当 90% 的人已经说出"是"之后，让其他的人说"不"绝非一件容易做到的事。群体大多数成员的意见会产生一种无形的力量，它使群体内每一个成员不自觉地保持着与大多数人的一致性，这个力量就是群体压力。

群体压力与权威命令不同，它既不是自上而下明文规定的，也不是强制个体改变自己的行为，而是通过多数人的意见形成压力去影响个人的行为。群体压力尽管不具有强制的性质，它对个体来说却是一种难以违抗的力量。当这种群体压力非常大的时候，甚至会迫使其成员违背自己的想法而产生完全相反的行为。因为当一个人的意见与群体内大多数人的意见和行为不一致时，这个人就会感到紧张，这种紧张来自对偏离群体的恐惧。如果一个人不愿意处于孤立的境地，他就会在群体压力面前顺应大多数人的意见。

（二）群体压力的作用

群体规范对其成员的影响，其实就是通过群体规范所形成的群体压力来实现的。群体压力致使群体成员采取共同的行动，这种一致性的做法至少体现了以下两个方面的意义。

（1）群体一致的行为有助于组织目标的达成和群体的存在与发展。成员间没有分歧意见，可促使相互之间的交互作用更为顺利，彼此间更能够相互理解、努力协作，从而保证群体活动的良好秩序和工作效率。倘若群体内部意见不一，便无法得出结论、达成一致协议，到时一哄而散，不利于维护群体的存在与发展。

（2）群体一致的行为可以增加个人的安全感。个人安全感是通过验证自身对情境的判断正确无误来获得的。可是，许多时候并没有可供核对的事实来验证，个体通常只能参照别人的意见和行为来确定自己的意见和行为的正确性。而且，大多数人只有在属于某个团体，有明确的地位与安全感的情况下，才能自由地表现自己的个性。

对于管理者而言，要充分利用群体压力对个体所产生的影响，致力于发展群体的亲善性。当群体采取某种特定的行动时，个别成员就会因受到群体压力而努力满足群体的需要。这样，便可去除不一致的声音，贯彻决策，达成群体目标。

例证 6-9

农场游戏中群体压力下的"优势反应强化"心理[14]

农场游戏是以农场为背景的社交网络游戏。该游戏趣味性地模拟了作物的成长过程，玩家不仅可以感受农耕的休闲乐趣，品味"偷菜"带来的心理刺激，同时通过虚拟财富和等级的增长获得一种替代性的自我满足。2008 年，该游戏在人人网、QQ 空间等社交网站中出现后，掀起了一股"全民种菜"的浪潮。

农场游戏用户体现出"优势反应强化"效应。根据美国学者扎荣克（R. B. Zajonc）的优势反应强化理论，如果一个人从事的活动是其相当熟练的，或者是简单的机械性动作，则他人在场会使之动机增强，活动表现更加突出；反之，他人在场则会产生干扰作用。农场游戏中，群体成员主要通过金钱、等级排名体现自己在这一群体中的地位。即使他人不直接在场，这种等级排序也会构成一定的群体压力，激发用户追求虚拟成就的游戏热情。农场游戏的这种"虚拟"他人在场情境使得农场游戏用户普遍出现"优势反应强化"的特征。群体内部各成员间的竞争越激烈，游戏热情越高，这种特征越明显。

三、群体凝聚力

（一）群体凝聚力的概念

群体凝聚力是指使群体成员保持在群体内的合力，它是群体对成员的吸引力，是一种使其成员对某些人比对另一些人感到更亲近的情感，可以被认为是群体的确定性特征。群体凝聚力既包括群体对其成员的吸引力，又包括成员对群体的向心力，同时还包括成员与成员之间的相互好感。群体成员间的相互吸引力越强，群体成员对其群体就越忠诚，坚守群体规范的可能性就越大，相应地，成员们为群体目标做出的努力会更大，个体目标与群体目标更易趋于一致，群体凝聚力自然就越大。

心理学家多伊奇（Deutsch）曾提出一个计算群体凝聚力的公式

$$群体凝聚力 = \frac{成员之间相互选择的数目}{群体中可能相互选择的总数}$$

（二）群体凝聚力与生产效率的关系

由于群体凝聚力的高低影响了群体成员的士气、满意度和群体的一致性，因此会对生产效率产生重要影响。但必须指出的是，凝聚力的高低不是影响生产效率的唯一条件，在实际生产中，两者的关系极为复杂。研究表明，群体凝聚力与生产效率的关系既取决于管理者的诱导方向，又取决于群体的态度及其与组织目标的一致性程度。从群体的态度与组织目标的一致性程度而言，凝聚力与生产效率的关系存在着四种不同的情况，如图6-3所示。

图6-3 群体凝聚力与生产效率的关系

（1）低凝聚力、低一致性，即群体的态度与组织目标不一致，同时群体的凝聚力也低，凝聚力与生产效率没有什么关系。

（2）低凝聚力、高一致性，即群体的态度支持组织目标，此时就算是凝聚力很低，生产效率依然能够提高。

（3）高凝聚力、低一致性，即群体的态度不支持组织目标，生产效率的高低与凝聚力成反比，凝聚力越高，生产效率越低。

（4）高凝聚力、高一致性，即群体的态度与组织目标保持高度一致性，生产效率与凝聚力成正比，凝聚力越高，生产效率越高。

可见，一个高凝聚力的群体，个体服从群体的倾向较强，内部成员较遵循群体的规范和标准，群体行为总是表现出高度的一致性。在这样的群体内，管理者如果善于因势利导，将组织目标与群体目标很好地结合，让成员能够看到或感到自己努力的结果可以给个人及群体带来的利益，则群体倾向于努力工作，生产效率就能大大提高，反之，则凝聚力与生产效率成反比，此时凝聚力越强，越易滋生群体的本位主义和小团体思想，会限制生产，导致生产效率的降低。因此，处理好这其中关系的最好办法，便是使成员看到个人利益、群体利益与企业利益之间存在的一致性。

宁顿公司的凝聚力[15]

调查显示，美国在校大学生对杰克兄弟的熟悉程度甚于米老鼠，宁顿公司的超级杰克兄弟软件一度成为最畅销的电子游戏系列。宁顿公司占领电子游戏市场的秘诀就是在员工以及签约商间形成高度凝聚力，从而获得高生产率与高利润的回报。

在宁顿公司的研究与开发中心，年轻工程师极度热爱自己的工作，他们常常聚集在屏幕前，全神贯注地反复试验、操作研发电子游戏软件，有时甚至不愿因下班而中断工作，他们得到的加班费也相当丰厚。宁顿公司激发了员工的兴趣和凝聚力，令他们感到开发游戏、为公司未来的远大目标而努力是激动人心的一件事。

宁顿公司对电子游戏的开发并不局限于自己的研究与开发中心的人员，还有90%的游戏是来源于外面的签约开发商。如果某个开发商的某个游戏被认定值得加进宁顿公司的产品线中，开发商要承担开发与营销新产品的费用和风险，但也会在每个新的合作项目中得到一笔数目可观的专利权税。如今的百万富翁纳卡姆于四年前开发的"龙之问"销售了1 000多万套，而他只是一群"自我实现的百万富翁"签约开发商中的一位。他的公司与宁顿公司合作密切，他也从宁顿公司那里学会了如何对待自己的员工，以保持高凝聚力。

（三）增强群体凝聚力的方法

群体凝聚力的大小受许多因素的制约，有效地控制和利用这些因素，就是增强群体凝聚力的有效方法，具体包括如下五个方面。

（1）群体规模。群体规模的大小与凝聚力成反比，即群体规模越大，凝聚力越小；群体规模越小，凝聚力越大。因为群体人数多，成员相互接触的机会就少，产生意见分歧的概率就很大，凝聚力自然降低。但如果群体规模太小，又会影响任务的完成。所以，要在保证群体的工作机能的同时，增强群体的凝聚力，群体规模在七人左右为佳。

（2）群体内部的一致性。这就是指群体成员的共同性和相似性，主要指成员间要有共同的利益和目标。在承包的企业群体内部，成员间的一致性较之未承包的群体要高，而且彼此间利害关系更为明显，因此凝聚力也更高。

（3）外部压力。外部压力会使群体间成员更加紧密地黏附在一起以抵抗外来的威胁，从而增加群体成员相互合作的需要。在企业活动中，可以引进竞争机制，让竞争对手给群体制造外部压力，使群体内部成员更加团结，提高凝聚力。

（4）群体的领导方式。民主型领导方式相比专制、放任型领导方式，能够使成员更友爱，思想更活跃，情感更积极，群体凝聚力更强。

（5）群体内部的奖励。在那些人们期望彼此喜欢或为了较高的报酬而工作的条件下，他们相互间的影响更大，把个人和群体相结合的奖励方式会有利于增强群体的凝聚力。

除此以外，促进信息的沟通、提高群体的地位、努力达到目标等，也都能够增强群体的凝聚力。

四、群体士气

（一）群体士气的概念

士气原指军队作战时的集体精神，现在也应用于企业中，表示群体的工作精神或服务精神。心理学家史密斯把士气定义为对某一群体或组织感到满足，乐意成为此群体的一员，并协助达成群体的目标的态度。所以，士气不仅表示个人需要的满足状态，还包含了确认这种满足的获得来自群体，因而愿意为实现群体目标而努力的含义。

克瑞奇等人认为，一个士气高涨的群体具有如下七个特征[16]。

（1）群体的团结不是起源于外部的压力，而是来自内部的凝聚力。

（2）群体成员没有分裂为互相敌对的小群体的倾向。

（3）群体本身具有适应外部变化及处理内部冲突的能力。

（4）群体成员之间具有强烈的认同感与归属感。

（5）群体内的每个成员都明确地掌握了群体目标。

（6）群体成员对群体的目标及领导者持肯定和积极的态度。

（7）群体成员承认群体的存在价值，并具有维护此群体继续存在的意向。

（二）士气与生产效率的关系

企业一般都期望群体不仅要有高昂的士气，而且要保持较高的工作效率或生产效率，但事实上这种情况很难达到。因为高士气只是提高生产效率的必要条件，而非充分条件。要提高生产效率，还需要具备其他许多条件，如机械设备、原材料的供给等物质条件以及员工素质、工作能力等人力条件。

管理心理学研究已表明，用动作分析、时间分析等科学方法指导作业程序，并以严格控制的方式管理职工是在强调工作的物理条件而忽视职工的心理需要，可能会出现低士气、高效率的情况。不过这种高效率状况不会维持太久，因为无视职工的心理需要势必会引起职工的反感，最终仍将导致劳动生产率的降低。

如果只顾及职工的心理需要，却忽略其与组织目标的关联，则易产生高士气、低生产效率的状态。此时，由于高士气群体抵触组织的生产目标，生产将受到限制。

倘若想达到高士气、高生产效率的理想状态，必须使职工的需要与组织目标趋于一致，让高士气群体赞同和接受组织的生产目标。这就需要有得力的管理者来做好正式组织与非正式组织之间的利益协调工作。由此可见，高昂的士气并不能保证群体的高生产效率，但它是提高生产效率的必要条件。

（三）影响士气的因素

群体士气主要受到以下七个方面因素的影响。

（1）对群体目标的赞同。士气是群体中成员的群体意识，代表一种个人成败与群体成就相关的心理。它只有在个人赞同群体的目标，即个人目标与群体目标相协调一致时才能够产生。

（2）合理的薪金制度。合理的薪金制度可以提高群体的士气，金钱虽不是人们追求的终极目的，但它可以满足人们在生理、安全等方面的许多需要，在某种程度上还代表了个人自身的价值，以及在群体中的成就与贡献。因此，只有公平合理的薪酬制度才能够提高群体成员的士气，否则，只能引起人们的不满而降低士气。

（3）对工作的满足感。一份工作如果恰好与个人的兴趣、能力相符，那么，这份工作就会给个人带来满足感，在满足感的驱使下，个人就会竭尽所能地施展其才华与抱负，士气也由此提高。

（4）群体成员间的和谐。群体成员关系和睦，少有冲突、争斗，凝聚力强，那么，这个群体的士气必然较高。

（5）优秀的管理者。群体领导者的管理作风影响着群体的士气。领导者作风民主，乐于倾听和接受不同的意见，通情达理，善于体谅职工的辛劳，积极为职工争取利益，则必然会赢得群体成员的认同，而使群体士气高涨。

（6）通畅的信息沟通渠道。领导者与下属、下属与领导者以及群体成员之间，如果沟通受阻，抑或只是单向沟通，会使人心生不满或产生抗拒心理，而导致士气低落。因此，管理者一定要注意保持信息渠道的畅通，且保证沟通是双向的，如多让成员参与决策和群体讨论，改善上下级之间的沟通。

（7）良好的身心工作环境。健康的身心条件能够使人精神振奋、工作愉悦，不良的工作环境则容易让人产生疲劳感，甚至引起慢性疾病而减缓工作效率。因此，一方面，管理者要注意创造良好的工作物理环境，使照明、通风、温度、湿度、休息等都处于较佳条件；另一方面，要致力于建立良好的工作心理环境，使人们减少焦虑与不安的情绪，在友爱、自尊与自信的关系中工作，保持高昂的士气。

例证　6-11

3M 公司个人宠儿计划[17]

以创意闻名的 3M 公司有一项广受好评的做法，就是允许员工将 15% 的工作时间花在他们自己有兴趣的工作计划上，即使这个工作计划与他的职责范围毫无关联也不要紧。这样员工就像在工作上养了一个讨自己喜欢的宠物一样，愿意为它绞尽脑汁还甘之如饴。这样的做法可以使员工再次燃起对工作的热情，甚至可能生产出创造成长的新构想。而且，这种做法给员工提供了尝试工作之外的事情的机会，让员工有了不同的肯定来源，可以增加其工作的挫折容忍度。

第三节　团队建设

群体内个体完成的任务有时相互独立，有时相互依赖。当任务的依赖性很强时，群体内各成员必须相互配合、理解、支持和帮助，以默契的方式完成共同的任务和目标。一支好的团队更有助于完成这种相互依赖的任务和目标，由此团队建设也成为当今管理界谈论较多的热门话题。

一、团队的含义

一个团队中的成员具有互补性的技能，团队拥有一个共同的目标、一系列绩效目标，以及使成员共同负责的方法。团队的显著特点是相互依赖性。团队是更高层次的群体，通过其成员的共同努力产生积极的协同作用，可以使团队的绩效水平远远高于个体成员绩效的综合。团队不同于群体，两者之间既有联系又有区别。表6-3明确展示了工作群体与团队的区别。

表6-3　工作群体与工作团队的区别

项　　目	工　作　群　体	工　作　团　队
领导	强烈地、清楚地被关注的领导	分享领导角色
目标和任务	相互独立、分散	相互依赖、具有连带责任
协同配合	中性（有时消极）	积极
责任	个人的责任	个人的或共同的责任
技能	随机的或不同的	相互补充的

在组织中，根据团队存在的目的，可将团队分为多种类型，最常见的有问题解决型团队、自我管理型团队和多功能型团队，而随着信息技术的发展及组织的扁平化，虚拟团队正在日益增多。西方管理学学者 Suan 和 Diane 也总结了四种团队类型[18]：工作团队、并行型团队、项目团队和管理团队。

（一）问题解决型团队

问题解决型团队一般是由来自一个部门的 5～12 个员工组成的，它是成员每周用几个小时的时间来讨论如何提高产品质量、生产效率和改善工作环境的团队。在这种团队里，员工就如何改进工作程序和工作方法交换看法或提供意见，但几乎没有权力根据这些建议单方面采取行动。应用得较广的一种问题解决型团队是质量圈。这种团队由职责范围部分重叠的员工及主管人员组成，他们定期相聚讨论面临的质量问题，调查问题的原因，提出解决问题的建议，并采取有效的行动。

例证 6-12

湘电集团电机事业部问题解决型团队[19]

在湘电集团电机事业部中型车间有这样一个视产品质量为生命的质量攻关小组——倾情小组。该小组主要针对电机技术的"重点"或"难点"进行攻关。小组成员不超过10人，其中有管理层、高级技师，也有技术员、一线班员。"倾情小组"每次接到命令，就会全身心投入项目质量攻关中，通过制定方案、反复试验、头脑风暴……探讨研究项目中遇到的各种瓶颈问题

最近几年，"倾情小组"承接了近20个质量攻关项目，每次攻关成功都使公司实现了产品质量的一次重大突破。2015年，事业部接到为美国公司生产47台中型电机的大订单，当被对方的高标准困住时，正是以蔡张保为组长的"倾情小组"历时三个月，成功破解了铜排转子冲片齿部开裂和中频焊转子焊后起两大关键性难题。湘电集团的成功正是得益于"倾情小组"这个能够发现并解决顾客问题的问题解决型团队的存在。

（二）自我管理型团队

自我管理型团队是为了弥补问题解决型团队的某些不足而出现的。这种团队一般由10~15人组成，他们承担着以前自己的上司所承担的一些责任。自我管理型职责范围包括控制工作节奏、决定工作任务的分配、安排工间休息等。完全的自我管理型团队可以挑选自己的成员，并让成员相互之间进行绩效评估，这样主管人员的重要性就大大下降。尽管很多组织都成功地运用了自我管理型团队，但对自我管理型团队效果的总体研究表明，实行这种团队形式并不一定能为所有组织都带来积极的效果。例如，在这种团队中，员工的满意度较高，但员工的缺勤率和流动率也较高。

例证 6-13

江西铜业集团公司的自主管理[20]

江西铜业集团公司早在2000年就在集团公司全面推广了职工自主管理模式，在企业内部建立了一套自主管理的领导体制和组织机构，各下属厂矿均设自主管理推进委员会，各车间班组设立自主管理活动小组，并逐步形成了一个"发现问题—提出建议—解决问题—评审发布成果—评选表彰先进"的工作机制，使自主管理有组织、有课题、有活动、有成果、有评审、有表彰。此举不仅有效地解决了大量安全质量、成本控制等方面的疑难问题，而且极大地激发了广大职工的主人翁意识。

通过五年的发展，该集团自主管理已由生产领域拓展到经营管理、科研技改、医疗教育和后勤服务等各个方面，发布职工自主管理成果达12 258项，创造价值近2.1亿元[21]，有多项成果获得国家和省各级表彰和奖励。其中，"导电玻璃钢的试制和运用""闪速炉铜水套的加工制作"两项成果填补了当时的国内空白，"粗硒真空精炼""自吸式搅拌机"两项成果分获全国青工科技成果大奖赛金星奖和新星奖。

（三）多功能型团队

多功能型团队是为了完成一项共同的任务，而由来自同一等级、不同工作领域的员工组成的团队。这种团队兴盛于20世纪80年代末，当时所有主要的汽车制造公司都采用了多功能型团队来协调完成复杂的项目。因此，多功能型团队是一种有效的工作方式，能使组织内不同领域的员工交换信息，激发出新的观点，解决面临的问题，协调复杂的项目。

（四）虚拟团队

虚拟团队（Virtual Team）是指跨越空间、时间和组织界限，成员间主要通过电子技术进行沟通的跨功能团队。随着互联网的日益普及，以信息、创意和智慧为代表的网络经济使虚拟团队成了组织发展的新趋势和管理层关注的焦点。技术的发展以及以知识为基础的工作使虚拟团队变得可行，而全球化以及知识共享和团队工作的成效使其变得更为必要。有效的虚拟团队要创造性地综合使用 E-mail、电视会议、公司内部网以及其他传统的电子沟通手段以满足其需要。

例证 6-14

中信银行"集结号"虚拟团队[22]

由于人力管理方面出现人力配置和生产不均衡等紧急矛盾，中信银行大胆创新，从具有不同业务的部门抽调人员组成虚拟团队——"集结号"。这个团队的成员均掌握多种科技技能，平时以预备役的形式存在，工作高峰进行业务支援任务，任务完成时成员又回到各自部门。"集结号"虚拟团队的创建消除了生产不均衡现象，有效利用并合理分配了企业内部资源，为中信银行信用卡中心开拓了一种全新的团队思路和管理模式。

（五）工作团队

工作团队（Work Team）以完成产品和服务为目的，由较稳定的成员组成长期的组织单元，内部成员通常全职并且经过挑选。工作团队一般由上级领导，不过近年也出现了一些更受欢迎的形式，例如，自我管理团队、自主或者半自主团队、自我指导团队或授权型团队。该团队的特征是长期、成员稳定，如生产服务型团队。

（六）并行型团队

并行型团队（Parallel Team）从不同部门和岗位抽调工作人员完成正常组织之外的任务，这种团队与正常的组织结构并存。并行型团队的目的是解决问题，或是促成有针对性的提高活动，例如，质量提高团队、员工参与团队等均属于并行型团队。该团队的特征是由跨部门人员组成非正式组织单元。

（七）项目团队

项目团队（Project Team）由从需要具体技术的不同部门选取的员工组成，如新产品发展团队，其成员可能来自营销、工程和制造部门，当任务完成后，团队成员又返回各自的岗位。项目团队的任务一般是非重复性的，并且需要大量知识、判断和专业技术的应用。该团队具有时间界限，往往制造"一次性产品"，例如，一个市场定位公司的某个新产品，或者一个新的信息系统等。

（八）管理团队

管理团队（Management Team）的成员一般包括各个部门的管理者，例如，负责研发或者营销的副总经理。管理团队对所属的子部门在各自权限之下进行协调并进行指导，同时在关键的商业流程中对相互依赖的各部门进行整合。管理团队一般对于包括各个部门的总体绩效负责，其权威来自成员的行政等级差别。高层的管理团队一般考虑公司的整体战略发展和绩效，管理团队可以运用整体的智慧帮助公司赢得竞争优势。

二、有效团队的特征

一个有效的团队由一群相互独立却拥有共同目标的人员组成，同时成员也认同共同努力是达成目标的最佳方式。有效的团队也会带来愉快的经验，使成员期盼团队开会时间的到来，同时感受到进步与成就。有效的团队有以下四个方面的特征。[24]

（1）有明确、共同的愿景。每个成员都清楚且接受团队共同的愿景和目标，并且坚信这一目标具有重大的意义。他们清楚开会的流程、任务的分派，还有工作的进度，同时知道如何集中精力做好目前的任务。

（2）高效的沟通方式、良好的合作氛围。有效团队的成员可以运用幽默感创造轻松的气氛，自由表达自己的意见，同时具有良好的倾听能力，他们善于利用解决问题的技术来化解冲突，凝聚组织向心力。他们喜欢共同工作，开会前后常聚在一起谈些非工作性话题，主动地帮助别人。

（3）高效的领导。优秀的团队领袖往往要以身作则，同时充当教练员和协调员的角色，既要能对团队提供指导和支持，鼓舞团队成员的自信心，帮助他们更充分地认识自己的潜力，又要能为团队指明方向。

（4）高素质的员工。有效的团队工作需要各成员间的互相配合，因此成员的知识、技能和业务水平都必须达到团队的要求。高素质的员工还要具有快速学习的能力，从而能够不断提高自身素质以适应企业发展的需要。

一般地，有效团队的成员可分为四种不同的角色类型，每一种都有助于团队的成功。这四种类型的角色分别为贡献者、合作者、沟通者和挑战者。贡献者属于任务导向的人，他们视团队为一个由各种专家组成的团队，每一位成员都各有所长，他们不但尽量提供别人可利用的信息，也常常帮助其他团队训练成员。合作者认为对团队目标的承认是很重要的，因此必须确保团队的目标明确，他们愿意广泛地参与，而且任劳任怨，乐于与其他成员分享荣誉。沟通者属于程序导向的人，他们对于团队如何完成任务、达成目标最有兴趣，善于督促沉默的成员多发表意见，同时要求健谈者多倾听。挑战者特别关心团队的方向与成败，他们往往不停地质疑团队的目标、作业方式，甚至工作伦理。

三、团队建设的理论

团队建设的理论主要有人性假设、人格理论、团队角色理论和实践活动理论。

（一）人性假设与团队建设

团队建设应该建立在对人性的深刻认识之上。[24]下面讨论 X、Y 理论与团队建设。

1．X 理论与团队建设

麦格雷戈总结提出的 X 理论的主要观点为：① 多数人十分懒惰，缺乏雄心壮志，不愿担当责任，总想逃避工作，甘心受人支配；② 多数人的个人目标与组织目标是相互矛盾的，从本质上讲，如果放任自流，则个人都不愿为组织整体做出贡献，必须用强制、惩罚的方式才能迫使他们为集体奋斗；③ 多数人只限于为满足基本需要而工作的层次，经济激励是调整他们的行为的最有力动因。

对于培养团队精神和建设团队而言，X 理论的人性假设具有重要指导意义：① 由于人的本性是追逐自身利益最大化，个人目标与集体目标又经常相互矛盾，个人不愿为集体承担责任和努力工作，因此，团队精神与团队行为就不是人性的自然结果，所以培养团队精神绝不能放任自流，而是要事在人为。② 必须根据人的本性来培养团队精神。由于人的本性是趋利避害，因此以赏罚为手段，采用功利主义的方法可以培养出团队精神和行为。③ 经济诱因是人们行动的最有力动因，因而赏罚措施要充分运用经济因素。

2．Y 理论与团队建设

Y 理论的主要观点可概括为：① 人有生理、安全、社交、尊重、自我实现等多层次的需要，人们工作的最终目的是达到自我实现。② 一般人都是勤奋的，能够自我激励与自我控制，外部的控制与惩罚不是实现组织集体目标的有效方法。③ 个人的自我实现与组织目标的实现并不冲突，而是一致的，追求自我实现的人往往把达到组织目标作为自己的追求，他们会主动承担组织的职责，为组织目标的实现而积极、主动地做出贡献并充分发挥自己的想象力和创造力。

根据 Y 理论的人性假设，可以采用引导的方法来培养团队精神和行为。随着世界越来越社会化，团队协作在工作中越来越重要，人们也越来越追求社交、尊重、自我实现等更高层次的需要。团队精神不仅对组织的成败越发重要，而且其产生过程也更加自然。因此，在培养团队精神时，组织只需消除不利于团队行为产生的外部因素，设置良好的外部环境，引导、诱发、强化团队精神，充分开发人类的社会本性和巨大的潜能。其具体方法包括尊重员工、目标管理、自我控制、参与管理、团队决策、集体行动等。这类方法具有明显的理想主义色彩。

（二）人格理论与团队建设

人格理论的主要观点包括：① 在团队成员的招聘、培养和使用方面要考虑成员的个体差异。② 具有不同人格的团队成员形成互补，有助于提高团队工作的效能。③ 团队成员因个体差异互相影响和互相制约。目前，已有一些人格测量工具（如 MBTI、九型人格工具、"大五"人格）可以帮助团队成员认识自己和同事的人格特点。

正是因为在任何一个团队中，成员间的行为都是互相影响、互相制约、互相补充和互相适应的，因此，每一个团队首先都必须有一个合理的成员结构。一个具有合理结构的团队，不仅能够使每个团队成员尽其所能，做好各自的工作，而且能够通过有效的结构组合，发挥出新的巨大的团队和集体力量。团队成员的合理结构主要包括性别结构、年龄结构、知识结构、经验结构、智能结构、素质结构以及专业结构等。因此，团队成员的结构是一个多维的、动态的综合体。其次，每个团队成员都要认识自己的长处和短处，扬长避短，调适自己的性格和行为，以适应团队建设和发展的需要。最后，每个团队成员还要了解同事的个性，与他们密切配合，互相补充和制约，和谐相处。

例证 6-15

九型人格——团队建设的工具[25]

香港文化科技有限公司从 2002 年开始，在公司老板罗先生的带动下，先后资助或者半资助员工参加了在美国和我国香港地区举办的由外部导师主持的九型人格培训，在企业内部则以人力资源部经理为讲师开展九型人格培训，员工自愿报名参加。迄今为止，公司员工，特别是管理层，已有半数以上接受了九型人格的培训，包括老板罗先生在内的几位高层领导以及人力资源部门人员都较好地掌握了这个工具，并将其运用到公司人才招聘、团队建设、岗位安排、人际沟通、员工生活品质管理等多个方面。几年来，公司将九型人格工具应用于人力资源管理，特别是团队建设中的做法已经取得了初步的成效，并逐渐成为公司文化的一个重要组成部分。

（三）贝尔宾团队角色理论

梅雷迪斯·贝尔宾（R. M. Belbin）博士在 *Management Teams: Why They Succeed or Fail* 一书中详细地阐述了其研究的过程及团队角色理论。[26]他将团队中的角色分为协调者、推进者、完善者、实干者、监督者、创新者、信息者和凝聚者八种，并根据研究确定了影响团队成功的六个主要关键因素：① 有一个负责人；② 一个强有力的创新者；③ 心智要有较好的分布；④ 个性的分布应当能够覆盖较多的团队角色；⑤ 团队中成员的个性特征与他们的责任之间要有较好的匹配；⑥ 对团队角色不均衡问题的识别以及调整团队的能力。

在工作中，员工首先表现出来的是工作角色，即根据岗位所要求的经验和知识要求工作一段时间后，员工才会了解团队角色的重要性。因为人不仅是"经济人"，同时也是"社会人"，所以贝尔宾从人的性格入手，在卡特尔 16PF 人格问卷和工作观察者评价问卷的基础上明确了各种角色的性格和功能，并且按照角色的功能将团队角色分为领导（协调者和推进者）、谈判代表（信息者和凝聚者）、智者（创新者和监督者）和经理/员工（完善者和实干者），其主要性格特征描述如下。

1. 领导

（1）协调者。他们总是相信自己的团队成员，毫无嫉妒和猜疑地接受他人的意见，总能在面对争论时保持镇定。他们同样也是实用主义者，具有自我约束能力，天生具有激励他人的能力和向外辐射影响力的外向型性格，但是他们不是单纯的外向，因为他们有一定的独立性倾向并在社会关系中保持一定的距离。他们还具有很强的容忍度，总是聆听他人的意见以及强有力地拒绝采纳他人的意见。协调者不需要很高的智商，过高的智商会降低他们在团队中的影响力。因此，协调者具有外向型、稳重以及保持独立性的个性特征。

（2）推进者。推进者好交际，在他人面前不羞怯、不怯懦，勇于表达自己的思想和观点，但容易忧虑、猜疑和受挫。他们是机会主义者，具有强于其他方面的特征，如尽责的、实际的、情绪化，这些都表明他们对失望和焦虑有过度的反应。在团队中，尤其是在协调者领导的团队中，他们通常是平衡力量的破坏者。因此，推进者表现出外向但容易焦虑的特点。

2．谈判代表

（1）信息者。他们可以毫无约束地去利用他人来寻找自己需要的信息或者其他资源，通过有技巧的交流来实现创造性结果。他们四处走动，时刻注视新事物或者新情况的产生与发展，不断地同各类人群接触，让人们感觉他们在不断深入地思考着产生的问题。你会发现他们很少待在自己的座位上，如果在的话，一定是在打电话。因此，信息者是外向、稳定的，总是对周围的事物或新鲜事物充满好奇心的个体。

（2）凝聚者。凝聚者具有很强的社交能力，善于聆听他人的声音，能够妥善地与不善于表达的人打交道，同时通过设置高于个人兴趣的群体目标来对团队精神产生有利的影响。他们性格外向但是控制欲低，表现出令人信任、敏感的个性，对他人，尤其对人与人之间的沟通和互动，有强烈的兴趣。因此，他们外向柔和的性格是其与他人沟通、获取信任的有力武器。

3．智者

（1）创新者。创新者是团队解决问题方法的主要提出者，他们提出的这些方法是其在角落安静独处时想出来的，具有原创性。他们的智商很高，在批判性思维测试中往往得分很高。因此，创新者通常表现出内敛、不善于与人打交道的个性。

（2）监督者。监督者同创新者一样，在批判性思维测试中取得很高的分数，也有较强的辩论能力。因此，其稳固的判断力不会受到富有情绪化的个性的影响，表现出公正的态度。在测试中，监督者表现出认真、谨慎的特征且对热情具有一定的免疫力。他们做决策很慢，因为需要时间去不断地深入思考问题。他们的才能体现为在综合考虑各种因素的情况下，能够快速、敏捷地做出判断。他们从不犯错，但是缺乏主张、创新或想象力，表现出很低的成功倾向。同时，在与外界相处时，他们会表现出干涩的一面，令人厌烦，有时对他人过于苛求。总之，监督者态度严谨、认真负责，具有敏锐的判断力。

4．经理/员工

（1）完善者。从事情的开始到完成，以及在完成的过程中，他们注重各种事情的要求，以求"完美"。他们热衷于不断推进工作，有很强的自我控制和约束力。他们表现出的性格特征为内向多于外向，像是在寻找压力和吸收压力。他们倾向于持续地努力、生存，保持连贯，对取得重大的成功很少有兴趣。因此，完善者通常表现出焦虑、内向的性格特征，具有强烈的责任感。

（2）实干者。他们是团队活动实施过程中的组织者和实施者，为公司工作胜于为自己的兴趣工作，乐于采取熟练和实用的方式。他们的个性及态度主要体现为控制和适用能力，其天资或天赋似乎成为次要的。通过自我约束，他们总是考虑了做事情的方法后，才考虑自己的想法。他们拥有的所有才能几乎都归结为组织和实干能力。因此，实干者具有稳定和负责的精神。

贝尔宾认为，正是由于各团队角色在性格和功能上的互补，团队才能不断地取得成功。他不仅识别出团队的八种角色以及他们的特征和团队功能，还根据研究中获得的数据编制了 BTRSPI 问卷（The Belbin's Team-Role Self-Perception Inventory），由于其使用起来比较便捷，并且能够快速地帮助人们识别自己在团队中的角色，故令团队角色理论得到了广泛的使用。贝尔宾团队角色测试见本章心理测试。

（四）实践活动理论

实践活动理论的主要观点是只有在真实或者模拟的团队任务情景中，团队成员互相合作、共同完成任务的同时，加深对自己和其他成员的认识，增加对其他成员的信任和支持，才能逐步形成默契、和谐、高效的团队。管理者运用该理论指导团队建设时，宜注意设计的团队任务要难度适中、通过努力可以达到；创设安全、相互尊重的团队环境；重视体验和分享，交流心得；重视成果分享和庆祝。近年来，流行的户外拓展训练被认为是其中一种典型方法。

例证　6-16

户外拓展训练——腾讯飞龙班变革领导力课程[27]

腾讯飞龙班变革领导力课程委托深圳市西点体验教育科技有限公司具体实施，将 30 名公司事业部总经理接班人带到腾格里沙漠，要求他们在两天一夜的时间里徒步行军 32 公里穿越沙漠，抵达指定目的地。团队中，每人有 50 元的启动资金，一个小组（10～12 人/组）有两张卫星地图、两个指南针。所有的计划制订、行军的线路的设定、物资的购买、人员的分工、风险的预控、安全等都由团队自行决定。

出发后，他们会碰到如团队意见冲突、计划与实际不相符等问题，如何解决问题将考验着整个团队。行军过程中，每半天更换一次小组长及政委，并对上一阶段取得的成绩和碰到的困难做复盘，这样的一次特别的"自我探索+团队探索"的共同之旅，让核心团队能真正拧成一股绳，带领公司一起向前冲。

四、团队建设的策略

成功团队的管理者能够融合各种风格的长处，并利用不同的风格建立有效的团队，其策略主要有如下七种[28]。

（1）认识成员。在团队活动开始之前，管理者非正式地与每位成员见面，交换彼此的背景及对团队的感受，并且了解成员的动机是否有助于团队目标的完成。

（2）确定团队的目标。管理者说明对团队的期望，并且检查时间表、预算和各种限制，让每一位成员参与预先设定议程的讨论，以明确了解团队的任务与目标。每个人都应该清楚团队对自己的期望。

（3）建立标准和计划。鼓励团队建立共同工作的标准，如所有会议必须全员参加、重视承诺、允许不一致的意见、保守机密等；制订发展目标与行动计划，包括任务与完成期限等。

（4）强调参与。让每一位成员参与团队的工作，并且令每一个人都被分派到任务；对于重要的决策，应设法达成共识；鼓励提出问题，意见不一致是很自然的事，领导人宜表现出鼓励对现状的质疑、接受不同意见的态度。

（5）维持均衡。有效团队管理者要能够在不同风格的成员间进行良好的均衡。均衡并不代表对所有风格一律平均利用，而是指在必要时适当引用每一种风格。

（6）分享荣誉。每个成员的贡献的多寡与团队的成就如何都由领导人决定，而且领导人也要负责将喜悦与外界分享，特别是高层主管与公司内部负责通信的编辑。

（7）评估团队的有效程度。领导人宜负责推行至少每年一次的自我评估，内容包括团队的实力、进展情形，任务的时效性、有效性，对工作品质的满足程度，以及必要的改变等。

例证 6-17

宜家的团队建设[29]

宜家的企业愿景是"为更多人创造一个更好的日常生活"，这个愿景既是为顾客提出的，也是为自家员工提出的。宜家鼓励团队成员之间形成高度融合和协作，将各个成员融入团队之中也是宜家管理层的职责之一。其所有业务部门都有一定的福利预算，管理层就运用这些预算开展活动，如部门郊游、家庭日出游活动或者培训专题研讨会等，以促进员工之间的和睦关系。宜家员工脸上的笑容、积极热情的工作态度和员工们共进午餐的频率都充分体现了宜家在团队建设方面的成功。

本章相关视频资料

群体心理与行为

群体心理与行为（课件）

 本章小结

➢ 群体是具有相同利益或情感的两个或两个以上的人以某种方式结合在一起的集合体。

➢ 群体的发展一般要经历五个阶段，即形成阶段、震荡阶段、规范化阶段、执行任务阶段、结束阶段。

➢ 群体动力是指左右和影响群体发展演变的主要力量，内容主要包括群体规范、群体压力、群体凝聚力和群体士气等。

➢ 群体凝聚力与生产效率的关系既取决于管理者的诱导方向，又取决于群体的态度及其与组织目标的一致性程度。

➢ 团队建设的理论主要有人性假设、人格理论、团队角色理论和实践活动理论。

➢ 有效的团队有以下四个方面的特征：有明确、共同的愿景；高效的沟通方式、良好的合作氛围；高效的领导；高素质的员工。

➢ 团队建设的策略有七种：认识成员；确定团队的目标；建立标准和计划；强调参与；维持均衡；分享荣誉；评估团队的有效程度。

思考练习题

一、选择题

1. 群体的凝聚力越强，工作效率就越高（　　　）。
   （1）是　　　　（2）否
2. 高士气的群体不一定具有高的生产效率（　　　）。
   （1）是　　　　（2）否
3. 近年来流行的户外拓展训练被认为是一种典型的团队实践活动（　　　）。
   （1）是　　　　（2）否

二、简答题

1. 非正式群体有何特点和作用？应当如何对待？
2. 高绩效团队有何特点？如何建设高绩效团队？
3. 群体规范对群体的作用有哪些？

贝尔宾团队角色问卷调查表[26]

本调查表由贝尔宾博士（R. M. Belbin）编制，共有七个问题。针对每个问题，请将10分分布在你认为能精确地描述你在工作中行为的选项（a～h）上。10分的总分可能分布在几个不同的选项中，不必面面俱到，只需将分数分布在你认为与你自己工作实际相关的选项中。每一选项分数的多少根据每一选项反映的你自己的工作行为的程度大小而定。一个极端的例子是10分可能分布在每一问题的所有选项中，你也可以将其中一个选定为10分。最后，将你对选项分配的分数填在表6-4中。每一道题没有标准答案，也无所谓好坏，请根据你自己的实际情况作答。这个问卷调查能帮助你了解你在团队中的角色。本测试约需 80 分钟。

表 6-4　分数表

题目/选项	a	b	c	d	e	f	g	h
1								
2								
3								
4								
5								
6								
7								

1. 我认为我能为团队做出的贡献：
   - （　　）a. 我能够迅速发现并抓住新的机遇。
   - （　　）b. 我能够与团队中各种类型的人合作共事。
   - （　　）c. 我生来就爱出主意。
   - （　　）d. 我的能力在于，一旦发现对团队目标有价值的成员就能够推举他们。
   - （　　）e. 我能把事情办成，这主要靠我个人的实力。
   - （　　）f. 只要最后能取得有价值的结果，我乐意面对暂时的冷遇。
   - （　　）g. 在我熟悉的情形中，我很快就能意识到哪些方法管用。
   - （　　）h. 我能够客观地对备选的做法提供充分的理由。

2. 在团队工作中，如果我有缺点，它可能是：
   - （　　）a. 除非会议组织、控制并开得很好，否则我会感到不安。
   - （　　）b. 我容易对那些有高见但没有将其适当表达出来的人过于宽容。
   - （　　）c. 一旦集体讨论新观点，我总是说得太多。
   - （　　）d. 我客观的看法使我很难与同事们打成一片。
   - （　　）e. 在需要办成某件事的情况下，我有时使人感到态度很强硬和专断。
   - （　　）f. 也许是我对团队气氛过分敏感，我发现自己很难与众不同。
   - （　　）g. 我容易沉浸在自己突如其来的想象之中，以致忘了正在发生的事情。
   - （　　）h. 我的同事认为我过分注意细节，总有不必要的担心，怕把事情搞砸。

3. 在与他人一起做一个团队项目时：
   - （　　）a. 我有不给别人施压就能影响他们的能力。
   - （　　）b. 我随时防止因粗心而产生错误和疏漏。
   - （　　）c. 我愿意施加压力以换取行动，以确保会议不会浪费时间或离题太远。
   - （　　）d. 在提出独到见解方面，我是数一数二的。
   - （　　）e. 我总是乐于支持与共同利益有关的积极建议。
   - （　　）f. 我热切寻求新的想法和新的发展。
   - （　　）g. 我相信别人会欣赏我的冷静和判断力。

（　　　）h. 大家相信我能够将最基础的工作组织得井井有条。

4. 我在团队工作中的特点就是：

（　　　）a. 我有兴趣更多地了解我的同事。

（　　　）b. 我经常挑战别人的观点或独自坚持自己的意见。

（　　　）c. 我常常能够找到一连串的论据驳倒不甚有理的主张。

（　　　）d. 一旦计划必须付诸行动，我认为我有能力使工作运转起来。

（　　　）e. 我能够避开显而易见的想法而提出出人意料的想法。

（　　　）f. 对承担的任何团队工作，我都有一点儿追求完美的倾向。

（　　　）g. 我乐于利用团队以外的关系、资源。

（　　　）h. 尽管我对所有的观点都感兴趣，但一旦需要做出决定，我还是会毫不犹豫地拿定主意。

5. 我在工作中获得满足是因为：

（　　　）a. 我喜欢分析情况，评价和权衡各种可能的选择。

（　　　）b. 我对寻找解决问题的可行方案感兴趣。

（　　　）c. 我感到我在促进良好的工作关系。

（　　　）d. 我能够对决策有很强的影响力。

（　　　）e. 我能够遇到那些有新意的人。

（　　　）f. 我能够使大家在某项必要的行动上达成共识。

（　　　）g. 我感到我能够全身心地投入工作中。

（　　　）h. 我很高兴能够找到一片可以发挥想象力的天地。

6. 如果我突然接到一个艰巨的任务，而这个任务必须在有限的时间里和不熟悉的人一起完成：

（　　　）a. 在找到解决办法之前，我宁愿躲在角落里，拟定一个解脱困境的方案。

（　　　）b. 我愿意与提出了最好解决方案的同事共同应对难题，无论他有多难相处。

（　　　）c. 我会设想通过用人所长的方法来减轻工作负担。

（　　　）d. 我天生的紧迫感将帮助我们不会比计划落后。

（　　　）e. 我相信自己能够保持冷静，富有条理地思考问题。

（　　　）f. 尽管困难重重，我也能保持目标始终如一。

（　　　）g. 如果团队工作没有进展，我将采取积极措施加以推动。

（　　　）h. 我乐意广泛开展讨论，以激发新的想法，推动工作的开展。

7. 在团队工作中我常碰到的问题是：

（　　　）a. 我很容易对阻碍工作进展的人表现出不耐烦。

（　　　）b. 别人可能批评我太重分析和缺少直觉。

（　　　）c. 我想确保工作有序地开展的愿望通常阻碍了工作进程。

（　　　）d. 我常常容易产生厌烦感，需要一两个有激情的队员使我振作起来。

（　　　）e. 除非目标明确，否则我很难着手解决问题。

（　　）f. 有时我很难把复杂的观点澄清和解释清楚。

（　　）g. 对我自己不能做的事情，我会有意识地求助别人。

（　　）h. 当遇到反对意见时，我会犹豫是否让自己的观点获得通过。

贝尔宾问卷调查表的解释：

（1）团队角色。

CO＝协调者，ME＝监督者，SH＝推进者，PL＝创新者，CF＝完善者，RI＝信息者，IM＝实干者，TW＝凝聚者。

（2）角色分数。

完成问卷调查表后，你将获得每一团队角色的分数。

（3）答题卡。

将每一选项分配的分数填在表 6-4 内，检查每一行的分数之和是否为 10 分。

然后将表 6-4 每一方格的分数对应填入表 6-5 内。将每一列的分数加起来得出八种风格中每一种风格的分数。

表 6-5　分析表

协调者	推进者	完善者	实干者	监督者	创新者	信息者	凝聚者
1d	1f	1e	1g	1h	1c	1a	1b
2b	2e	2h	2a	2d	2g	2c	2f
3a	3c	3b	3h	3g	3d	3f	3e
4h	4b	4f	4d	4c	4e	4g	4a
5f	5d	5g	5b	5a	5h	5e	5c
6c	6g	6d	6f	6e	6a	6h	6b
7g	7a	7c	7e	7b	7f	7d	7h
小计	小计	小计	小计	小计	小计	小计	小计

将你的得分与表 6-6 中的常模进行对比。

表 6-6　常模表

	协调者	推进者	完善者	实干者	监督者	创新者	信息者	凝聚者
很低	0～3	0～3	0～1	0～5	0～2	0～1	0～2	0～3
低	4～5	4～6	2～3	6～8	3～4	2～3	3	4～5
中等	6～9	7～14	4～8	9～12	5～9	4～7	4～7	6～10
高	10～13	15～18	9～10	13～15	10～11	8～9	8～9	11～13
很高	14+	19+	11+	16+	12+	10+	10+	14+

根据表 6-6 的标准，比较你在团队中每一类的得分（按列累加的分数），记下你团队角色每一类行为的得分是高、中，还是低，填入表 6-7 中，两组最高的分数符合你主要的团队角色类型。

表 6-7　团队角色类型

很　　高	高	中　　等	低	很　　低

团队角色的特征解释如表 6-8 所示。

表 6-8　团队角色特征解释

角　色	特　征		
	主 要 优 点	主 要 缺 点	团 队 功 能
协调者	沉稳，自信，自控力强，令人尊敬的领导者，目标清楚、明确，宽容，授权，非权力影响，和事佬，求助	缺乏创造力，有时会被认为善于利用别人，过多地下放权力以致失去控制，缺乏原则	控制团队向目标前进，确保每个成员的潜力得到发挥，擅长将不同的观点、技能和风格放在一起
推进者	有潜力，适应压力，以结果为导向，有影响力，行动表率，排除障碍和反对意见，独立，固执	急躁，爱发火，缺乏耐心，敌对，伤人感情	影响甚至左右团队的目标和工作方法，促进团队按时完成任务，有魄力做出判断
完善者	讲效率和秩序，认真，警惕，完美主义，避免错误和缺点，按时交付，守时，踏实	为小事担心，好钻牛角尖，不愿承担责任，反应迟钝	使团队免于错误和遗漏，搜寻需要特别注意的工作，保持团队的紧迫性，促使团队按时完成任务
实干者	实际，实用，保守，有条理，固执，有组织能力，勤奋刻苦，守纪律，稳定	缺乏灵活性，对新观点、想法的反应不积极，缺乏创造性和随意性，刻板	将概念和计划转化为实际工作程序，系统有效地执行大家一致的意见，按需要和要求工作
监督者	理性，冷静，善于逻辑分析，好判断和争辩，思考，不冲动，能看到各种机遇，有判断力	缺乏灵感，枯燥乏味，呆板，无激情，过于批判，不能调动他人的积极性	协助团队分析问题，评估建议和想法，权衡做出决策
创新者	创意，幻想，理想化，灵活，创造，非程序决策，想象力丰富，独立思考，直观，好奇，个人主义，非正统，聪明，有点子	有时脱离现实，不太注意繁文缛节，有时会孤芳自赏或被孤立，喜新厌旧	发展新的想法和战略，寻找解决问题的方法
信息者	热情，好奇，表达能力强，探索机遇，发展新的关系，关注动态，重视利用团队外的关系资源	过于乐观，喜新厌旧	探索和汇报想法，发展组织外资源，保持与外界的联系和磋商
凝聚者	温柔，敏感，合作，善于交往，聆听，感觉敏锐，友好，支持，理解，合作，有时服从和妥协，避免摩擦，提倡团队精神	有时因过分妥协而失去原则，容易受到他人影响	支持和鼓励团队成员，提高沟通技巧，培养团队精神，是推进者角色的重要伙伴

进一步讨论：

对于一个项目团队，在项目进展过程中的不同阶段，哪些角色比较适合在此阶段发挥作用，哪些角色不太适合。讨论后填入表 6-9 中。

表 6-9　项目阶段的团队角色

项 目 阶 段	比较适合的团队角色	比较不适合的团队角色
方向和需求		
想法和决策		
计划		
组织实施		
联络		
跟进/评估		

 管理游戏

6-1　解"手链"

游戏目的：了解群体形成和发展的阶段。

游戏规则：将班级分为 8 人或 10 人（最好 12 人）为一组的若干小组，每组围成一圈，要求每个成员记住自己左手拉的是谁的右手、右手拉的是谁的左手，然后散开自由走动，再围成一圈站着，每个成员的左右手分别拉着未走动前其他成员的左手和右手。大家共同努力，将"手链"解开，围成原先的样子，如图 6-4 所示。

游戏时间：20～30 分钟。

图 6-4　"手链"解开之后的喜悦

问题讨论：

1. 在整个过程中，是否出现了某个领导在负责或者指挥？
2. 别人的反馈对你是否有帮助？
3. 为解决这个问题，小组成员是否要相互依靠？
4. 假如让你教另一队，你会怎么做？

5. 假如将眼睛蒙上，只能用语言沟通，你预计可能会遇到哪些问题？

6-2　团队展示

游戏目的：促进团队协调、责任心与执行力。

游戏人数：不限。

游戏工具：旗、笔。

游戏规则：

1. 分组，选队长、队名、口号、队歌。

2. 团队展示。

回顾与分享：

1. 分享团队是如何形成的（建立—磨合—动荡—成熟—产生绩效）。

2. 分享每个队员在团队中扮演的角色和责任。

 案例分析

华为的团队建设[30]

一、"以人为本"的战略思想，吸引凝聚员工

自企业创建以来，华为建立了最优秀的技术团队，在全球拥有超过 8 万名的研发人员，占总人数的 45% 左右，在印度、美国以及中国的北京、上海等地都设立了研究所。华为重视对人力资源的挖掘，创造良好机制留住人才、用好人才。目前，华为有 18 万名高知员工，80% 是大学本科学历，其他类员工中博士或研究生占 20%。华为吸引人才的主要策略是依靠其利益驱动机制，奉行决不让"雷锋"吃亏的原则，主张在顾客、员工与合作者之间结成利益共同体。

二、"艰苦奋斗"——华为企业之精髓

企业自创办以来，大力宣传老一辈科技工作者"两弹一星"艰苦奋斗的精神，号召员工忘我工作、拼搏奉献。创业初期，华为研发部从五六个开发人员开始，在没有资源、条件的情况下，刻苦攻关，夜以继日地钻研技术方案、开发产品，员工累了就在垫子上睡一觉，醒来接着干，这就是华为"垫子文化"的起源。公司团队的每一个成员至今仍然秉承老一代华为人的拼搏精神，忘我地工作。为了使企业在激烈的世界市场竞争中占得一份份额，无数优秀华为员工离别故土，远离亲人，奔赴海外。

三、注重培训，提高员工的整体素质

华为专门的新员工培训注重德与能的双重培育，从根本上引导员工如何做人、做事，造福于民。新员工还配有导师，导师会手把手地传授知识与技能，企业文化、传统，工作流程，解决思想和业务问题。导师有严格的奖惩制度，要为新员工的问题负责，还会有返聘的科研院所老专家来与新员工互动交流。此外，新员工到了各部门也要适应不同的文化，如研发部门是"板凳要坐十年冷"。华为正是通过这样的点滴积累及流程制度的规范引导，将企业文化的内涵注入每个员工的灵魂，塑造了具有独特魅力的华为团队。

四、培育华为"集体奋斗，团结合作"的企业精神

为了建设一个具有凝聚力并且高效的团队，华为要求员工具备协作意识，善于同别人合作，在合作中学会与他人交流沟通，尊重别人，被别人领导和领导别人。根据华为团队的规章要求，开展工作时，员工之间的信息沟通一定要及时到位，对于工作中一些关键动作要主动、及时传递，坚决反对弄虚作假和对问题"捂盖子"的做法。

五、铁打的营盘，流水的兵

为了永久保持公司的活力，华为采取自由雇佣制，确定企业与员工之间的长期信任和主动合作关系。华为通过外部劳动力市场调节人员流动量，同时又凭借内部建立的劳动力市场，运用内部公开竞聘方式和竞争与淘汰机制，促进优秀人才脱颖而出，实现人力资源的合理配置。自由雇佣制促使每个员工都成为自强、自立、自尊的强者，从而保证公司具有持久的活力和竞争力。

问题讨论：

1. 华为公司是如何进行团队建设的？
2. 谈谈员工培训对团队建设的重要性。

 参考文献

[1] WHYTE W F. Human relations in the restaurant industry[M]. New York: McGraw-Hill Book Company,1948.

[2] SCHEIN E H. Organizational psychology[M]. Englewood Cliffs, N. J. : Prentice-Hall Inc., 1980.

[3] 邓伟志，钱海梅. 中国社团发展的八大趋势[J]. 学术界，2004（5）：16-25.

[4] 马凤霞. 浅议非正式群体的思想政治工作[J]. 社科纵横，2008（07）：41-42.

[5] 邢培玲. 做好非正式群体职工思想政治工作[J]. 思想政治工作研究，2011（10）：42.

[6] 边玉芳. 人为什么"随大流"？——谢里夫和阿希的从众实验[J]. 中小学心理健康教育，2014（20）：30-31.

[7] 宋官东，杨志天，崔淼. 服从行为的心理学研究[J]. 心理科学，2008（1）：249-252.

[8] 包政. 解读《华为基本法》：让管理者树立权威[J]. 创业家，2013（07）：84-88.

[9] 佚名. "中国衫"的转型冲动[J]. 南风窗，2005（16）：24-25.

[10] 齐爽. "捞"出的幸福——海底捞的企业管理之道[J]. 现代企业文化（上旬），2014（09）：32-33.

[11] LEWIN K. Resolving social conflicts: selected papers on group dynamics[M]. New York: Harper, 1948.

[12] SHERIF M. The psychology of social norms[M]. New York: Harper & Row Publishers, 1966.

[13] Sonia Kukreja. What are group norms [EB/OL]. https://www.managementstudyhq.com/

types -of-group-norms.html. [2020-3-3].

[14] 徐琼. 群体压力下的"优势反应强化"心理分析：农场游戏盛衰探析[J]. 求索，2010（08）：220-221.

[15] 张岩松. 组织行为学案例教程[M]. 北京：清华大学出版社，2011.

[16] 吴韵仪. 逆境中激励士气的 10 种方法[J]. 人才资源开发，2005（01）：80-81.

[17] COHEN S G. What makes teamwork: group effectiveness research from the shop floor to the executive suite[J]. Journal of management, 1997, 23(3): 239-290.

[18] 万涛. 团队类型研究及其构建方案与任务[J]. 管理现代化，2013（6）：75-77.

[19] 黄鹤. 湘电集团电机事业部问题解决型团队建设研究[J]. 资治文摘，2016（01）.

[20] 祝学庆. 江铜形成职工自主管理机制[EB/OL].（2005-06-05）. http://www.jxnews. com.cn/jxrb/system/2005/06/05/000832615.shtml.

[21] 江铜科协. 江铜集团 7 年累计发布职工自主管理成果 12258 项[J]. 江西有色金属，2007，21（2）：54.

[22] 陈春知. 跨组织虚拟团队实例[J]. 企业管理，2003（01）：40.

[23] 林雪，万红丽. 构建企业有效团队的探讨[J]. 现代企业文化，2016（24）：181-182.

[24] 贾砚林，颜寒松，等. 团队精神[M]. 上海：上海财经大学出版社，1999.

[25] 陈国海. 九型人格工具在企业人力资源管理中的使用效果评估[J]. 江西理工大学学报，2007，28（05）：20-23.

[26] BELBIN R M. Team roles at work[M]. San Diego, California: Pfeiffer & Co., 1994.

[27] 张利富，夜莺. 户外拓展训练——领导力提升的有效方法[EB/OL]. [2020-03-02]. http://www.xidiancn.com.

[28] 朱华桂. 组织管理中的团队战略[J]. 社会科学家，2003（02）：46-49.

[29] HRsee. 宜家的团队建设案例[EB/OL]. [2020-03-02]. http://www.hrsee.com/?id=568.

[30] 傅幼玲. 试论华为团队建设之特色[J]. 商场现代化，2010（31）：36-37.

第七章
管理沟通

学习目标

➢ 了解沟通的概念和重要性
➢ 了解沟通的渠道和类型
➢ 掌握群体决策的概念和方法
➢ 掌握改善管理沟通的有效工具

引例

麦当劳的"走动式管理"[1]

美国麦当劳快餐店创始人雷·克罗克是美国最有影响力的大企业家之一，他不喜欢整天坐在办公室里，而是把大部分时间都用在"走动式"管理上，即到所属各公司、各部门走走、看看、听听、问问。公司曾有一段时间面临严重亏损的危机，克罗克发现其中一个重要原因是公司各职能部门的经理官僚主义突出，习惯靠在舒适的椅背上指手画脚，把许多宝贵的时间耗费在了抽烟和闲聊上。于是克罗克想出一个"奇招"，要求将所有经理的椅子靠背都锯掉，经理们只得照办。开始很多人骂克罗克是个疯子，不久大家悟出了他的一番"苦心"后，纷纷走出办公室，开展"走动式"管理，及时了解情况，现场解决问题，终于使公司转亏为盈，有力地促进了公司的生存和发展。

对于管理者来说，"走动式管理"是一种十分有效的面对面的沟通方式。管理者走出自己的办公室，在工作区与下级就存在的问题进行非正式沟通，而不是通过正式会议、书面报告等正式渠道来与下级沟通。这种非正式沟通为管理者和下级提供了重要的信息，同时培养了积极、良好的上下级关系。事实表明，"走动式管理"是一种管理者和下级进行沟通的极为有效的途径。

由麦当劳的"走动式管理"可见，沟通在任何组织中都起着重要的作用。管理者宜善于运用非正式沟通以弥补正式沟通的不足。随着现代科技和互联网技术的发展，电子沟通扮演着日益重要的角色。劳动力的多元化以及企业的跨国经营使得跨文化沟通问题屡见不鲜。群体决策并不一定比个人决策优越，应注意克服小团体思维的弊端。组织内人际冲突在所难免，有时并不一定是坏事。组织可通过建立有效的沟通制度、沟通管理和冲突管理培训以及其他工具来改善管理沟通。

第一节　组织沟通原理

沟通主要是信息交换的过程，对组织的发展具有重要的作用。沟通具有多种渠道和类型，除传统的沟通类型外，电子沟通是一种应用范围越来越广泛的沟通手段。

一、沟通与组织

（一）组织中沟通的概念

沟通（Communication）是信息源通过某种管道把信息（观点、情感、技能等）传送到目的地的过程。申农和韦弗（C. E. Shannon & W. Weaver）提出了信息沟通模型，如图 7-1 所示。[2]

图 7-1　申农和韦弗的信息沟通模型

沟通是信息在传送者和接收者之间进行交换的过程。信息沟通就是指人们通过信息交换，从而达到相互了解、相互认知、相互影响的过程。理解是对信息沟通成功与否的检验。如果信息为人理解，沟通就是成功的；反之，信息不能为人理解，沟通就是失败的。沟通具有以下六个层次的意义：① 个人内部沟通，指自我对话、自己与自己交流的过程；② 人际沟通，指发生在两个人或数个人之间的信息传递与相互理解的过程；③ 群体沟通，指群体成员之间的意义分享和目标整合过程；④ 公共沟通，指利用个人公共关系权力说服影响公众的过程；⑤ 大众沟通，指利用大众媒体影响公众的过程；⑥ 跨文化沟通，指具有不同文化背景的成员之间进行信息传递和意义分享的过程。前五种沟通以个人为本位，而第六种沟通，即跨文化沟通则以文化为本位，包括国际沟通，国际沟通以国家为本位。本章主要讨论群体沟通和跨文化沟通。群体沟通主要是指人群意见或信息的交流，是人与人之间交流思想、观点、态度或交换情报信息的过程。从管理心理学角度讲，沟通所涉及的主要是人与人、人与群体、人与组织的意见交流问题，一般不包括组织外的信息沟通。

（二）沟通在组织中的作用

组织内的沟通除了具有信息传递的作用外，还具有下述五种功能：① 沟通能够准确传递各项决策与计划，并使管理者全面把握人员的情况，提高管理的效能；② 良好沟通可以体现并实现组织成员对管理工作的充分参与，发挥激励员工的作用；③ 沟通可以缓解组织内任何变革的阻力，有利于组织发展；④ 沟通有助于创建组织内良好的人际关系，增加员工的满意度，具有心理保健作用；⑤ 有效沟通能满足员工的归属需要，并及时提供利于员工身心发展的信息。

例证 7-1

广州某跨国公司员工心理咨询个案

广州某跨国公司的一名女职员小 A 与另一名女职员小 B 在同一部门工作，两人都是名牌大学毕业生，上司是德国人。小 A 性格稍内向，不善于表达自我、表现自我，不善于与上司沟通，而她的同事小 B 则相反。虽然小 A 工作非常刻苦，但每次项目特别是合作项目完成下来，功劳和荣誉都归功于她的同事小 B，上司从来没有表扬过小 A，因而她感到愤愤不平，十分压抑，曾一度想离职。后来通过心理咨询之后，心理医生建议其多与上司沟通，并要求单独负责项目，结果迅速改变了小 A 的不利状况，达到了心理保健的效果。

（供稿：陈国海，2007）

（三）沟通的渠道和类型

1. 正式沟通与非正式沟通

按沟通方式的组织化程度，沟通可分为正式沟通和非正式沟通。

（1）正式沟通。正式沟通是指通过组织明文规定的渠道进行的与工作相关的信息传递和交流，它与组织的结构息息相关。如组织中上级的命令、指示逐级向下传达，下级的情况逐级向上报告，以及组织内部规定的会议、汇报、请示、报告制度等。

按照信息的流向，正式沟通可分为上行沟通、下行沟通和平行沟通三种形式。

上行沟通是指在组织中信息从较低的层次流向较高的层次的一种沟通，主要是下属依照规定向上级提出的正式书面或口头报告。上行沟通有助于管理者了解下属的需要，获取关于自己下达的指示或命令是否正确以及是否得到如实贯彻的反馈信息。

下行沟通是指在组织中信息从较高的层次流向较低层次的一种沟通。下行沟通是传统组织中最主要的沟通流向。通常以命令、指示方式传达上级组织或其上司所决定的政策、计划、规划之类的信息。如命令链、海报和布告栏、公司简讯/报纸、信件和工资袋中的附件、员工手册、年终报告表、广播系统等。

平行沟通是指在组织中同一层次不同部门之间的沟通。

此外，还有在不同层次的不同部门之间流动的信息沟通，被称为斜向沟通，如备忘录、传真、会议等。

正式沟通的优点是效果较好，比较严肃，有较强的约束力，易于保密，可以使信息沟通保持权威性，重要和权威的信息都应当采用这种沟通方式。其缺点是由于依靠组织系统层层传递，因而速度较慢，比较刻板，不够灵活。因此，为顺利进行工作，组织必须要依赖非正式沟通以补充正式沟通的不足。企业中的许多沟通属于混合式沟通，如员工会议、换班前的总结、电子信件、绩效评估等。

例证 7-2

惠普公司的组织沟通

惠普公司的正式沟通包括如下三种。（1）下行沟通：公司新闻发布，部门的回顾，产品介绍，公司内部的新闻信、技术杂志、录像带、报告栏，管理人员会议；（2）上行沟通：工作进展报告（每月）、工作计划、产品介绍计划、职工调查；（3）混合沟通：员工会议（每周）、换班前的总结（每天，用于操作员及技术人员）、电子信件、绩效评估。非正式的沟通包括组织成员皆知的小道消息、日常的咖啡时间（一天两次）、电子信件。

（本案例源自网络并经作者加工整理）

（2）非正式沟通。非正式沟通是在正式沟通渠道之外的信息交流和传递，它以社会关系为基础，是与组织内部明确的规章制度无关的沟通方式。它不受组织的监督，自由选择沟通渠道，如朋友聚会、团体成员私下交换看法、传播谣言和小道消息等。

非正式沟通的优点是沟通方便、内容广泛、方式灵活、速度快，而且由于职工在这种沟通中比较容易表露思想、情绪和动机，因而能够提供一些正式沟通中难以获得的信息。其重要作用表现在如下五个方面：① 可以满足职工情感方面的需要；② 可以弥补正式沟通的不足，组织中的管理者为了某些特殊的目的，往往不便于通过正式渠道传播信息，此时非正式渠道便发挥其作用；③ 可以了解职工真正的心理倾向与需要，通过正式的渠道沟通，员工心中存在戒备，不便于透露真实的想法，而通过非正式渠道，便可以在很大程度上克服这个问题；④ 可以减轻管理者的沟通压力；⑤ 可以防止管理者滥用正式通道，有效防止正式沟通中的信息"过滤"现象。

例证 7-3

韦尔奇的非正式沟通[3]

通用电气公司前总裁韦尔奇最成功的地方，是他在公司建立起了非正式沟通的企业文化。韦尔奇通过传真向上至高级经理、下至钟点工人的员工发出他那独具个人魅力的"手谕"——手写便条。两天后，原件就会寄到他们手中。在这些便条里，他有时说些鼓励和鞭策的话，有时则是要求员工做一些事情。

曾经有一个基层的经理人因为不愿女儿换学校而拒绝韦尔奇对其调职和升职，韦尔奇知道后写了一张便条给他："比尔，你有很多原因被我看中，其中一点就是你与众不同。你今天的决定更证明了这点……祝你合家安康，并能继续保持生涯规划的优先次序。"设想当比尔收到公司大老板的亲笔信时，有什么感想？韦尔奇对员工的关怀已使他们从主管和下属的关系升华为朋友的关系，这种非正式的沟通实在是最好的沟通方式。

非正式沟通的缺点主要是信息欠缺真实性和可靠性，有时甚至歪曲事实，出现以讹传讹的现象，由此可能产生小集体、小圈子，影响组织的凝聚力和人心稳定。非正式沟通往往起源于人类爱好闲聊的特性，闲聊时的信息被称为传闻或小道消息（并非谣言）。小道消息具有如下四个特点：① 不一定都是不确切的消息；② 传递的速度非常快，同时也容易消散；③ 很难追查到信息的来源；④ 新闻性和现实性。当组织的正式沟通渠道出现某种阻碍时，传闻或小道消息就可能盛行。有时，传闻或小道消息对组织的危害是显而易见的，管理者必须及时察觉并给予澄清，特别是要发挥正式沟通的作用。

例证 7-4

谣言对企业经营的伤害[4]

谣言对上市企业来说，其明显的影响即影响企业股价，损害企业的资金链。在金融危机肆虐的 2008 年，标题为"今天联通跌停！绝对真实，再融资 600 亿！！！完了！"的网络帖子使中国联通市值三天内蒸发 156.68 亿元，总市值损失 353 亿元，其他上市公司（如中国人寿、中国石化）也都遭受巨额再融资谣言袭击，市值大幅缩水。

2. 语言沟通与非语言沟通

按沟通所借用的媒介的不同，沟通可划分为语言沟通与非语言沟通。

（1）语言沟通。使用正式语言符号进行的沟通称为语言沟通。语言沟通又分为口头语言沟通与书面语言沟通。口头语言沟通在组织内有面对面的访谈、各种会议、教育培训中的授课、演讲、电话联系等；对外则有街头宣传、推销访问、口头调查、与其他组织间的洽谈等。口头沟通的优点是具有亲切感，比较生动，可以用表情、语调等非语言沟通增强沟通的效果，可以马上获得对方的反应，具有双向沟通的好处，比较灵活，可随机应变。其缺点是如果传达者的口头沟通能力差，则无法使接收者了解真意。如接收者不专心或不注意，则口头信息一瞬即逝，无法再分辨，不利于记忆和保存。

书面沟通在组织内有文件、布告、通知、备忘录、公报、壁板、刊物、职工手册、建议书和调查问卷等；对外则有市场调查问卷、广告、职工招聘信息、发布新闻等。书面沟通的信息具有权威性、正确性，不容易在传达过程中被歪曲，可以永久保留，接收者可以按照自己的速度详细阅读了解。其缺点是反馈速度较慢，甚至不反馈，接收者对信息的接收意愿不够主动。

在语言沟通的过程中，要特别注意语言的得体性、激励性和幽默风趣。表 7-1 例举了如何变消极的语言为积极的语言。

表 7-1　变消极语言为积极语言

编　号	消 极 语 言	积 极 语 言
1	我们这次的任务失败了	我们这次差一点就完成了任务
2	别忘了在下班前把货送到	请在下班前把货送到
3	我希望您对此满意并继续订货	您的满意是我们的服务宗旨
4	这次的报告写得好多了	这次的报告写得更好了
5	我们不允许刚刚参加工作就上班迟到	对刚刚参加工作的人，保证按时上班很重要
6	免费早餐仅限于 20 元以内，超出部分请自付	你可以免费享用 20 元以内的早餐
7	外派工作本身就是不确定的，困难比较多	外派工作非常有利于你的职业生涯，但也的确需要克服一些意想不到的困难

例证 7-5

<h3 style="text-align:center">聪明的助理[5]</h3>

一位助理曾经在工作中遇到这样一件事：公司在拍卖会上拍到一幅价值连城的作品，由于相关手续需要公司总部拨款，首席执行官就先用自己的信用卡当场付了少许押金。当总部全额付款后，押金却没有打入首席执行官的信用卡里，于是首席执行官吩咐助理尽快处理好这件事。这位助理三番五次地打电话到拍卖行，可是对方一直说押金已经全额转到信用卡里了。在这种情况下，这位助理意识到如果只是一次次地反馈给上级这些情况，那就会让上级觉得自己竟然连一件小事情都办不好，肯定会对自己的能力产生怀疑，这势必对自己将来的发展不利。于是，这位助理在回复上级事态的发展形势后，马上要求对方拍卖行将汇款后银行提供的凭据电传过来，然后，该助理将电传来的银行凭据拿到银行去核对，最后发现是银行方出了技术性问题。最终，上级对这位助理的表现很满意。

（2）非语言沟通。借助非正式语言符号进行的沟通称为非语言沟通，包括身体语言沟通（如身体姿势、衣着打扮）、副语言沟通（如声调、哭笑、重音）和物体的操纵三个方面。语言学家艾伯特·梅瑞宾（A. Mehrabian）对语言沟通和非语言沟通在沟通中的使用比率进行了研究，总结出如下公式[6]

信息的传递 100%=7%语言+38%语音+55%态势

由此可见，非语言沟通在信息传递中的作用非同一般。图 7-2 显示的是四种典型姿态，它们传出的信息强而有力。其中，A 可表示"漠不关心""无可奈何""疑惑"等态度，感到"莫名其妙"；B 可暗示出一种"自满"的心态，同时也可表示"厌烦"和"气愤"，或用来表示一种漫不经心的态度；C 是一种常见的女性姿态，显示出"害羞""扭怩""谦恭""悲哀"的心态；D 可理解为"冷淡""犹豫""怀疑"等态度。

图 7-2　四种典型姿态

例证 7-6

<h3 style="text-align:center">沃尔玛的"八颗牙"[7]</h3>

价格与服务是沃尔玛赢得竞争的两个轮子。一名沃尔玛的员工表示，他们有一个微笑培训，必须露出 8 颗牙齿才算合格。把嘴张到露出 8 颗牙齿的程度，一个人的微笑才能表现得最完美。每一个售货员的微笑都是那样亲切自然，选择去沃尔玛店购物的顾客都可以享受作为一个消费者的内心满足。

人际距离和空间是非语言沟通的重要表现之一。美国心理学家爱德华·霍尔（E. T.

Hall，1909—1985）提出四种人际距离带[8]：① 亲密带（0～0.5 米），如亲子行为、恋人、角斗、护理、抚慰、保镖等。② 个人距离带（0.5～1.25 米），其中 0.5～0.8 米是亲密朋友交往的距离带，0.8～1.25 米是普通朋友交往的距离带。③ 社会带（1.25～3.50 米），如未曾相识或一般相识，公事公办、应酬或初步了解的人之间的距离。④ 公共带（3.5～7.50 米），如庆典、演讲时的主持者与听众、交警与行人之间的距离。

3. 单向沟通和双向沟通

按沟通的方向划分，沟通可分为单向沟通和双向沟通。

（1）单向沟通。单向沟通是指在信息沟通时，一方只发送信息，另一方只接收信息，接收信息者不再向发送者反馈信息，如做报告、演讲、下达指标等。

（2）双向沟通。双向沟通是指在信息沟通时，发送信息者不仅要发出信息，还要听取信息接收者对信息的反馈，发送与反馈可进行多次，直到双方有了共同的理解为止，如交谈、协商、谈判等。

单向沟通和双向沟通有各自的优缺点：① 单向沟通的速度比双向沟通快；② 双向沟通比单向沟通更准确；③ 双向沟通中，接收信息的人对自己的判断比较有信心，知道自己对在哪里、错在哪里；④ 双向沟通中，传达信息的人感到心理压力较大，因为随时会受到信息接收者的批评或挑剔；⑤ 双向沟通容易受到干扰，并缺乏条理性。

二、电子沟通

以由计算机技术与电子通信技术组合而产生的信息交流技术为基础的沟通称为电子沟通（又称 E-沟通）。E-沟通的技术工具包括 BP 机、图文传真机、便携式移动电话、语音信箱及各类计算机和手掌型个人通信装置（如 PDA），而国际互联网则是这些技术中最为关键和发挥最大作用的新技术。互联网提供了丰富多彩的信息服务手段：E-mail、微信、互动媒体平台、客户端软件（App）、文件传输 FTP、新闻论坛（USERET）、电子公告（BBS）、电子会议以及万维网等。

与传统的沟通模式相比，E-沟通具有下述六个特点。[9]

第一，从表现方式上看，电子沟通主要采用视频会议、电子报纸、互联网及组织内部网等进行沟通，使组织内的电子化书面沟通形式多于口头沟通形式。全面引进信息技术后，通过以显示器代替备忘录，通过电子邮件、BBS 等来下达公告、通知等，企业可能实现无纸化办公。

第二，从信息传递速度上看，电子沟通加强了企业即时输出和即时回收信息的能力，实现了书面信息能以与面对面或电话式的口头信息一样的快捷速度传递。同时，电子沟通的即时反馈功能弥补了传统书面沟通反馈的局限。

第三，从沟通的范围看，电子沟通实现了远距离、跨地域的即时沟通，方便了跨国公司、集团公司的沟通运作，并大大降低了成本。例如，可以使一家总部位于某中心城市的零售商随时监控其全国各地连锁店的销售情况。

第四，从沟通的网络来看，电子沟通使员工在组织内可以跨越纵向层级工作，从而实现了在组织内全通道开放式的沟通网络，模糊了组织内的地位等级界限，使中层管理人员的地位受到挑战。

第五，从沟通造成的影响看，电子沟通使员工可以在家里或其他地方工作，并使员工可以方便地与其他组织的员工交流。因此，电子沟通的引进也同时改变了员工的工作形式以及组织的结构，出现了 SOHO 一族和各类虚拟企业，使企业形式及工作形式更为灵活。

第六，从企业的传统口头沟通来看，由网络技术和视频技术结合出现的视频会议将代替传统的会议，从而实现了随时随地进行跨地域空间的"口头"沟通的可能。组织内网络化形成的网上信息交流将减少面对面口头沟通的次数，这一方面便于沟通，另一方面则使口头沟通的情感交流和亲切感降低。

三、跨文化沟通

经济全球化是当今世界的发展趋势，全球文化必然会受到其影响。"全球资本主义既促进文化同质性，又促进文化异质性，而且既受到文化同质性制约，又受到文化异质性制约。"这是美国著名社会学家罗兰·罗伯森对经济全球化影响全球文化态势的宏观描述。随着我国加入世界贸易组织（WTO）和经济的发展，企业内的跨文化沟通日益增多。跨文化沟通是指跨文化组织中拥有不同文化背景的人们之间的信息、知识和情感的互相传递、交流和理解的过程。

不同的国家有不同的民俗习惯，不同的文化背景的人有不同的想法，与他人沟通时既要多注意地域文化的不同，也要多注意国家、民族习惯的不同。管理者要养成一个习惯，即遇到不同民族和国家的人，要研究一下他们的文化特色是什么，这样可以使自己不犯忌讳，如此，与他们处理事情时就会非常愉快，比较容易达到自己的目标。[10]

不同文化之间的差异是中外合资、外资、跨国公司沟通中面临的最明显的障碍，通过制定拟派海外管理人员的选拔标准、跨文化培训政策和海外管理人员本土化策略等可促进跨文化沟通。

（一）拟派海外管理人员的选拔标准

许多著名的跨国公司认为，海外管理人员一般必须具备以下五个条件：① 国际知识。海外经理人选必须拥有基本的国际知识，不仅要对国际政治和世界经济有所研究，而且还应对外国文化、历史、生活习惯具有相当程度的了解。② 语言能力。海外管理人员应当精通当地语言。③ 身体素质。对拟派人员要进行严格的身体检查。④ 良好的修养与广博的见识。海外经理不但被视为当地企业的代表者，通常还被认为是母公司的代表者，因此他们必须具备良好的修养和广博的见识。⑤ 适应性。海外人员必须早日习惯并适应当地的生活、社会及工作环境，才有可能从事正常的商业活动。

（二）跨文化培训

跨文化培训有利于改善个体与当地员工之间的关系，使人们能够经受住文化休克带来的冲击，迅速地适应新文化，并提高工作绩效[11]。跨文化培训的方式十分广泛，可以通过文献资料，即仅仅通过书面材料说明该国的社会和政治历史、地理环境、经济发展和文化习惯等情况，帮助人们认识一种新文化；也可以是集中的人际体验训练，即个体通过角色扮演练习、模拟社会情境以及类似的体验来"感受"新文化的差异。

（三）海外管理人员本土化策略

目前，跨国公司经营活动和行为发展的一个世界性趋势是雇用当地人员来管理设在该地的子公司。这种做法有许多明显的优点：它可以在很大程度上消除语言障碍，企业没有必要对雇员进行昂贵的语言培训，还能解决他们在文化和社会适应方面的问题。这种策略可以使一家外国企业有效地利用当地较低工资的优势，以有限的代价来吸引高质量的人才。总公司往往缺乏能胜任海外子公司管理者职位的人选，而本地雇员往往能比移居国外的职员工作得更出色，更能与当地人员建立稳定友好的和谐关系，所以将有越来越多的跨国公司采取海外管理人员本土化策略。

例证　7-7

海尔在美国的跨文化管理[12]

美国人追求个人主义和平等自由，而中国人则强调集体主义，严格遵循上下级关系，因此，为了融入当地文化，海尔使企业文化当地化，培养了一支了解美国市场的本土化管理团队。美国人追求个人英雄主义，强调个人价值，因此，海尔在美国的营销策略中更加突出消费者价值，在产品宣传方面也去迎合美国人的个人英雄主义，如其在美国的广告语"what world comes home to"就迎合了美国人唯我独尊的心理。海尔还在美国采取"人单合一模式"的营销模式，原来的管理者从"下指令者"变为"资源管理者"，这更加能满足员工的个人成就感。

第二节　群体决策

在近三十年间，群体决策（Group Decision）一直是国内外许多学者研究的重要课题。通常情况下，群体决策比个体决策更具有创造性，并且能够得到更好的贯彻。在当前社会活动日益频繁和复杂的条件下，决策活动越来越群体化，以往那种主要靠个人拍板决策的方式将逐渐被群体决策所代替。

一、群体决策的含义

（一）群体决策的概念

群体决策是由群体中多数人共同进行决策，它一般是由群体中的个人先提出方案，而后从若干方案中进行优选。参与群体决策的成员可能包括组织的领导者、有关专家和职工代表。

不同国家习惯于不同的决策模式，如美国很少谈群体决策，而重视个人决策；日本是比较喜欢采用群体决策的国家；中国则介于前两者之间。产生这种现象的原因在于每个国家的文化传统不同。表 7-2 对中、日、美三国传统文化特点做了比较。

表 7-2　中、日、美三国传统文化特点的比较

比 较 对 象		中　　　国	日　本	美　国
个体特征	处世哲学	中庸之道	团体精神	自我精神
	行为表现	言不由衷、谦虚	言不由衷	言行一致
	求稳心理	强	中	弱
决策思维	指导思想	系统与综合		分析
	推理模式	原则演绎		归纳
组织观念	人际交往	以和为贵，注重情面与关系	以和为贵	我行我素
	权威崇拜	强	中	淡薄
	集体主义	强	强	弱

（二）群体决策的优缺点

近年来，西方管理心理学研究特别强调职工参与式的群体决策，认为这种方式可以增强下属的义务感和责任感，从而提高下属的工作积极性。我国企业实行的是职工代表大会制，通过这种组织形式让职工参与企业重大问题的决策，这就给人造成一种直观的印象，似乎群体决策一定比个人决策好。因此，有必要正确认识群体决策的优缺点。

群体决策通常会对决策产生一些有利的影响，主要表现在以下四个方面：① 集体审议和判断可产生数量较多的方案，有可能使方案的正确程度和满意度提高。集体讨论可相互启发和综合各成员的各种不同的专门知识和经验，能从多方面对各种方案进行完备、细致的分析，提高决策质量。② 有利于组织内的信息交流和共享，协调各种职能，增强各部门的合作。③ 群体成员如果是由各不同利益集团或群体的成员组成的，可激发其参与和实施决策的积极性，还可协调各方的意见和分歧。④ 决策群体使权力有所分散，从而消除或削弱了独裁现象，使决策更加民主化，充分反映受该决策影响的所有人员的愿望和要求。

群体决策也会对决策带来一些不利的影响，主要有如下四个方面：① 耗时费钱。进行问题的讨论并为了取得大体一致的意见，常常需要召开多次会议，各成员均需发表自己的看法和意见等，耗时较多，可能带来决策的延误。参加会议的成员的时间费用也是很高的，而且开会可能影响他们处理其他事务。② 在最小共同基础上的妥协导致决策的折中。由于各成员可能代表不同利益集团，决策过程中常常出现一些分歧，为了寻求一致，常采取折中的方式，全体或多数成员都同意的观点往往是在最小共同点上的一致。这样的决策的质量不会很好，有时甚至劣于所讨论的所有方案。③ 权力和责任的分离。采用群体决策实际上是把权力在整个群体中分散了。由于最后的决策可能是大家相互妥协的结果，只反映了各成员的部分意见，没有任何成员对决策负完全责任，由此可能导致群体决策较个人决策具有更大的冒险性。④ 少数人的专制。群体要谋求完全一致或接近完全一致的决策，因此，少数成员的特殊的身份、地位、个性、能力等特点会对群体决策产生不良影响，其权威、霸道、强硬、软硬兼施的态度和做法会使群体决策变成了个人决策，影响大多数人接受其意见或形成一种妥协的意见，从而影响决策的质量。

例证 7-8

通用电气的"全员决策"管理制度[13]

美国通用电气公司是一家集团公司，1981年，杰克·韦尔奇接任总裁后，认为公司管理得太多而领导得太少，工人们对自己的工作比老板清楚得多，经理们最好不要横加干涉。为此，他实行了"全员决策"制度，使那些平时没有机会互相交流的职工、中层管理人员都能出席决策讨论会。"全员决策"的开展打击了公司中的官僚主义，减少了烦琐程序。

与个人决策相比较，群体决策具有自身的特点。表7-3对个人决策与群体决策各自的特点做了比较。

表7-3　个人决策与群体决策的比较

比 较 对 象	个 人 决 策	群 体 决 策
速度	快	慢
正确性	一般	较好
创造性	较大，适用于工作结构不明确、需要创新的工作	较小，适用于任务结构明确、有固定执行程序的工作
风险性	视个人气质、经历而异	若群体成员特别是领导富于冒险性，则更趋于冒险性质；若群体成员特别是领导比较保守，则更趋于保守

二、群体决策法

群体决策的主要方法包括会议讨论决策法、列名群体决策法、头脑风暴法、私人董事会。

（一）会议讨论决策法

在会议讨论决策法中，群体领导人先对问题进行陈述；然后，各成员对问题进行全面讨论或相互启发，以便产生新的思想，集中意见；最后通常就如何解决问题进行表决，按大多数人的表决意见做决策。

该方法为面对面的会议，群体比较倾向于努力保持社会和感情上的关系。某些成员喜欢在某些阶段控制讨论的过程，对群体行为的影响较大。

（二）列名群体决策法

列名群体决策法（Nominal Group Technique）是通过有组织的面对面的会议，按一定的程序集结成员的意见，以做出群体判断的方法。

列名群体决策法有如下六个步骤：① 每个成员在安静的环境下写出自己的意见；② 组织者不分先后地听取并记录这些意见；③ 集体逐条讨论这些意见；④ 对归纳意见所形成的条目的重要性做初步投票；⑤ 讨论初步投票；⑥ 最终投票。

该方法在社会关系和完成任务的态度之间给予均衡考虑，意见的相对数量较多。其特点是高度的任务中心性，成员可平等参与，独立思考并发表意见，允许存在意见不一致，对于对立意见和问题的处理以做决策的方式解决。列名群体决策法适用于各成员较容易被召集在一起和解决问题需要即时资料的情况，成员一般为5～9人。

（三）头脑风暴法

头脑风暴法（Brainstorming）也叫畅谈会议法，即邀请一定数量的专家开会，进行积极的创造性的思维活动。要求参加人对一定范围的问题敞开思想、畅所欲言。主持人要保持清醒的头脑，发言要有启发性。目前，头脑风暴法已充分借助计算机和互联网技术，形成电子头脑风暴法（Electronic Brainstorming），该方法比传统的头脑风暴法更有助于思想的产生和节约时间。

使用头脑风暴法组织专家会议时，宜遵守如下八条原则：① 围绕所讨论的问题，提出具体的要求，严格规定所使用的术语，严格限制会议范围，保证专家把注意力集中在主要问题上；② 参加会议的人都不能对别人的意见提出怀疑和批评，更不能反驳别人的意见，不论某一设想是否适当或可行，都不得做结论；③ 鼓励与会者对已提出的设想进行改进或综合、补充和发展；④ 支持和鼓励与会者解除思想顾虑，创造自由气氛，激发参加者的积极性，让他们独立思考、开拓思路；⑤ 鼓励与会者修改自己的意见；⑥ 发言要求精练，不需详细论述，不得拉长时间，不得重复别人的意见，要保持富有成效的气氛；⑦ 即席发言，不允许与会者宣读事先准备好的建议；⑧ 建议或意见越多越好，不怕矛盾。

例证 7-9

北美生死事务办事处的头脑风暴法[14]

北美生死事务办事处的副总裁吉姆·威斯特兰德认为，东北地区办事处在削减费用和改进效率方面需要新点子。他决定召集他的高级管理团队，并挑选级别较低的雇员参加在当地的一所大学运用计算机系统的决策中心举行的一次为期一天的电子集体策划会议。提出的问题是：如何削减办事处的费用？在这一过程中，人们想出一个点子，敲一个功能键把它输入系统，人们可以在屏幕上看到对自己和其他人的想法的一组任意选择以帮助他们想出其他点子。过了20分钟，团队产生了至少85个削减费用的点子。

最后，参与者们选出了可以立即执行的两个点子，对其余种类中的想法也进行了评估（中间休息一次，吃午饭），又挑选了8个好的想法。然后对这8个想法进行讨论、扩展和评估，分别加以实施。

（四）私人董事会

私人董事会也叫总裁私享会，是邀请少数没有竞争关系、利害冲突的企业总裁结合成小组，核心在于汇集跨行业的企业家群体智慧，解决企业经营管理中的比较复杂而又现实的难题。

私人董事会有如下七个流程：① 提案与表决。每个会员提交一个"议案"，由会员表决，投票选出讨论的话题。② 阐述。由提出问题的会员作为"问题所有者"，以规定的标准句式阐述自己面对的具体问题。③ 提问。由其他成员向"问题所有者"提问，帮助其明确真正的问题。在这个阶段，会员只能提问，"问题所有者"也只能就问题做出回答，不得任意发挥。④ 澄清。经过上一轮的问答之后，"问题所有者"重新修正自己面临的问题，这个时候，问题往往比以前更加清晰、聚焦。⑤ 分享和建议。由其他会员向"问题所有者"提出具体可操作的建议，最好是曾经亲历的经验和心得。通过会员的现身说法，给"问题所有者"提供一些切实可行的建议，帮助他们开拓思路，寻找到新的解决方案。⑥ 总结。由"问题所有者"对当天的讨论总结陈词，并给出接下来改进问题的步骤和时间表，最后表达自己当天最大的收获是什么，以及未来还有哪些可以改进的地方。⑦ 反馈。下一次私人董事会时，"问题所有者"会向小组会员汇报其在过去一段时间的实施进展，并征求下一步的建议。

私人董事会一般由咨询管理机构发起，由资深教练负责运营。其特点在于私密性高，只有少数非竞争性行业的企业家参加，且运作保密性强。

三、群体决策的改善

改善群体决策的主要目的在于提高群体决策的效率、决策质量和认可水平。

 例证 7-10

停电则停报[15]

1965 年 12 月，美国北部地区从圣罗伦斯到华盛顿一带发生过一次美国历史上最严重的停电事件，在大停电的那天早上，纽约市所有的报纸除了《纽约时报》之外都没有出版。原来在停电的那天，《纽约时报》当即决定把报纸改在纽瓦克印刷，当时纽瓦克还没有停电，虽有英明决策，但本该发行一万多份的《纽约时报》也只有不到一半到了读者的手中，这其中有个原因。据说当正要将报纸上印刷机工作印刷时，时报总编辑忽然和他的助手争论起来，争论的问题只是一个英文单词该如何分写，争论的理由是该报有一个规定，即出版的报纸不允许有任何文法的错误。据说争论持续了 48 分钟，恰好占去了仅有的印刷时间的一半。在出现意外停电的情况下，总编辑及其助手认识不到保证每天的发行份数已成为更紧迫的目标，从而使上述决策未能贯彻实施。

（一）决策效率

决策效率低通常表现在如下两个方面。

第一，信息交流的非通畅性。在整个决策群体中，信息交流的通畅性是决策效率的重要保证。然而，在我国的决策群体中，信息沟通是一种自上而下单向传递的链式结构，除非正式沟通外，几乎没有什么信息反馈渠道，这样在客观上造成了处于低层次的决策参与者获取充足信息的困难性。同时，由于他们也知道自己在决策制定中的作用很小，也就没有主观上去积极关心与努力的能动性。这种信息的不对等和缺少反馈延缓了决策的制定和执行时间。

第二，决策的"难产现象"。在决策任务比较复杂、决策者处在大体相同的地位时，大家很难在目标选定、后果预测、方案评价以及方案选择上达成一致的看法，并且相互都不能将对方说服。虽然群体可以反复去"议"，但由于缺乏分析和归纳的习惯，彼此之间仍然只是就事论事地围绕问题本身争论不休，因此出现"议而不决""议而难决"的现象。

1974 年，康明格（L. L. Cumminge）、赫伯（G. P. Huber）和奥朗得（E. Arend）对等距离的座位排列方式和其中一个座位与其他座位距离不等的排列形式做了比较研究，实验结果表明，凡是等距排列座位、不突出组长的群体做出的决策的质量都较高，做出决议的时间也较短（较快）且易达成一致意见，如表 7-4 所示。

表 7-4　不同规模群体座位的排列

座 位 排 列	群 体 人 数		
	三 人 组	四 人 组	五 人 组
突出组长	A ● B ● C ●	A ● B ● C ● D ●	A ● B ● E ● C ● D ●
不突出组长	A ● B ● C ●	A ● C ● B ● D ●	A ● B ● E ● C ● D ●

（二）决策质量

决策质量是指决策本身是否有科学依据、是否符合科学的程序、与客观实际差距的大小等方面的情况。中国人的情感决策倾向会影响到决策的质量。对人的假设分为理性和情感两种对立的模式，理性决策模型认为，一个群体无论何时面对决策问题，他们总是以效用作为评判和优选所有备选方案的准则；而情感决策模型认为，群体成员在进行决策活动时都是受其情感支配的，许多情感都是无意识的反应。中国人的群体决策行为更多地倾向于情感决策模型。面对一项决策，中国人首先考虑的是自己采取了某项行动后，别人（如上司、关系网中的其他人）会有什么反应，这种做法极大地限制了决策的科学性和创新性。

此外，由于受中国传统思维中"重先知、轻分析"的影响，人们总是希望从阅历、经验中对未来的问题做出解答，而不愿进行更深入的分析。同时，"唯上"的心理使得领导者个人的经验显得具有决定性的作用。由此导致人们总是以过去的经验指导未来的行动，难免出现失误。在现实中，许多决策分析人员和研究者所做的预分析或可行性研究往往流于形式。究其原因，一方面是由于这些分析本身的不完备性，另一方面则是由于决策者主观上的经验主义导向，这些分析只不过是其整个决策过程的点缀而已。

可见，要提高群体决策的质量，需要从如下三个方面改进决策工作。

（1）重视可行性分析。可行性分析是研究人们在追求某种目标的过程中所出现的各种变化因素，并从这一角度出发，应用现代科学方法进行分析研究，寻求达到目标的各种可行方案，从而为决策论证提供基础条件。群体决策时，要求先对问题进行可行性研究和分析，并以此为根据展开讨论和决策。

（2）消除个人的控制支配。在群体决策时，由于作为群体领导者的个体在组织中具有显赫的地位或者个人特殊身份，他有意无意地会对决策进行控制支配。在讨论问题时，其他成员会按照他的意见、观点去发表看法，进行议论，而把自己的真实意图掩盖起来，"话到舌尖留半句"，见机行事，从而妨碍对问题的分析和讨论，影响群体决策的正确性和科学性。

群体决策的第二次机会[16]

为了防止小团体思维，建议在对一个重大的关键问题进行决策、讨论快要达成统一意见时，不要匆忙做出决议，要创造一个让大家再一次深思熟虑的"第二次机会"。曾担任通用汽车公司董事长、总裁的斯隆就善于采用这种方法。他常在快要做出决议时提出："等一等，我们今天暂时休会，请大家回去再考虑一下，想想有没有不赞成的意见，这件事我们在明天的会议上再做决定。"这样可以使群体成员在较为轻松的气氛中进一步考虑不同的意见，以使做出的决议更趋完善。斯隆还有不过早地参加由他担任主席的会议的习惯，总是直到会议发展到问题可达结论时，他才出场。他希望由于他不在场，可以促进成员没有顾虑地讨论。

（3）克服小团体思维。小团体思维（Group Think）是指高凝聚力的决策群体为了保持一致性，不惜代价地压制不同意见，或者避免考虑和评估其他可供选择的方案。[17-18]凝聚力可以增进群体的绩效，满足成员的归属感、安全感，也可以使群体成员之间存在较好的协作关系。但是当群体凝聚力很强时，群体压力也大，从众倾向也更明显。有时，这会使群体成员有对一致性的强烈要求，而对准确性、正确性考虑较少。在决策过程中，这种倾向可以表现为由于片面地过分追求一致而忽视决策质量。

为避免小团体思维，群体决策时宜注意以下五点：① 不要迫使群体采纳自己喜爱的方案，应真诚地经常使群体成员成为一个个评论者，欢迎别人坦率地提出不同的看法，要支持和保护持异议者表达自己的见解；② 将问题交付群体进行决策讨论时，不要在开始时就表示自己的倾向性意见；③ 除了需要保守秘密的问题外，宜广泛征求多方的意见、也可邀请组外专家参加讨论；④ 可以有意识地指定一位成员专门在群体快要统一意见、即将决策时提出相反的意见，即可以让群体事先推定一个人担任"唱反调"的角色，这个角色可以轮流担任；⑤ 学习辩证法，在任何情况下注意从两个方面来观察问题，正反命题相互作用，就会产生第三种意见。

例证 7-12

小团体思维的危害[17]

　　小团体思维曾使众多企业在管理中遭受惨重的损失。美国最大的铁路公司之一宾夕法尼亚中央铁路的破产就是因为公司的董事们对公司的业务并不十分关心，加之不愿得罪管理部门，矛盾得不到揭露，问题得不到解决，以致陷入不可收拾的地步。福特公司前总裁福特二世在设计埃瑟型汽车的决策过程中不听取下级经理人员的不同意见，坚持己见，不进行正反两面的争议，结果投产后，销售困难，致使公司遭受了很大损失。

（三）决策的认可水平

　　认可水平是指决策是否能被下级理解、接受、容纳和执行，它涉及下级的需要、态度、价值观念、兴趣等因素。事实上，任何决策都必须考虑两方面的问题：一是决策的科学性；二是决策能否被群体成员接受和承诺。有些决策对质量要求高，而对认可水平要求不太严格；有些决策对认可水平要求高，而对决策质量要求不太严格；有些决策则对决策质量和认可水平都有较高的要求。因此，必须针对不同情况，采用不同的决策方法，才能提高决策的有效性。

　　管理心理学家把决策的有效性、决策质量和决策的认可水平三者的关系用下述公式表示

$$ED=Q\times A$$

其中：ED 代表决策的有效性；Q 代表决策质量；A 代表决策的认可水平。

　　美国管理心理学家迈尔设计的决策"四分图"，进一步描述了 ED、Q、A 三者的关系，如图 7-3 所示。

图 7-3　迈尔的决策"四分图"

A/Q、Q/A、Q/AQ、AQ/Q 各代表四种典型的决策问题。针对这四种决策问题，需要

采用不同的决策方法，才能兼顾决策质量和认可水平这两个方面，提高决策的有效性。

第一类，A/Q 类。这类决策是与下级的个人利益密切相关，但对组织的利益无重大影响的决策。如某单位在厂区新建了一批宿舍，拟租给部分干部使用，以方便干部上下班。但由于房少人多，不能满足全部干部的要求，这就需要对哪些人先搬进新居以及每月租金等问题进行决策。这类问题对认可水平要求高，而对决策质量要求不高。因此，最好用下级民主讨论、协商解决的办法，提高下级的认可水平。

第二类，Q/A 类。这类问题与组织利益关系密切，而与下级的利益无直接联系。如企业对投产新产品、进行基本建设、进行技术改造等问题决策，决策质量的高低对企业的损益、未来的发展有重大影响，但与职工生活、工作的直接关系较少，职工对这类问题的兴趣不大。因此，这类问题对决策质量要求高，而对认可水平要求较低，主要应由领导者和有关专家进行决策，以确保决策的质量。

第三类，Q/AQ 类。这类问题与下级利益和组织利益都关系不大，因此对决策质量和下级认可水平的要求都不高。如工会组织部分职工到风景区旅游，需要就人选问题做决策。如果弄得过于严肃反而会把问题复杂化，所以，既不用领导者决策，也不用下级民主协商、讨论，最好是用抽签的办法决定谁去。

第四类，AQ/Q 类。这类问题既与组织利益密切相关，又与下级的利益密切相关，因此它具有高质量、高认可水平的性质。如工厂对每月的生产定额、奖励制度、人员调整等问题进行决策，这既关系到工厂的发展，又关系到职工的切身利益。对这类问题做决策，一般可采用两种方法：一是先由领导或专家进行决策，以保证决策质量；然后把决策的意义对下级进行宣传，提高下级的认可水平。二是实行参与决策，即由领导者或专家组织下级进行民主讨论，让下级积极发表意见和提出建议，然后由领导者参考有关资料、信息，并考虑下级的意见和建议，最后做出决定。这样，既可保证决策质量，又能提高下级认可水平。

第三节　改善管理沟通

日常生活和工作中存在很多沟通问题，如管理沟通、客户沟通问题，甚至会因存在沟通障碍以致出现人际冲突和纠纷。因此，必须克服沟通障碍，调节人际冲突和纠纷，改善管理沟通。

一、沟通问题

许多被调查者认为，自己组织内部存在的主要问题是"沟通"。也许人们从事的职业各不相同，但有一点是共同的，即都需要进行人际沟通。时至今日，我们比以往更迫切地需要与他人打交道，需要更多地、更大量地与他人沟通，但并不意味着我们都善于沟通。

例证 7-13

DLTD 公司管理沟通问题[18]

DLTD 公司作为专为知识型产业人群打造绿色时尚社区的一家房地产企业，面临着销售低迷和公司内部沟通不利的问题。公司内部有些人认为住宅部难辞其咎，连销售中心的销售员都是无精打采的。但是有些部门认为这次的销售低迷应由设计部负责，因为设计部未详细区分消费群体，针对所有的产品都采用高端定位方案，并且在施工过程中不断地修改设计方案，导致工程不得不返工，随着设计、工程成本的增加，住宅的销售价格也不断增加，以致超出了消费者的预期。商业部面对的非议绝不少于住宅部和设计部，许多人认为是因商业运作不力才导致商业配套不能满足消费者的需求。工程部也觉得委屈，公司之前一次性投入了大量土地，而国家出台了囤地行为的处理政策后，政府对开发商不断施加压力，导致工程部不得不大范围动工，但商业部和设计部不断修改方案，使得工程部疲于施工，无暇顾及绿化和体育设施等的质量，才在交房后被消费者指出了各种各样的缺陷。这次 DLTD 面临的问题表面上是销售低迷，实质原因是企业内部管理和沟通不力。公司内部各部门之间不是寻找原因，解决问题，沟通协调，而是相互指责，保护自己，导致内部矛盾激化；组织机构设置不科学，权责不清，对于各部分之间的沟通，没有总的协调部门来处理。

企业中类似的人际沟通或人际关系问题有很多，管理者或员工一直苦于缺乏必要的技能加以应对。2015 年的一项经济学人智库研究发现，由于员工在与其他国家、部门和层级的同事沟通时缺乏信心和技巧，跨国公司可能无法从推动创新的投资中受益。这项名为"创新型企业：跨国企业如何释放创造潜力"的研究发现，受访者在与国内同事沟通时的信心水平为 96%，但与其他国家的同事沟通时的信心水平降到了 72%。

英孚教育企业解决方案总裁彼得·伯曼（Peter Burman）说："显然，员工们在与其他国家同事沟通时缺乏信心这一问题将成为阻碍创新实现的障碍。企业必须重新思考他们所需的技能，提高员工的信心，让他们愿意与其他层级、部门和国家的工作伙伴分享想法。"

另外，上述研究发现，在 350 名受访者中，有 81%都认为提高员工的跨国沟通技能会提高公司的创新能力，而近 30%参与调查的公司承认在沟通技能方面的投入不足，甚至没有这方面的投入。研究还发现，尽管 CEO 们经常采用想法共享流程（95%），但在公司高管层外，它的使用频率低很多，经理层为 78%，部门主管层为 77%。因此，正式流程很可能无法让每个人都参与创新。

总而言之，正是因为企业存在大量的沟通问题，企业员工都需要学习沟通理念和提高沟通技能，在我们的管理教育特别是高层次管理和商务教育中应当重视管理沟通。

二、人际冲突

（一）人际冲突的含义

人际冲突是指被人们感知到的一种价值观或目标上的矛盾状态并伴有敌意，阻碍对手取得成功的行为以及情绪上的敌意。

冲突对任何组织而言都是不可避免的。人们对冲突是好是坏的认识经历了一个发展过程。传统观点认为，所有的冲突都是不良的、有害的、消极的，是应该避免的，它常常作为争吵、暴乱、破坏、非理性的同义词。

人际关系观点认为，对于所有团体和组织来说，冲突都是伴随组织产生而自然发生的现象。由于冲突无法避免，人际关系学派建议接纳冲突，使它的存在合理化，并认为冲突不可能被彻底消除，有时它还会对团体的工作绩效有益。

相互作用观点不仅接受而且鼓励冲突的存在。它认为，融洽、和平、安宁、合作的组织容易对变革的需要表现出静止、冷漠和迟钝。因此，该理论认为，管理者应当维持一种最低水平的冲突，这能够使团体保持旺盛的生命力，使成员善于自我批评和不断创新。

近年来，人们越来越认识到冲突是不可避免的，而且冲突并不一定都是消极的。冲突应当分为两类，即破坏性冲突和建设性冲突。凡利于达成组织目标的冲突就是建设性冲突，只有那些对达成组织目标起阻碍作用的冲突才是破坏性冲突。因此，不能一概地反对或避免冲突，重要的是要设法控制和驾驭冲突，使其有利于组织目标的达成。表7-5对建设性冲突和破坏性冲突做了比较。研究表明，任何组织都要有适量的冲突。冲突过多，要设法降低；冲突过少，要设法加强。

表 7-5　两种不同性质的冲突

建设性冲突	破坏性冲突
双方对实现共同目标的关心	不愿意听取对方的观点或意见
乐于了解对方的观点或意见	双方由意见或观点的争论转变为人身攻击
大家以争论问题为中心	双方对赢得观点的胜利最为关心
双方交换情况日益增加	互相交换情况日益减少，以致完全停止

（二）人际冲突产生的原因

人际冲突涉及人的问题，其引发因素来自多个方面，大体总结为如下三个方面。[19]

（1）沟通方面。语义理解困难、相互误解、相互之间少有沟通或沟通过于频繁以及在沟通渠道中的噪声等都可能引起人际冲突。

（2）组织方面。组织变动、组织规模过大、组织中责权不清、组织中领导的风格不具有亲和力、奖酬体系不合理、分配给成员的任务与能力不符等均可导致人际冲突。

（3）个人方面。由于多方面的原因，每个人的价值观、世界观不同，因此引起了人们对相同问题的看法各异。而且许多人在人际交往时容易只站在自己的立场上，希望别人能够理解自己，却忽略了别人内心的想法，经常觉得自己是正确的，别人应该听自己的，或者爱用自己的标准去要求别人。每个人的内在素质与处事风格不同，在工作过程中，难免会产生一些摩擦。

以上引发人际冲突的三个方面中最本质的是沟通方面，其他两个方面也源于人与人、人与组织、组织与组织之间的交流、沟通的不足。沟通所导致的人际冲突主要是源于沟通障碍的存在。

随着经济全球化和文化多元化的发展，全球不同文化间的交流日趋频繁，在此过程中，难免会出现不和谐甚至冲突。来自不同文化背景的人们，如果解决冲突的方式不同，就可能会加剧对彼此的敌意和误解，甚至会导致冲突升级。

（三）冲突管理策略

过去，社会心理学家用一维空间——从竞争到合作来表述人们的冲突行为，认为有的人倾向合作，有的人倾向竞争，有的人则介于两者中间。近年来，许多研究说明这种看法不能全面地反映人们的冲突行为，因此有人提出了两维空间模式，如图 7-4 所示。图中横坐标表示"合作"（即指满足他人的利益）的程度，纵坐标表示"武断"（指满足自己的利益）的程度。[20]在这个两维模式里，有五种处理冲突的策略，即强制、回避、妥协、克制和解决问题。

图 7-4　冲突处理的两维模式

（1）强制：不合作，而且高度武断。也就是说，为了自己的利益，牺牲他人的利益。

（2）回避：合作与武断都很低，对自己和他人的利益都缺乏兴趣。

（3）妥协：两个维度都取中间程度，寻找一种权宜的可被接受的解决方法。

（4）克制：合作精神很高而武断程度很低，牺牲自己的利益去满足他人的利益。

（5）解决问题：对于自己和他人的利益都给予高度的关注。

托马斯认为，解决冲突必须注意人与人之间的沟通技巧，并适当地确定解决问题的次序，以此来协调"武断"和"合作"，求得建设性的解决冲突的方式。[21]冲突双方为了争取一个目标，其中一种结果是一方胜利，另一方失败。还有一种处理结果是，双方都有所失或者都没有满足原来想达到的要求，这种处理冲突的出发点是：大家都吃一点儿亏总比一方什么也没有得到要好，采取的策略往往是回避或者折中。这与一胜一负的办法相比，风险较小，花费也较少。而管理心理学家布莱克（R. R. Blake）和莫顿（J. S. Mouton）则提出了第三种处理冲突的方式。[22]这是一种双赢的方法，可使双方都感到自己是胜利者。这种方法要经过精心安排，促使双方协作，共同解决问题，任何一方都不要试图征服另一方。它要求双方直接地、坦率地交换意见，自我克制，相互尊重和信任，消除敌意和猜疑，最后找到双方都满意的解决方案，使双方都有一种"获胜"的感觉。

伯克（R. J. Burke）就上述各种冲突处理方法的有效程度进行过调查研究后发现，使用"解决问题"策略，能够有效地处理冲突；使用"强制"策略，效果很不好；使用"回避和克制"策略的情形一般很少，即使使用，效果也不好；采用"妥协"策略，效果好的占 11.3%，效果不好的占 5.7%。表 7-6 列出了上述五种处理冲突的策略的有效性。[23]

表 7-6　五种处理冲突的策略的有效性

策　　略	有效果/%	没有效果/%
回避	0.0	9.4
克制	0.0	1.9
妥协	11.3	5.7
强制	24.5	79.2
解决问题	58.5	0.0
其他（包括还未解决、无法讲明如何解决的问题）	5.7	3.8

此外，沟通专家总结出了以下十种处理人际冲突的策略，可按冲突的性质和原因的不同而加以选择。

（1）顺其自然法，即避免面对不同的意见，或是延续调整的时间，拖延面临的对抗。

（2）息事宁人法，即强调想法共同之处，而忽略不同的部分。

（3）强势支配法，即运用权势强迫别人听从命令，很直接地控制或者拒绝。

（4）订立规则法，即以客观、相对公平的规则作为处理分歧意见的基础。

（5）和平共存法，即在彼此协议下，维持各存己见的状态，保留不同的意见。

（6）讨价还价法，即以协商、交易的方式消除彼此的冲突。

（7）弃子投降法，即放弃自己的想法，完全以对方的意见为意见。

（8）全力支持法，即在可容忍和允许的范围内，给予对方最大的支持，给予对方下放权力。

（9）携手合作法，即将大家的意见整合在一起，一起工作去获得一个双赢局面。

（10）重组群体法，即将该群体解散，重新组织。

三、有效沟通和改善沟通

组织有效沟通和改善沟通的策略和工具主要包括如下四个方面：① 保证正式沟通渠道通畅；② 学会积极倾听；③ PAC 分析；④ 周哈利窗口分析。

（一）保证正式沟通渠道通畅

首先，组织必须建立发布指示、例会、个别交谈、建议、员工态度调查、申诉等制度，保证正式沟通渠道通畅。组织必须对以下四个主要的信息沟通网进行审核：① 在政策、规程、规定、上下级关系等方面与管理或工作任务有关的网络；② 与解决问题、召开会议和提出改革建议等方面有关的创新网络；③ 凡与表扬、奖励、晋升以及其他企业目标和个人目标联系起来的各种工作有关的笼络人才的网络；④ 与公司的出版物、布告栏以及小道消息等有关的信息构成的网络。

其次，组织要想提高沟通的效率，还必须根据组织特点和具体的环境条件，利用一些可以改进组织沟通的技术。一般来说，有以下三种。

1. 建议和咨询制度

通过征求非管理雇员对改进工作的意见来加强上行沟通，以体现一种鼓励提出有益意见并防止意见通过指挥链条被过滤掉的正式意图。实行建议制度能够使组织在以下四个方面有所提高：① 促进工作环境、技术、方法的改善，提高工作效率；② 增进员工工作兴趣，加强团体意识和合作精神；③ 帮助员工发泄怨恨、愤懑的情绪，使心情趋于平和；④ 由建议制度而发掘员工才能。

与建议制度有关的是咨询制度，它提供了一种答复雇员提出的有关组织问题的正式手段。当问题和答复范围广泛时，这种制度可促进双方有效沟通。许多组织在其雇员读物中设有问题和答复专栏，内容范围包括从津贴到公司股票等各种问题。

例证 7-14

东华纺织员工建议的丰硕成果[24]

江苏东华纺织有限公司在 2003 年就下发了"关于组织员工开展提合理化建议活动的意见"文件。十年间，公司收到建议 923 条，支付奖金 41.6 万元，采纳实施建议 609 条，累计增收节资 1 180 万元。在开展提建议活动中，东华纺织有限公司既重物质奖励，又重精神鼓励，同时还注重骨干引领。中层管理人员每人每月提建议不少于 2 条，班长不少于 1 条，列入月度绩效考核兑现。

2. 对主管进行人际沟通训练

适当的人际沟通训练能够改进主管的沟通技能。在如何处理棘手的问题方面，信心十足的主管人能够更好地掌握社会情感和任务要求之间的平衡。人际沟通训练特别注重下行沟通，这是因为一个人的态度和情感的流露会提高接收者的交互作用。因此，能够有效地进行下行沟通的上级反过来也能够上行沟通。

例证 7-15

联想的隔级面谈制度[25]

联想集团从 2003 年起在全公司范围内实施了"隔级面谈"制度，就是要求所有管理者至少"向下看两级"，使自己对团队的了解深度和广度进一步扩大，同时也为员工提供一个越级反映问题的合理渠道。隔级面谈的形式强调"单独"和轻松，每次面谈都是一对一的，而且地点不选在办公室，以便营造一个非正式的、轻松的环境，使沟通双方能够更加自如地交流。联想的隔级面谈已经形成了一个完整的制度，并且纳入了考核体系。

3. 雇员调查和调查反馈

运用调查表对现有雇员的态度和意见进行调查是一种有用的上行沟通手段。因为调查通常以匿名回答的调查表进行，雇员们可以自由表达自己的真实观点。一次有效的雇员调查应包含雇员确实关心的问题和有益于实际目的的信息。调查专家必须以一种易于被管理部门理解的方式对结果进行概括总结。

定期开展这类调查特别有用，经理们能够察觉到在雇员情感方面值得注意的变化。例如，对工资满意程度的急剧下降可能是劳工纠纷的先兆和需要修改补偿合同的信号。当来自管理部门的答复和任何变革计划的调查结果反馈到雇员时，雇员就会意识到，他们的议论和看法已被管理部门听到和加以考虑，这将加强下行沟通，提高沟通的效率。

此外，组织要鼓励以下行为：① 采用个人接触，如进行个别谈话、饮食招待、家庭访问或友谊集会等。② 促进意见交流，如举行周会及月会，报告工作状况及问题、解决方法；举行主管会议，交换意见与情报资料；出版刊物及公报，对组织事务做有计划的报道；对新任职员做职前教育，并介绍其与大家认识；实施政务公开，如人事、财务、意见及其他事项等；迅速澄清谣言，但不重复散布；减少公文流程；给予员工公开发表意见的充分机会与权利。③ 鼓励团体活动，如举办工作座谈会，组织员工俱乐部，成立参考图书馆，举办展览会，举办参观、郊游或团体旅行，发起聚餐及茶会，设置娱乐节目，举办各项体育活动和消遣活动等。

例证 7-16

盖洛普 Q12 员工满意度调查[26]

盖洛普通过对 12 个不同行业、24 家公司的 2 500 多个经营部门中的 105 000 名员工进行数据收集与分析发现，有 12 个关键问题最能反映员工的去留、公司利润、效率和顾客满意度这四个事关企业长远发展的硬指标。这 12 个关键问题就是著名的"盖洛普 Q12"。

具体问题如下。

1. 我知道对我的工作要求吗？
2. 我有做好我的工作所需要的材料和设备吗？
3. 在工作中，我每天都有机会做我最擅长做的事吗？
4. 在过去的六天里，我因工作出色而受到表扬吗？
5. 我觉得我的主管或同事关心我的个人情况吗？
6. 工作单位中有人鼓励我的发展吗？
7. 在工作中，我觉得我的意见受到重视吗？
8. 公司的使命目标使我觉得我的工作重要吗？
9. 我的同事们致力于高质量的工作吗？
10. 我在工作单位有一个最要好的朋友吗？
11. 在过去的六个月内，工作单位有人和我谈及我的进步吗？
12. 过去一年里，我在工作中有机会学习和成长吗？

从上面的问题中可以看出，这套著名的问卷既涉及员工的学习成长、职场交友、事业感与成就感，又涉及企业的人力资源配置、绩效管理与公司文化。通过对其所反映出的问题进行有针对性的改进，将从员工个人与组织整体两个方面来综合提高企业的管理水平。

（二）学会积极倾听

倾听与交谈同样重要。据国外的调查，许多管理人员在一天中有40%的时间都是用于倾听的。实践表明，倾听能力是可以通过训练提高的。然而，倾听并不只是听到别人传递过来的声音，它包括积极感知传递者的信号，精确地评估它们，并恰当地做出反应。只有当信息传送者所打算传出的信息被倾听者收到并且理解时，倾听才是有效的。图7-5列出了积极倾听策略的基本要素，即感知、评估和反应。

图 7-5　积极倾听策略的基本要素

1. 感知

感知是指从传送者处接收信号并保持注意的过程。这些信号包括词语、语音、语速、声调、非言语线索等。通过推迟评估、避免中断以及保持兴趣，积极倾听者可改善感知：
① 推迟评估。许多倾听者受第一印象的影响，很快地从说话者信息中的某种观点出发，先入为主，结果未能接收到重要的信息。积极倾听者应该抱着一种开明的心态，不要急于做出评估，要让说话者把话说完。② 避免中断。中断说话者的陈述会带来两种负面的影响：一方面，这样做中断了说话者的思想，因而倾听者无法接收到完整的信息；另一方面，中断会让人猜测说话人将要讲什么，因而过早地中断会导致对说话者思想的评估。
③ 保持兴趣。相反地，用一种积极的看法，即认为谈话总会有某些有价值的东西存在，来对待谈话，我们就能随时保持兴趣。

2. 评估

评估是指理解信息的含义，评价信息，并保持对信息的记忆。为改善谈话中的评估，积极倾听者必须对说话者表示同感，并对接收到的信息进行组织：① 同感。同感就是说要设身处地、站在他人的角度来试图理解他人言语以及非言语的意思。积极倾听者必须对说话者的情感、思想和处境表示理解和敏感。② 组织信息。倾听者处理信息的速度比说话者的讲话速度要快近三倍。一般地说，倾听者处理信息的速度是每分钟 450 个词，而说话的平均速度是每分钟 150 个词。因此，前者很容易分心。积极倾听者要善于利用空余时间组织信息，对它们加以归纳总结。当对方说完之后，试图总结一下对方的讲话就是一个很好的做法。

3. 反应

反应是指倾听者用一些话语、动作等鼓励和支持谈话继续下去。反应是对说话者的反馈，能够鼓励和引导说话者的谈话，显示兴趣和澄清信息有助于倾听者做到这一点。眼神接触以及在谈话过程中以"噢，真的！""我明白了"等言语都能够显示倾听者的兴趣。澄清信息是指积极倾听者在谈话过程中以"因此你说的是不是……"来重新解释说话者的意思，并征求说话者的答复，这样做既能显示倾听者的谈话兴趣，又能帮助其判断自己的理解是否正确。

例证 7-17

我愿做善于倾听的人[27]

对摩根大通银行全球贸易业务主管丹尼·柯毅（Daniel Cotti）进行专访时，他说："我愿做善于倾听的人。"他还说："选择合适的人才，努力工作，倾听，倾听，再倾听！倾听客户的声音，倾听竞争者的声音，倾听员工的声音！据此做出正确的决策。"善于倾听的丹尼率领他的贸易团队取得了不错的开局，2010 年，摩根大通银行被《贸易福费廷》评选为"全球最佳贸易银行"。

（三）PAC 分析

1. 相互作用分析（即 PAC 分析）的概念

相互作用分析是伯恩（Eric Berne，1910—1970）在他的《大众的游戏》一书中提出的一种提高人际交往能力和促进信息沟通的方法。[28]相互作用分析的理论基础是心理学上的"自我状态"，即认为每个人在心理性格上有三种自我状态：父母自我状态、成人自我状态和儿童自我状态，分别用 P、A、C 表示。这三种状态是一个人在其成长过程中逐步形成而成为心理结构的组成部分。当两个人交往对话时，实际上就有六种状态进行相互作用。

上述三种自我状态可以分别用简单的形容词来描述：父母自我状态是"权威的""教诲的"；儿童自我状态是"情感的""感觉的"；成人自我状态是"理智的""逻辑的"。根据相互作用分析理论，"父母自我状态"和"儿童自我状态"对客观世界的感受和反应往往并不一贯，而"成人自我状态"的思考与反应则具有统一性和一贯性，因此理想的互相作用是"成人刺激"和"成人反应"。上述三种心理状态汇合为人的性格，而且蕴藏在人的潜意识之中，在一定条件下会不自觉地表现出来。在每一个人身上，三种心理状态的比重并不相同。表 7-7 列举了 PAC 结构的管理人员的行为特征。

表 7-7　PAC 结构的管理人员的行为特征

PAC	行 为 特 征
高低高	喜怒无常，难以共事，个人支配欲强，有决断力，喜欢被人称赞、捧场和照顾
高低低	墨守成规，按规矩办事，家长作风，养成下属的依赖性，是早期工业革命时代的经理人物，现在已不合潮流
低低高	有稚气，对人有吸引力，喜欢寻求友谊，用幼稚的幻想进行决策，讨人喜欢但不是称职的经理

续表

PAC	行 为 特 征
低高低	客观，重视现实，工作刻板，待人比较冷漠，难以共处，只谈公事、不谈私事，别人不愿与他谈心
高高低	容易把"父母"的心理状态过渡到"成人"状态，若经过一定的学习和经验积累，可成为成功的组织家
低高高	最理想的管理人员，"成人"和"儿童"的良好性格结合在一起，对人对事都能做好

2. 相互作用的类型

相互作用分析原理可用来研究信息沟通行为，这是因为通常人们进行信息沟通时往往处在某一种自我状态，而且常常可以由某一种自我状态转变为另一种自我状态。作为组织管理人员，必须了解下属在沟通中处于何种自我状态，以便做出适当的反应和引导。从相互作用分析的角度出发，信息沟通可以有如下两种主要形式。

（1）平行沟通。平行沟通是一种在符合正常人际关系的自然状态下的反应，也是被人所预期的反应。这时，相互作用是"平行"的，即当甲处于某种自我状态与乙交流时，乙以甲所期望的相应的状态予以反应。

和比尔·盖茨讨价还价的员工[29]

2003年元月，唐骏接到比尔·盖茨秘书的电话，说盖茨会在2月4日访问中国，请提前做好安排。唐骏一看日历，马上说这个日子不合适。秘书说："盖茨的行程很早就定下来了，我改不了。"

唐骏直接把电话打给盖茨，盖茨很诧异地说："唐骏，你在微软做了这么多年，应该知道，我的计划是一年前定下来的。"唐骏也不急，只是很巧妙地用一个数据改变了盖茨。唐骏说："您知道吗？我们中国的春节是5 000年前就定下来了的。"盖茨很可爱地妥协了，把自己所有的行程调整了一下，2月28日到了中国。

（2）交叉沟通。在某一交流中，如果得到的不是适当的反应或预期的反应，就可能成为交叉沟通。这时，相互作用是交叉的，这种情况与平行沟通正好相反。

理解了相互作用分析的原理，人们就能在交往中有意识地觉察自己和对方所处的自我状态，做出适当的反应，避免发生交叉沟通，使信息沟通渠道能够畅通无阻。相互作用分析的一个重要原则是尽量以成人的自我状态控制自己，并以成人的语调和姿态来对待别人，同时也要鼓励和引导对方进入成人的自我状态。例如，当对方是P—C状态时，若能用A—A状态对待，往往可以将对方引导到A—A状态，从而转入平行沟通。

相互作用分析的教育[30]

美国一家航空公司用影片作为教材，进行相互作用分析的教育。其内容是：航空公司一位女售票员在售票，有几位顾客在窗口排队。她在接待两位男顾客，为他们安排旅行日程计划。后面一位女顾客等得不耐烦了，就开口训斥这位女售票员："你是在售票还是在谈情说爱？"这位女售票员的反应不是反唇相讥，而是将局面扭转到"成人—成人"的自我状态。她说："非常抱歉，让你久等了，很对不起，你需要什么？如果你有急事，请和他换一下，我先给你办。"这样一说，女顾客平心静气地回到了自己的位置上，说："没问题，你抓紧给他办吧。"事情就顺利过去了。看完这段影片，让受训者联系相互作用分析的原理，讨论分析这位女售票员为什么能顺利地处理这一场口角，从而收到了教育效果。

（四）周哈利窗口分析

周哈利(Johari)认为，按自我、他人对自己的信息的了解程度，沟通分为四个窗口[31-32]，即公众我、隐私我、背脊我、潜在我，如图7-6所示。

图 7-6　周哈利窗口

图7-6中左上单元称为"公众我"，是我知人亦知的情况，如果沟通这部分信息，在双方之间不会存在障碍。左下单元为"背脊我"，是己不知而人知，如上级对自己的看法。这时如果对方不给信息，自己就无法理解对方的行为、决定及潜能。右上单元为"隐私我"，是己知而人不知，如自己不愿他人了解的隐私，这实际上是给自己戴上了假面具的沟通方式，虽然对自己有保护作用，但影响了正常的交流。右下单元为"潜在我"，是己不知人亦不知，一般情况下，这样的沟通将无法进行。

要想提高沟通的有效性，就要从两方面进行工作：第一方面是增加自我表露的程度，这可以使隐区转为明区，这种方法要求人要诚实，并与对方分享信息。第二方面是提高反馈程度，这可以使盲区转化为明区。

1. 自我表露

自我表露是人们向他人讲述和分享关于自己的任何信息。人们通过自己所说的话和在别人面前展示自己的方式，时常会无意识地表露自己的很多信息。通常向他人表达自己的这种能力是个体成长和发展的基础。无自我表露的个体会压抑自己的真实情感，因为表露会对自己产生一种威胁。相反地，完全自我表露的个体，即向遇到的任何人都大量表露自我的人，实际上不能与他人沟通，因为他们太专注于自己。在上级和下属之间、团队成员和顾客之间，合适的自我表露能促进对话，分享与工作相关的问题。

一个人在组织中的层次常使自我表露复杂化。个体会抑制自己对那些拥有较高正式权力的人进行自我表露，因为他们拥有奖励或惩罚的权力。即使一个下属愿意并且能够在工作中以合适的形式进行自我表露，认为上级值得信任，即上级不会用表露出来的信息惩罚、胁迫、嘲笑他，也会影响其自我表露的形式和程度。

2. 反馈

反馈是指人们与别人分享自己关于他人的看法、想法和感受。当人们对他人的观点或建议做出反应时，反馈包括个体的感受或抽象的想法。反馈的情感感受根据个体关注的方面的不同而变化。当你想要取得沟通成果时，反馈应该是支持性或修正性的。因此，建设性的不同反馈是促进沟通的一个重要手段。

例证 7-20

"告诉戴尔" [33]

在"告诉戴尔"项目中，戴尔公司内部每半年举办一次参与率达90%以上的员工调查，其目的就是衡量戴尔所有培训项目的实施效果。调查结束后，戴尔会根据每一级员工的反馈制定出标准，衡量经理的管理优劣和领导的领导能力。简而言之，戴尔希望由员工的投票来评判戴尔的管理人员是否取得了进步。这是能够得到员工就发展能力、管理效率等方面的问题向公司提供最真实反馈的好办法。

3. 理想的管理者

霍尔（J. Hall，1973）认为，要想提高沟通的有效性，可从两个方面着手：第一，增加自我表露的程度，使隐私我转向为公众我；第二，提高反馈程度，使背脊我转化为公众我。依据这两种改进方法是否被管理者使用和怎样使用，我们分析出四种类型的管理者，即 A 型（自我表露少，反馈也少）、B 型（自我表露少，但反馈多）、C 型（自我表露多，但反馈少）、D 型（自我表露多，反馈也多）。结果表明，比较理想的管理者和领导者是 D 型。

管理者一旦了解了自身在沟通中的问题之后，便需要采取有效的对策加以克服。比方说，对大权独揽者，对策是逼迫自己少动手，锻炼下属，帮助员工掌握正确方法，授之以渔。对推诿责任者，对策是牢记勇于出头负责是保住职位的最好办法，是取得信任和尊敬的机会。对经常抱怨下属者，对策是遇事先问问自己："我听取下级的建议了吗？我了解全面情况吗？我事先提出防范措施了吗？"养成先责己、后责人的习惯。对高高在上者，对策是多到第一线，多与基层接触，倾听下属的心声。

本章小结

➢ 沟通是信息源通过某种管道把信息（观点、情感、技能等）传送到目的地的过程。

➤ 按沟通方式的组织化程度，沟通可分为正式沟通和非正式沟通；按沟通所借用的媒介的不同，沟通可划分为语言沟通与非语言沟通；按沟通的方向划分，沟通可分为单向沟通和双向沟通；按照信息的流向，正式沟通可分为上行沟通、下行沟通和平行沟通三种形式。

➤ 群体决策是由群体中多数人共同进行决策，它一般是由群体中的个人先提出方案，而后从若干方案中进行优选。群体决策的主要方法包括会议讨论决策法、列名群体决策法、头脑风暴法、私人董事会。

➤ 组织有效沟通和改善沟通的策略和工具主要包括如下四个方面：① 保证正式沟通渠道畅通；② 学会积极倾听；③ PAC 分析；④ 周哈利窗口分析。

 思考练习题

一、选择题

1. 根据 PAC 理论，在一般情况下，（　　）自我状态是解决问题或使对话持续下去的主要途径。

（1）儿童　　　　　　（2）父母　　　　　　（3）成人

2. 每周一的员工例会属于（　　）。

（1）下行沟通　　　　　　　　　　（2）上行沟通

（3）非正式沟通　　　　　　　　　（4）混合沟通

3. PAC 理论的提出者是（　　）。

（1）霍尔（J. Hall）　　　　　　　（2）卢夫特（J. Luft）

（3）伯恩（E. Berne）　　　　　　（4）布莱克（R. R. Blake）

二、简答题

1. 什么是小团体思维？

2. 回忆你最近经历的一次人际冲突过程，你和对方分别采用了何种应对策略？有效吗？

3. 组织有效沟通和改善沟通的策略和工具主要包括哪四个方面？

 心理测试

倾听商数测验[34]

如果你想知道自己是否具有良好的倾听技巧，即在沟通过程中是否是一个积极的倾听者，那么一般可以通过了解自己的倾听商数（Listening Quotient）来测定。在表 7-8 中，根据你的真实态度和行为，圈出右边列出的最接近你倾听习惯的数字，然后把你所选的数字加起来，将你所得总分同评分标准相比较，就可以知道你的倾听能力了。如果你的能力尚不足够，那么你应该接受有关倾听技能的教育和训练。本测试约需 10 分钟。

表 7-8 倾听能力测验表

序号	态度和行为	几乎都是	常常	偶尔	很少	几乎从不
1	你喜欢听别人说话吗	5	4	3	2	1
2	你会鼓励别人说话吗	5	4	3	2	1
3	你不喜欢的人在说话时，你也注意听吗	5	4	3	2	1
4	无论当事人是男还是女，年老还是年轻，美丽还是丑陋，你同样都注意听吗	5	4	3	2	1
5	朋友、熟人、陌生人在说话时，你同样都注意听吗	5	4	3	2	1
6	你是否会目中无人或心不在焉	5	4	3	2	1
7	你是否注视当事人	5	4	3	2	1
8	你是否忽略了足以使你分心的事物	5	4	3	2	1
9	你是否微笑、点头以及使用不同的方法鼓励他人说话	5	4	3	2	1
10	你是否深入考虑当事人所说的话	5	4	3	2	1
11	你是否试着指出当事人所说的意思	5	4	3	2	1
12	你是否试着指出当事人为何说出那些话	5	4	3	2	1
13	你是否让当事人说完他所要说的话	5	4	3	2	1
14	当事人在犹豫时，你是否鼓励他继续说下去	5	4	3	2	1
15	你是否重述当事人所说的话，弄清楚后再发问	5	4	3	2	1
16	在当事人讲完之前，你是否避免批评他的意见	5	4	3	2	1
17	无论当事人的态度与用词如何，你都注意听吗	5	4	3	2	1
18	若你预先知道当事人要说什么，你也注意听吗	5	4	3	2	1
19	你是否询问当事人有关他所用字词的意思	5	4	3	2	1
20	为了请当事人更完整地解释他的意见，你是否询问他	5	4	3	2	1

评分标准：90~100 分，你是一个优秀的倾听者；80~89 分，你是一个很好的倾听者；65~79 分，你是一个勇于改进、良好的倾听者；50~64 分，在积极倾听方面，你确实需要再训练一下；50 分以下，需加强集中注意力训练。人们的倾听能力呈正态分布，即优秀的倾听者和蹩脚的倾听者都较少，大部分是倾听能力一般、需要改进和再训练的倾听者。

 管理游戏

7-1 阅读能力测试

1. 做事之前先通读全部资料。
2. 将你的名字写在本页的右上角。
3. 将第二句中的"名字"这个词圈起来。
4. 在本页的左上角画五个小方格。
5. 大声叫你的名字。

6. 在本页的第二个标题下再写一遍你的名字。

7. 在第一个标题后面写上"是"。

8. 把第五个句子圈起来。

9. 在本页的左下角写个"×"。

10. 如果你喜欢这项测试就说"是"，不喜欢就说"不"。

11. 请大声叫一下自己的名字。

12. 在本页右边的空白处，写上一个 66×7 的算式。

13. 在第四个句子中的"本页"这个词周围画个方框。

14. 如果你认为自己已仔细地按要求做了，就叫一声"我做到了"。

15. 在本页左边的空白处写上 69 和 98。

16. 用你正常讲话的声音从 10 倒数到 1。

17. 站起来，转一圈，然后再坐下。

18. 大声说出："我快干完了，我是按要求做的。"

19. 如果你是第一个做到这一题的，就说："我是执行要求的优胜者。"

20. 既然你已按第一句的要求认真读完了全篇内容，然后只需做好第二句的要求就算完成任务。

做到这里，请写下你完成上述"三分钟测试题"所花的时间：＿＿＿＿＿＿＿＿分钟。

7-2 归队

游戏目的：沟通与协调。

游戏人数：不限。

游戏工具：笔、纸、眼罩、粘贴纸。

游戏规则：

（1）将队员分组、编号。

（2）将队员与同队队员的位置错开，分别站到不同的指定位置，戴好眼罩，所有队员不许说话，队员在听到教官发出开始的口令后，开始寻找自己的队友，按编号站好。

（3）安全示范：一只手放在眼前 30 厘米的位置，掌心向外，一只手放在小腹前 30 厘米处（女生放在胸前），掌心向内。

（4）开始计时，用时最少的队获胜。

回顾与分享：

分享团队合作活动的过程（如何沟通）。

 案例分析

"5－15 报告"法

麦克尼利斯集团（McNellis Group）行政总裁麦克尼利斯（Jerry McNellis）采用了一种叫作"5—15 报告"的工作程序。其方法是：每位职员每周须提交一份报告，报告必须能在 15 分钟内写完，能够让读报告的人在 5 分钟内读完。报告共分三个部分。

（1）简要地叙述本人一周以来的工作情况。

（2）坦率地叙述本人的精神面貌及周围同事的士气。

（3）一条针对本人工作、本部门或公司的改进建议。

使用这种工作程序一段时间之后，麦克尼利斯发现报告的第三部分中很少出现有益的建议，而往往充斥着空洞无物的官样文字。因此，他删掉了这一部分，却保留了这一基本程序作为企业内部沟通的主要手段。

"5—15 报告"主要汇报客户出现的情况、正在起草中的提案、可圈可点的会议、出现的问题和新的计划等。这种工作程序为员工提供了一个论坛，人们可以在这里分享成功经验，对同事表示慰问，寻求帮助，提出建议，发泄愤怒或传递一些大家感兴趣的信息。

麦克尼利斯集团的内部报告中还有一个非常重要的内容，就是员工的个人生活，诸如孩子出生、亲属去世、同事结婚等。由于这种内容每周都有，而且人人均可读到，所以大家彼此之间能够相互了解，深入交流。

设计这种报告体系是用来通报大家共同感兴趣的情况的，但麦克尼利斯注意到：这种报告常常能够促使员工进行深层次的个人交流。他补充道："我非常仔细地阅读这些报告，尤其是有关精神面貌的部分。我经常会对报告中的某些内容做出批示，然后发还给报告提交人，这样就形成了一个快速高效的反馈循环。"

（本案例源于网络并经作者加工整理）

问题讨论：

1. 根据沟通的原理分析麦克尼利斯集团的"5—15 报告"法是怎样有效地消除沟通障碍、促进沟通的。

2. 请集思广益，提出"5—15 报告"法的改进意见和建议。

参考文献

[1] 曹正进. 组织行为学[M]. 北京：经济管理出版社，2007.

[2] SHANNON C E, WEAVER W. The mathematical theory of communication[M]. Urbana, Chicago, London: The University of Illinois Press, 1949.

[3] 张望. 韦尔奇的"奇异"管理[J]. 财会月报，2000：2.

[4] 苏小玲. 网络谣言给企业造成的危害及应对策略[J]. 中国商界，2010（09）：300.

[5] 张昊民，李倩倩. 管理沟通[M]. 2 版. 上海：格致出版社，2015.

[6] MEHRABIAN A. Communication without words[J]. Psychology today, 1968(1): 52-55.

[7] 陈颐. 一美元与八颗牙[J]. 思维与智慧，2012（24）：43.

[8] HALL E T. The hidden dimension: man's use of space in public and private[M]. Garden City, N.Y.: Bodley Head, 1966.

[9] 陈丽君，胡超丰. 信息技术下组织内部人际沟通与管理效能[J]. 技术经济与管理研究，2001（02）：64-65.

[10] 杜慕群. 管理沟通[M]. 北京：清华大学出版社，2009.

[11] 杨斌. 跨文化经营的挑战[J]. 北京工商大学学报，2002（02）：56-58.

[12] 邱硕. 海尔在美国的跨文化管理研究[J]. 广西质量监督导报，2019（01）：108.

[13] 佚名. 通用电气的全员决策[J]. 黑龙江粮食，2007（02）：31.

[14] 荷尔瑞格. 组织行为学[M]. 胡英坤，等，译. 8版. 大连：东北财经大学出版社，2001.

[15] 彼得·德鲁克. 卓有成效的管理者[M]. 许是祥，译. 北京：机械工业出版社，2009.

[16] 伍云. 简议几个心理因素对决策的负效应及对策[J]. 桂海论丛，1998(04)：73-76.

[17] 龚敏. 组织行为学概论[M]. 武汉：武汉大学出版社，1997.

[18] 周丽娜. DLTD公司管理沟通案例研究[D]. 大连：大连理工大学，2012.

[19] 彭增安. 跨文化冲突的成因及处理方式研究[J]. 河南师范大学学报，2010（01）：262-263.

[20] 蒋爱先，陈靖莲. 人力资源开发与管理[M]. 大连：大连理工大学出版社，2009.

[21] THOMAS K W. Thomas-kilmann conflict mod[J]. TKI profile and interpretive report, 2008(1):1-11.

[22] BLAKE R R, MOUTON J S. The managerial grid[M]. USA: Gulf Publishing, 1964.

[23] BURKE R J. Methods of resolving interpersonal conflict[J]. Personnel administration, 1969, 32(04), 48-55.

[24] 刘国祥. 东华纺织坚持十年开展员工提合理化建议成果丰硕[J]. 江苏纺织，2013（12）：25.

[25] 刘兴阳. 聆听智慧——世界名企人力资源管理三人评[M]. 北京：中国人民大学出版社，2006.

[26] 周施恩. 世界顶级公司人力资源管理实操详解[M]. 北京：中国纺织出版社，2010.

[27] 韩英彤. "我愿做善于倾听的人"——专访摩根大通银行全球贸易业务主管丹尼·柯毅（Daniel Cotti）[J]. 中国外汇，2011（10）：38-41.

[28] BERNE E. Games people play: the psychology of human relationships[M]. New York: Ballantine Books, 1964.

[29] 傅桦. 中国梦·唐骏正传[M]. 南京：江苏人民出版社，2008.

[30] 赵国祥. 管理心理学[M]. 北京：高等教育出版社，1995.

[31] LUFT J, INGHAM H. The Johari Window: A graphic model for interpersonal relations[R]. University California Western Training Lab, 1955.

[32] LUFT J. The Johari window[J]. Human relations training news, 1961, 5(01): 6-7.

[33] 菁培. 戴尔在过程中成就领导力——对话戴尔人力资源副总裁 Paul McKinnon[J]. 中国新时代，2004（06）：44-45.

第八章
权力与政治

学习目标

➤ 了解权力的基本概念
➤ 掌握权力的基本类型
➤ 了解政治行为的概念
➤ 掌握权术和联盟的方法
➤ 掌握防范性骚扰的方法

引例

国美控权之争[1]

2010年，国美电器创始人兼大股东黄光裕和董事局主席陈晓的控制权之争甚嚣尘上，引起了广泛关注。2008年11月，黄光裕以操纵股价罪被调查，随后，陈晓接替黄光裕出任国美电器董事局主席，为国美控制权之争埋下伏笔。为应对债务危机，陈晓主导了美国贝恩资本进入国美，接受了贝恩的苛刻条款，黄光裕在狱中对此投出反对票，否决贝恩资本的三名代表进入董事局，陈晓却率董事会推翻股东大会结果，重新委任贝恩资本的三名董事加入国美电器董事局。至此，陈晓完全控制董事局，黄、陈二人的矛盾也公开并激化。

2010年8月4日，黄光裕发表公开函，要求召开股东大会，罢免陈晓等公司执行董事职位；次日，国美董事局在香港起诉黄光裕，并要求索赔。在媒体推动下，国美的控制权之争迅速上升为全民关注的社会热点。黄陈战略分歧、贝恩债转股、董事局的股份增发权、大股东为防止股权稀释而增持……国美之争，可谓一波三折、跌宕起伏。同年9月28日，国美股东大会表决，黄光裕的提案除取消董事局增发授权获得支持外，罢免陈晓职务等四项提案均被否决。但是由于国美商标和三百多家未上市门店由黄光裕持有，国美的未来仍然扑朔迷离。12月17日举行的国美特别股东大会通过了委任两名由国美控股股东 Shinning Crown Holdings Inc. 提名的董事和增加许可的董事最高人数（从11人增加至13人）的决议案，任命邹晓春为执行董事、黄燕虹为非执行董事。至此，黄光裕终于在董事会内拥有了自己信任的两名代表。

2011年3月9日，在国美董事局主席位上打拼了三年多的陈晓黯然离开了国美总部所在地——北京鹏润大厦，黄氏家族相中的代理人邹晓春和黄氏家族代言人黄燕虹如愿进驻国美董事会。外界认为，持续了七个月之久、轰轰烈烈的"国美内战"——"黄陈之争"，终于以陈晓的出走画上了句号。

由国美控权之争的引例可见，权力和政治行为存在于任何组织中。组织中的权力主要有五大类：法定权、强制权、奖赏权、专家权和参照权。企业员工必须善于运用权力，通过适当的政治手段来达到组织和个人的目标。

第一节 权 力

很长时间以来，谈起权力，我们会将它与政府、政治、政客，甚至一些权术和阴谋联系在一起，很少会认为它和企业组织之间有着密切的关联。但大量企业活动表明，组织内利益的分配是由组织权力群体控制的。组织的正式权力等同于法理权力，产生于组织的劳动分工，其生产性功能是整合组织、协调内外关系，并决定与此密切相关的利益分配。近二十年来，越来越多的学者认识到组织中的权力在组织运作、组织目标的实现以及提高组织绩效方面起着重要的作用。

例证 8-1

控制权争取与企业业绩[2]

2005—2014 年，雷士照明共爆发了三次控制权矛盾。

1. 创始人之间的控制权争夺（2005 年）

1998 年，吴长江、胡永宏、杜刚三人合资创立雷士照明，吴长江主要负责工厂管理，胡永宏负责市场营销，杜刚负责资金和资源的调配，三位股东各尽其责，企业逐渐发展壮大。后来股东间出现分歧，吴长江被迫退出企业。然而雷士照明经销商强势支持吴长江留任，最终胡永宏、杜刚各拿 8 000 万元离开。此事使得公司面临资金链断裂危险，业绩开始下滑。

2. 创始人与投资者的控制权争夺（2012 年）

为了业务开拓的资金需求，吴长江大幅引入融资，先后引入高盛、软银赛富和施耐德的注资，自己仅持有 15.33% 的股份。后来，吴长江与股东们的治理理念存在矛盾，2012年 5 月 25 日，雷士照明发布公告称公司董事长吴长江辞去一切职务，软银赛富的阎焱出任董事长一职。雷士照明的经销商、供货商和员工为了让吴长江重回董事会，再次上演了罢工潮，吴长江最终回归董事会。受此次股权之争影响，2012 年，雷士照明营收同比下降 6.6%。

3. 创始人与企业家的控制权争夺（2014 年）

吴长江第二次上任后，德豪润是雷士照明的第一大股东，两年后，双方开始出现纷争。雷士照明宣称因吴长江在董事会未知悉的情况下与另外三家公司签署为期 20 年的品牌许可协议等不正当行为，罢免其 CEO 职务。这一次，救了他两次的经销商没有再站在他的身后，吴长江彻底出局。股权之争结束后，2014 年，雷士照明营收同比下降 8.0%。

一、权力的概念

（一）权力的定义

在组织中，权力是指个人或群体（A）影响或控制其他个人或群体（B）行为的能力，不管 B 是否愿意合作，都会依照 A 所希望的去做。例如，如果工人的受雇佣与否、工资水平高低等方面受到厂长的控制，那么即使工人不愿意调换工作岗位，也要服从厂长所做出的职位调换的安排。

从另一个方面来说，权力并不是绝对的，而是动态的，它会随着个人和环境的改变而改变。例如，某些权力是赋予某个职位或职务的，一旦个人不再拥有这个职务，他也就失去了与之相伴的权力。部门主管能够控制和影响自己的下属，但是对于其他部门的职员可能只能产生间接的影响，甚至没有影响。

（二）权力、职权与威信

权力可以分为强制性权力和非强制性权力。强制性权力是随着领导所担任的职务而来的，即职权，具有法定性和强制性。这种权力的实施主要由个人在组织中的地位所决定。而自然性权力，也就是人们所说的"威信"，主要靠领导者的主观努力取得，如领导者具有良好的素质，使人产生信赖感，从而使下属心悦诚服地接受领导，实现真正意义上的领导。

1. 权力和职权

职权是一种法定权，是组织正式授予管理者并受法律保护的权力，与职务相联系。职权是管理者实施领导行为的基本条件，没有这种权力，管理者也难以有效地影响下属，实施真正的领导。

个人的职权大小取决于他的职务职能范围和他在组织中所处的纵向职位层次。在组织中所处的层次越高，这个人的职权也就越大，权力则是同时由他的纵向职位和他与组织权力核心或中心的距离所决定的。一个人距离权力核心越近，他对决策的影响就越大。

这种由职权产生的权力都不是领导者的现实行为造成的，而是外界赋予的，它对下级的影响带有强制性和不可抗拒性。正因为职权是通过组织正式的渠道发挥作用的，这种权力来自领导者的职务或者职位，所以，一个人只要拥有一定职位，那么权力也就随之而来，当领导者失去其管理职位时，这种权力也就大大削弱甚至消失了。

2. 威信

威信是指由管理者的品德、知识、才能、感情等个人因素所产生的影响力。这种影响力与特定的个人相联系，是靠领导者自身的威信和以身作则的行为来影响他人的，与其在组织中的职位没有必然的联系，所以威信又称为非权力性影响力。

一般而言，威信的内容包括两个方面，即专长和品质。专长方面的威信是指由于领导者具有各种专门的知识和特殊的技能或学识渊博而获得同事及下属的尊重和佩服，从而在各项工作中显示出在其专长方面一言九鼎的影响力。专长方面的威信通常影响面比较狭窄，被单一地限定在专长内。品质方面的威信是指由于领导者优良的领导作风、思想水平、品德修养，而在组织成员中树立的德高望重的影响力。由于来源于威信的权力是基于下属对于领导者认同的基础上，它通常与具有非凡魅力的领导者相联系。领导者威信的高低受其个人的品德、知识、才能和感情等多方面因素的影响。

要实现有效的领导，领导者应拥有一定的权威，即权力加上威信。权力是强加的，必须服从；威信是使人自愿服从和接受的影响力。职位带来的权力只是为领导者提供实现有效领导的可能性和必要的客观条件，要将可能性转化为现实性，还需要依靠与领导者个人因素紧密相关的影响力，即威信，这样才能实现领导者对被领导者的影响。

二、权力的来源和类型

被誉为"现代管理理论之父"的马克思·韦伯根据合法权力的主要来源将其分为三种主要类型：① 传统型权威，它是由习俗和已接受的行为所授予的，即所谓的"君权神授"；② 魅力型权威，是指由领袖人物所具有的与其追随者建立特殊关系的能力而产生的权力，一定程度上来自精英人士的个人魅力，即"举臂一挥、八方响应"的力量；③ 法理型权威，即以合法性原则建立起来的理性权威，选举或任命的领导者以及一个正式组织的领导者都拥有这种类型的权力。教皇约翰·保罗二世是一个集这三种合法权力于一体的例子。作为一个年长的男子，他具有一定的传统权威；作为罗马天主教的首脑，他具有法理权威；而作为一个具有智能和个人魅力的人，他又具有魅力权威。当然，在大多数情况下，通常只有一种类型的权威占主导地位。

约翰·弗伦奇（John French）和柏崔姆·瑞文（Bertram Raven）则将组织中的权力基础划分为五大类：法定权、强制权、奖赏权、专家权和参照权[3]，如表8-1所示。

表8-1　权力基础的测定

一个人具备一种还是多种权力基础？对下列问题的确定性反应可以回答这个问题	
考虑到他（她）的职位和你的工作职责，这个人有权力期望你服从法规的要求	法定权
这个人可以为难他人，但你总想避免惹他（她）生气	强制权
这个人能够给他人以特殊的利益或奖赏，你知道和他（她）关系密切是大有好处的	奖赏权
这个人的知识和经验赢得了你的尊重，在一些事情上你会服从于他（她）的判断	专家权
你喜欢这个人，并乐于为他（她）做事	参照权

（一）法定权

在正式的群体与组织中，通过组织职位所拥有的法定权力即为法定性权力。领导者以其法定权领导组织或影响他人，使组织成员工作，以完成组织目标。这种类型的权力也称为"制度型的权力"，因为它来源于管理人员在组织机构中的职位结构，是最普遍的权力来源。仅有合法性还不足以使指令得以执行，职位权威的另一个重要的构成要素就是拥有惩罚和奖励的手段，也就是说，法定权包含奖赏权和强制权在内，但是，法定权的涵盖面比强制权和奖赏权更为宽泛。比方说，它还包括组织成员对通过组织职位所拥有的法定权的接受和认可。

（二）强制权

强制权主要是指通过使用或威胁使用惩罚手段来影响他人的能力，它建立在畏惧的基础之上。这种权力取决于权力主体拥有使权力客体的身心受到伤害的能力。例如，肉体伤害、精神打击、基本需要的控制和剥夺等。例如，当领导者不满意下属的工作成果时，对下属进行责骂、批评、扣奖金等形式的惩罚，就是强制权的运用。组织会有各种惩罚方式，如谴责、降级、调职或解雇。不论施予何种惩罚，强制权的使用都会使人受到伤害，产生敌意、愤恨甚至报复，破坏信任和人际关系。

（三）奖赏权

与强制权相对的是奖赏权，即通过使用奖赏的能力来影响他人。当你拥有别人所期望得到的东西时，你就拥有了权力。在组织中，当领导者拥有足以控制他人的具有价值的事物（如薪资、晋升、福利、名望或地位、休假、培训等）时，领导者就拥有了奖赏权。通常，奖赏权能够提升下属的满足感及降低下属的抗拒。当然，奖赏权不仅仅局限于物质的范围，如认可、友好、激励、赞扬等也是奖赏，而这些并不仅仅只有领导者才能够给予，组织中任何一个人都可以。

（四）专家权

专家权来源于专门知识、专业技术和特殊技能的影响力。当某人拥有专门的知识或技能，足以处理某些事件而使他人信服时，此人就具有专家权。专业知识和技能是权力的主要来源之一，特别是在技术导向的社会中。通常，越专精化或技术取向越强的工作就越需要具有专家权的成员。

例证 8-2

比尔·盖茨独具特征的领导艺术[4]

要重视技术，公司就必须要有一个最高的技术决策者。比尔·盖茨作为微软的首席架构师，他的工作是制定公司的长期技术路线图，并确认公司每一个行政部门的科研计划是互补而不是重叠的。因此，他要求公司的每一个产品和技术部门都向他做技术汇报，这些汇报大多是"头脑风暴"式的讨论。做这样的汇报，除了可以得到比尔·盖茨的回馈之外，每一个项目团队还可以在准备过程中受益匪浅。因为项目团队为了准备回答比尔·盖茨可能问到的各种问题，必须在报告前彻底调研市场、技术、竞争对手等信息，也因此避免了闭门造车的风险。

（五）参照权

参照权的基础是对拥有理想素质和人格、特殊背景和阅历、良好感情关系的人的认同。参照权基本上是通过认同而来的，如果你认同、欣赏某人到了想仿效他的态度与行为的程度，此人对你就有了参照权。参照权通常是与那些具有令人羡慕的个性、魅力或良好声望的个人联系在一起的。它一般包括以下三种类型：① 个人魅力权，它是建立在对个人素质的认同及其人格的赞赏的基础之上的；② 背景权，它是指那些由于具有辉煌的经历或特殊的人际关系背景、血缘关系背景而获得的权力；③ 感情权，它是指一个人由于和被影响者感情融洽而获得的一种影响力。参照权通常涉及信任、相似性、接受性、情感、追随者的意愿及情绪上的投入。参照权有时也显现在模仿上。这些都是如电影明星、运动健将或其他名人常常会出现在影响购买行为的广告中的原因。

从管理心理的角度对上述五种权力类型进行比较，结果如表 8-2 所示。

表 8-2 权力类型比较

权力类型	权力来源		权力过程	下属和领导者关系模式	要求的条件	领导者行为特征	优点	缺点
法定权	法定的		内在化和外在化的统一（认同和服从的统一）	领导者与下属的一致性	领导者与下属拥有相似的价值观	做出决策，下属自愿服从	具有较为明确、和谐的领导关系，行动比较迅速	领导者难以引起变革
强制权	下属的恐惧（手段—结果控制）		服从	下属被动执行，渴望获得一种安全而已	领导者必须对下属进行监督和控制	对下属采取威胁和命令的方式	迅速有效	成本较高
奖赏权	下属的期望（手段—结果控制）		服从	下属想从领导者那里获取某种反应，即渴望得到奖励	领导者必须对下属进行监督和控制	给与不给自愿，以求服从	迅速有效	成本较高
专家权	信任		内在化认同	一致性关系	领导者与下属拥有相似的价值观	下属自愿执行	有效、可信	不能绝对保证效果的充分性
参照权	个人魅力权	吸引力	辨认	渴望与领导者建立关系	领导者必须在下属面前具有显著的优越地位	下属自愿执行	成本较小，具有内在鼓舞力	因缺乏有形的奖励，会侵犯领导者的权威
	背景权	相关性（社会关系）	辨认	渴望与领导者建立关系	领导者必须在下属面前具有显著的优越地位	下属自愿执行	安全系数较高	权威基础过于单一
	感情权	相关性（社会关系）	辨认	渴望与领导者建立关系	领导者必须在下属面前具有显著的优越地位	下属自愿执行	成本较小	不能绝对保证效果的充分性

三、依赖——权力的关键

（一）依赖性的基本假设

权力关系产生于相互依赖，也就是说，权力最重要之处在于它的依赖性。B 越依赖 A，则 A 对 B 的控制力越大，也就是 A 对 B 的影响力越大。如果你拥有别人所需要的资源，而你是唯一的控制者，不对称的依赖格局就产生了，你就拥有了控制他人的权力。这种依赖关系是基于个体感知到自己有多少其他的选择机会，以及对于受控于别人的选择机会的重视程度。假如 B 对 A 没有依赖关系，或 B 有自己另外的意愿，B 就可以不受 A 的控制或影响，而自由选择或决定自己的行为。对资源的不同控制形式导致因渴望获得资源而形成的依赖，不平衡的依赖和摆脱依赖的有限可能性则导致权力和服从的产生。

依赖性与个体及其掌握的可替代性资源（即摆脱依赖的可能性）成反比。在组织中，如果下属认为上司控制着自己渴望得到的晋升机会、培训机会、加薪、发展前途等资源，那么该上司对下属所具有的权力就比较大。如果下属更注重于自己的选择，开发自己的技巧和设法保持自己在多个组织机构中受欢迎的程度，那么上级对他所具有的权力就会大幅度减少。

（二）影响依赖性的因素

依赖是如何产生的？当你控制的资源重要、稀少且不可替代时，别人对你的依赖就产生了，而资源的重要性、稀少性和不可替代性三者共同决定了权力与依赖关系的性质和强度。

1. 重要性

要想创造依赖性，必须使人们感觉你所控制的事物或资源是相当重要的。在组织中，那些能够消除或避免组织不确定性发生的个人或群体会被认为是控制了重要的资源的，从而增加了组织对他们的依赖性，提高其权力。例如，在一个高技术导向的公司，工程师们是最有权威的群体，因为他们能够使公司的产品在质量和技术上保持优势，降低不确定性。重要性依情境的不同而有所变化，不同的组织，情况不一样，即使是同一组织，在不同的情况下，重要性也会发生变化。例如，工会在工人罢工时肯定比平时拥有更大的权力。

2. 稀少性

人们常说"物以稀为贵"，说的就是稀少性的道理。例如，在工厂里，有的老工人级别较低但拥有几十年的丰富经验，在某些方面，特别是关键性的技术方面，别人要依赖于他们，因此，他们比别人更有权力。在这个例子里，资源的稀少性就体现在几十年丰富的经验上。

英特尔的工程师[5]

权力是资源依赖的系数。资源的重要性、稀缺性、不可替代性是权力的关键。换句话说，如果你掌握的资源是重要的、稀缺的且不可替代的，那么人们对你的依赖就会增加。因此，要想产生依赖，必须使人们感觉你掌握的资源很重要。例如，工程师作为一个群体，在英特尔公司要比在保洁公司更有权力。像英特尔这样的公司是高度技术化的，工程师是非常稀缺的，它们为保持产品在质量和技术方面的领先优势，不得不依赖于工程师。因此，在英特尔公司，工程师是一个很有权力的群体。

3. 不可替代性

一种资源越是没有替代品，那么实现了对它的控制的人或部门获得的权力就越大。假如企业中某一部门的功能可以由其他部门、个人或者企业外部某些机构来承包或者完成，其可替代程度越高，那么，该部门潜在的权力就越小。

总之，在组织中，某个部门越能够解决重要问题，而且它所具有的专业知识和技能越独特且不可替代，组织内其他部门对它的依赖程度就越高，拥有该知识和技能的个人或部门就会获得越大的权力，且对组织决策也会具有越大的影响力。

第二节　政治——组织中的权力运用

政治就是权力的运用。员工要想在组织中获得快速提升和发展，必须掌握一定的政治行为和方法。

一、政治行为

（一）政治行为的定义

组织中的政治行为（Political Behavior）有很多种定义。从本质上来说，组织中的政治行为是指超出个人正式角色的工作要求，运用权力去影响组织决策，影响或试图影响组织内部的利益分配的行为，这些行为有时候是为自我利益服务和未经组织批准的[6]。它包括各种政治行为，如扣留决策者所需的信息；揭发、散布谣言；向新闻媒体泄露组织机密；为了一己私利与组织中的其他成员交易好处；游说他人以使其支持或反对某人或某项决策等。政治行为可以分为正当的政治行为和不正当的政治行为。组织中每天会发生一些正当的政治行为，如上司抱怨、形成联盟、借口、委员会等。不正当的政治行为是指那些极端且违反游戏规则的行为，从事这些行为的人通常会"不择手段"，如说谎、欺诈、陷害别人、谋杀等。

（二）政治行为的现实

组织中的政治行为是不可避免的。这是因为组织是一个政治体系，组织成员对于选择和行动的意见不一致会很自然地随时发生。一个有效的组织管理者应该明白并接受组织的政治本质，通过运用政治的观点来评价组织中的各种政治行为，预测组织中其他成员的活动，努力消除或降低这些活动给组织造成的消极影响，并运用这些手段和信息为自己或部门带来好处。

政治行为可能会导致积极和消极的结果产生，即它可能产生满意或者不满意的决定，而要避免不正当的政治行为则需要付出某些实际的代价。

一项对 30 个组织中的 90 位经理的研究表明，这些经理都能证实政治行为的有益作用和有害影响。有益的作用包括事业的发展、获得嘉奖和个人寻求其合法利益的地位，以及任务的完成和组织目标的实现，促进合理竞争和竞赛、组织创新和变革，这是组织中正常的政治过程的结果。有害的影响包括政治活动中的"失意者"降级和丢掉工作，资源的错误使用，以及无效率的组织文化的产生[7]。从组织中政治行为影响组织发展的运作过程来看，政治行为的负面功能体现为组织中的个人或团体为了掌握决策制定的主导权和争取到更多的资源，必然会采取许多具有攻击性的权力手段，进而引发组织内部的冲突，其结果轻则排挤掉其他个人或团体原先应享有的资源，重则影响到组织的协调运作并损及组织整体的利益。

例证 8-4

以退为进的"垂帘听政"[8]

一家家电企业的前任总经理重出江湖，罢免了他亲自任命的总经理，同时废止了后者上任之后的"新政"。半年前，这位老总对外宣布退到二线做董事长，不再干涉企业的具体经营问题，而今他的复出无疑证明了半年前的所谓功成名就只是"垂帘听政"而已。

这家企业是这位老总用了 20 年时间将其从一个街道小厂发展起来的，他的个人风格给这家企业打上了深深的烙印。而被"废掉"的接班人有着自己的思路和考虑，他酝酿将公司总部迁往上海，因企业在获得新观念、新思想方面始终要比地处沿海城市的竞争对手慢上半拍，他希望总部搬迁能够为公司带来新鲜的血液。但在前任老总的眼中，接班人的做法过于激进，总部搬迁涉及与当地政府甚至省政府的关系，怎能轻举妄动？

让这位老江湖更上心的其实还有更重要的问题：引进战略投资者，改变国有股一股独大的局面，同时实现管理层持股，这无疑是更深层次上的机制调整和利益重组。因此，他采用了以退为进的办法：自己先后退半步，待局面发生变化时再变被动为主动，重新得到政府的信任并再度控制公司，得以完成这个更有挑战性的游戏。

（三）引发政治行为的因素

组织中政治行为发生的原因往往可以从组织情况和员工个体特征两个主要角度来进行考查。组织情况包括组织环境、组织文化、组织结构、政治管理等方面，而个体特征往往和个体差异、权力需求、控制地位、冒险倾向等因素相联系。

1. 组织因素

有研究表明，当决策制定和执行过程具有高度的不确定性和复杂性，而个人和群体之间为争夺稀缺资源展开的竞争又十分激烈时，经理和雇员采取政治行为的可能性较高。反之，在比较稳定而不太复杂的环境里，决策过程很透明，竞争行为很少。这时，极端的政治行为就不太可能会发生了，如图 8-1 所示。

罗宾斯认为，影响组织内部政治行为活跃程度的因素主要有以下八个[6]。

（1）组织信任度低。组织中政治行为发生的频率和组织信任度成反比。组织信任度越低，政治行为就越容易发生，非法的政治行为相应越多；而高信任度可以抑制政治行为，特别是非法的政治行为。

图 8-1　组织中发生政治行为的可能性

（2）角色模糊。如果组织对员工行为范围、职权缺乏明确界定，那么，员工的政治行为的范围和功能几乎也不会受到什么限制。因为政治行为是指那些正式角色要求范围之外的行为，角色越模糊，越容易使人卷入政治行为而不易被察觉。

（3）不明确的绩效评估系统。组织在绩效评估中所用的主观标准越多，衡量的结果越单一，或者绩效评估的间隔或周期拖得越长，则员工在不被注意的情况下进行政治活动的可能性越大。

（4）非得即失的零和（输或赢）报酬分配体系。非得即失的零和报酬分配方式是把报酬总额看成固定的数额，任何个人或群体的所得必须以另外一个人或群体的所失为代价，即我得你必失。这就使得人们总是力图使自己显得劳苦功高而贬低他人的作用，容易产生政治行为。

（5）民主化决策。民主化决策可以降低组织的专制程度。管理者为了谋取权力往往绞尽脑汁，付出了高昂代价，必然不愿意与他人分享权力，实现民主化决策，这样就导致领导者有可能把团队、委员会、讨论大会和小组会议作为他们施展手腕、玩弄权术的竞技场。

（6）以高压手段追求高绩效。员工感到干好工作的压力越大，他们越有可能卷入政治行为。如果一个人觉得他一生的事业或终生的幸福都取决于他下个季度的销售额或产量报告，那么他就会想尽一切办法来确保结果对他有利。

（7）高层管理者的自利行为。如果上层管理者热衷于政治行为，并获得成功和一定回报，组织中就会形成接受和支持政治行为的氛围。当情况如此时，员工也许就会被诱导去从事政治行为，以获得某些好处。

（8）合作组织的政治文化。组织的政治文化不同，政治活动也会不同。有研究表明，当两个政治环境很差的企业一起合作时，参与合作项目的人员会更容易滋生政治行为。同时，当两个员工内部政治行为都较少的公司合作时，即使参与合作项目的人员之间存在一些政治纠缠，也不会导致合作项目业绩下降。

例证　8-5

ERP 的多重目的[8]

当 ERP 触及了不同的利益集团并被不同的利益团体所利用时，引进 ERP 就演化成一场公司政治运动。

某大公司高层希望通过实施ERP将公司的管理水平提升到一个高透明度的、可考量的层次，改变目前企业运作中人为造成的各种不可控因素，而一个拥有ERP系统的中国公司在海外投资者眼中也将是一个很好的卖点。这是ERP对公司的战略性意义，而现实层面的问题是借ERP彻底改变原来公司的管理体系，降低过高的管理成本。这家公司通过设在全国的20多个分公司来管理各级经销商，管理费用非常高，加上各分公司在执业时会更多地考虑自身的利益，往往造成管理失控。鉴于ERP系统一旦开始运作，总公司对分公司的管理控制能力将会有很大的提高，不少分公司负责人对此持抵触态度。

抵触情绪最强烈的是营业额最高的广州分公司。这时，该分公司一位副总私下向公司总裁请缨，希望协助公司完成ERP实施工作，并且保证业务不会受到大的损失，ERP逐渐上升为路线斗争。很快地，广州分公司的老总被明升暗降，只得另谋高就。在顺利完成ERP在广州分公司的实施工作后，原分公司副总被任命为总公司副总裁。公司ERP工作在很大程度上依靠各地分公司中这样一批人的出现，他们在这场运动中升职加薪，而原来极力反对公司此项决定的那些人则黯然离去。

2. 个体因素

不同的人从事政治行为的概率也不尽相同，某些人很可能比其他人会更多地从事政治行为。就性格特征而言，有高度自我监督能力、内控型性格及高度权力需求的人，比较可能从事政治行为。此外，个人在组织中所做的投资、感知到出路的多寡，以及对政治行为是否成功的预期等因素，都会影响其采取不正当政治行为的意愿。

黑尔里格尔和斯洛克姆（Hellriegel & Slocum）等人在著作中讨论了以下四种与政治行为有关的个性品质。

（1）对权力的需求。这是一种要影响和领导其他人，以及要控制当前环境的动机或基本愿望。对权力具有高度需求的人很可能会在组织中从事政治活动。对权力的需求有两种不同的体现形式：个人权力和制度权力。强调个人权力的领导者要求下属对自己忠诚，而不是对组织忠诚，一旦这种类型的领导离开，工作班子可能会崩溃；强调制度权力的领导者会使其下属产生对组织的理解和忠诚，创造一种有效工作的良好风气和文化。有研究表明，与男性领导者相比，女性领导者在制度权力方面具有更大的需求，而在个人权力方面则需求较小。

（2）为达到目的而不择手段的倾向。意大利著名政治思想家尼科罗·马基雅弗里（Niccolo Machiavelli）的主要理论就阐述了"政治无道德"的政治权术思想。人们把那些为达到自己的目的，缺乏对常规道德的关心，而不惜在人际关系中使用欺诈和机会主义手段审视和摆布别人的人称为"马基雅弗里主义者"，也就是为达到目的而不择手段者。曾有研究表明，在组织中，马基雅弗里主义与政治行为高度相关，它是组织中具有政治行为的良好预报器。

（3）控制点。根据控制点可将人们分为内控型和外控型两类。内控型的人认为，事情的结果基本上都由他们自己的行为决定，他们往往乐于假定自己的努力会成功。而外控型的人认为，事情的结果基本上并非由他们的行为决定，而是由外部的其他因素（如环境）决定的。因此，内控型的人比外控型的人对于从事政治活动的偏好更为强烈，更可能试图去影响其他人。

（4）冒险倾向。从事政治活动往往要冒风险，它可能会带来与最初目的相反的结果，因此避免冒险倾向的风险回避者比具有明显冒险倾向的风险爱好者更不愿意从事政治行为。

二、权术和联盟

（一）权术：权力的战术

在政治上，权术是为了达到夺取并巩固政权，或获取并巩固权位（君位、官位）等政治功利目的而采取的具有隐晦、秘密特点的谋略和手段。在组织中，权术指的是员工如何将权力基础转换为具体的行动，也可称为权力的战术。

权力拥有者在试图行使权力，或对别人的行为施加影响时，几乎都会采取标准化的方式。有研究者调查了一百多位经理人，询问其如何影响老板、同事或下属，研究结果发现主要有以下七种权术或影响策略。

1. 合理化

使用事实和数据来证明自己的想法合乎逻辑、合情合理，是理性的意见。

2. 表示友好

在提出要求之前，先称赞、奉承、讨好对方，表示亲善，并显露出谦卑的一面，以获得认可。

3. 借助联盟

获得组织中其他人的支持和帮助以拥护自身要求。

4. 协商谈判

通过讨价还价使双方的利益取得一致。

5. 强制独断

采取直接而强硬的方式，例如，强调规章、命令，要求他人服从，重复提醒对方、命令他人做自己所要求的事等。

6. 借助高层权威

获取上司或者组织高层人员的支持，强化要求，以利于达到要求和目标。

7. 运用组织规范的约束力

运用组织的奖惩规定或绩效评估等形式来迫使对方就范，例如，不准或不答应加薪，威胁给予不佳的绩效评估，或暂停升迁的机会等。

在这些权术策略中，面对不同的情境和影响对象，不同权术策略所使用的频率也不一样。表8-3就是当管理者面对上级和下属时，从最常用的权术策略到最少用的权术策略的排列。

表 8-3　按使用频率高低排列的权术

使 用 频 率	当领导者欲影响上级时	当领导者欲影响下属时
最常用	合理化	合理化
	借助联盟	强制独断
	表示友好	表示友好
	协商谈判	借助联盟
	强制独断	协商谈判
	借助高层权威	借助高层权威
最少用		运用组织规范的约束力

权术的运用与下述四个情境变量有关：① 领导者的相对权力；② 领导者欲影响的目标；③ 领导者预期对方会顺从的意愿；④ 组织文化。那些权力较大、处于支配地位的领导者相对于权力较小的领导者会更多地使用权术，而后者会更频繁地使用强制独断的权术。如果领导者预期对方有较大可能顺从的话，则会降低使用权术的概率。如果组织中形成了接受和支持运用权术的氛围，领导者使用权术的行为就很容易发生。

例证 8-6

微软（中国）巧送月饼[9]

中秋节送月饼曾是现今企业必不可少的一项"福利"，然而月饼送出去以后，员工大多都会抱怨不断，微软（中国）也不例外。后来，唐骏在送月饼前，先从市场上购买了一些普通的散装月饼，将其带回公司和五星级酒店里的月饼比较后，发现相差并不是很大。于是唐骏就买了一批普通的散装月饼，换成微软的包装盒，然后为全公司写了一封公开信，内容大概是说今年的月饼可以由员工自己订购份数，由公司出面寄给其家人或朋友，并会在月饼盒内附信一封，内写道："微软是全球最优秀的公司之一，微软（中国）是大中华地区最优秀的一个团队，而您的×××是微软（中国）大中华地区最优秀的员工之一。"全公司的员工争着订购这批月饼，公司采取这样一个举措不仅解决了送月饼难的问题，更起到了令员工以公司为荣的效果。

（二）如何获取权力

获取权力是通向领导者之路。西方学者杜柏林提出获取权力的策略与途径可以归纳为如下九种。

（1）同有权势的人建立联盟。假如你想要更多的权力，就要发展权力接触，努力成为拥有权力的人物的朋友。

（2）笼络或消灭。为达目的不择手段，或者笼络并赢得周围的人，或是使他们在你前进的道路上让路（如离职、降职、明升暗降或者使其失去原有的权力）。

例证 8-7

福特的权术[10]

艾柯卡曾登上美国福特汽车公司总经理的宝座，并受到了董事会成员的赞赏。但是，树大招风，随着艾柯卡的声望逐渐增高，他也越来越受到公司老板亨利·福特的猜忌与戒备。由于艾柯卡功勋卓著，福特不便明目张胆地赶他走，便暗地里玩弄权术，羞辱艾柯卡，迫使他自动离职。开始，福特不惜花费200万美元对艾柯卡及其朋友的业务活动和个人生活进行调查，结果一无所获。继而，福特以莫须有的罪名把艾柯卡的密友一个个解雇掉，试图孤立艾柯卡。接着又采用削权的办法，使艾柯卡在公司的地位从第二位降到第四位。

（3）离间分裂。建立联盟是取得权力的一种途径，那么破坏别人的联盟就是另一种选择。因此，可以在上司和他最亲密的圈子之间制造矛盾，进而取而代之。

（4）控制重要信息，操纵经过整理分类的消息。通过控制对重要信息的取得，你可以使想从你手里获取信息的人寸步难行，也可以使那些得到信息的人欠了你的人情。

（5）尽早表现你自己。及早干好一项工作，使有权势的人对你有良好的第一印象。

例证 8-8

成功者的模式[11]

安泰人寿总裁潘乐昌先生在初入行时便为自己制定了一个成功的模式与策略："凡是交到我手上的工作，我都把它当作是自己的事业，拼命秀给大家看。因为有'我的参与'和'我的努力'，这份工作一定做得比别人好！"就是因为这样简单的一句话，在短短三年内，他的职位连跳三级，一路高升，打破了公司过去的传统。因为他表现"突出"，很快就赢得了总部的赏识，并且在业界打响了名声。当时，友邦集团在马来西亚除了经营一家分公司之外，还与当地人合资经营了另一家寿险公司。这家公司规模很小，只有100多名业务员，成立了十多年，一直在亏损。于是，公司派潘乐昌过去帮忙，先是让他担任副总一职，不到一年，总经理生病住院，改由他独挑大梁。

（6）累积和利用"施恩图报"。为别人做好事，但要确保他们明白有朝一日要回报这一恩情。

（7）循序渐进。缓慢地、从容地前进，即循序渐进而不是用激进的手段赢得人们的信任，以避免撞翻船。先做出微小的变化，当有了立足点之后，再争取更大的变化。

（8）事情在变好之前必须先变坏。这意味着利用坏消息去引起人们的注意并取得合作机会去实施你的策略。

（9）谨慎纳谏。征求下级的建议固然很重要，但要非常小心，以免使你对他们产生依赖感或变得脆弱易击。

上述的观点具有很强的功利性，其目的就是直接获得权力，并没有将如何获得职位权力和个人权力有效地区分开来。刘建军（2013）对这两个方面进行了归纳和总结，得出下述结论。[12]

1. 获得职位权力的策略与途径

（1）通过完成关键工作而获取职位权力。

（2）通过正常的晋升而获取职位权力。

（3）在克服危机中获取职位权力。

（4）通过上级领导者的赏识和信任而获取职位权力。

2. 获取个人权力的策略与途径

（1）通过人格感染力而获取个人权力。

（2）通过自身专长的提高而获取个人权力。

（3）通过感情和利益的投放而获取个人权力。

（4）通过特殊关系而获取个人权力。

（三）联盟：取得和增加权力的重要战术

对于那些没有权力又想要追求权力的人，他们首先会试图增加个人的权力。当一个人无法取得权力时，他就会采取联盟的方式，通过"人多"达到"势众"。联盟是通过积极地追寻某单一目标而结成的非正式团体，它是取得和增加权力的重要战术。例如，下属可以想办法同其他具有类似的或互补的依赖关系的人结合起来，并努力改变长期以来处于劣势的依赖与服从倾向，谋求更好的待遇和福利。例如，近年来，白领员工和专业技术人员在仅靠个人力量难以达到提高报酬和完善工作保障的目的后，都纷纷转向了工会组织。

在什么样的组织中容易产生联盟呢？首先，组织中的联盟为了能够施加权力以达成自己的目标，就要寻求组织中广泛的民意支持，这就意味着要扩大联盟范围，尽可能多地把有兴趣的人囊括进来，尽量扩充规模。在那些注重合作、承诺以及参与决策权的组织中，联盟的扩展比较容易建立共识；若处于专制和等级森严的组织中，扩大联盟的规模就很难做到。

其次，联盟与组织内的依赖性程度有关。如果组织中的工作任务繁重且资源之间相互依赖，那么联盟比较容易形成。相反地，如果组织中资源充足，且各部门可以自我控制，那么由于部门之间的相互依赖性较弱，组织中联盟的数量就较少。

最后，联盟的形成也会受员工所从事的实际工作的影响。群体任务的常规性越强，联盟的可能性就越大。这是因为工作的常规性越强，员工之间的替换性就越强，导致他们之间的依赖性就越强。为了降低这种依赖性，他们就会求助于联盟，这也是工会对低技能和非专业技术人员的吸引力远远大于对高技能和专业技术人员的吸引力的主要原因。

第三节　性　骚　扰

"性骚扰"（Sexual Harassment）在我国正在成为日益凸现的社会问题。2017 年，广州性别中心根据 6 592 份数据样本及上百起案例发布了《中国高校大学生性骚扰状况调查》。根据调查报告，有 69.3%的受访者遭受过不同形式的性骚扰，其中女性占 75%。而性骚扰事件的行为人中，有近一成是学校上级（领导、老师、辅导员等）。报告还显示，不论男生女生，在遭遇性骚扰后选择沉默忍耐的比重都接近半数[13]。由此可见，性骚扰日益成为不容忽视的社会问题。

一、性骚扰：工作场所的不平等权力

（一）性骚扰的定义

性骚扰一词最早是由美国的女法学家凯瑟琳·麦金农（Catherine A. MacKinnon）在20 世纪 70 年代提出的。她认为，两性关系现存的"正常"模式是：男人视妇女为"现成可用的东西"，因而他们可以随意"攫取"妇女的资源。"性骚扰"使妇女处于臣属地位，因为它加强了男人的权力，妇女仅仅被视为"性对象"而丧失了其他身份。性骚扰形式的界定与各个国家和地区的文化、生活方式、固有制度紧密相联，目前尚未有统一的定义。

美国相关法律确定的性骚扰是工作场所的性骚扰。联邦法院在判例中确定了性骚扰的两种类型：交换利益性骚扰和敌意工作环境性骚扰。由于美国各州均有立法权，所以在联邦政府的法律规定和联邦法院创制的判例之外，各州也有规制性骚扰的法律规范。在美国各州，对于性骚扰并无统一而确定的概念，只有一个基本界定：性骚扰主要是指发生在工作场所或者教育场所、大众住所、租屋、专业服务等场所的，基于性别歧视的、不受欢迎的主动的在性方面占便宜，要求性方面的好处及其他有关性方面的言语或肢体行为[14]。

1991 年，欧盟委员会在要求其成员国提高对性骚扰危害性认识的文件中指出，"性骚扰是一种不被接受的、损害人们尊严的行为""在工作场所中，无论是来自上司或同事的如下与性有关的言行，均将被视为性骚扰：① 它被另一方视为过度的、不受欢迎的和令人生厌的；② 它被或明或暗地当作一种前提或条件，用以对另一方在业务培训、受雇、续聘、提升、工资及其他与职业有关的方面产生影响；③ 这种言行制造了一种威胁、敌意和不友善的工作环境。"欧盟的这一关于性骚扰的解释被联合国有关组织看作是与美国的上述定义具有同样重要影响的法律文件。

我国香港在《公务员性骚扰投诉指引》中对性骚扰的定义是：如果对一名女性提出不受欢迎的性需要或获取性方面好处的要求或对女性做出不受其欢迎的、涉及"性"的行径，并预期对方会感到冒犯、侮辱或惊吓，就是对女性做出性骚扰。我国香港的《性别歧视条例》对性骚扰也做了相应的界定：一方向另一方做出不受欢迎的、与性有关的冒犯行为，包括不情愿的身体接触、性贿赂、提出与性相关的行为给予某种利益的条件。此外还包括不涉及身体接触的言语、图文展示、眼神及姿势等，如查问别人的性生活、做出猥亵姿势等。在我国香港，某些情节严重的性骚扰行为，如淫亵电话、猥亵露体、性侵犯等，可能涉及刑事犯罪。

例证 8-9

民生银行性骚扰事件[15]

2016 年下半年，民生银行北京分行出现了引起舆论哗然的职场性骚扰事件。事件中骚扰女下属的业务主管系该分行中心商业区管理总部四中心的副总经理关某，他曾多次在微信上向其下属王女士提出到酒店"喝茶""见面聊聊"的要求，遭到拒绝后便以"辞退"为由威胁王女士。受到骚扰近半年的王女士最终因不堪忍受与涉事业务副总经理共事，选择对其行为进行曝光后"自行离开"。在强大的舆论压力下，民生银行将该名涉事高管做解除劳动合同处理。受该事件影响，民生银行的股票一度严重下跌。

近年来，性骚扰问题在国内引起了极大的争论和关注。2005 年，我国第十届全国人大常委会第十七次会议修订的《中华人民共和国妇女权益保障法》将"实行男女平等是国家的基本国策"写入其中，在这部法律中首次对性骚扰说"不"，违反本法规定，对妇女实施性骚扰，构成违反治安管理行为的，受害者可以提请公安机关对违法行为人依法给予行政处罚，也可以依法向人民法院提起诉讼。2019 年 8 月，十三届全国人大常委会三审《民法典人格权编草案》条款规定：违背他人意愿，以言语、行为等方式对他人实施性骚扰的，受害人有权依法请求行为人承担民事责任。用人单位应当采取合理的预防、受理投诉、调查处置等措施，防止和制止利用职权、从属关系等实施性骚扰。但相关法规对"性骚扰"只有原则性规定，对于"性骚扰"的定义和内容都没有明确的界定。有学者归纳出了性骚扰的三个要件：一是违背了受害人的意愿。性骚扰行为应当是违背受害人意愿的行为，也正是因为性骚扰违背了受害人的意愿，因此，其可能导致受害人产生愤怒、焦虑等不良情绪。二是行为人实施了相关行为，这些行为是和性有关的行为。性骚扰行为表现的方式有很多，但通常和性取向有关，行为人在实施性骚扰时可能采取口头的方式（如讲下流话、性挑逗语言等），也可能采用书面形式（如发黄色视频、短信等），还可能采用其他行为举动（如触摸生殖器或者以其他姿态骚扰他人）等。三是行为人在实施性骚扰行为时，其主观上是故意的[16]。

在澳大利亚、加拿大、日本和西欧的一些国家，性骚扰的立法分为两类：① 在平等机会法律下禁止性骚扰；② 在劳动保护法中制定关于性骚扰的立法。在一些国家，平等机会法律明确提出有关性骚扰的条款，强调男性和女性同样受到不遭受性骚扰的保护，而女性尤其需要保护。劳动法和劳动保护法强烈反对工作中的性骚扰。比利时的劳动保护法规定雇主在与雇员的交往中应该尊重、合宜、得体；意大利的劳动法规定雇主对雇员的身体和道德完全负责；葡萄牙和芬兰的劳动保护法则保证雇员在身体上和精神上有良好的工作条件。由于世界各国的风俗习惯不同，有些行为在一些国家属于正常范围，而在另一些国家则属于性骚扰行为。

当然，即使是有相应的法律来保护受害者的权益，但在实际生活中有时还是难以维护，主要原因就在于性骚扰一般都是在人群稀少、仅有当事人在场的情况下发生，故缺少人证，也缺少物证，真正通过法律途径维护到自己权益的案例并不是太多。所以，组织机构提供一定的保障、全民提高自我保护意识、个人注意预防和应对方式是减少性骚扰发生的最好途径。

例证 8-10

日本 NHK 频发职员性骚扰案件

NHK（日本放送协会）作为日本最大的国营性媒体，其职员人数超过 1 万，在日本媒体界首屈一指。但就是这样一个集团式的电视台，近期却屡屡曝出职员性骚扰丑闻。

2011年8月，日本NHK电视台一名青少年教育节目的制作人因在东京小田急电车内用手机偷拍一名少女的裙底，被东京警方以"扰乱社会治安"为由逮捕。此后，虽然该制作人已与受害女子达成和解，但日本NHK电视台在11月1日做出决定，给予其停职3个月的处分。同样曝出性骚扰丑闻的，还有NHK千叶放送局的一名三十多岁的技术部职员。2011年9月，该男子在千叶县一家购物中心用安装在鞋上的微型摄像机偷拍该购物中心女性店员的裙底，警方将其作为现行犯逮捕。随后，NHK电视台同样对其做出停职处分。据被逮捕的职员对警方的供述，他是为了消除工作上的压力而犯罪。

（资料来源于网络并经作者加工整理）

（二）权力与性骚扰

性骚扰在组织中被定义为任何非自愿且与性本质有关的言行，而此言行会对个人的工作有所影响。从实践来看，性骚扰行为大多发生在工作场所中，尤其是和工作联系在一起。在工作场所中，无论性骚扰是来自上级、同事还是下级，权力的概念是理解性骚扰的核心。而且，当双方存在很大的权力差异时，更有可能会发生性骚扰[17]。上司和员工的两极关系可以最好地表明不平等的权力关系。职业女性发现，由于性别的差异，男性往往占据了更优越的位置，权力的不平等使她们常常不得不"出卖人格"以向权力换取所需的资源，如果她们对这种行为模式提出抗议或控告，就会给自己带来很多麻烦，会被冠以"行为不端"的罪名而很快成为男性滥用权力的牺牲品。由于权力的不平等，许多被骚扰的人只能忍气吞声。

虽然我们用权力这个概念来分析、理解工作场所的不平等权力的表现形式——性骚扰，但是要指出的是，它不仅仅是个人利用权力控制或威胁他人的问题，性骚扰这种行为是违法的，施行者将受到法律的制裁。为了有效防止性骚扰的发生，2019年的《民法典人格权编草案》条款规定：违背他人意愿，以言语、行为等方式对他人实施性骚扰的，受害人有权依法请求行为人承担民事责任。

当然，随着人们对性骚扰现象的深入探讨，性骚扰并不仅限于男性对女性的骚扰、上司对下属的骚扰，也包括女性对男性的骚扰。

二、防止性骚扰

在工作和生活的很多领域中都存在着性骚扰，应从组织管理和个人应对两个方面对其进行预防和控制。

（一）组织管理

从组织角度而言，应以制度的形式保护处于弱势的一方的人身权利，建立一套针对性骚扰的专门而有效的预防和惩戒措施，其中应包括如下两个方面：① 把对性骚扰的定义、具体且可操作的反性骚扰的制度和惩戒措施书面化，并将书面资料发送给所有职工，使其研读熟知；② 制定完备的监督制度，具有独立的监督系统和申诉机制。根据国际劳工组织于1999年对14家跨国公司的调查显示，这些企业全都在内部制定了针对性骚扰的管理措施和处罚条例，大多数都设立了专门的投诉和调查机构。

　　另外，企业组织应对员工进行针对性骚扰的培训工作。2013年，在宝安、龙岗、龙华三地区的一份调查发现，"工作中的性骚扰"在"女工100个不爽"调查中位列第二，有71.2%的被访问女工曾经被性骚扰过，72.1%的受访者希望参加防治性骚扰的培训，同时希望工厂制定处理性骚扰的政策及机制并公示[18]。员工性骚扰培训旨在提高员工的权利意识以及对性骚扰的认知能力，指导他们了解公司内部的各种申诉程序；对管理人员则是进行职责教育，告诉他们在法律和管理规则下该做些什么、如何去做。2007年11月，由北京大学法学院妇女法律研究与服务中心主办，中国纺织工业协会、美国通用电气（中国）有限公司（GE）、河北省妇联及衡水市妇联协办，首次在中国著名民营纺织企业"爱慕"内衣有限公司和著名国有企业"老白干"酿酒集团公司开展了"企业防治职场性骚扰培训"，取得了良好的效果[19]。

　　我国香港平等机会委员会则呼吁香港女性大胆举报性骚扰个案。该委员会在其宣传资料中指导市民，尤其是女性市民，一旦遇上性骚扰就应该这样做：① 表明态度，制止骚扰者的骚扰，并马上举报；② 记录每次被骚扰的时间、地点和情节，或告诉自己信任的人，免得对簿公堂时拿不出证据；③ 寻找一个支持者或辅导员，因为他/她能够给予情绪上的支持及提供机构中正式投诉程序的资料；④ 向平等机会委员会投诉；⑤ 法律诉讼。

　　除了以上对性骚扰的应对方式之外，香港平等机会委员会也对性骚扰的预防方式做了一些提示。它在"消除雇佣范畴中的性骚扰"指引中列出了防范性骚扰的良方，如引导市民清楚认识宣传"反性骚扰"的作用，提醒女性员工应观察工作场所的情况，及早察觉性骚扰征兆，公司或工厂也应常常提醒员工提高自我保护意识；当接到性骚扰投诉事件时，上层机构要做到客观聆听，并保护当事人的隐私，除了向投诉者提供正式的投诉渠道之外，还应协助当事人向平等机会委员会求助，以求获得专业指引。这些都可以说是从组织管理上对性骚扰的防范和应对，给予了职工最大范围内的保护。

例证 8-11

对职场性骚扰说"不"[20]

　　安妮·乔普里安曾是美国加利福尼亚州首府萨克拉门托市慈善医院的一名外科医生助理。2006—2008年，她频繁地遭受到了所在医院里一些医生和工作人员的性骚扰。"经常会有人对我动手动脚，要不就是从背后摸我，要不就是随便揽我的腰，甚至还有人强行把我拉近他的大腿处，用下流的语言骚扰我。"咸猪手、下流口，长达两年了，安妮忍无可忍，她写信将自己这两年来忍受的种种不堪报告给了医院人力资源部的负责人。

　　她的举报不但没有得到医院的重视，她反而在一周之后被医院辞退了。据院方的记录显示，安妮被辞退的理由是她曾有某个周日没有按要求来医院工作。遭受性骚扰又失业的安妮没有自暴自弃，而是走上法庭打官司。联邦法院陪审团最终决定判处医院所有者西方天主教会医院赔偿1.68亿美元。巨额补偿使该案成了美国历史上赔款数额最高的职场性骚扰案。

（二）个人应对

预防与应对职场性骚扰除了从公司组织角度进行之外，个人也有一些可为的地方。职场上的性骚扰发生的形式主要是以下三种：① 在公共场合用开玩笑的方式进行语言或动作的猥亵；② 偷偷赠送与性有关的礼物或展示色情刊物；③ 利益诱惑或以降职、开除等手段来威胁。针对这三种骚扰方式，个人可考虑如下三种应对方式。

（1）在工作中要爱惜名誉，保持尊严，举止端庄，衣着打扮得体，避免穿着看起来比较暴露、性感的服装；避免和有性骚扰倾向的异性单独在一起，如果对方以工作为理由要求单独在一起，也应尽量选择较为公开的场所、在工作时间内进行，对于工作时间和场所之外的要求可以婉言拒绝，不给性骚扰者可乘之机。在与异性相处时，举止端庄，勿随意开玩笑以及说暧昧的话语让异性以为是某种暗示，以免自食其果。

（2）当发现有人对自己进行性骚扰时，要态度鲜明地向对方表明立场，如果对方不停止骚扰，便向有关部门寻求法律的保护。被对方性骚扰时，自己的态度很关键，这决定着骚扰是否会继续进行。一般而言，对于语言上的暗示，应婉转相告，表示自己不喜欢这样的玩笑，请以后最好不要开；对于动作上的小摸小捏，应严厉制止；对于电话或者短信骚扰，可以告诉对方，如果再不停止，将使用电话录音或者将短信转发给对方的爱人或者向上级部门申诉；如果性骚扰者是自己的上级，掌控着自己在工作岗位的去留、升迁的权力，既要明确表明自己的立场，又要让对方不至于太尴尬，但前提是敢于拒绝和反抗，如果因此丢掉工作，那就向法院起诉。

（3）对性骚扰要有正确的认识，改变社会上认为女性应该对性骚扰的发生承担责任的观念，减少应对性骚扰的社会压力。性骚扰难以取证，从历年性骚扰的官司中来看，女性胜诉的情况屈指可数，这给女性在应对性骚扰方面增加了社会压力。不过随着社会的日渐发展，人们法制观念的逐步深化，加之法制建设的加快，无论是职场中的女性还是男性，都将会受到越来越多的法律保护，逐渐远离职场中的这些无形的伤害。

例证 8-12

李某辞职[21]

星河创服在 2017 年 1 月 8 日发表官方声明，称公司 COO 李某因在飞机上性骚扰女乘客一事已被公安机关查处，还表示对李某事后隐瞒真相的做法表示愤慨和谴责。目前，李某已辞去星河创服 COO 职位。

微博用户"2017 一月三"称，1 月 2 日她在乘坐海航 HU7702 由深圳飞往北京的班机时，遭遇星河创服 COO 李某的性骚扰，当时由于飞机晚点，飞机起飞时已是深夜，该女乘客在入睡后遭遇邻座李某咸猪手。事后李某回应"性骚扰"事件是一场无妄的炒作，并称已聘请律师走法律程序，维护个人权利。

1 月 13 日，被行政拘留 5 天期满释放后，李某就"性骚扰"事件首次正式回应："事后没睡过一个好觉，不知道如何形容自己的心情。我很害怕，想尽快恢复到正常状态。"

本章小结

➢ 在组织中，权力是指个人或群体（A）影响或控制其他个人或群体（B）行为的能力。

➢ 权力基础划分为五大类：法定权、强制权、奖赏权、专家权和参照权。

➢ 组织中的政治行为是指那些不是由组织正式角色所要求的，但又影响或试图影响组织中利害分配的活动。

➢ 七种权术策略：合理化、表示友好、借助联盟、协商谈判、强制独断、借助高层权威、运用组织规范的约束力。

➢ 随着人权意识的发展和对平等机会的关注，有关性骚扰的问题渐渐浮出水面并得到社会关注，如何界定和防范性骚扰已成为组织权力与政治的重要课题。

 思考练习题

一、选择题

1. 权力的关键是双方之间存在依赖（　　　）。

　　（1）是　　　　　（2）否

2. 从性格特征来看，高度自我监督、内控型性格及高度权力需求的人，从事政治行为的可能性要高（　　　）。

　　（1）是　　　　　（2）否

3. 女性在职场上受到性骚扰时应该忍气吞声，以求自保（　　　）。

　　（1）是　　　　　（2）否

二、简答题

1. 什么是组织中的五种权力基础？

2. 为什么说依赖是权力的关键？

3. 什么是性骚扰？它与组织中的权力有何关系？

 管理游戏

8-1　公司权力阶梯游戏

你在公司是否具备了往上爬的潜质？下面将提供在公司里发生的五种情景，每种情景有四种可能的行为选择，请做出你的选择。本测验加讨论约需 10 分钟。

1. 你一再认识到某问题正在危害公司的利益，当你告诉上司时，他/她一点也不在意。你决定发一个电子邮件给：

（1）上司的上司并给上司备份，陈述问题，这将有助于做某些事并让上司的上司知道自己是积极进取的。

（2）上司并给上司的上司备份，陈述在此问题上你还是需要你的上司的帮助的。

（3）上司并直接向上司的上司汇报。如此仍无效果，你的上司也不会说自己不知道问题。

（4）向上司的上司直接汇报。

2．你善于聆听，其他人愿意与你分享个人的信息。相应地，别人也希望你能与他们分享你个人的信息，你：

（1）尽量分享个人信息，以便能进一步建立亲密关系和相互信任。

（2）当他人开始自我表露时赶紧转移话题，以避开与他人分享信息的压力。

（3）鼓励别人分享个人信息，当他们想让自己分享个人信息的时候转移话题。

（4）分享自认为可以公开的个人信息，回避分享自己想保密的个人信息。

3．办公室一位不受欢迎的同事提出一个可能危害公司利益的点子，你：

（1）猛烈地抨击他。是英雄好汉都应当有股正气，这样也会得到同事的支持。

（2）通过征询小组意见的做法，尽量让他人否定该想法，因而不须自己直接去面对。

（3）一言不发，显示出深思的样子。

（4）私下与他交谈，指出他的建议的危害性，并说服他放弃。

4．你的上司征寻一个志愿者承担某个大家都不愿承当的项目，眼光朝你看来，你：

（1）迎着上司的眼光朝上看。

（2）朝下看。

（3）看你周边的其他人。

（4）避开上司的眼光，做出沉思的样子。

5．在你的办公室里似乎没人真正在乎或注意人们是什么时间到的，但大家都注意人们是什么时候离开的，那些走得最晚的人常受到赞许。你是一个早走者，你想早一点离开去接放学的小孩。你：

（1）早点上班，让别人知道你很早就开始工作，并说服他人来得早或晚是公司弹性工作时间制的一部分，是受到鼓励的。

（2）早点上班，接完小孩后折回办公室，等大家差不多离开了再回家。

（3）拒绝采用老一套的办公室政治，早去早走，让工作说话。

（4）按时上班，早走去接小孩回家。

8-2　公司小品

场景设计：部门副经理跳槽离开公司，需要选拔一位新的副经理。选拔流程：部门经理推荐—人事经理民意调查、考核—呈送意见给总经理—总经理呈送意见给董事长—下发人事经理—发任命书。

1．小品角色有董事长、董事长的太太、总经理、总经理的太太、人事经理、部门经理、五名员工。

2．由学生扮演不同的角色，台词对话自己想。

3. 五名员工（A、B、C、D、E）都希望自己能胜任，各有所长。

4. 五名员工具有不同的特点：A员工资历高，已在本公司工作了15年，任劳任怨、能力平平；B员工是总经理太太的表侄，在公司工作3年，但人缘不好；C员工的技术和管理能力很强，但他有点不服领导的管教；D员工刚来公司工作2年，能力很强，学历高，硕士毕业；E员工工作努力，能力也不错，但家里有个9岁的小孩需要自己照顾，丈夫经常出差。

分享：角色扮演后分享自己对权力与政治的体会，谈谈公司内各种政治因素对副经理选拔的影响。

 案例分析

新东方高层内部政治斗争[22]

新东方这个据称价值50亿元的企业，曾经差点因为高层内斗而分崩离析。

新东方的"三驾马车"——俞敏洪、王强和徐小平。

俞敏洪，现任新东方教育科技总公司总裁、新东方学校的创办人；王强，现任新东方总公司董事长，回国之前在美国贝尔实验室任高级电脑工程师；徐小平，新东方二次创业的功臣，之前是新东方公司的"二把手"、董事、副总裁，如今已然出局，在公司中无任何职务。在新东方产业公司新的"排位"中，徐小平已经掉出了权力核心，只有一个更多是"干活的""虚职"——新东方学校副校长。

2001年8月27日，俞敏洪正在跟人谈话，副校长王强的秘书推门进来，交给他一封信。信封上贴着条子，要求签写收信回执，信的抬头是"尊敬的俞敏洪董事长"。王强在信中历数俞敏洪的过错、新东方的弊端，正式做出了辞职、退股、离开新东方的决定。

28日晚，新东方紧急召开临时董事会。王强提出了一系列要求，并给出了时间表，必须提交董事会讨论、决议。与此同时，副校长徐小平向俞敏洪递交了辞去董事的辞呈，加码支持王强。

紧急董事会之后，监事会主席包凡一加棒，他说："如果王强离开新东方，我也离开新东方。"

紧急董事会开成了董事辞职会。

2001年11月21日，俞敏洪在召开股东大会时提出一条"关于徐小平是否当董事重新投票"的提案，历数徐小平出尔反尔、意气用事、立场不端正等毛病，请股东讨论。表决结果以压倒性的票数多数通过了俞敏洪的提案，徐小平的董事职务被罢免了。

民营企业进入鼎盛时期后，一般难以逾越"排座次、论荣辱、分银饷"的"水浒模式"。在这种模式下，几乎所有的企业都会沿着一个大家十分熟悉的道路向下滑行，新东方经过这次巨震后却如凤凰"涅槃"般地重生了。

怎么在发展的前提下平衡利益，摆脱随时可能分崩离析的危险局面成了俞敏洪和他的团队的头等大事。新东方面临严峻的考验，开始艰难而痛苦地向"现代企业"转型。俞敏洪提出辞去新东方董事长兼总经理的职务，由王强出任董事长。这既是因为王强办事极讲原则性，做事有长远规划，对于"公司战略、规划"有利，也是为了新东方的权力平衡，俞敏洪是最大股东，既做董事长又做总裁，权力太集中。

事实证明，老俞变了，新东方更成熟了。

徐小平在一封信中分析和反思，俞敏洪不但要承担学校的社会责任，还必须承担保护和兑现小股东利益的责任，权利、义务严重失衡。俞敏洪还没有足够的经验迅速进入状况，应付从未出现过的复杂局面。俞敏洪背负的责任远远超出了他的承载能力，俞敏洪要翻船了！但是徐小平从来没有动摇这个基本观点：假如新东方是一艘大船，掌舵人俞敏洪迷失方向是这场改革艰难与痛苦的最主要根源。

新东方重新洗牌，救了徐小平，更救了新东方。

从一个个体户到现代公司，从一批文人到一批职业商人，新东方"教书一流""办学校一流""管理公司尤其是现代公司却不入流"的一批人完成了蜕变和升华过程。新东方股东的共同利益不能以兄弟情谊来维系，但可以用共同利益来维系兄弟情谊，这是新东方改革最宝贵的收获之一。

问题讨论：

1. 列举和说明新东方高层内斗的原因。
2. 分析新东方高层内斗对新东方公司发展的影响。
3. 请为新东方公司实现转型、摆脱内斗的局面提出一些策略建议。

 参考文献

[1] 吴思嫣，严军生. 国美控制权之争的管理启示[J]. 现代管理科学，2011（01）：39-40.

[2] 曾宪聚，林楷斌，张雅慧. 创始企业家身份演变、控制权配置与控制权私利的抑制——雷士照明控制权争夺案例的再剖析[J]. 西安交通大学学报，2019，39（04）：27-37.

[3] FRENCH J R P, RAVEN R B JR, CARTWRIGHT D. Studies in social power[M]. Oxford, England: University Michigan University Press, 1959.

[4] 李开复. 微软的成功之道[J]. 企业文化，2009（02）：79.

[5] 李中斌，杨成国，胡三嫚. 组织行为学[M]. 北京：中国社会科学出版社，2010：193-194.

[6] 斯蒂芬·P. 罗宾斯. 组织行为学[M]. 孙健敏，等，译. 北京：中国人民大学出版社，2018.

[7] 任迎伟. 西方组织政治行为理论研究评介[J]. 西南民族大学学报（人文社科版），2005（1）：366-369.

[8] 贺志刚. 公司政治典型情境[J]. IT经理世界，2002，10（20）：60-65.

[9] 张永生. 唐骏凭什么成功[M]. 北京：五洲传播出版社，2009.

[10] 叶进文. 从福特到克莱斯勒——汽车巨子艾柯卡的传奇故事[J]. 大众心理学，

2005（01）：39-41.

[11] 乔尹. 职场达人志[M]. 北京：中国发展出版社，2009.

[12] 刘建军. 领导学原理——科学与艺术[M]. 3版. 上海：复旦大学出版社，2013.

[13] 刘春玲. 高校防治性骚扰对策研究[J]. 中华女子学院学报，2018，30（04）：30-34.

[14] 靳文静. 性骚扰法律概念的比较探析[J]. 比较法研究，2008（01）：135-141.

[15] 李盛. 拿什么对职场性骚扰说"不"[J]. 工会博览，2017（03）：11-13.

[16] 王利明. 民法典人格权编草案的亮点及完善[J]. 中国法律评论，2019（01）：96-108.

[17] 钟曼丽. 从权力的角度来解读工作场所中的性骚扰[J]. 辽宁行政学院学报，2012（2）：157-162.

[18] 刘明辉. 关于反性骚扰立法的性别影响评估[J]. 中华女子学院学报，2015，27（04）：5-11.

[19] 王留彦，郭俊卿. 美国平等就业机会委员会在反性骚扰法中的作用及启示[J]. 法制与社会，2009（30）：219-220.

[20] 美国一女医生遭职场性骚扰获赔 1.68 亿美元[EB/OL].（2012-03-04）. 新浪湖北资讯. http://hb.sina.com.cn/news/gdzx/2012-03-04/52258.html.

[21] 张楠. 星河创服 COO 李元戎坐实性骚扰，此前称被网红炒作[EB/OL].（2017-01-08）[2017-07-14]. http://money.163.com/17/0108/15/CA9456QJ002580S6.html.

[22] 巢莹莹. 组织行为学[M]. 上海：同济大学出版社，2016.

第九章

领导理论

 学习目标

> ➢ 了解领导的基本概念
> ➢ 掌握领导的六种权力基础
> ➢ 了解领导特质理论
> ➢ 掌握领导行为理论
> ➢ 掌握领导权变理论
> ➢ 了解领导理论的新进展

引例

马云的领导风格[1]

马云，1964年10月出生于杭州，是阿里巴巴集团主席和首席执行官、主要创始人。

1999年年初，马云在杭州创业，开发阿里巴巴网站；2003年，个人电子商务网站淘宝成立；2004年，在线支付系统支付宝发布；2005年，阿里巴巴集团与雅虎美国建立战略合作伙伴关系，并执掌雅虎中国。从50万元创业资金、18个人的创业团队起家，马云带领阿里巴巴用10年时间成长为全球最成功的电子商务集群，使电子商务从一个概念变成一种领导潮流的商业形态。随着阿里巴巴的发展，马云正在成为有影响力的新一代中国企业家。

马云是一位非常强调团队精神的企业领导，他非常欣赏唐僧的"西游团队"。马云说，唐僧之所以成功，凭的就是有使命感，他代表着整个团队的价值观和发展方向。唐僧的思维其实很简单，就是取经，这是任何东西都改变不了的。也正因为如此，有唐僧在，这个团队就不会散，就有主心骨，就能一直朝着取经的方向前进。

阿里巴巴的凝聚力在于马云的个人魅力和他所提倡的使命感。阿里巴巴能像磁石一样吸引大批人才加盟，除了其本身的吸引力之外，马云的"治心术"也是一个重要因素，有媒体称其为"精神控制法"。

阿里巴巴收购雅虎中国是一场对马云的领导才能的巨大考验。当时，雅虎中国的员工对马云抱有一定的敌对态度。然而，马云却通过一次盛大的"回归"仪式，用行动化解了这些员工心中的敌对情绪，让这些员工从心理上接受他。同时，不断加强企业文化融合，加强文化治心，最终让员工认同这次并购。

在马云的领导艺术中，他所信奉的管理理念是"得人心者得天下""治人先治心"。

他坚持用文化统一人心，他认为在中国企业里，如果没有共同的目标、共同的使命感、共同的价值观是不行的，只有大家的目标统一，力量才会朝一个地方使。

马云是一个有远见且重视与员工关系的领导者，他通过个人魅力和企业文化来实现对下属的领导，以此获得员工的认同，动员大家朝向统一的目标努力。那么什么是领导？领导是指领导者对下属施加影响以完成他们的目标和任务的过程，它与管理具有一定的区别。领导理论的发展经历了特质理论、行为理论和权变理论三个阶段。领导有效性受制于某些因素（如心态、道德、信任、情景），因此，针对这些因素对领导者进行相应的知识、心态和行为培训也就变成了可能。

第一节　领导与领导者的影响力

要成为一个卓越的领导者，我们首先要理解什么是领导，并且知道如何区分领导和管理这两个不同的概念。领导和管理是组织中两种不同的职能，管理的功能是维持秩序，而领导的功能是推动变革。对于领导者而言，规范和程序性的思维方式无法带领员工实现组织的变革与创新，仅仅依靠来源于正式职位的权力也难以激发员工的主动性，非职位性的影响力（如领导者的个人魅力等）对于发挥领导者的影响力具有重要的意义。

一、领导的概念

孔茨认为，领导是领导者促使其下属充满信心、满怀热情地完成任务的艺术[2]。领导包括如下四个方面的内容：① 领导是领导者对下属施加影响的过程；② 领导作为一种组织行为，指向组织目标和任务；③ 领导作为组织导向行为，具备引导组织发展方向的作用，其中包括制定目标、制定规范和用人；④ 领导是领导者对下属进行激励和鼓舞的一种行为。

二、领导与管理的区别

日常生活中，人们容易将领导与管理混淆。近年来，学术界出现了将领导与管理看作独立体系加以研究的学术倾向，一般认为，领导的功能是推进变革，而管理的功能是维持秩序。但对现代组织来说，管理与领导都是不可或缺的，需要两者的有效合作。领导与管理的具体区别如表 9-1 所示。

表 9-1　领导与管理的区别

类　　型	产生方式	所处理的问题	主要行为	影响下属的方式	思维特点	目　　标
领导	正式任命，或从群众中自发产生	变化、变革问题	开发愿景、说服、激励和鼓舞、制定目标和规范、用人	正式权威或非正式权威	直觉、移情、冒险、独处、创造	变革、建构结构、程序或目标，制定战略
管理	正式任命	复杂、日常问题	计划、监督、员工雇佣、评价、物资分配、制度实施	正式权威	理性、规范、合作、安全、程序	稳定组织秩序，维持组织高效运转

他适不适合做领导[3]

一天，某民营医药公司的老总前来找笔者，咨询有关公司管理和用人的问题。他谈到，当他的公司面临重大危机，资金周转不灵，急需资金帮助公司渡过难关时，一位员工挺身而出，拿出百余万元垫进来，帮助公司渡过了难关。老总很感激他，将他提拔为副总，主管营销和后勤，并分给他5%的股份。副总性格稍内向，办事认真、古板，让他负责装修，与预算相比，还为公司节省了两万余元；让他主管后勤，每个月两部车的开销也能节省800多元。他做事很仔细，连汽车维修是在哪个汽修厂，他有时都打电话去核实。但是，他最近炒掉几个员工，使老总感到很不安，因为这些员工在老总看来都很不错。其他员工对副总也颇有微词，不少员工向老总反映副总很小气，连100多元的应酬费有时都不给签单报销。如果还是让副总主管的话，有些优秀的员工就打算离职。副总主管营销一年多，业绩起色不大。为鼓励士气，老总给了副总3 000元，让他分发给下属，但他始终都没有分发下去。老总于是开始考虑，副总到底适不适合待在目前的职位上。最后，为稳定员工，老总只好自己又接管了营销。

从性格上分析，副总可能是略偏抑郁质的人，比较不适合做领导，但做一个管理者还是可以的。管理者是按章办事，如果公司制定了规范，让副总按规范签字管理，他是可以胜任的。但这个公司处于创业期，很多事情要领导说了算，无章可循，如果硬逼着一个管理者做一个领导者的工作，被提拔的管理者本人吃力不讨好、困惑不说，其领导工作的成效也大打折扣。

三、领导者的影响力

领导者是指实施领导行为的人。领导者的影响力即领导者影响下属接受目标或命令，自愿服从或强制服从的力量，可以分为职位性影响力（即与领导者的正式职位所赋予的权力相联系）和非职位性影响力（即与个人的品德、才智、经验、领导能力和过去的业绩相联系）。

约翰·弗伦奇（John French）和柏崔姆·瑞文（Bertram Raven）将影响力分为五种：法定权、强制权、奖赏权、专家权和参照权，俞克和法尔比在此基础上增加了信息权[4]。表9-2列出了这六种影响力的内容和影响方式。

表9-2　六种影响力的内容和影响方式

六种影响力	含　义	影响力类型	内容和影响方式
法定权	领导掌握支配下属的职位和责任的权力，期望下属服从法规的要求	职位性影响力	任命、罢免等权力，具有明确的垂直隶属关系
强制权	领导随时可以为难下属，下属避免惹他生气	职位性影响力	对不服从要求或命令的人进行惩罚，使之惧怕，如批评、训斥、降薪、降级、解雇，是一种负性强化的方式

续表

六种影响力	含　义	影响力类型	内容和影响方式
奖赏权	领导能给下属以特殊的利益或奖赏，下属知道与他关系密切有好处	职位性影响力	给合理的期望者分配有价值的资源，如鼓励、表扬、发奖金、晋级，是一种正性强化的方式
专家权	领导的知识和经验使下属尊重他，服从他的判断	非职位性影响力	专业知识在决策、运营等方面的影响，影响方向可能是平行或自下而上的
参照权	下属喜欢、拥戴领导，并乐意为他做事	非职位性影响力	人格魅力和社交技能使人欣赏、喜欢、服从，示范和模仿是影响的主要方式
信息权	领导掌握和控制对下属而言非常有价值的信息，下属依赖领导的信息分享而行事	职位性影响力	以是否分享信息作为奖惩的手段，领导掌握分享信息的主动权

第二节　领导特质理论

特质是相对稳定和连贯的个体特征综合体，包括人格、动机、能力、价值观、职业兴趣等[5]。从古希腊亚里士多德开始，领导特质理论（Trait Theories of Leadership）经历了由传统的领导特质理论向现代的领导特质理论的转变。传统的领导特质理论认为，领导者的素质是与生俱来的，不具备天生领导素质的人不能当领导。这个观点到 20 世纪 70年代逐步为现代的领导特质理论所取代。人们认识到领导者的大多数素质是在实践中培养而成的，因此，现代的领导特质理论家们根据现代企业的要求，提出了领导者素质的标准，并开发了相应的专门训练方法，以培养相关素质。迄今为止，领导者素质研究仍具有现实意义。人与工作、组织、环境相匹配理论的有效性支持了这一观点。

一、西方领导特质理论的研究

早期的领导特质理论研究成功的领导者与他们所具备的特质之间的关系。斯多基尔（R. M. Stogdill，1904—1978）对 1904—1970 年有关领导者素质的研究做了综述[6]。他将找到的有关领导素质分为如下六大类：① 身体特征，如体格强壮、精力充沛、充满活力、仪表出众、打扮整洁等；② 社会背景，包括接受过高等教育和享有良好的社会地位等；③ 智慧和才能，如过人的智慧、专业知识和技能等；④ 性格，如自信、支配、进取、独立、自控、创造等；⑤ 工作特点，如渴望获得成就、责任感强、有事业心和以工作为荣等；⑥ 社会技能（如善于交际等）、有行政能力和能够与人合作等。

在排除了身体特质与成功的领导的关系之后，领导特质理论家们认为某种心理或情感方面的特质与领导存在某种关系。文献中常提及的特质包括智力、远见、坚毅、灵活、想象力强、道德高尚、敢于冒险、风度好、精力充沛、知识渊博。

例证 9-2

韦尔奇的领导艺术[7]

在通用电气公司，从秘书到司机、工人，每个人都管韦尔奇叫杰克，人们时常看到他急匆匆地穿过走廊，从底层货架上拿起他要买的东西。韦尔奇重视"底线"和结果是出了名的。当年，他新官上任三把火，公开宣称凡是不能在市场维持前两名的实业，都会面临被卖或被裁撤的命运。裁起员工来，韦尔奇绝不心软。很多通用的员工抱怨韦尔奇要求得太严。无论在生产上打破过多少次纪录，韦尔奇总嫌不够。员工就像挤干了汁的柠檬一样，被韦尔奇榨干了。

很多年前，有一位通用的中层主管第一次在韦尔奇面前主持简报，由于太紧张，两腿发起抖来。这位经理也坦白地告诉韦尔奇："我太太跟我说，如果这次简报砸了锅，我就不要回去了。"在回程的飞机上，韦尔奇叫人送了一瓶最高级的香槟和一束红玫瑰给这位经理的太太。韦尔奇用便条写道："你先生的简报非常成功，我们非常抱歉，害得他在最近一个星期忙得一塌糊涂。"任何一个好的领导人都应该懂得用"棒子和胡萝卜"去获得一个好的结果。在这方面，韦尔奇是高手。

在他人眼中，韦尔奇是一个既令人敬畏又从无废话的领导。无论是给雇员、经理、总裁，还是给董事会的董事的信函，韦尔奇从不用套话。对于韦尔奇手下20多名直接负责人来说，每一次加薪或减薪、每一份奖金、每一次优先认股权的授予，总要伴随着一次关于期望和表现的坦诚交谈。高级副总裁盖利说："韦尔奇总能刚柔并济、恩威并施，当他交给你奖金或优先认股权时，同时也会让你知道他在来年想要的东西。"

二、我国领导特质理论的研究

我国古代对国家栋梁之材的选贤标准体现在像唐太宗所主张的"德行学识"并重和荀子所提倡的"全、尽、粹"上。根据荀子的思想，"全"是指人的知识、才智和品质要完全、全面；"尽"是指人的知识、才智和品质要得到彻底、极度的发展；"粹"是指人的知识、才智和品质纯而不杂、精而不乱[8]。

从20世纪90年代开始，我国学者对我国领导人才的特质进行了概括和实证研究，采用了卡特尔16PF、CPI、大五人格、EPQ、MBTI等个性测量工具或者自编的个性测量工具。林琼和方俐洛（2002）通过调查发现，我国领导人才的特质包括如下四个维度：① 目标有效性；② 才能多面性；③ 个人品德；④ 人际能力[9]。赵国祥（2002）通过调查发现，我国政府党政机关处级领导的个性特质由责任心、情绪稳定性、社交性、自律性、决断性、创新性六个因素组成[10]。对我国大型企业的领导者与非领导者群体的调查表明，领导力作为一种稳定的特质，具有很高的综合性，主要包括开创性（包含决断性、风险承受、开放性、支配性和自信）、适应性（包含稳定性、压力忍受和内控）、自律性（包含持续性、责任心和自控）[11]。

例证　9-3

王石的军人特质[12]

　　万科集团总经理王石 1968 年参军，1973 年从部队转业。1993 年，万科做出放弃多元化的决定，现已成为真正意义上的单一业务上的房地产集团，并且只专注于开发居民住宅地产，完成了集团战略专业化的调整。而万科能够成功，离不开王石自身军人特质的影响。首先是坚强的毅力。王石面对万科转型的重重困难时并没有放弃，而是顶住各方面的压力，始终将成为房地产行业的领跑者作为万科的目标，使万科成功地完成了从多元化到专业化的转型。其次是谋略思维。27 年前，王石放弃其他盈利行业，实行专业发展房地产行业的战略使许多人难以理解。分析中国市场经济，房地产行业必将成为中国经济发展的主要支柱之一，企业必须集中优势资源，在行业中形成竞争优势，才能在市场中立足，这说明王石当时的选择是正确的。最后是团队意识。万科的成功是一个团队的成功。王石将专业化、有激情、有创造力作为万科创立和发展的一个重要使命。每年春节假期结束前两天，二级公司老总和总部高层管理人员会聚集到一起，就公司的发展战略和管理客体进行探讨和研究。万科始终相信只有团队才能创造万科的成功。

三、领导的道德

　　近年来，领导的道德问题越来越受到研究者的关注。其原因主要有三个：① 某些领导的道德问题（如性丑闻、贪污受贿、滥用权力）引起了公众的广泛关注，也引发了研究者的兴趣。② 领导的道德缺陷影响了其领导的有效性，更有学者认为道德决定领导力。在组织过程内的领导有效性研究方面，领导的伦理或者道德的重要性越来越受到重视。成熟的管理者认为，领导的伦理行为是管理成功的主要原因。培恩（L. Paine）通过对企业组织的调查发现，最受员工尊敬的领导素质是诚实[13]。③ 人性化的关怀日益得到提倡，被领导者的权益和生活质量受到前所未有的关注。

　　领导有效性应当强调手段和目的的统一，但在实践中，这种统一性经常被打破。通用电气公司的前总裁杰克·韦尔奇被认为是富有成效的领导者，他为股东们带来了很好的回报，但每年的《财富》杂志都将他列为最令人憎恨的 CEO 之一。通过高强度工作的公司文化，比尔·盖茨成功地领导微软成为一家主导软件行业的公司，但微软文化要求员工长时间工作，这让那些想平衡工作和个人生活的人感到无法忍受。

　　自古以来，中国人历来重视领导者的道德问题，特别强调领导者应"德才兼备"。普通百姓对那些刚正不阿、大公无私、秉公办事的清官倍加称赞，而对欺压百姓的贪官污吏则讽刺鞭挞、深恶痛绝，这种观念至今仍深深地影响着现代人的思想。若一个领导者的道德修养很差，尽管他很有才能，也很难得到人们的好感和支持。我国现行的领导干部的选拔和考核都非常强调道德的标准。如何考查一个人的道德以及了解其道德发展变化的规律，如何按照"德才兼备"的原则选拔领导，以及如何依法领导、对领导加强监督是我国领导科学在新时期的重要研究课题。

例证 9-4

安然公司的财务丑闻[14]

美国安然公司成立于1985年，它由美国休斯敦天然气公司和北方内陆天然气公司合并而成。首任董事长兼首席执行官肯尼斯·雷是安然公司的主要创立者，他带领安然公司创造了一个神话。从1985年到2000年，安然公司在短短15年内就与通用、美孚、壳牌等百年老店平起平坐，成为一代商业巨擘。

然而，这一切是如此短暂，当安然公司发表2001年第三季度亏损的财务报表后，安然帝国的崩塌就开始了。

2001年10月22日，The Street.com网站发表文章披露了安然与另外两个关联企业——Marlin2信托基金和Osprey信托基金的复杂交易，安然通过这两个基金举债34亿美元，但这些债务从未在安然季报和年报中披露。也就在这一天，美国证券交易委员会要求安然公司主动提交某些交易的细节内容，并于10月31日开始对安然公司进行正式调查，至此，安然事件爆发。

在政府监管部门、媒体和市场的强大压力下，2001年11月8日，安然向美国证监会递交文件，承认做了假账：从1997年到2001年，共虚报利润5.86亿美元，并且未将巨额债务入账。因此，安然公司遭受巨大损失。2002年1月15日，纽约证券交易所正式宣布停止安然股票的相关交易。至此，安然这个曾经辉煌一时的能源巨人已完全倒下。

经过调查，相关合伙公司大多被安然高层官员所控制，安然对外的巨额贷款经常被列入这些公司，而不出现在安然的资产负债表上。这样，安然高达130亿美元的巨额债务就不会为投资人所知，而安然的一些官员也可以从这些合伙公司中年取私利了。

首任董事长兼首席执行官肯尼斯·雷亲手创造了一个商业神话，也亲手毁掉了它，正是成也萧何，败也萧何。

四、信任作为有效领导的基石

决定企业能否可持续发展的关键因素是企业能否建立一支高效敬业、团结合作的员工队伍，以及企业在人力资源方面是否具有竞争优势。而诚信领导则是影响企业人才竞争力，进而决定企业可持续发展的基石。

所谓诚信领导，就是领导者在领导过程中能够表现出诚实守信、言行一致、表里如一、诚恳负责的品质或行为，从而有利于团体实现组织目标。诚信领导的核心是通过领导者展现出的诚信品质或行为，影响下属的认知、态度及行为，进而有利于在组织中建立坦诚、互信、和谐的关系，提高组织成员对组织的认同感及归属感，激发员工的积极性和创造力，为组织打造一支富有竞争力的人才队伍创造条件。

诚信领导实际上包含了两个彼此相关的过程：一是领导者展现出诚信的品质或行为；二是下属表现出诚信的品质或行为。前者是因，后者是果，从企业推行诚信领导的过程来看，前者更为重要，也更为关键。所以组织能否成功实施诚信领导，主要取决于领导者能否展现诚信品质或行为[15]。

信任被认为是有效领导的基石，《高效工作的七种习惯》的作者可威（S. R. Covey）认为，信任就如向"情感银行"投资[16]。更有学者认为，信任是企业竞争优势的一部分。信任如此重要，那么领导应当如何建立下属对自己的信任呢？表 9-3 的第二列列出了 12条建议，第三列列出了相应的破坏信任的 12 种做法。

表 9-3　建立信任与破坏信任的做法

序　　号	建立信任的做法	破坏信任的做法
1	及时传递信息	控制或隐瞒信息
2	致力于建立建设性关系	远离价值和原则，关注容易产生问题的细节
3	不要隐藏计划	隐藏真实目标和意图
4	尊重并认可他人对关系的贡献	把交往关系看作是输或赢的关系
5	不要刻意隐藏自己的弱点	刻意隐藏自己的短处
6	明确对下属的要求和期望	不与下属分享自己的要求和期望
7	关系比牵扯到的个人更重要	我的就是我的，你的则可商量
8	要有长远的目光	把交往看作是交易
9	创造协同	强调劳动分工和过失
10	更好地理解自己和他人	孤立自我，通过他人工作
11	认识到并非关系的任何方面都是成功的	让人知道你有其他选择或潜在的伙伴
12	将问题看作是机遇	不惜代价地保护自我

例证 9-5

王石：领导不宜管得太多

2016 年，万科中西部区域媒体工作会上，时任万科董事会主席王石发表了讲话。他表示，领导除了勇于承担责任外，还应该对下属给予充分的信任，让下属充分发挥自己的主观能动性。王石还指出，现实中，很多公司都不需要董事长或创始人事事指挥，但是，这些领导或创始人就是舍不得放手，总是习惯性地发号施令。"一个发展得很成熟的企业，已经不需要董事长或创始人管得太多，管得太多反而发展不好。"为此他举例说，万科和一个合作伙伴被王石邀请到剑桥大学参加赛艇培训，要耽搁四个星期。起初这位老板担心自己坚持不下去，因为企业有很多事情丢不开。"但四个星期下来，企业发展得很好，还超出了他本人的预期。"王石对员工的信任也能让员工培养自信心，使他们能够不断进步。

（资料来源：王石：做的正是体现社会责任 企业管理中领导不宜管得太多[EB/OL]. [2016-11-21]. https://finance.sina.cn/chanjing/gl/2016-11-21/detail-ifxxwrwk1536645.d.html. ）

第三节　领导行为理论

领导行为理论在于了解有效领导者的行为是否具有独特之处。领导行为理论的提出为领导者培训提供了广阔的天地，通过对具体行为的培训，可获得大量的有效领导者。

一、俄亥俄州立大学的研究

最全面且应用得最广的行为理论来自 1945 年俄亥俄州立大学斯多基尔和沙特尔提出的领导行为理论。通过收集大量的下属对领导行为的描述，他们将领导行为分为两个维度，分别称为结构维度和关怀维度。

结构维度（Initiating Structure）是指领导者更愿意界定和建构自己与下属的角色，以达成组织目标，包括设立工作、工作关系和目标的行为。高结构特点的领导者向小组成员分派具体工作时，要求员工保持一定的绩效标准，并强调工作的最后期限。

关怀维度（Consideration）是指领导者尊重和关心下属的看法和情感，更愿意建立相互信任的工作关系。高关怀特点的领导者帮助下属解决个人问题时，友善而平易近人，公平对待每一个下属，并对下属的生活、健康、地位和工作满意度等问题十分关心。

以此为基础而进行的大量研究发现，高结构—高关怀的领导者常常比其他三种类型（即高结构—低关怀、低结构—高关怀、低结构—低关怀）的领导者更能使下属取得高工作绩效和高满意度，但并非总能产生效果。

二、密执安大学的研究

与俄亥俄州立大学的研究差不多同一时期，密执安大学调查研究中心进行了类似的研究。密执安大学的研究者也将领导行为划分为两个维度，分别称为员工导向和生产导向。员工导向领导（Employee-oriented Leader）重视人际关系，他们总会考虑到下属的需要，并承认人与人之间的不同。相反地，生产导向领导（Production-oriented Leader）更强调工作的技术或任务事项，主要关心群体任务的完成情况，并把群体成员看作是达成目标的手段 [17]。

密执安大学研究者的结论肯定了员工导向的领导者的有效性。他们认为，员工导向的领导者与群体的高生产率和高工作满意度呈正相关关系；而生产导向的领导者则与群体的低生产率和低工作满意度联系在一起。

三、管理方格理论

管理方格理论（Management Grid Theory）是研究企业的领导方式及其有效性的理论，是由美国得克萨斯大学的行为科学家罗伯特·布莱克（Robert R. Blake）和简·莫顿（Jane S. Mouton）在《管理方格》一书中提出的[18]，这种理论倡导用方格图表示和研究领导方式。他们认为，在企业管理的领导工作中往往出现一些极端的方式，或者以生产为中心，或者以人为中心，或者以 X 理论为依据而强调靠监督，或者以 Y 理论为依据而强调相信人。为避免趋于极端，克服以往各种领导方式理论中的"非此即彼"的绝对化观点，布莱克和莫顿指出：在对生产关心的领导方式和对人关心的领导方式之间，可以有使两者在不同程度上互相结合的多种领导方式。为此，他们针对企业中的领导方式问题提出了管理方格法，设计了一张纵轴和横轴各九等分的方格图，方格图的纵轴和横轴分别表示企业领导者对人和对生产的关心程度。第 1 格表示关心程度最低，第 9 格表示关心程度最高。全图总共 81 个小方格，分别表示"对生产的关心"和"对人的关心"这两个基本因素以不同比例结合的领导方式，如图 9-1 所示。

图 9-1　管理方格图

管理方格图中，1.1 定向表示贫乏的管理，对生产和对人的关心程度都很低；9.1 定向表示任务管理，重点抓生产任务，不太注意人的因素；1.9 定向表示所谓的俱乐部式管理，重点在于关心人，企业充满轻松友好的气氛，不太关心生产任务；5.5 定向表示中间式或不上不下式管理，既不偏重于关心生产，也不偏重于关心人，完成任务的表现不突出；9.9 定向表示理想型管理，对生产和对人都很关心，能使组织的目标和个人的需要最理想、最有效地结合起来。

布莱克和莫顿认为，9.9 定向管理方式表明，在对生产的关心和对人的关心这两个因素之间，并没有必然的冲突。他们通过对自由选择、积极参与、相互信任、开放地沟通、目标和目的、冲突的解决办法、个人责任、评论、工作活动 9 个方面的比较，认为 9.9 定向方式最有利于企业的绩效。所以，企业领导者宜客观地分析企业内外的各种情况，把自己的领导方式改造成为 9.9 理想型管理方式，以达到最高的效率。

第四节　领导权变理论

领导权变理论认为，要找到一个适合于任何组织、工作、任务和下属的领导者特质或领导行为是不切合实际的，只能根据具体情况来确定有效的领导类型和方式。领导的有效性是领导者、被领导者、环境的函数。

一、菲德勒权变理论

美国学者菲德勒（Fred E. Fiedler）于 20 世纪 60 年代初提出了"有效领导者的权变模式"，简称菲德勒权变理论[19]。菲德勒认为，领导风格是影响领导效果的关键因素之一。

每个领导者的领导风格由其人格特征决定，因而是相对稳定的，可以把"最不愿与之共事的同事"问卷（Least-Preferred-Coworker，LPC；见本章末尾心理测试）作为测量工具加以鉴别，高 LPC 分数的领导者为工作取向型领导，而低 LPC 分数的领导者为关系取向型领导。

菲德勒认为，有效的领导行为依赖于情境对领导者的有利程度。情境的有利程度由下面三种因素决定。

（1）领导者与下属的关系。关系好坏是指领导者受其团体成员喜爱、信任、乐意服从的程度。

（2）工作结构。工作结构以是否明确为指标，其内容包括每位成员是否了解工作所需要的条件是什么，是否有实现目标的多种途径，是否有独特的处理问题的正确解决方案，是否清楚决策的正确性。

（3）领导者的职权。职权以强弱为指标，主要指领导者的职位有多少权力，有无雇佣、辞退、奖惩下属的权力，任职期限有多长，是否得到上级的支持等。

在上述三种情境因素中，领导者与下属的关系最为重要。三种情境因素相互组合构成八种情境类型，如表 9-4 所示。

表 9-4　八种情境类型

情　　境	1	2	3	4	5	6	7	8
领导者与下属的关系	好	好	好	好	差	差	差	差
工作结构	明确	明确	不明确	不明确	明确	明确	不明确	不明确
领导者的职权	强	弱	强	弱	强	弱	强	弱
有利程度	最为有利	比较有利	比较有利	中等有利	中等有利	不太有利	不太有利	最为不利

研究表明，工作取向型领导在最为有利和不太有利的情境（情境 1、8）中，领导效果较好；关系取向型领导在中等有利的情境（如情境 4、5）中最能发挥领导效率。

二、领导行为连续体理论

坦南鲍姆（R. Tannenbaum）和施米特（W. H. Schmidt）于 1958 年提出了领导行为连续体理论[20]。他们认为，经理们在决定何种行为（领导作风）最适合处理某一问题时常常面临困难，不知道是应该自己做出决定，还是授权给下属做决策。领导风格与领导者运用职权的程度和下属在做决策时享有的自由度有关。在连续体的最左端表示的领导行为是专制的领导；在连续体的最右端表示的是将决策权授予下属的民主型领导。在领导工作中，领导者使用的职权和下属拥有的自由度之间是一方扩大则另一方缩小的关系。坦南鲍姆和施米特将领导模式划分为高度专制、高度民主以及在高度专制和高度民主的领导风格之间的其他领导模式（见图 9-2）。

在上述各种模式中，坦南鲍姆和施米特认为，不能抽象地认为哪一种模式一定是好的，哪一种模式一定是差的。成功的领导者应该是在一定的具体条件下，善于考虑各种因素的影响并采取最恰当行动的人。当需要果断指挥时，他应善于指挥；当需要员工参与决策时，他能适当放权。领导者应根据具体的情况，如领导者自身的能力、下属及环境状况、工作性质、工作时间等，适当选择连续体中的某种领导风格，才能确保领导行为的有效性。通常，管理者在决定采用哪种领导模式时要考虑以下三个方面的因素：① 管理者的特征，包括管理者的背景、教育、知识、经验、价值观、目标和期望等；② 员工的特征，包括员工的背景、教育、知识、经验、价值观、目标和期望等；③ 环境的要求，包括环境的大小、复杂程度、目标、结构和组织氛围、技术、时间压力和工作的本质等。

图 9-2　连续体理论模型

　　根据以上这些因素，如果下属有独立做出决定并承担责任的愿望和要求，并且他们已经做好了这样的准备，能理解所规定的目标和任务，并有能力承担这些任务，领导者就应给下属较大的自主权。如果不具备这些条件，领导者就不会把权力授予下级。成功的领导者应该在多数情况下能够评估各种影响环境的因素和条件，并根据这些条件和因素来确定自己的领导方式和采取相应的行动。

例证　9-6

松下幸之助的领导风格变化[21]

　　松下公司的创始人松下幸之助先生作为领导者，在公司脱离了生存问题进入发展期的时候，开始转变自己的领导风格，即从初创期的"笃信佛教"的家族式领导风格逐步向强化企业命运共同体建设，向以"纲领、信条、七大精神"为基础的领导风格转变，这样的领导风格在管理系统中起到了不可多得的正面作用。同时，把培养人才作为重点，强调将普通人培训为有才能的人。而在 20 世纪 30 年代，松下公司已步入成熟期，其内部的管理体系得以确立，松下幸之助先生的领导风格再次转变，其积极成分构成了松下公司整体管理氛围的骨架，使其完全脱离了家族亲情式领导风格。随着企业规模的扩大，家族股权降到了 3%以下，并确立了"自主自立的个人""建立培养专家型人才"和以"成果主义"为核心的人事制度，并配以适应经营环境变化的组织体制，领导风格最终平稳地完全过渡到制度化上，更加适应企业在未来的发展。

三、领导生命周期理论

　　科曼（A. K. Korman）将工作与关系这两个领导行为维度与下属的成熟度结合起来，

提出了领导生命周期理论（Life Cycle Theory of Leadership）[22]。赫西（P. Hersey）和布兰查德（K. H. Blanchard）于 1976 年发展了该理论，提出了"情境领导理论"（Situational Leadership Theory）[23]。领导生命周期理论认为，领导类型应适应组织成员的成熟度。这里所指的成熟主要是指心理成熟，成熟度是指成就动机、承担责任的意愿（包括愿望、热情、信心）和能力（包括学识、技能和经验等）。表 9-5 列出了成员不成熟和成熟的表现。

表 9-5　成员不成熟和成熟的表现

不成熟的表现	成熟的表现
消极	积极
依赖	独立
有限的行为	多样的行为
对工作的兴趣淡薄	对工作的兴趣浓厚
目光短浅	目光长远
低的、从属的职位	高的、显要的职位
缺乏自知之明的	自我意识强的

随着组织成员由不成熟趋于成熟，领导行为应按以下四个步骤推移：高工作、低关系（命令型领导）→高工作、高关系（说服型领导）→低工作、高关系（参与型领导）→低工作、低关系（授权型领导），如图 9-3 所示。

图 9-3　有效的领导方式

由图 9-3 可以看出，当下属很不成熟时，采用高工作、低关系的命令专制型领导方式最有效；当下属不太成熟时，采用高工作、高关系的说服教育型领导方式最合适；当下属比较成熟时，采用低工作、高关系的参与型领导方式最有效；当下属的成熟度相当高时，采用低工作、低关系的授权型领导方式最合适。

四、道路—目标领导理论

道路—目标领导理论由加拿大学者豪斯（Robert J. House）提出[24]。豪斯把期望理论与俄亥俄州立大学的领导行为理论结合起来，发展出道路—目标领导理论（Path-Goal

Theories of Leadership）。豪斯等人认为，领导是激励下属的过程，领导者的责任就是通过明确指出实现工作目标的途径来帮助下属并为下属扫清通向目标的各种障碍，从而使下属能够顺利到达目标。

根据道路—目标领导理论，领导者要激励下属，必须做到如下三点：① 使下属认识到实现目标后所能获得的利益；② 提高下属对实现目标的期望值，对下属该做什么提出明确要求，帮助下属掌握实现目标的方法，使其明确通向目标的途径；③ 使下属的需要在实现目标的过程中得到满足，刺激他们的工作动机。为此，领导者必须根据下属的情况和环境的特点采用不同的领导方式。以下是一些具体情境和相适宜的领导方式的例子。

例1：外控型下属（指依赖性比较强的人）对指导型领导比较满意。

例2：内控型下属（指相信自己能掌握命运的人）对参与型领导比较满意。

例3：对经验比较丰富或能力比较强的下属，授权型领导比较适合。

例4：对经验不足或能力比较差的下属，指导型领导比较适合。

例5：在工作性质和任务不明确，下属也不知道如何做、压力较大时，指导型领导比较适合。

例6：在工作性质和任务比较明确，下属也知道如何做时，支持型领导比较适合。

例7：当群体成员内部存在激烈的冲突时，指导型领导可能比较有效。

例8：组织中的正式权力关系越明确、越官僚化，领导者越应表现出支持型行为，减少指导型行为。

五、领导方式的选择

领导者的领导方式对领导有效性有着重要影响。按以任务为中心和以关系为中心两个维度，可将领导方式划分为四种，即影响型（高任务，高关系）、指导型（高任务，低关系）、合作型（低任务，高关系）、授权型（低任务，低关系），如图9-4所示。而影响型和指导型可归为集权型领导方式，合作型和授权型可归为民主型领导方式。对于在组织中采用何种领导方式最有效，并无一定的规则，而应根据实际情况灵活调整，一般来说，可以根据下述几种情况进行调整。

图9-4　四种领导方式

（一）情况紧急程度

情况越是紧急（如危机处理），或者完成任务的急迫程度越高，越应采用集权型领导方式（影响型和指导型）。但这也并不尽然，如果任务复杂，非集体智慧不能解决，那就应用民主型领导方式，如图9-5所示。

图9-5 情况紧急程度与四种领导方式的选择

（二）任务结构

任务越复杂、越重要、越有难度，或者任务比较明确，越应采用民主型领导方式（合作型和授权型），这样可以集中集体智慧，增强集体战胜困难的意志力，增强预测事态变动的准确性，如图9-6所示。

图9-6 任务结构与四种领导方式的选择

（三）领导的成熟度

一般而言，领导能力越低，越应采用民主型领导方式（合作型和授权型）；领导能力越高，越应采用集权型领导方式（影响型和指导型）。当领导处于低动机、低能力的情况时，所谓的授权型领导实质上是变相的放任型领导，如图9-7所示。

图9-7 领导的成熟度与四种领导方式的选择

（四）下属的成熟度

对能力水平或任务目标的理解和熟悉程度比较高的下属，宜采用民主型领导方式（授权型和合作型），这样可以充分调动下属的工作积极性，有效地完成任务。对于那些能力较低或习惯被领导的下属，宜采用集权型领导方式（影响型和指导型），然后再逐步向民主型领导方式转变，如图9-8所示。

图9-8 下属的成熟度与领导方式的选择

柳传志的领导智慧[25]

柳传志认为，企业要发展，就必须争取追随者，这时领导者以身作则、身先士卒很重要。他说："创业的时候，公司的报酬低，能吸引谁呢? 就只能凭着我多干、能力强、拿得少来吸引住更多的志同道合的老同志。"

争取追随者必须做到以下三点。

第一，"人行得正"。柳传志说："在公司里面，我对他们的要求挺严格，大家还都信我，甚至离开公司想自己发展的人也不会出去说联想不好。"

第二，要诚信。柳传志说："要取信于领导，取信于用户和合作者，取信于员工。说到的事情一定要做到，要不然，你就别说。另外，公司立的规矩一定要不管不顾地坚持。"

第三，用实践证明一切。柳传志说："要部下信你，还要有具体办法，通过实践证明你的办法是对的。我跟下级交往，决定事情的时候有三个原则：(1)同事提出的想法，我自己想不清楚，在这种情况下，肯定按照人家的想法做。(2)当我和同事都有看法，分不清谁对谁错，发生争执的时候，我采取的办法是，按你说的做，不管对错，需要自行承担结果。(3)当我把事想清楚了，我就坚决地按照我想的做。"

第五节 领导理论的新进展和应用

近年来，领导理论又有了新发展，主要包括领导—成员交换理论、领导替代模型、交易型领导与变革型领导等。在具体实施领导的过程中，要学会选择与领导者、下属、任务、环境相适宜的领导方式。

一、领导—成员交换理论

领导—成员交换理论（Leader-Member Exchange Theory）由乔治·格里恩（George Graen）提出[26]。该理论认为，由于时间压力，领导者与下属中的小部分人建立了特殊关系，这些下属成为圈内人。一般地说，领导倾向于将个人特点（如年龄、性别、态度）与自己相似、有能力、性格外向的下属选为圈内人。他们受到信任，得到领导更多的关照，也更可能享有特权，得到的绩效评估等级更高，离职率更低，对领导更满意。而其他下属则成为圈外人，他们占用领导的时间较少，获得满意的奖励的机会也较少。该理论认为，在领导者与某个下属进行相互作用的初期，领导者就暗自将其划入圈内或圈外，并且这种关系是相对固定不变的。

二、领导替代模型

科尔和杰迈尔创立的领导替代模型（Substitutes for Leadership）认为，在有些情境中，领导过程可能对下属没有产生影响，或者被其他因素替代。使领导过程失去作用的变量被称作"中和"因素[27]。例如，下属对领导者提供的报酬漠不关心会使领导者运用报酬影响下属的方法失效；领导与下属之间的物理空间距离远容易导致下属没有太多的机会接受领导的指令与命令；领导本身缺乏权力会使下属减少对领导的依赖；组织的政策太死板、效率太低会使下属仅按工作准则办事而不求助于领导。使领导变得可有可无的变量被称作"替代"因素。例如，如果员工的能力强、经验丰富、知识面广，则根本不需要领导告诉他们如何工作；如果工作任务明确、工作内容有趣并具有挑战性，则领导的指导与鼓励便成了画蛇添足；如果工作团队凝聚力强、组织结构明晰（如标准化、正规化水平高），领导可能会成为多余人员。表9-6列举了领导的一些中和因素和替代因素。

表9-6　领导的中和因素与替代因素

因　　素	支持型领导	指导型领导
1．下属特征		
（1）经验与训练；	替代	
（2）职业化；	替代	替代
（3）对组织报酬漠不关心	中和	中和
2．任务特征		
（1）任务明确；	替代	
（2）反馈直接；	替代	
（3）工作任务挑战性强	替代	
3．组织特征		
（1）团队有凝聚力；	替代	替代
（2）领导缺乏权力；	中和	中和
（3）标准化与正规化；	替代	
（4）组织缺乏灵活性；	中和	
（5）领导与下属空间距离远	中和	中和

三、交易型领导与变革型领导

交易型领导者（Transactional Leader）通过明确角色和任务要求来指导和激励下属朝着既定的目标努力，根据下属表现的恰当性对下属加以奖励或约束。前面所讲的大多数理论，如俄亥俄州立大学的研究、菲德勒的权变模型、道路—目标理论等谈的都是交易型领导者。

另一种类型的领导者是变革型领导者（Transformational Leader）[28]。他们鼓励下属要把组织的利益放在自身利益之上，并能够对下属产生深远而不同寻常的影响。表 9-7 描述了交易型领导者与变革型领导者各自的特点。交易型领导与变革型领导的分歧在于交易型领导者既未将员工的需求个人化，也不关注其个人成长，他们强调的是"交换"，而变革型领导者强调"改变"。交易型领导者通过与员工的交易而获得合作，并监督这种交易关系；而变革型领导者以魅力和预测性沟通为基础，在愿景的实现过程中使个体在工作能力、道德水平上得到提升和自我完善。

表 9-7　交易型领导者与变革型领导者的特征

交易型领导者	变革型领导者
➤ 权变奖励：努力与奖励相互交换原则，良好绩效是奖励的前提，注重成就 ➤ 通过例外管理（主动）：监督、发现员工的不符合规范与不标准的行为，并使其改正 ➤ 通过例外管理（被动）：等到偏差、错误出现才进行干预，采取正确行动 ➤ 自由放任：放弃责任，回避决策	➤ 领导魅力：榜样，牺牲自我，行动一致，高道德标准 ➤ 感召力：为下属工作提供意义和挑战，热情乐观，使下属预见不同的未来，通过言行激励下属 ➤ 智力激发：提出假设，重新定义问题，用新视角和方法处理老问题；从不公开批评下属的过失；对事不对人 ➤ 个性化关怀：把下属当作一个完整的人，而不是仅当作雇员看待，平等对待每一个人，并根据其不同情况给予培训、指导和建议

有学者认为，通用电气公司前任总裁杰克·韦尔奇就是名副其实的变革型领导，曾国藩则是典型的交易型领导[29]。有些领导虽具备变革型领导的某些特征，但并非变革型领导，有时甚至是变态的变革型领导，像希特勒、墨索里尼就是这样的例子。就变革型领导而言，领导魅力和智力激发对额外努力、领导的满意度和领导者有效性有正面的影响，个性化关怀对额外努力有正面的影响[30]。

四、公仆型领导

公仆型领导者以员工为导向，他们关心员工，并把服务员工和帮助员工成长和发展放在第一位[31-32]，在此基础上使员工变得更为"健康、明智和自由"。

在员工创造力受到组织高度重视的今天，公仆型领导方式变得尤为重要。一方面，提高自身创造力水平是员工自我成长和发展的一个重要方面，由于公仆型领导会关心并帮助员工实现自我成长，所以公仆型领导会帮助员工提升创造水平；另一方面，公仆型领导关心员工，积极地给员工授权，鼓励员工进行自我决策，他们持有很高的道德准则并让员工明白所做工作的价值和重要性，并在员工情绪低落时予以情绪抚慰，这些行为在某种程度上会激发起员工的内在工作动机，从而使其表现出更高的创造力水平[33]。

例证 9-8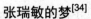

张瑞敏的梦[34]

海尔最初的技术是从德国利勃海尔引进的，后来当人们问利勃海尔的老板为什么海尔能够后来居上时，他非常简单地回答："因为海尔有个梦，而我们没有。"什么是"梦"？梦就是梦想，就是理想，就是远大的抱负。张瑞敏的这个梦就是"敬业报国"，就是"振兴中华"。有了这个理想，就有了远大的目标，就有了不断提升的高标准；有了这个理想，就有了激情，就有了不竭的动力；有了这个理想，就有了顽强的意志，就有了克服困难的勇气；有了这个理想，就有了处各种矛盾的标尺，就有了良好的内外环境。

五、E-领导

E-商业（E-business）是指通过信息媒介进行买卖和办公（前台和后台），以此为导向或动力的现代商业。全球商业变化的动力经由 20 世纪 70 年代的石油禁运和贸易不平衡，20 世纪 80 年代的敌意收购、裁员和私有化，20 世纪 90 年代的流程再造和 ERP 变革，到了 21 世纪的 E-商业，推进变革的领导必须适应这种变化。与 E-商业相适应的领导方式称为 E-领导（E-leadership）。E-领导面临的问题包括如何利用知识管理策略和信息技术，快速和有效地将新的信息注入组织；如何带领跨功能团队将愿景付诸实践；如何创建快速和高效的组织；如何领导新型员工（如知识型员工、在家工作的员工）以及多元化员工；如何留住人才；如何克服组织变革的阻力。

奇思乐总结了 E-领导应该具备的某些特征，具体如下。[35]

（1）乐于面对复杂性、模糊性和不确定性。

（2）为实现目标，愿意无私奉献。

（3）强烈反思，包括自己的失败。

（4）隐藏对懈怠和官僚的过分憎恶。

（5）非常好奇，能够终身学习。

（6）经常大胆而又理性地冒险。

（7）因心中价值和不可动摇的信念而信心百倍。

（8）能够培养和留住人才。

（9）善于建立和领导组织外围的人际网络。

六、对新型员工和新生代员工的领导

（一）对新型员工的领导

在知识经济时代中，知识成为最重要的经营资源。维持知识经济发展的动力的则是掌握知识的员工，即知识员工，他们成为当前新型员工群体的重要组成部分。知识员工最早由彼得·德鲁克（1956）提出，他将其定义为"利用知识或信息工作的人"。由于知识员工自身工作的特殊性，对这一群体的领导也具有新的挑战。具体来说，知识员工的特性表现在知识员工的流动性、工作环境的不确定性、成果的无形性三个方面。因此，对知识员工的领导需要做到：① 承认知识员工的进步，激发其潜能和热情；② 处置绩效不佳的员工，以免知识员工受牵连；③ 听取知识员工的内心想法，及时调整工作目标；④ 帮助知识员工发现问题、吸取经验，防止问题恶化。

此外，新型员工还包括另外两种群体。一种是劳务派遣员工。当企业发展到一定规模之后，企业会选择将非核心员工外包给劳务公司，这部分员工与劳务公司签订劳务合同，但是向用人单位提供劳务，这种员工群体被称为劳务派遣员工。劳务派遣员工的人事关系虽然不在用人单位，但是在用人单位工作期间，用人单位的领导该如何对这部分新型员工实施有效领导也是一个值得探讨的课题。而另一种新型员工指的是具有法律效应的自然人。我国法律规定自然人也属于商业活动的主体，能与企业之间签订合作协议，这样，企业领导和该自然人之间就存在一种新型关系，即自然人只需按合同要求提供劳务，其本身并不是企业员工。如今，以个人名义与企业签订合作协议的自由职业者越来越多，企业领导该如何在没有劳务合同的情况下对其进行影响，提高其劳务产出质量，成为企业领导和管理学界需思考解决的重要课题之一。

（二）对新生代员工的领导

新生代员工是指 1990 年以后出生的员工，一般我们习惯将其称之为"90 后"。与老一代员工相比较，他们有如下特点：① 自我意识非常强烈，敢于冒险打破现状；② 懂得把握住机会，能够敏锐地观察社会规则；③ 不循规蹈矩，有较强的自主性、创新性和兴趣导向性。与前辈相比，"90 后"表现出鲜明的性格特征，但这也使其存在一定的缺点，如自尊心较强、责任心较弱、缺乏团队意识等。尽管"90 后"员工存在着不足，但随着时间流逝以及自我技能的提升和知识的沉淀，他们终将成为企业的主导力量，这就需要企业内部管理人员对与"90 后"员工之间的关系进行及时的调节，使他们尽快成长为企业的中坚力量[36]。

本章相关视频资料

Contemporary Issues
in Leadership

Contemporary Issues
in Leadership（课件）

 本章小结

➢ 领导是指领导者对下属施加影响以完成他们的目标和任务的过程，它与管理具有一定的区别。

➢ 领导理论的发展经历了特质理论、行为理论和权变理论三个阶段。

➢ 领导特质理论经历了由传统的领导特质理论向现代的领导特质理论的转变。传统的领导特质理论认为，领导者的素质是与生俱来的，而现代的领导特质理论认为领导者的大多数素质是在实践中培养而成的。

➢ 领导行为理论在于了解有效领导者的行为是否具有独特之处，可以区分为员工导向行为和任务导向行为。领导行为理论的提出为领导者培训提供了广阔的天地，通过对具体行为的培训，可获得大量的有效领导者。

➢ 领导的权变理论认为，要找到一个适合于任何组织、工作、任务和下属的领导者特质或领导行为是不切合实际的，只能根据具体情况来确定有效的领导类型和方式。

➢ 领导—成员交换理论是指领导倾向于将个人特点（如年龄、性别、态度）与自己相似，有能力、性格外向的下属选为圈内人。他们受到信任，得到领导更多的关照，也更可能享有特权，得到的绩效评估等级更高，离职率更低，对领导更满意。

➢ 科尔和杰迈尔创立的领导替代模型认为，在有些情境中，领导过程可能对下属没有产生影响，或者被其他因素替代。

➢ 交易型领导者通过明确角色和任务要求来指导和激励下属朝着既定的目标努力，根据下属表现的恰当性对下属加以奖励或约束。变革型领导者鼓励下属把组织的利益放在自身利益之上，并能够对下属产生深远而不同寻常的影响。

思考练习题

一、选择题

1. 对经验不足或者能力比较差的下属，（　　）的领导比较合适。
   （1）参与型　　　　　　　　（2）授权型
   （3）指导型　　　　　　　　（4）支持型

2. 有学者认为，历史是由伟人创造的，这种领导的伟人论（Great Man Theory）类似于（　　）。
   （1）领导的行为理论　　　　（2）领导的特质理论
   （3）领导的权变理论　　　　（4）领导的生命周期理论

3. 以下四位名人中，（　　）是真正的变革型领导者。
   （1）曾国藩　　　　　　　　（2）杰克·韦尔奇
   （3）希特勒　　　　　　　　（4）墨索里尼

二、简答题

1. 什么是领导？领导与管理有何区别与联系？
2. 领导理论的发展主要经历了哪三个阶段？
3. 简述领导的权变理论。

"最不愿与之共事的同事"（LPC）分级表

　　想一想和你一起共事最难把工作干好的那个人吧，他可以是现在和你一起工作的人，也可以是你过去认识的人。他未必是你最不喜欢的人，却是和你一块儿最难把事办成的人。请你描述一下对你来说，他是什么样子的。请用图 9-8 所示的菲德勒的 LPC 问卷中的 16 对意义截然相反的形容词来描述他。每对形容词间分成 8 个等级，除由这对形容词所代表的两种极端情况外，还有一些中间状态。请圈出最能代表你要描述的那个人的真实情况的等级数。

快乐 ——	8 7 6 5 4 3 2 1	—— 不快乐
友善 ——	8 7 6 5 4 3 2 1	—— 不友善
拒绝 ——	1 2 3 4 5 6 7 8	—— 接纳
有益 ——	8 7 6 5 4 3 2 1	—— 无益
冷淡 ——	1 2 3 4 5 6 7 8	—— 热情
紧张 ——	1 2 3 4 5 6 7 8	—— 轻松
疏远 ——	1 2 3 4 5 6 7 8	—— 亲密
冷漠 ——	1 2 3 4 5 6 7 8	—— 热心
合作 ——	8 7 6 5 4 3 2 1	—— 不合作
助人 ——	8 7 6 5 4 3 2 I	—— 敌意
无聊 ——	1 2 3 4 5 6 7 8	—— 有趣
好争 ——	1 2 3 4 5 6 7 8	—— 融洽
自信 ——	8 7 6 5 4 3 2 1	—— 犹豫
高效 ——	8 7 6 5 4 3 2 1	—— 低效
郁闷 ——	1 2 3 4 5 6 7 8	—— 开朗
开放 ——	8 7 6 5 4 3 2 1	—— 防备

图 9-8　菲德勒的 LPC 问卷

　　如果你的小计分是 64 分或更高，你就可以算是一位把处理好与人的关系放在首位的领导；小计分是 57 分或更少，你就是一位更重视完成任务的领导。本测试约需 5 分钟。

9-1　他的授权方式[37]

形式：8 人一组为最佳。

时间：30 分钟。

材料：眼罩 4 个，20 米长的绳子一条。

适用对象：全体参加团队建设及领导力训练的学员。

活动目的：让学员体会及学习一位主管在分派任务时通常会犯的错误以及改善的方法。

操作程序：

（1）教师选出一位总经理、一位总经理秘书、一位部门经理、一位部门经理秘书、四位操作人员。

（2）教师把总经理及总经理秘书带到一个他人看不见的角落，而后向他们说明游戏规则（参见书末参考答案部分）。

问题讨论：

1. 如果你是操作人员，你会怎样评价你的这位主管经理？如果是你，你会怎样分派任务？

2. 如果你是部门经理，你对总经理的看法如何？对操作人员在执行过程中表现的看法如何？

3. 如果你是总经理，你对这项任务感觉如何？你认为哪些方面是可以改善的？

9-2 影视拓展

游戏目的：了解团队文化的形成和发展规律。

材料：电视剧《亮剑》中李云龙的部分片段。

时间：50分钟。

问题讨论：

1. 谈谈李云龙的个性特点和独立团的文化特点。

2. 团长李云龙对独立团的文化形成有何影响？谈谈你对"团队文化=老板文化"的理解。

 案例分析

刘强东领导风格的演变[38]

1998 年，刘强东在中关村创办京东公司，以代理销售光磁产品、租借柜台销售的方式起家，经历了多次转型成为如今在美国上市的在线零售商京东集团。在战略层面上，刘强东表现出非常强势的英雄式领导风格，尤其是他在创业期所展示的视权如命和专制决策。但随后刘强东从英雄式领导风格转变为后英雄式领导风格，着重于对高管团队的授权以及对执行团队的培养。

（一）战略层面的英雄式领导风格

1. 视权如命

刘强东在战略层面的英雄式领导风格的最典型体现，在于他对公司重大决策的绝对控制权。他多次在公开场合强调对公司控制权的重视，"如果有一天我真的失去了对京东的控制权，那我会直接把它卖掉，彻底退出，拿钱走人。这是我从京东一开始成立就定下来的底线。"因此，刘强东必须绝对掌控公司的控制权。京东自 2007 年接受今日资本的 A 轮投资到 2013 年的 F 轮投资，再到接受腾讯投资以及展开合作，始终坚持对公司的绝对控制。根据京东的招股说明书，一方面，指定刘强东个人所持有的 23.1% 股权（包含代持的 4.3% 激励股权）为 B 序列普通股，每股可行使 20 个投票权，保障刘强东对京东的控制权；另一方面，上市前夕，京东有 11 家投资者将其股票权委托刘强东行使，使得刘强东掌控了京东超过 50% 的股票行使权。

2. 专制决策

对控制权的绝对掌控并非刘强东的最终目的，而是他实现专制决策的一个手段，其最终目的是通过掌控决策权引领京东的战略方向，这体现了他英雄式的领导风格。京东自成立以来，每一次重大转型决策都来源于刘强东的力排众议、专制决策，如表 9-8 所示。

表 9-8　京东的重大转型与刘强东的专制决策

时　间	重 大 转 型	决 策 背 景	刘强东的专制决策
2001 年	代理商→零售商	2001 年，京东以 IT 产品代理商的模式垄断了中关村刻录机市场 80% 的市场份额，3 年累计净利润达 1 200 万元	刘强东认为代理商模式没有价值，坚持零售商转型以掌握终端用户
2004 年	实体→电子商务	线上销售额仅 1 000 万元，线下实体店销售额达 9 000 万元	大部分员工选择继续做实体店，刘强东考虑线上成本和运营效率大大优于线下，专制决定关闭实体店，专心做电子商务
2009 年	3C 产品→日用百货	2009 年，京东全年销售额达 40 亿元人民币，投资人认为继续深耕 3C 领域，京东很快可能实现盈利	向日用百货转型遭受员工和投资人的强烈反对，刘强东基于网民消费习惯坚持"一站式平台"战略，甚至动用董事会权力确保向日用百货的转型

从结果而言，刘强东三次重大转型的专制决策都带来了积极效果，也成就了今天得以在美国纳斯达克上市的京东，而具有正确决策的能力得益于刘强东对一线业务了如指掌。京东有非常有名的早会制度，这是要求京东全体管理者都必须参加的日常会议，刘强东更是几乎一次不落地参加八点半的早会以了解京东的各个层面的进展，即使是在美国游学期间，他也会以电话会议的形式参加。此外，刘强东也表示，他会花很大一部分时间了解微博上、平台上的用户的留言和投诉，真切地了解用户的需求和痛点。这种对信息的掌控形成了刘强东的敏捷能力和机会识别能力，为其正确决策提供了强有力的支持。

（二）管理层面的后英雄式领导风格

从创业期到成长期，京东的内外部环境发生了显著的变化，所面临的挑战和难题也发生了变化。在管理层面上，刘强东也开始改变过去在战略层面展示出来的英雄式领导风格，逐步将权力下放到高管团队和执行团队，展示出后英雄式领导风格。

1. 高管团队的授权

刘强东对于控制权的追求是希望战略决策免受董事会的操控，但他也明确表示并不追求运营层面的控制权，而是将商城、金融、物流、仓储等各个环节的具体安排下放到高管团队。目前来看，京东的高管团队成员主要是来源于外部聘请的职业经理人，这些高管成员具有相当高的专业业务能力和丰富的业务管理经验，刘强东也承认自己在专业的领域肯定比不上这些高管团队成员。

2. 执行团队的培养

刘强东非常强调对团队的培养，并声称将95%的时间花在了团队建设上。因此，对于执行团队的培养成为刘强东在管理上的重中之重。在执行团队授权方面，刘强东采用ABC原则进行管理。ABC原则即京东的三级管理架构，按照层级划分为A、B、C三个等级，C级汇报给B级，B级汇报给A级，C级的加薪、辞退、奖金、股权等由B级负责，依次递推，B级的人事权管理由A级负责。但是A级与C级之间也并非完全分离，C级对B级汇报的日报周报也应该抄送给A级，A级要对B级与C级的加薪升职最终负责，B级也要为C级负责，即京东内部向上汇报两级即可完成审批。例如，一位创业者表示京东的授权程度之高体现在当他与京东一位级别不高的员工谈论价值一千多万的合作时，该员工第二天就带来了合同。这源于京东对员工的授权以及两级审批制度的高效，既实现了授权，也避免了由单一员工掌握大权。此外，授权来源于信任，而京东对员工的信任基于对能力价值观考核制度的信任。

问题讨论：

1. 什么情况下，领导者应当改变自身的领导风格？
2. 结合刘强东的案例，谈谈领导者如何顺利实现领导风格的演变。

参考文献

[1] 刘世英. 谁认识马云[M]. 北京：中信出版社，2006.

[2] 海茵茨·韦里克，哈罗德·孔茨. 管理学——全球化、创新与创业视角[M]. 马春光，译. 14版. 北京：经济科学出版社，2015.

[3] 陈国海，张玲蕙. 管理零距离：感知管理世界[M]. 北京：清华大学出版社，2005.

[4] YUKL G, FALBE C M. Importance of different power sources in downward and lateral relations[J]. Journal of applied psychology, 1991, 76(03): 416-423.

[5] 谭乐，宋合义，富萍萍. 西方领导者特质与领导效能研究综述与展望[J]. 外国经济与管理，2010，32（02）：38-44.

[6] STOGDILL R M. Handbook of leadership: a survey of theory and research[M]. New York: Free Press, 1974.

[7] 刘晓. 杰出的领导艺术家——杰克·韦尔奇[J]. 北京成人教育，2000（07）：35-36.

[8] 林秉贤. 中国古代管理心理思想[J]. 社会心理科学，2004，19（02）：3-19.

[9] 林琼，方俐洛. 领导人才特质调查[J]. 中国人才，2002（11）：36-37.

[10] 赵国祥. 185 名处级领导干部的个性特质的研究[J]. 心理科学，2002，25（02）：231-232.

[11] 王蕾，车宏生，杨六琴，等. 领导力人格特质的层次结构研究[J]. 心理科学，2004，27（03）：677-681.

[12] 余凤. 军人企业家领导特质研究——以万科集团总经理王石为例[J]. 科教文汇，2011（04）：173-174.

[13] 郑立捷. 众里寻他千百度——专访百度董事长兼首席执行官李彦宏[J]. 经济，2009（09）：6-9.

[14] 谷文艳，王文峰. 安然破产案的前因后果[J]. 国际资料信息，2002（04）：23-26.

[15] 谢衡晓. 诚信领导：企业可持续发展的基石[J]. 商场现代化，2007（03）：150.

[16] COVEY S R. The 7 habits of highly effective people[M]. New York: Simon & Schuster, 2003.

[17] LIKERT R. New patterns of management[M]. New York: McGraw-Hill Companies, 1961.

[18] BLAKE R R, MOUTON J S. The managerial grid: key orientation for achieving production through people[M]. Houston, Tex.: Gulf Pub. Co., 1964.

[19] FIEDLER F E. A theory of leadership effectiveness[M]. New York: McGraw-Hill Companies, 1967.

[20] TANNENBAUM R, SCHMIDT W. How to choose a leadership pattern[J]. Harvard business review, 1958(36): 95-101.

[21] 弗朗西斯·麦肯纳利. 走出松下幸之助[M]. 刘芳，译. 北京：东方出版社，2008.

[22] KORMAN A K. Consideration, initiating structure, and organizational Criteria – A review[J]. Personnel psychology: a journal of applied research, 1966, 19(04): 349-361.

[23] HERSEY P, BLANCHARD K H. The management of organizational behaviour[M]. 3th ed. Upper Saddle River N. J.: Prentice Hall, 1977.

[24] HOUSE R J. A path goal theory of leadership effectiveness[J]. Administrative science quarterly, 1971, 16(3): 321-328.

[25] 刘雯. 柳传志精彩语录[M]. 北京：中国纺织出版社，2009.

[26] LIDEN R C, GRAEN G. Generalizability of the vertical dyad linkage model of leadership[J]. Academy of management journal, 1980, 23 (03): 451-465.

[27] KERR S, JERMIER J M. Substitutes for leadership: Their meaning and measurement[J]. Organizational behavior and human performance, 1977(22): 375-403.

[28] TICHY N M, DEVANNA M A. The transformational leader[M]. New York: Wiley, 1986.

[29] 张抒，陈国权. 从曾国藩看交易型领导风格[J]. 领导科学，2004（24）：36-37.

[30] 李超平, 时勘. 变革型领导与领导有效性之间的研究[J]. 心理科学, 2003（01）: 115-117.

[31] Parris D L, Peachey J W. A systematic literature review of servant leadership theory in organizational contexts[J]. Journal of business ethics, 2013, 113(3): 377-393.

[32] van Dierendonck D. Servant leadership: a review and synthesis[J]. Journal of management, 2011, 37(4): 1228-1261.

[33] 林钰莹, 许灏颖, 王震. 公仆型领导对下属创造力的影响: 工作动机和领导—下属交换的作用[J]. 中国人力资源开发, 2015（11）: 50-57.

[34] 艾丰. 海尔三件宝[J]. 招商周刊, 2004（52）: 23.

[35] KISSLER G D. E-Leadership[J]. Organizational dynamics, 2001, 30(02): 121-133.

[36] 朱思其. 90后新生代员工的员工关系管理[J]. 智库时代, 2018（43）: 12-13+15.

[37] 徐云福. 从英雄式到后英雄式: 企业发展过程中的领导风格研究——以京东集团刘强东为例[J]. 中国人力资源开发, 2016（22）: 92-96.

第十章
组织文化

学习目标

➢ 了解组织文化的基本概念
➢ 掌握组织文化的结构和类型
➢ 了解组织文化的作用
➢ 掌握组织文化建设的方法
➢ 了解组织公民行为的概念、特点和作用

引例

西南航空——"员工第一" [1]

在西南航空公司的组织文化中，"员工第一"的信念对于激发员工的工作积极性起着至关重要的作用。公司董事长 Herb Kelleher 认为，企业信奉顾客第一是老板可能对雇员做出的最大背叛之一。西南航空公司努力强调对员工个人的认同，如将员工的名字雕刻在特别设计的波音 737 上，以表彰员工对于西南航空公司的突出贡献；将员工的突出业绩刊登在公司的杂志上；访问员工等，通过这些具体的做法，让员工认为公司以拥有他们为荣。西南航空公司不仅是泛泛地强调重视员工整体，更强调对每个员工个人的关注。美国西南航空公司认为公司所拥有的最大财富就是公司的员工和他们所创造的文化，人是管理中第一位的因素。

让员工享受快乐，成为热爱和关心工作的"真正"的雇员是西南航空公司的追求。"在美国西南航空，我们宁愿让公司充满爱，而不是敬畏""不仅仅是一项工作，而是一项事业"，从这一系列的口号中可以看出美国西南航空公司的组织文化的特质。其员工培训强调员工应该"承担责任、做主人翁""畅所欲言"，强调在组织文化中真正引导员工形成一种主人翁意识，让员工认为公司的发展也就是个人的发展，促使员工愉快地投入工作中去。

美国西南航空公司得益于组织文化建设，才得以在激烈的航空市场竞争中保持着领先的竞争地位。可见，每个组织都有自身的组织文化，而且组织文化对员工和企业的发展至关重要。组织文化主要表现为一个组织中所有成员所共享并传承给组织新成员的一整套价值观念、共同信念、共同目标和行为准则。本章将介绍组织文化及其类型，探讨它的作用以及如何塑造良好的组织文化。

第一节　组织文化概述

组织文化分为表层文化、中层文化和深层文化三个层面，又可分为学院型、俱乐部型、棒球队型、堡垒型和学习型五种类型。它由组织的愿景、目标和价值观念、礼仪和仪式、英雄人物、故事和内部语言等要素构成。组织文化的影响因素主要包括社会文化背景、组织创业者和领导者的素质、组织成员的素质。

一、组织文化的含义

组织文化是指组织成员的共同价值观体系，为组织中所有的成员所接纳，成为组织的一种群体意识，表现为组织的共同的信仰、追求和行为准则。组织文化是在企业的长期经营发展过程中逐步形成的，具有组织的经营特色，能够推动组织可持续发展的群体行为规范，包括企业精神、经营思想、价值观、道德规范、行为规范、管理制度、历史传统、英雄故事、内部语言、产品外观、企业形象等内容。

例证　10-1

幸福碧桂园，以文化铸就品牌

碧桂园经过 20 多年的拼搏，不仅为客户提供了大量物超所值的高品质人居产品，还积累了成熟的地产开发、运作经验，更积极投身公益慈善、社会文化事业，树立了"有良心、有社会责任感的阳光企业"形象，逐步达到了其"希望社会因我们的存在而变得更加美好"的宏大愿景。

碧桂园十分注重自身企业文化建设，将"对人好"的企业精神落实到关心员工的点滴之中。碧桂园不仅制定了"未来项目经理""领导力发展项目"等完善而优质的培训，帮助员工提高专业技能和管理水平，还成立了员工扶助基金会，对有困难的员工的家庭伸出援助之手。为了传递"感恩、责任、幸福"的企业文化，展示员工风采，丰富员工生活，碧桂园还启动了"印象碧桂园"员工摄影书画大赛，总奖金累计超过 100 000 元。幸福碧桂园离不开每一个员工的辛勤建设，镜头留影，丹青做伴，员工摄影书画大赛不仅是个人展示的平台，更是全体碧桂园人对集团 20 周年的献礼。如此温馨和谐的企业环境必然催生出高素质的人才和高品质的服务，企业与员工间的良性互动不仅能带来双赢，更使顾客和业主体验到了碧桂园的人性化与体贴。

（资料来源：幸福碧桂园，以文化铸就品牌[EB/OL]. [2012-06-07]. http://news.fdc.com.cn/lsztc/445104.htm.）

二、组织文化的结构

组织文化的结构是指组织文化的各种内容和形式之间的层次关系。如果把组织文化体系看成一个由内向外辐射的球形体，将其逐级解剖，组织文化大致可以划分为如下三个层次，如图 10-1 所示。

图 10-1 组织文化的层次

1. 表层文化

表层文化又称物质文化，是指具体、直观、外在化、形式化的组织文化中的物质文化部分，它是由企业员工创造的产品和各种物资设施等构成的。作为组织文化系统的重要组成部分，组织的表层文化通常包括产品样式和包装、设备特色、建筑风格、厂旗、厂服、厂徽、厂歌、纪念品、信笺、纪念建筑、文化娱乐设施等。

组织表层的物质文化是组织和员工的理想、价值观、精神面貌的具体反映，集中体现了组织在社会上的外在形象。

2. 中层文化

中层文化又称制度文化，是指组织内部的各种规章制度、行为习惯、经营风格、行为规范、员工修养以及组织内部的一些特殊典礼、仪式、风俗等。这些内容以固定或者不固定的方式为组织中所有的员工在工作中所遵守。

3. 深层文化

深层文化又称精神文化，是指组织在生产经营活动过程中形成的具有组织特征的文化观念和意识形态。深层文化是凌驾于组织文化主体（个体与群体）的分散的自主意识之上的，可以脱离表层文化而独立发展的企业经营思想、意识、价值观念的总和。精神文化包括组织精神、组织哲学、价值观念、组织道德、组织风气、组织目标等，往往是一个组织长期积累和沉淀的结果。

例证 10-2

苹果公司的企业文化[2]

苹果公司的企业文化有以下八个特点。

（1）重视设计。苹果公司比其他任何一家公司都更加注重产品的设计，它以满足消费者需求为出发点，并努力实现这些目标。

（2）重视创新。许多人都认为苹果是全球最具创新精神的企业。也正是苹果重视创新，才为公司注入了活力。

（3）重视人才。苹果公司挑选最优秀的技术人员和管理人员，挑选最合适的人选。重视人才是苹果企业文化的表现之一。

（4）坚信自己。苹果相信自己是最优秀的公司，是世界上最强的公司。有了信心，有了坚定的信念，公司就有了前进的动力。

（5）永不服输。无论公司遇到什么样的风险，乔布斯都凭借自己多年的经营经验，以及正确的策略扭转局面，使公司获得了收益。

（6）销售渠道。苹果企业文化的另一个特点就是开拓销售渠道，重视销售环节，重视把自己的产品推销出去。所以，苹果在世界上很多国家都有自己的专卖商。

（7）关注细节。在多数情况下，苹果总要多努力一点点，正是这多努力的一点，使得苹果获得了成功，这也是苹果在关注细节上的表现。

（8）发挥特色。苹果始终以消费市场为目标，发挥自己的特色，这也是重视企业文化的表现。

三、组织文化的类型

桑南菲尔德（J. A. Sonnenfeld，1954—　）通过对不同组织结构的研究，提出了一套标签理论（学院型、俱乐部型、棒球队型、堡垒型），用于分析和认识组织文化之间的差异。彼得·圣吉在《第五项修炼》一书中提出了学习型组织的概念。[3]由此，可将组织文化分为学院型、俱乐部型、棒球队型、堡垒型和学习型五种类型。

（一）学院型

该类型组织喜欢雇用刚刚毕业的大学生，公司会为他们提供大量的专门培训，然后指导他们在特定的职能领域内从事各种专业化的工作。IBM 公司、宝洁公司、可口可乐公司就是典型的例子。为应对全球化和客户质量要求的挑战，IBM 公司的培训焦点从单纯的知识技能转向了与业务需要相联系的特定问题，培训方法也从传统的讲授式转变为行动学习。

（二）俱乐部型

该类型组织非常重视员工的忠诚感和承诺，在公司的资历是关键因素，年龄和工作经验也非常重要。这种公司按照通才型方向培养员工，政府机构、军队、美国贝尔公司和 UPS 公司就属于这种类型。

（三）棒球队型

这种类型的公司是冒险家和创新者的天堂，公司从各种年龄和不同工作阅历的人群中寻求合适的人选，并根据员工的实际产出状况支付报酬。由于公司一般给予工作出色的员工以丰厚的报酬、较高的奖励和较大的工作自由度，员工的工作积极性发挥得比较好，在会计、法律、投资银行、咨询公司、广告公司、软件发展商等行业和领域，这种类型的组织较为普遍。摩根士丹利银行和瑞士信贷第一波士顿集团就是典型例子。

（四）堡垒型

这种类型的企业以往大多是学院型、俱乐部型或者棒球队型的，但是后来衰退了，于是希望通过努力来尽量保存自己尚未被销蚀的财产，将工作重心放在公司的生存方面。

这种类型的公司的工作安全缺乏保障，但是对于喜欢挑战的人来说是一种令人兴奋的工作环境。宾馆、石油天然气勘探公司、中国传统的大型零售企业，如成都华联、天津劝业、汉商集团、王府井百货、第一百货等，均属于这种类型。

（五）学习型

这种类型组织的文化是比较理想的，因为它集中了上述四种组织类型的优点，英国壳牌石油公司就是这种类型组织的典型例子。

许多企业组织不能完全归为上述五种类型中的某一种。有的是一种混合文化，如通用电气，不同的部门就有明显不同的文化；苹果电脑公司的企业文化起初为棒球队型，后变为学院型；而中国联想集团公司是棒球队型[4]和俱乐部型的混合。

四、组织文化的影响因素

组织文化的影响因素主要包括社会文化背景、组织创业者和领导者的素质、组织成员的素质、组织特征、管理过程五个因素。

（一）社会文化背景

任何组织都存在于特定的社会环境中，组织文化是整个社会文化的一部分，二者在很多方面是一脉相承的。社会上所流行的价值观、道德取向都会直接反映在组织文化的内容中。例如，"金钱万能"可能导致不择手段地追求利润的经营哲学的产生，从而进一步在各方面加以体现，这一点在东西方企业文化的对比中最为鲜明。

（二）组织创业者和领导者的素质

组织创业者或者现行领导者的个人素质对企业文化的形成具有相当重要的影响，稳定的企业往往在一定程度上带有创业者的个人痕迹。创业者的教育背景、领导风格、处事的方式和作风决定了组织初期的组织文化。经过组织的生存和发展，组织文化不断延续到最后，并体现出各个阶段的领导者的风格。

例证　10-3

联想集团组织文化的变化[5]

联想集团的创始人柳传志的基本性格和军人般的做事风格、思维模式和价值观形成了主基调为严谨、高效、务实、集体主义和目标导向且相当强大的联想文化，这在联想前期的飞速发展与崛起时期扮演着至关重要的角色。从杨元庆执掌联想以来，由于战略导向的改变，联想由生产型企业向服务型企业转变，提出了科技的联想、服务的联想和国际的联想的战略，并开始在强大的联想文化里渗入亲情文化。此外，联想还在企业文化里突出社会责任，支持公益事业发展，积极创造条件，鼓励更多的员工投身志愿者活动，为社会奉献才智和爱心。

（三）组织成员的素质

组织成员虽然是组织文化的受影响者，但反过来，组织成员的素质状况也影响着组织文化的形成。组织成员的知识水平、文化素养决定了其工作的自觉程度和对参与决策的热情程度，这便形成了组织文化的重要内容。

例证 10-4

狼性文化和羊性文化[6]

狼性企业文化具有团结协作精神强、机智灵敏、竞争意识强的特点。以空调产品生产、销售及售后服务为一体的珠海格力电器股份有限公司连续 9 年被美国《财富》杂志评为"中国企业 100 强的上市公司"，无论在产品的销量还是市场的占有率方面都名列前茅。格力电器领导者的强势充分体现了狼性企业文化中"头狼"的领导能力，董明珠董事长充分地展现了对市场机遇的灵敏捕捉力，并对市场竞争的灵活性特点把握得淋漓尽致。格力电器在董明珠的领导下，闯过重重困难，形成了格力电器特有的模式，成为一个服从领导的有秩序的团队。

羊性企业文化是将温顺、奉献、和谐等特征转到企业文化当中。成立于 1962 年的沃尔玛百货有限公司以"帮顾客节省每一分钱"为宗旨，始终坚持以"服务胜人一筹、员工与众不同"的原则面对客户，以一站式的购物理念，将企业扩张为世界性的连锁企业。在中国，沃尔玛向贫困地区希望工程等慈善机构累计捐赠了价值达两千万元的物资，向有需要的、有困难的地方伸出援助之手。沃尔玛依靠着这种爱心，树立了良好的企业形象。以消费者为中心的羊性企业文化，采取稳扎稳打的战略方式，从而在消费者中形成良好的口碑，与其他企业相互合作，以得到长期稳定的利益为目标，沃尔玛现位居《财富》杂志世界五百强企业之首。

（四）组织特征

组织文化也受组织特征的影响，如组织的规模和复杂性等。大型组织往往倾向于高度的专业化和非个人化；复杂的组织往往雇用更多的专业人员和专家，这会改变问题解决的一般方式。另外，大型和复杂组织还会制定出更多的制度和程序。

（五）管理过程

组织文化也会受到管理过程的影响。报酬和绩效直接挂钩的企业容易形成追求成功的组织文化；开放和自由的沟通制度容易促成参与和创造性的文化；对冲突的容忍度和处理风险的态度对团队工作有很大的影响，它们往往决定着企业的革新和发明的数量。[7]

五、组织文化的构成要素

为了准确地识别和解释组织文化的内容，需要进一步对组织文化的某些构成要素进行分析和推断。这些组织文化的要素可以被研究，但人们很难准确地破解其含义，一家公司的颁奖典礼和另一家公司相同却可能会有不同的意义。为了充分地了解"在组织里究竟发生了什么"这个谜团，就需要进行探索性的工作，或许还要有作为公司内部人员的一些经历。组织文化的一些典型、重要、可观测的构成要素是经营目标和价值观、礼仪和仪式、英雄人物、故事和语言。

（一）组织的经营目标和价值观

组织的价值观念是一个组织的共同思想和信念的集成，也是组织文化的核心。古往今来，成功的企业均有被所有员工所认同和接受并且能够履行的组织价值观。一个组织的价值观是在多年的经营活动过程中逐步形成的。组织的价值观一旦形成，组织的员工们就将其直接体现在自己的具体工作行为中，成为他们自身价值体系的一部分。此时，员工一方面在为组织工作，另一方面他们也在为自己的理想、价值观的实现而努力，从而产生一种成就感。

例证 10-5

美团的价值观金字塔

以客户为中心、团队合作、拥抱变化、诚信、敬业、勤俭、学习成长，美团的这七条价值观构成了一个金字塔。我们都知道，修建金字塔并不是一件容易的事情，价值观的落地相比修建金字塔，只会更难，不会更容易，所以在"金字塔"海报上有一句话，也是很多美团人信奉的一句话："坚持做正确的事，而不是容易的事"。正因为坚持做正确的事情，美团才能这样一路走来，也正是因为坚持做正确的事情，美团才会在这条平凡之路上继续走下去。

（资料来源于网络并经作者加工整理）

（二）礼仪和仪式

礼仪和仪式是组织文化的重要表征，是指通过精心设计并由观众参与观赏的一些特别事件。组织的文化礼仪活动一方面体现了组织对于员工的期望和要求，另一方面又以生动形象的形式向员工灌输了组织的价值观念和经营理念。组织的管理者可以通过举行礼仪和仪式来提供一个表达公司价值观的渠道。这些活动是强化特定的价值观、在分享重要理念的人与人之间建立一条纽带、塑造并祝贺那些使重要信念和行为具体化的英雄们的特殊机会。

经常在组织中使用的仪式有四种类型，即进阶、增进、复兴和整合，如表 10-1 所示。进阶仪式有利于雇员向新的社会角色转化。增进仪式会使雇员产生更强的社会认同感并提高他们的地位。复兴仪式是指那些具有改善组织功效的训练和发展活动。整合仪式则使雇员之间有了共同的纽带并培养了良好情感，增进了雇员对组织的认同。这些礼仪和仪式可以被高层管理者用来强化组织的重要文化价值观。

表 10-1　组织礼仪的类型及其社会效果

礼仪的类型	示　例	社　会　效　果
进阶	入伍及基本训练	社会角色和地位的转化
增进	年终的颁奖晚会	增加社会认同感
复兴	组织发展活动	改善组织功能
整合	春节晚会	产生对组织的认同感

例证 10-6

玫琳凯企业文化的力量[8]

谈到强势的企业文化，谁也比不上玫琳凯化妆品公司。该公司每年都会举行足可与美国小姐选举媲美的颁奖仪式，向表现优异的销售人员颁发粉红色的凯迪拉克、钻石和其他礼品。每年，成千上万名玫琳凯的销售顾问会从世界各地聚集到得克萨斯州的达拉斯，接受这样的荣誉。他们会唱玫琳凯歌曲，声泪俱下地讲述公司如何改变了他们的生活并缅怀公司的创始人玫琳凯·艾施（Mary Kay Ash）。艾施于2001年去世，享年83岁。

在强势的企业文化中，公司视员工为一种宝贵的资源，每个人都是一个独特的个体。玫琳凯·艾施会为所有的销售人员送去手写的生日祝福。仪式和典礼（如玫琳凯颁奖仪式）与对公司发展的明确认识一样，都是非常重要的。

（三）英雄人物

每一个组织都有自己的英雄人物，组织的英雄人物可以是组织的创始人或者领导人，也可以是工作出色的员工。作为组织的杰出代表，英雄人物被赋予了超乎常人的经营智慧和能力，成为组织文化的旗帜，其一举一动、思想乃至语言都被组织奉为榜样，其本人被赋予组织行动的评判权，具有裁决他人行动的权威。

例证 10-7

沃尔玛精神[9]

无论人们到哪一家沃尔玛连锁店，都会发现其强烈的文化特色——"要为顾客提供比满意更满意的服务"，而卓越的顾客服务就是沃尔玛的最大特色。另外，只要顾客提出要求，店员就必须在当天满足顾客，这就是沃尔玛著名的"太阳下山"规则。沃尔玛公司还有一个著名的"三米原则"，即沃尔玛公司要求员工无论何时，只要顾客出现在三米距离内，必须微笑地看着顾客的眼睛，对顾客露出"八颗牙齿"。

（四）故事

每一个组织都有自己的故事，故事的内容大多是与组织的创业者、重大经营事件联系在一起的。适当的故事表达可以起到一般思想工作所无法取代的作用，同时也可以为组织的有关措施的贯彻提供一定的解释和支持。

组织内的许多故事是关于那些符合公司文化标准和价值观的榜样化、偶像式的公司英雄人物的。有一些故事被认为是传奇故事，因为这些故事是历史故事，而且可能加入了一些虚构的细节；还有一些故事是神话，这些神话与组织的价值观和信念是一致的，但并没有事实根据。故事可以使公司的基本价值观保持长久活力，并且为全体雇员提供一种共享的理念。

例证 10-8

海尔砸冰箱：质量意识[10]

1985 年，青岛电冰箱总厂（海尔冰箱的前身）生产的瑞雪牌电冰箱在一次质量检查时被发现库存不多的电冰箱中有 76 台不合格，按照当时的销售行情，这些电冰箱稍加维修便可出售。但是，厂长张瑞敏当即决定，在全厂职工面前，将 76 台电冰箱全部砸毁。当时，一台冰箱售价 800 多元，而职工每月平均工资只有 40 元，一台冰箱几乎等于一个工人两年的工资。当时职工们纷纷建议便宜处理给工人。

张瑞敏对员工说："如果便宜处理给你们，就等于告诉大家可以生产这种带缺陷的冰箱。今天是 76 台，明天就可能是 760 台、7 600 台……因此，必须解决这个问题。"

于是，张瑞敏决定砸毁这 76 台冰箱，而且由责任者自己砸毁，很多职工在砸毁冰箱时都流下了眼泪。平时浪费了多少产品，没有人心痛，但亲手砸毁冰箱时，员工感受到这是一笔很大的损失，都痛心疾首。这种非常有震撼力的场面改变了职工对质量标准的看法。

（五）语言

语言是企业成员用来相互表达和传递意思的口头或书面符号，也是传递价值观的重要工具。语言作为企业文化的一个载体，不同于一般意义上的交流语言，它指的是企业内部广泛存在的各种隐语、口号、标语和其他特殊用语等。这些语言既可以口头传播，也可见于书面材料，大多数具有强势文化的企业都有很多富有特色的语言。

例证 10-9

阿里巴巴的语言[11]

阿里巴巴的公司文化中有一条为"快乐工作、认真生活"，公司认为好的工作状态应该是令人感到喜悦的，而独特的"校园文化"则是帮助阿里巴巴营造轻松的工作氛围的利器。在阿里巴巴内部，同事之间、上下级之间都像同学一样相称，在这里，因兴趣"扎堆"的"同学"不计其数，而且其中不乏专家：吉他派、读书派、摄影派、天文派、太极派、登山派……

此外，阿里巴巴的员工们都有一个"花名"。在职工平均年龄只有 26 岁的淘宝网，每位职工都有"花名"，如"郭靖""乔峰""令狐冲""风清扬"等，每到举办派对时，他们根据自己的花名可以参加各大帮派，彼此没有隶属关系，只为夺取"天下第一帮"的称号。而这样的"侠气"在公司随处可见，如"光明顶""桃花岛"是开会、会客的地方，"舞林大会"是淘宝周年庆活动的名字。

就像学校称呼其毕业生为校友一样，阿里巴巴的离职员工们也会被称为阿里巴巴的"校友"，阿里巴巴还专门为离职员工建立了一个正式的官方沟通平台——阿里校友会，在这里，每个离职员工都能深刻地感受到"聚是一团火，散是满天星"的文化生态。通过这个平台，大家可以随时了解公司的业务动态，阿里百川的项目也可以从这里链接离职员工的创业项目。每逢阿里日，"校友"们常常会组团回家，马云和很多高管都会与大家话家常，关心大家的发展。

第二节　组织文化的作用

组织文化在一个组织中发挥着重要的作用，主要表现在如下五个方面：① 激励功能；② 凝聚功能；③ 导向功能；④ 规范功能；⑤ 协调功能。

一、组织文化的激励功能

组织文化的激励功能是指组织文化本身所具有的通过各组成要素来激发员工动机与潜在能力的作用，属于精神激励的范畴。具体来说，组织文化能够满足员工的精神需要，调动员工的精神力量，使他们产生归属感、自尊感和成就感，从而充分发挥他们的巨大潜力。组织文化能够对员工产生激励作用，其原因主要是：首先，优良的组织文化能够为员工提供一个良好的组织环境。如果一个组织拥有良好的组织文化，它的内部人际环境就比较和谐。员工能够以良好的心态进行工作，各种纠纷比较少，工作绩效自然可以提高。其次，优良的组织文化能够满足员工的精神需求，起到精神激励的作用。美国心理学家赫兹伯格认为，只有从人的内部进行激励才能真正调动人的积极性，恰当的精神激励比许多物质激励更有效、更持久。组织文化能够综合发挥目标激励、奖惩激励等多种激励手段的作用，从而有效地激发出企业内部各部门和所有员工的积极性。

例证　10-10

沃尔玛的员工都是与众不同的[12]

沃尔玛信奉这样一个理念："沃尔玛的员工都是与众不同的。"沃尔玛公司将这句经典信条印在了员工的工作牌上，以提升员工的自信心和自豪感，从而激励员工忠于本职工作，全心全意地为顾客服务。沃尔玛十分注重对员工的精神鼓励，如经常在各个购物中心和公司总部的大厅、宣传栏张贴公司优秀员工的照片。沃尔玛的管理人员常常会走出办公室与员工直接沟通、交流，并及时处理现场的问题，这就是沃尔玛公司所倡导的"走动式管理"。管理人员的办公室虽然有门，但门总是长期敞开着，以便让员工随时走进去进行交流。沃尔玛在管理上较少运用批评或处罚，最多的是激励。沃尔玛还会利用业余时间在公司总部和各个商场举办各种形式的培训班，此外还成立了培养高级管理人员的学校——山姆·沃尔顿学院。总之，以人为本的理念让员工感到沃尔玛是一个团结的大家庭，充满了愉快、平等、上进的氛围。

二、组织文化的凝聚功能

组织文化是一种"软性"的协调力和黏合剂，能够使员工形成巨大的向心力和凝聚力。组织文化以大量微妙的方式来沟通组织内部人们的思想，使组织成员在统一的思想和价值观指导下，产生作为组织成员的"身份感"和"使命感"，产生对组织目标、道德规范、行为准则、经营观念等的"认同感"。同时，在组织氛围的作用下，组织文化使组织成员通过自身的感受，产生对于本职工作的"自豪感"和对组织的"归属感"，使组织成员乐于参与组织的事务，发挥各自的潜能，为组织目标做出贡献。因此，出色的组织文化所营造的人文环境对员工的吸引力是其他吸引物无法比拟的，它打动的是员工的心。正所谓"留人先留心"，要建立一支长期稳定的、有战斗力和凝聚力的团队，必须依靠组织文化战略来支撑。

例证 10-11

宜家通过平等理念和人性化管理留住人才[13]

宜家主张平等，反对等级观念和官僚制度。宜家公司的总部是一座平房，地下有一个多功能停车场。在这里，所有的员工都穿着T恤和牛仔裤上班，办公室的门都是敞开的。在这种氛围中，分不出谁是经理、谁是普通员工。宜家的创始人英格瓦·坎普拉德（Ingvar Kamprad）痛恨任何形式的等级制度。巡视商店时，他会鼓励大家直呼其名，以示他和大家是平等的。在宜家，经理对员工不称"员工"而称"同事"，以体现宜家"人人都重要"的平等理念。

宜家不鼓励员工加班，因为公司认为员工的工作与生活的平衡对公司很重要。公司鼓励员工在工作上提出挑战，即便偶然失误也不会受到处罚。在这样一种文化氛围里，员工们快乐地工作，并享受着工作带来的快乐。

正因为宜家能够充分重视人、合理使用人、精心培养人、全面开发人、有效激励人，所以宜家的员工流失率才比较低。例如，西雅图宜家店的员工流失率是25%，而据2001年零售联盟的调查，专卖店的平均员工流失率为78.4%。

三、组织文化的导向功能

组织文化作为员工的共同价值观念，一旦形成，就会产生一种思维定式，必然会对员工具有强烈的感召力，这种感召力将员工逐步引导到组织的目标上去。企业提倡什么、抵制什么，员工的注意力也就相应转向什么。这种功能往往在组织文化形成的初期就已经存在，并将长期地引导员工矢至不渝地为实现组织的目标而努力。

组织文化通过一系列管理行为来体现，如企业战略目标的透明性、内部分配机制的公平性等均能反映一个企业所倡导的价值观。当组织文化在组织内部成为一种强势文化以后，其对员工的影响力越大，员工的行为也就越发自然。例如，闻名世界的日本松下公司在经营活动中比较注意组织文化的导向作用，使得员工自觉地将组织文化作为企业前进的方向，引导企业不断地向着某一方向发展。

例证 10-12

玫琳凯的"金科玉律"[14]

"你愿意别人怎样对待你，你就怎样对待别人。"这是玫琳凯化妆品公司的金科玉律，也是其每一个领导做人事管理工作的准则。

公平待人意味着玫琳凯的管理人员要给予美容师相同的支持、培训，给予其充分发挥个人才能的空间，公司的组织结构也为业绩提升明显的美容师提供了充分的空间。领导人员并没有权力决定下级美容师的升迁，公司制定了美容师升迁的绩效标准，这个标准就像一把标准尺，被用来衡量美容师，美容师达到这个标准就可以晋升。

玫琳凯会在为新入职员工召开的例行训练会议的午餐会中，在每一个人的盘子中放置一个特殊的纪念品——一块刻有金科玉律的大理石，餐会的主办者会详细地向新进入的美容师解释这块大理石的意义——这块特别的大理石就犹如玫琳凯公司的基石。

四、组织文化的规范功能

在一种特定的组织文化氛围中，组织文化可以起到有效的规范作用。组织文化的规范功能主要体现在如下三个方面：① 组织文化能够规范、统一组织的外部形象；② 组织文化能规范公司的组织制度，让员工行为规范化；③ 组织文化可以让组织的全体员工产生一致的精神信仰，把个人和组织的发展目标进行有效的结合。组织文化的规范功能是通过员工自身感受而产生的认同心理过程实现的，它不同于外部的强制机制。组织文化使员工通过内省产生一种自律意识，从而自觉遵守组织管理的各种规定，如厂规、厂纪等。自律意识相比强制机制，其优势在于员工心甘情愿地接受无形的、非正式的和不成文的行为准则，自觉地接受组织文化的规范和约束，并按照价值观念的指导进行自我管理和控制。

IBM 电脑帝国的企业文化[15]

IBM（国际商用机器公司）是有明确原则和坚定信念的公司，这些原则和信念似乎很简单、很平常，但正是这些简单、平常的原则和信念构成了 IBM 特有的企业文化。

老托马斯·沃森在 1914 年创办 IBM 公司时设立过"行为准则"。正如每一位有野心的企业家一样，他希望他的公司财源滚滚，同时也希望能够借此反映出他个人的价值观。因此，他把这些价值观标准写出来，作为公司的基石，任何为他工作的人都明白公司要求的是什么。

小托马斯·沃森在 1956 年继任 IBM 公司的总裁后，继续把老沃森的信条发扬光大。老沃森所规定的"行为准则"，由总裁至收发室，没有一个人不知晓，如必须尊重个人、必须尽可能地给予顾客最好的服务、必须追求优异的工作表现。

五、组织文化的协调功能

组织文化的协调功能就是指组织文化可以强化组织成员之间的合作、信任和团结，培养亲近感、信任感和归属感，从而促进组织内部各个部门之间、个体与个体之间、个体与群体之间、群体与组织之间、员工与组织之间的有机配合。

例证 10-14

松下的玻璃式经营法[16]

松下幸之助在公司只有七八名员工的时候就开始公开公司的盈亏：他每个月都和公司的会计结算盈亏，然后把结果向员工公开发表。这样的做法激励了员工的士气，公司的业绩越来越高。当经营得好的时候，松下把喜讯带给员工，请大家分享成功的欢乐；当经营得差的时候，他也如实地把一切都讲出来，依靠大家的力量共渡难关。这种传统延续至今，公司负责人把公司的账目向松下产业工会负责人公开。工会的负责人看过账目，彻底了解公司的运营状况以后，自然不会提出无理要求。如此一来，劳资双方当然比较容易因相互信任而建立和谐的关系。

第三节　塑造完善的组织文化

美国的商业圆桌会议（由 250 家大公司的高级管理人员组成的协会）公布的报告讨论了其 100 家成员公司中组织文化的实践问题，这些公司包括施乐、波音和 HP 公司等。在被调查的公司中，人们一致认为，影响组织高层决策的最重要的因素是高层管理者在提供承诺、领导和组织价值观方面扮演的角色。CEO 和其他高级管理者必须认同特定的组织价值观且在提出和更新这些价值观方面不断地领导组织。组织文化的价值观可以以多种方式沟通，组织的高层领导要负责创造和维持影响每一个成员的日常生活伦理行为的文化氛围。

对于处于发展中的组织来说，如何创造良好的组织文化，如何保持已经取得的文化建设的成果，如何优化或更新本组织的文化以适应变化的环境的挑战，这些问题是人们最为关心的。

一、加强企业家的培养

随着对现代企业经营活动认识的逐步深入，人们越来越意识到企业经营活动的优劣主要取决于企业是否具有一定数量和水平的企业家队伍。因而，一个企业能否在竞争激烈的市场中立于不败之地，主要在于现有管理者培养下一代企业家队伍的成效。就多数企业来说，企业的领袖特别是创始人对组织的早期文化有着巨大的影响。组织现行的惯例、传统、行为处事的一般方式，在很大程度上都是创始人以前的努力，以及这些努力所带来的成功。创业初期，创始人往往不受传统习惯做法和思想的束缚，而且新组建的企业一般规模较小，使得创始人能够用自己的思想和意识去直接影响其他成员。

企业家的成长历程就是个人追求机会，通过创新满足需求，而不顾手中现有资源的活动过程。一个优秀的企业家具有以下三个特征：① 对成就的高度渴望；② 对把握自己命运的强烈自信；③ 对冒险的适度节制。

企业家在自身的创业和管理活动中的原动力主要来自如下四个方面：① 企业家在崇

尚创新和创业的环境中更容易发展，例如，我国广东潮汕地区、浙江温州地区、香港地区崇尚个人独立创业，企业家发展得很快；② 父母的支持对后代的企业家倾向具有重要的影响；③ 企业家通常都有自己崇拜和试图模仿的偶像；④ 企业家以前的创业经历。

企业家之所以在企业管理中取得高效率的成就是因为他们摆脱了传统管理的各种束缚，企业家和传统的管理者在工作动机、时间导向、活动、风险倾向以及对失败和错误的观点等方面存在明显的区别，如表 10-2 所示。

表 10-2　企业家与传统管理者的比较

项　　目	传统管理者	企　业　家
主要动机	晋升、传统的公司奖赏	独立性、创新机会、财务收益
时间导向	实现短期目标	实现 5～10 年的企业成长
活动	授权和监督	直接参与
风险倾向	低	高
对失败和错误的观点	避免	接受

企业家自身的形象对企业的整体形象会产生重要影响。企业家的形象直接代表和反映他所领导的企业形象，因此，企业家有必要关注自身形象。世界微型计算机销量第一的戴尔公司的创始人麦克尔·戴尔具有很强的进取心，富有竞争精神，自制力很强，而这些特点也正是戴尔公司留给人们的印象。

组织的高层管理人员对组织文化的影响同样不可低估。这是因为高层管理者往往通过自己的所作所为，将企业精神、价值观和行为准则等渗透到组织中去。所以，要注重企业家的培养和企业家精神的培育。如果在企业前期的发展过程中，尚未产生很有影响力的企业家，或是新组建的公司，那么通过如下三种途径可获得与培养其高层管理者：① 企业家通过自我学习、探索，完善、超越自我来实现，目前我国出现的企业家通过参加在职 EMBA 培训等方式提高自身素质正是这方面的体现；② 组织为企业家的成长创造良好的环境和条件，包括在职培训、职务轮换、挑战性的工作等；③ 通过招聘的方式面向社会招纳英才，如目前国内许多公司开始面向全国甚至全世界招揽精英管理人才。

例证　10-15

张瑞敏和海尔文化[17]

在 1997 年美国《家电》杂志公布的全世界范围内增长速度最快的家电企业中，海尔名列榜首。1998 年，海尔集团总裁张瑞敏应邀登上哈佛大学讲坛，"海尔文化激活休克鱼"的案例正式写进哈佛大学教材，这标志着海尔真正走向了世界。1999 年的《财富》论坛，张瑞敏总裁作为唯一一名中国家电企业家与会并发表演讲。1999 年 12 月 7 日，英国《金融时报》公布了"全球 30 位最受尊重的企业家"排名，海尔集团总裁张瑞敏荣居第 26 位。海尔在张瑞敏这位优秀企业家的带领下，实现了成功的管理，建立了较为完整的海尔文化体系。

张瑞敏是一位喜欢哲学的企业家。在哲学和宗教方面，张瑞敏似乎是一位儒家式的人物，因为他视发展海尔、振兴民族工业为己任。在给北京大学的学生演讲时，他曾说，

"当民族工业支撑不住的时候，海尔愿做最后一个倒下的"，大有"风萧萧兮易水寒，壮士一去兮不复返"的感觉，示人以"扶大厦之将倾"的大丈夫的气概。

他给海尔浇灌的是"海尔是海"，具有吸纳百川的博大胸怀和永不停息的奋斗精神；他给员工的是"赛马不相马"，致力于将公司建成一个情深似海的大家庭，让每个人都有一种归属感，深化工作的意义和增添生活的价值；他给顾客的是"真诚到永远"，没有最好，只有更好，你的幸福就是海尔的幸福。一个响亮的名字，远传世界各地，洁白晶莹的骄子飞向世界；从"铁锤定乾坤"到"海尔·中国造"走向世界，张瑞敏带领海尔艰难而稳定的从无到有、从弱到强，对海尔的起死回生起着至关重要的作用。如果没有张瑞敏这位儒雅而有意志、能很好地经营企业又不完全陷入金钱陷阱中的企业家，海尔的历史可能会改写，他没有愧对海尔人的期望。

二、改善组织内部环境

组织文化的外壳——物质文化设施一旦被设定就不会轻易变动，但是在设定之后就能反映设定者的价值观、文化品位、艺术修养等，并从中反映出一定的文化价值。它主要包括企业容貌、劳动环境和生活娱乐设施三个方面。

（一）企业容貌

这是企业文明的一种标志和象征。从厂房的建筑造型、色彩装饰到空间结构布局，从环境是否整洁到各种物品安排是否井然有序，都能反映出一个企业的管理水平和风格，体现企业文化的个性特点，以及企业领导人的文化品位。

（二）劳动环境

劳动环境包括办公室布置、生产流水线顺序、色彩、照明、设备安排、保险装置等。一个优化的环境不仅能够提高生产效率，保证劳动安全，还能够相应地提高员工的劳动兴趣，激发员工对企业的忠诚感和责任感。

（三）生活娱乐设施

生活娱乐设施指文娱场所、体育设施、图书馆、职工培训中心、食堂等。选择的生活娱乐设施既应与职工需求相一致，又应与企业价值观和精神相一致。美化企业员工的生活娱乐环境能使职工感到大家庭的和谐和温暖，增强企业的凝聚力。

三、提高组织的产品文化内涵

组织的产品文化是组织文化中的基本物质文化内容。组织文化的载体——产品通常被理解为具有价值和使用价值的物品，然而产品结构及产品外观的美学成分又使产品体现出企业的文化特色。

组织的产品文化内容的涉及面很广，但大体可以概括为以下十个方面：① 组织产品一般来说分为实质层、形式层和扩展层三个层次；② 企业产品构成的要素、零件与部件的整合方式与系统结构（主要指其物理结构）；③ 企业产品所具有的物理、化学、生物等性状与功能；④ 企业生产经营产品的造型、综合观感、包装、商标等方面的选择、组合与特色；⑤ 企业产品结构，产品系列的现状、未来和特征；⑥ 企业产品投入—产出状况、成本控制手段与特色；⑦ 企业产品开发和创新的能力、潜力、方向与方式；⑧ 企业产品成长周期（或生命周期）的形成、保持和利用；⑨ 企业产品的物质技术前提和工艺基础；⑩ 企业产品生产与消费的生态与环境影响。

组织产品文化管理就是围绕上述几个方面展开的，就是要在以上诸多方面，甚至在产品管理过程的每一项具体活动中都形成一种相对稳定、富有魅力又颇具特色的个性文化，以使组织的顾客和消费者只要接触和使用到公司的某种产品，就会产生一系列美好的联想，获得一种发自内心深处的愉快和舒适感。

日本的东芝公司、索尼公司和丰田公司，美国的 IBM 公司、HP 公司，德国的大众汽车公司都只有一种中心产品或中心产品线、一个中心市场、一种中心技术。所有这些大公司全都有一种明确的使命、一项重点，在一个领域中具有一种特长、一种市场，而且基本上是一条产品线。在英国，那些成功的公司干脆把这一点视为企业经营的制胜之道。

组织产品个性文化能否形成，一方面涉及企业的常规经营管理，另一方面又涉及组织经营的战略规划和战略管理。如果说产品质量是组织的生命线，产品在价格、品种、造型、包装、牌子等方面的优势则是组织生产经营的基本，产品的开发创新、产品的生态性质、产品的生命周期会对企业经营、发展的未来产生影响。而企业产品生产经营过程中的成本控制、企业的产品结构与系列的建立和完善、企业产品的技术基础则直接影响着企业的日常经营。

事实上，不论经济环境、社会环境发生怎样的变动，始终坚持和维护企业已有的优良产品文化，并不断把它发扬光大，这是企业经营得以成功和立于不败之地的基本条件之一。

例证　10-16

iPhone 的魅力[18]

自从苹果公司首席执行官史蒂夫·乔布斯（2011 年 10 月去世——编者注）在 2007年 1 月 9 日宣布推出 iPhone 系列手机之后，iPhone 的四款产品目前虽只占全球手机市场份额的 5.6%，却赚得全球手机市场利润总额的近 2/3，如此强大的吸金能力着实令人敬佩。

App Store 是 iPhone 的杀手锏，用户只需轻轻点击就可以在 App Store 下载喜爱的程序。凭借着如此便捷的软件下载方式和 App Store 中高质量的软件，iPhone 一下子成为全球最受欢迎的智能手机。软件开发者们可以为 iPhone 研发软件，再提交苹果审核后最终放到 App Store 上供用户下载。如果下载收费，利润由苹果与应用开发商按 3∶7 分成。这不仅让那些优秀的软件开发商们赚得盆满钵满，更使得苹果公司从中赚取相当大的一笔收入。

和 App Store 类似，iTunes 只是把 App Store 的应用程序换成了歌曲和专辑，歌手可以在 iTunes 上销售自己的专辑和单曲，每首歌下载支付 0.9 美元，既宣传了歌曲又赚到了钱，一举两得。iTunes 用户也只需在手指的轻触之间完成歌曲的购买。与此同时，iTunes 也为歌曲数字化和正版化做出了贡献，让我们看到了未来歌曲的营销模式。

四、培育优良的组织精神

组织精神是区别于物质、财富或经济价值观的组织观念体系的核心。组织精神是组织的员工群体在长期生产经营中形成的一种信念和追求，是组织基于自身的性质、任务、宗旨、时代要求和发展方向，为使组织获得更大发展，经过长期精心培育而逐步形成的。换言之，组织精神是隐藏于组织经营思想和管理哲学背后并构成它们强有力支撑的组织的最基本的信念或者信仰体系。事实上，组织的主要文化现象、文化特征、文化创新均是以组织精神为源泉的，组织的可持续发展也均是以此为核心而得到实现的。组织精神是组织价值观的外化，它用简洁的语言表现出组织在一切行为和观念中的主导意识，体现了群体的价值取向。

由于组织精神是某个特定组织的精神，它应该在本组织的特定条件下创设并形成，反映本组织的追求和一定的精神面貌。组织精神应有其个性特征，而不是千篇一律。

例证 10-17

美国 IBM 公司的企业精神

美国 IBM 公司的企业精神就是服务，是根据公司主营的计算机行业特点，并综合了企业宗旨和价值观提炼出来的。就计算机开发研制而言，软件开发、人员培训、周到维修要比单纯出售硬件设备重要得多，其竞争也更为激烈。IBM 公司正是根据这一特点，确立了以服务为内涵的企业精神，同时也确立了公司经营方向是以提供令顾客满意的服务来开展所有的经营活动。近年来，IBM 公司主营业务利润均来自服务而不是计算机硬件的销售。

（资料来源：理查德·S. 泰德洛. 洛森家族——蓝色巨人 IBM 缔造者[M]. 北京：中译出版社，2017. ）

我国一些著名的企业集团也提出了自己的组织精神口号，如青岛海尔集团根据电器的售后服务质量这一顾客最为关心的问题，提出了"真诚到永远"的企业精神，使顾客无后顾之忧而乐于购买其产品。

组织精神需要用简明而寓意丰富、深刻的语言来表述，这种表述要符合以下五点要求：① 具有组织个性；② 符合时代与民族特点；③ 体现组织价值观；④ 寓意深刻；⑤ 便于记忆与宣传。

例证 10-18

中石油的企业精神

中石油集团的企业精神：爱国、创业、求实、奉献。

爱国，就是为国争光、为民族争气的爱国主义精神。

创业，就是独立自主、自力更生的艰苦创业精神。

求实，就是讲究科学、"三老四严"的求实精神。

奉献，就是胸怀全局、为国分忧的奉献精神。

（资料来源于网络并经作者加工整理）

企业精神形成之后，不能停留在口号上，而应让企业的每一个员工去了解、接受和履行。通常可采取以下四种方法：① 强化灌输法。如日本松下集团规定，每天早上上班前，员工都要站在厂门口背诵反映企业价值观的司训。此外，也可以通过培训班的方式向员工讲解企业精神。② 领导引导法。企业领导要将企业精神外化为日常行为，引导和感染员工。如遇到困难，就要用企业价值观去鼓励大家知难而进；员工间发生了矛盾，就要用企业精神去化解；员工犯了错误，就用企业精神去帮助其改正和克服。③ 触目可见法。把企业精神印在企业简介中、印在信封上、挂在办公室里、刻在建筑物上，使员工触目可见，形成一种企业精神无时不在、无处不在的感觉。④ 文化宣传法。举办各种文化娱乐活动，或大型的社会文化活动，如赞助文艺晚会、体育比赛、向灾区捐款、扶贫救弱、支持希望工程等方式，向全社会宣传企业的精神。把企业社会责任作为新时期企业文化整合和再造的重要内容已成为国际企业文化发展的趋势。

五、建设稳定的组织制度文化

组织的制度文化是企业制度演进、企业制度规范、企业制度内容、企业制度运转、企业制度创新等的统称。现代企业组织机构是企业为了有效地整合资源，以便达到企业既定目标而规定的上下左右的领导与协调关系。如果把企业视为一个生物有机体，那么企业组织机构就是这个有机体的骨骼。企业组织机构的构建除了受到领导体制的影响外，还受到企业环境、企业目标、企业生产技术以及企业职工的思想文化素质的约束和影响。

企业制度文化体系是企业全部制度文化子系统或子集的有机集合。企业制度文化的具体方面或种类很多，但集中起来可以概括为五大子文化系统：① 企业财产制度文化；② 企业决策制度文化；③ 企业组织制度文化；④ 企业人事制度文化；⑤ 企业财会制度文化。这五大子系统之间存在着有机的内在联系，并在此基础上形成了企业制度文化体系。决策制度文化是中心，它首先决定着企业组织制度文化，其次决定着企业人事制度文化和企业财会制度文化。制度文化整合的倾向和必然结果就是制度文化的一体化，就是企业制度文化体系本身。其中，领导体制中的领导方式对组织机构的影响相当大，因为组织机构并不是一旦固定就一成不变，领导方式变换就可能导致部分机构变化以适应前者。所以从这些因素来看，一个企业组织机构的设置是对一定的企业文化特质的反映。组织文化制度建设包括组织的领导体制、组织结构和管理方针与制度。组织领导体制是领导方式、领导结构和领导制度的总称。领导体制在某种意义上也是企业价值观的一种表现。领导方式多种多样，如民主型、专制型、放任型等。管理者选择哪种方式进行管理，实际上体现了个人的价值观和偏好，反映了他的文化修养、知识结构及个性，而这与企业的文化氛围是一致的。当企业领导方式主要为权威型与服从型时，则不会提出"和为贵"的企业价值观。

至于领导结构和领导制度，虽然它们反映了企业生产经营和管理的要求，但依然会在具体的构造中反映出企业价值观、企业精神的内涵。例如，德国企业的领导结构与其他国家企业的领导结构不同，德国企业在总经理之上设有管理委员会，以作为企业最高的日常领导机构，管理委员会成员中有三分之一是工人，这一领导结构是德国企业在长期发展中形成的，但也反映出德国文化和德国企业的价值观。

企业管理方针与制度是现代企业为达到企业目标，在生产经营管理活动中制定的各种带有强制性义务，并能保障一定权利的各项规定和条例，具体包括人力资源管理、生产管理、经营、分配等方面的一切规章制度。企业管理制度是帮助实现企业目标的有力手段，它是企业员工应该遵守的行为准则，能够使员工个人的生产经营活动符合企业要求。然而，企业管理制度并不是在所有企业中都一样，每个企业的管理制度都会因其生产领域、产品结构、生产工艺、技术特点、市场状况、员工素质等不同而不同。起初，企业管理制度的特性以及它的规范性会迫使员工遵守以符合企业要求，时间久了会使员工养成一定的行为习惯，这本身对员工行为起到一种很好的引导作用。

例证 10-19

丰田的合理化建议制度[19]

丰田公司实施的是一场全民皆兵的合理化建议制度，而不是单兵作战。领导认为员工是改善产品的主要力量，鼓励全体员工不断地提出建议。这项举措可以充分调动全体人员共同思考和共同参与来改善生产活动及其效果，公司的高层也有机会接触一些底层的呼声，使高层的决策能够照顾到广大的基层员工，形成强大的向心力和凝聚力。在这种气氛下，丰田的每一个员工都会积极地为企业的健康发展献计献策。他们每年都会提出几百万条合理化建议，这些建议的实施和应用给丰田注入了强大的创造力，使丰田企业能够健康快速地以几何级数发展，成为全球汽车业的巨无霸。

成功企业的文化，尤其是制度文化的最大特点就是把企业员工的价值放在极其重要的地位，从充分尊重、信赖、依靠、激励他们的角度和原则出发，把通常的硬性的制度加以软化，使刚性的制度富有弹性，让强制和外在约束变成自觉和自主管理，变防范、制裁为充分信赖和不断激励。由于成功企业在最高境界、最高层次上展开其制度文化，因而它们的制度文化的根本法宝就是无形的精神力量，就是具有充分弹性的自我升华和自主管理。

企业制度文化一方面要保持其必要的、充分的刚性，从而保证企业文化共同体从总体上协调好其与外界大环境的关系，保证其在生存空间里能够长期地存续，保证企业员工对企业制度文化认同的简洁性和对它的信赖感；另一方面，要发挥其弹性文化的作用，充分体现其尽可能大的弹性，从而使企业具有足够的应变能力，可以灵活、迅速的通过制度规范的更新，通过制度文化自身所具有的弹性来及时、有效地调整各种必要的关系，这样才能使企业制度文化既有坚实可靠的基础，又有足够的灵活性和创新活力。成熟的、优秀的企业文化都有一个共同的特点，那就是在其制度规范的形成和贯彻中既坚定不移、毫不含糊地坚持它们的基本准则——对那些令人信服、值得称道的思想原则、精神追求、基本宗旨的规范的形成和贯彻表现出十足的不可更改性，同时又对各种新观念、新潮流、新情况保持足够的敏感性和应变能力。正所谓文武之道，一张一弛；刚柔并济，双管齐下。

六、通过社会化过程保存组织文化

组织内的新员工很难马上适应组织文化的要求，也可能是他们对组织文化不熟悉，因此组织中总是出现新员工干扰组织已有的价值观念和工作习惯的情况。所以组织要帮助新员工迅速适应组织文化，这个过程称作社会化过程。例如，日本三洋公司的新员工都必须经过五个月的强化训练，通过在公司集体宿舍一起生活，使得他们迅速学会三洋公司的工作方式。

组织文化的社会化过程主要包括如下三个阶段。

（1）原有状态阶段。这是指新员工进入组织前的所有学习活动。在这一阶段，每一个员工还带有原先形成的价值观念、工作态度和期望。

（2）碰撞阶段。新员工在进入组织之后，可能会发现自己的期望与现实存在不一致的情况。如果自己的期望与现实有差异，员工就必须经过社会化，使自己从以前的假设中摆脱出来，代之以另一套期望，即新的组织期望。在极端情况下，新员工可能会对自己的工作现状彻底失望，甚至会辞职。有效的员工甄选过程应该尽量减少后一种情况发生的可能性。

（3）调整阶段。通过管理人员的努力，在组织文化正规化、集体化、固定化的影响下，新员工的个性和员工之间的差异越小，员工行为的标准化和可预测程度就越高。通过控制新员工的社会化过程，管理人员既可以造就循规蹈矩的顺从型员工，也可以造就富有创新精神的创造型员工。

 例证 10-20

华为公司的服从文化[20]

总部位于深圳市的华为集团公司是一家集通信网络软件和硬件的研究、开发、生产与销售为一体的大型公司，其2004年的销售额已达33亿美元。其发展历史贯穿着总裁任正非的个人理想、对员工的严格要求、企业前进方向。华为招聘的大学生到华为报到后，就要进行包括为期一个月的军事训练在内的长达五个月的严格的封闭式培训。负责训练的主教官是优秀的退伍军人，凡是在训练过程中遭到淘汰的员工将被辞退。员工在这个过程中就如同军人一样，要树立"对上级的命令绝对服从是天职"的意识。在进入岗位后，他们还要被不断地"洗脑"，以至于有人说华为具有将不同的人招募来之后训练成相似气质员工的神秘力量。对此，任正非并不否认——最优秀的企业最自信的就是改造人的力量。

第四节 组织公民行为

员工自愿做出的、没有任何正式的规定强制他们这样做的行为称为组织公民行为（Organizational Citizenship Behavior），这些行为的总和的累积效应可以为组织带来良好的效果。因此，组织要对员工的组织公民行为进行适当的教育、鼓励、支持、引导和管理。

一、组织公民行为的概念、特点和维度

（一）组织公民行为的概念和特点

卡兹和卡恩（Katz & Kahn, 1966）最早提出"组织公民"的概念。[21]他们认为，有效的组织应该有三种基本功能：① 组织必须吸引并留住员工；② 确保员工以可信赖的方式实现组织特定角色的任务；③ 员工必须有创造性和自发性行为，其行为超越角色规范，主动自发地为组织负担一些分外的事情。Berterman 等人（1988）将第三种功能和行为称为组织公民行为，并把它定义为职务外行为，主要是指帮助同事和因对组织有责任感而做出的行为。本书采用 Organ（1988）的定义，即组织公民行为是在组织正式的薪酬体系中尚未得到明确的或直接的确认，但就整体而言有益于组织整体运转成效的行为总和。[22]

组织公民行为具有如下三个方面的主要特点。

（1）自愿自发。自愿自发是指员工行为超越角色规范，主动自发地为组织负担一些分外的事情。组织公民行为不是由员工的角色或工作描述所强制性要求的，通常不做出这样的行为也不会受到惩罚。

（2）组织中正式的报酬系统未做明确规定。Organ 认为，员工在工作职责范围内的任务上的出色表现不算组织公民行为，这是因为这些行为能够得到正式的报酬系统直接、明确地回报。当然，组织公民行为并非得不到组织的回报，一个员工成熟稳定地表现出某些组织公民行为会留给上司或同事深刻的印象，从而会影响到其加薪或晋升，但是这种回报并没有得到正式的劳动合同、政策、程序等的保证，因此是一种具有可能性和不确定性的回报。

（3）行为总和的累积效应。虽然单独的一次性的组织公民行为对组织的整体绩效很难产生较大的影响，但是单个员工的组织公民行为的跨时间累积或者多个员工的组织公民行为的累积有助于提升组织的整体绩效。因此，单个组织公民行为的影响可能微不足道，但是这些行为的总和可以产生很大的作用，这就是行为总和的累积效应。

（二）组织公民行为的维度

组织公民行为具有多维的结构。[23]Organ 提出了组织公民行为的五因素模型：① 助人行为，指自发地帮助同事，预防和解决与工作相关的问题的行为；② 公民道德，指员工作为组织中的一个"公民"应有的道德行为，包括对组织的工作感兴趣、节约组织资源、

保护组织财产、愿意参加组织的各项活动、参与组织战略计划的制订、监控来自环境的威胁和机会等；③ 文明礼貌，指对别人表示尊重的礼貌举动；④ 运动员精神，指员工在非理想化的工作环境中毫不抱怨，仍然保持积极的态度，为了组织的利益而坚守岗位的一种意愿行为；⑤ 责任意识，指严肃认真、尽心尽力地对待工作的行为。

樊景立等人认为，我国文化背景下的组织公民行为可划分为十个维度：① 对组织的认同；② 对同事的利他行为；③ 责任意识；④ 人际和谐；⑤ 维护组织资源；⑥ 自我教育；⑦ 通过自学增加自身的知识和技能；⑧ 参加社会公益活动；⑨ 保持环境卫生；⑩ 表达意见。他们并没有发现 Organ 描述的另外两个维度（文明礼貌和运动员精神），却发现了有着我国文化特色的两个维度（人际和谐和维护组织资源），体现了组织公民行为的文化独特性。他们还将组织公民行为的多种表现形式按照其发生的不同层面构建成了一个多圆环状模型，如图 10-2 所示。[24]

图 10-2　组织公民行为的多圆环状模型

李嘉诚捡硬币

有一次，李嘉诚在回办公室的路上发现一枚硬币从眼前闪过，滚到了车子下面。李嘉诚下了车，要去捡那枚硬币。在他弯腰要捡的过程中，一个门卫提前把那枚硬币捡了起来，并交给了李嘉诚。李嘉诚拿过硬币，从口袋里拿出 100 元港币奖励给这个门卫。这不禁让人感到很奇怪，别人只是帮他捡一元港币，他却给了 100 元港币，为什么？李嘉诚说："如果不把这一元硬币捡起来，它可能掉到水沟里面，这一社会财富就会流失掉，所以我们不能让人们已经创造出来的财富和价值流失掉。那个门卫不仅知道珍惜财富，还懂得帮助别人，应该奖励。"

（本案例源自网络并经作者加工整理）

二、组织公民行为的作用

组织公民行为对组织的重要性日益显著。由于组织公民行为充当了组织运行的"润滑剂",减少了组织各个"部件"运行时的相互摩擦,从而促进整个组织的效率的提高。[25] Podsakoff 等人将组织公民行为对组织有效运行的作用总结为以下五个方面。

(1)作为组织运行的润滑剂,组织公民行为有助于减少人际矛盾和冲突。例如,利他和助人行为就起到了这方面的作用,通过主动为他人提供方便,帮助他人,维护人际和谐,从而保证工作关系的顺畅。

(2)自愿合作行为能够使组织更有效地利用资源,优化资源结构,降低资源投入成本,减少不必要的资源争夺,特别是能够更有效地利用稀缺资源,使其更符合生产的目的,减少对纯粹基于维护功能的有限资源的需求,将其投入各种生产活动中去。

(3)能够促进同事和管理者的生产效率的提高。例如,通过帮助有困难的同事能让同事的生产力提高,组织公民行为中的人际促进和工作奉献可以支持士气,鼓励合作精神,有利于关系绩效的提高;员工主动承担工作减少了管理者在工作分配方面耗费的不必要的精力,从而使管理者的精力能够放在更重要的事情上;员工积极为工作献计献策,也更有利于管理者工作的开展。此外,员工在任何时候,包括组织面临困难和危机时,都能够全身心地投入,这样使得员工的工作绩效具有一定的稳定性。但也有研究表明,帮助行为与工作绩效呈负相关。[26]

(4)能够有效地协调团队成员与工作群体之间的活动。组织公民行为能够使员工从组织的大局出发考虑问题,懂得如何有效地协调组织中的群体利益和个体利益。

(5)能够创建良好的企业文化,增强组织吸引和留住优秀人才的能力。能够使员工做出较多组织公民行为的环境是一个充满互相合作、互相支持、愉快的环境,这样的环境对员工具有非常强的吸引力。

例证 10-22

日本三菱公司的合同

日本三菱公司除了为每位员工准备了一份正式的工作合同之外,还提供了一份内隐的合同,其中以不成文的方式规定了除正式合同之外的一些内容,包括公司对员工的期望、员工应该为公司做出的贡献、公司给员工的回报等。除此之外,三菱公司还定期设立业务标兵,并为获奖者提供特殊福利。这种类似于心理契约的内容不像正式合同那样详细,却对员工的行为有着重要影响。在内隐的合同中,企业公民行为是企业对员工的一种期望,企业通过一些信号向员工表达这种期望,让每个员工知道企业公民行为是被鼓励的。这种心理暗示的做法可以帮助企业创造一种支持性的工作环境,让员工感受到企业对他们的信任与尊重,让员工感受到自己在企业中得到了公正的对待,让员工感受到企业对自己做出的承诺能够兑现。

(本案例源自网络并经作者加工整理)

三、组织公民行为的影响因素

影响组织公民行为的因素主要包括个体特征、家庭环境、工作特征、组织特征、领导特征。[24]

（一）个体特征

与其他年龄段相比较，25 岁以下的员工的组织公民行为表现得更多、更积极。个体的责任意识对一些组织公民行为具有预测作用。

（二）家庭环境

家庭环境对员工的行为表现、组织的绩效和发展都会产生直接或间接的影响。由于一个人的工作成就和家庭密不可分，所以要让员工在工作中得到快乐，并且快乐地工作，在社会中做个好公民，在单位中做个好职工，在家庭中做个好成员。这种相互影响是显而易见的，在心理学上被称为行为的溢出。当家庭氛围紧张时，可能不利于员工产生组织公民行为，而愉悦的家庭氛围则可能有利于组织公民行为的产生。

（三）工作特征

任务重要性、任务反馈、内在满意感与组织公民行为之间存在正向关系；工作任务的重复单调性与组织公民行为之间存在负向关系。

（四）组织特征

国有企业员工比民营企业员工更频繁地展现出组织公民行为；组织凝聚力与组织公民行为之间存在正向关系；员工感知到的工作情景中具有的符合社会期望的价值观以及激励性的工作特性与组织公民行为之间存在正向关系；组织公正性、管理人员的支持与组织公民行为之间存在正向关系。

（五）领导特征

支持型领导、变革型领导特征与组织公民行为之间存在正向关系；领导—下属交换与组织公民行为之间存在正向关系；员工的社会交换意识是组织支持感知与组织公民行为之间以及领导—下属交换与组织公民行为之间的调节变量。领导者的模范作用对下属的组织公民行为表现也具有积极的促进作用。

本章相关视频资料

What Is Organizational
Behavior?

What Is Organizational
Behavior?（课件）

本章小结

➢ 组织文化是指组织成员的共同价值观体系，为组织中所有的成员所接纳，成为组织的一种群体意识，表现为组织的共同的信仰、追求和行为准则。

➢ 组织文化可以划分为三个层次：表层文化、中层文化、深层文化。

➢ 组织文化分为学院型、俱乐部型、棒球队型、堡垒型和学习型五种类型。

➢ 组织文化在一个组织中发挥着重要的作用：（1）激励功能；（2）凝聚功能；（3）导向功能；（4）规范功能；（5）协调功能。

➢ 组织社会化过程主要包括三个阶段：（1）原有状态阶段；（2）碰撞阶段；（3）调整阶段。

➢ 组织公民行为是在组织正式的薪酬体系中尚未得到明确的或直接的确认，但就整体而言有益于组织整体运转成效的行为总和。

➢ 良好的组织文化对组织公民行为具有积极的促进作用。

 思考练习题

一、选择题

1. 组织内部的一些特殊典礼、仪式、风俗属于组织文化的（　　　）。
（1）精神层　　　　　　（2）制度层
（3）器物层　　　　　　（4）物质层

2. 下列有"堡垒型"组织文化的组织有（　　　）。
（1）房地产　　　　　　（2）广播电视
（3）百货公司　　　　　（4）保险公司

3. 属于组织公民行为的多圆环状模型的社会层面的是（　　　）。
（1）提升公司形象　　　（2）保护和节约公司资源
（3）维护人际和谐　　　（4）自觉学习

二、简答题

1. 企业家对于企业文化的塑造有什么影响？
2. 什么是组织社会化过程？
3. 什么是组织公民行为？

 管理游戏

10-1　组织文化调查表[26]

这份问卷可以帮助你辨识你的组织文化——你所在的组织（单位/学校）中的做事方

式和现有的心态。它的基础是"文化网络"，凝聚组织的六类成分。

请独自完成这份调查表，再和组织中其他人的回答进行比较。

然后，在能够帮助你实现组织目标的文化元素上打勾，在妨碍组织实现目标的文化元素上打叉。

最后和你的同事/同学讨论克服这些障碍的办法，以改进你的组织文化。

成分一：仪式

仪式是不断重复的活动和行为，以至于它们成了组织成员共同的习惯。你所在的组织内部的仪式有哪些？举例说明。

仪　　式	是帮助，还是障碍	变 革 行 动

成分二：传说

在你的组织中，有什么故事是传奇性的？例如，关于过去有什么说法？哪些人被谈起？在你的组织中，谁是英雄？有哪些成功或失败的故事？

传　　说	是帮助，还是障碍	变 革 行 动

成分三：庆典

什么仪式是公开举行的？庆祝什么？有什么奖励是针对整个组织的？

庆　　典	是帮助，还是障碍	变 革 行 动

成分四：标识

看看你组织中的标识，例如，饭堂、舞厅、设备、工作/学习场所、停车场、名称。举例说明。

标　　识	是帮助，还是障碍	变 革 行 动

成分五：权力

谁在你的组织中掌权（正式的和非正式的）？你怎样才有资格掌权？权力在组织中的透明度如何？谁从权力中获利？

权　　力	是帮助，还是障碍	变　革　行　动

成分六：系统

描述你的组织系统。例如，什么是组织中的交流系统，正式的以及非正式的？什么系统用于解决顾客/学生需求？

系　　统	是帮助，还是障碍	变　革　行　动

10-2　影视拓展（《士兵突击》）

游戏目的：连队（团队）文化。

游戏人数：不限。

时间：50分钟。

材料：《士兵突击》影视钢七连的连队文化的部分片段。

回顾与分享：

（1）钢七连的连队文化有何特点？

（2）谈谈钢七连的连队文化对每个战士有何影响。

 案例分析

华为的企业文化建设[26]

华为在企业成长过程中，不断适应内外环境的变化，形成了自己独特的"狼性文化""床垫文化""军事文化""质量文化"等"基因"，尽管其表现形式不断变化，但其一贯秉持的核心价值观——"以客户为中心，以奋斗者为本，长期坚持艰苦奋斗"却从未改变过。在建设组织文化的过程中，华为通过以下四点保证企业文化"落地生根"：通过上下讨论形成共识，让企业文化内化于心；通过战略制定、宣传培训，让企业文化外化于行；通过制度建设，让企业文化固化于制；长期坚持，始终如一。

（一）通过上下讨论形成共识，让企业文化内化于心

华为的企业文化建设始于1995年。在任正非的带领下，华为试图对其早期朴素的"狼性文化""床垫文化""军事文化""学习型文化"进行系统总结和提炼，从而形成全体华为人的共识。1996年3月，华为邀请多名人大教授成立了华为基本法起草小组。三年的起草过程是华为中高层充分沟通、达成共识的过程，是对参与讨论的全体员工进行灌输，使之认同信仰的过程。在持续贯彻《华为基本法》的同时，华为又适应市场环境的变化及后来流程的变革，不断对它进行修改，每次企业文化表述的调整，都是华为

全体员工"不断折腾"的过程，不断达成共识的过程，也是不断内化于心的过程。

2008年，华为公司再次调整核心价值观的表述，经过当时近九万名华为员工的多轮讨论和思想交锋，在最后提交的探讨文案中，华为的EMT（Executive Management Team，经营管理团队）将公司核心价值观提炼为"艰苦奋斗，自我批判，团队合作，至诚守信，成就客户，开放进取"24个字，并逐一加以说明和阐释。

（二）通过战略制定、宣传培训，让企业文化外化于行

历时三年，《华为基本法》出台，它规定了华为的基本组织目标和管理原则，是所有制度的起源，是华为人日常行为的指导原则，使华为的基本理念看得见、摸得着、做得到。

华为的企业文化得到了华为培训体系的强大支持。华为有着浓厚的军事文化，员工的岗前培训则是形成和强化这种军事文化的最佳手段。此外，军队文化还渗透于华为的普通培训和学习中，如公司号召员工齐唱《团结就是力量》《解放军进行曲》等革命歌曲。华为的学习型文化也同样得到了培训的支持。培训是学习型企业的必备要素，华为为各类员工设计的培训针对性强、体系健全。另外，华为还以岗位轮换的方式，促进员工的相互学习交流。

（三）通过制度建设，让企业文化固化于制

没有制度规范企业内人和物的行为方式，企业文化就会失去载体和支撑，流于形式。基于"以客户为中心"的核心理念，通过制度建设，华为的企业文化得到了实实在在的落实。华为的经营管理团队专门设有战略与客户常务委员会，确保客户需求驱动公司的整体战略及实施。建立战略与市场体系，专注于客户需求的理解、分析，并基于客户需求确定产品投资计划和开发计划；明确贴近客户的组织是公司的"领导阶级"，是推动公司流程优化和组织改进的原动力。

华为总裁任正非在公司2012年年报寄语中表示，华为从最高层到所有的骨干层的全部收入只能来源于华为的工资、奖励、分红及其他，不允许有其他额外的收入，进而从组织上、制度上落实"以客户为中心，以奋斗者为本，长期坚持艰苦奋斗"的核心理念。

（四）长期坚持，始终如一

在全球化的技术崇拜和资本崇拜浪潮中，能够始终坚持"以客户为中心"这一理念的企业并不多。华为之所以一直坚持下来，其重要原因之一就是远离资本力量与尖端技术的诱惑，不崇拜资本、不崇拜技术，始终清醒和坚定地贯彻"以客户需求为导向"这一商务常识，"用有限的资源做有限的事情，把华为所有的资源聚焦在核心战略上"。

华为二十五年仅做一件事——通信制造。坚持"利出一孔"，由谷歌提供数字"洪水"，华为"聚焦于提供承载大流量、大数据的大管道"。要抵挡商机或投机的巨大诱惑需要极大的定力，需要压抑个人和企业内部的各种躁动和冲动，单靠最高领导，没有整个领导层和全体华为人对企业核心价值观的强烈认同，没有全体员工的心理契约，是无法实现的。

问题讨论：

1. 公司在建设组织文化过程中，如何保证组织文化"落地生根"？
2. 组织文化应如何适应时代的发展？

参考文献

[1] 刘亚洲. 餐巾纸上的伟大公司[J]. 东方企业文化，2012（01）：49-50.

[2] 王会让. 苹果公司的企业文化[J]. 东方企业文化，2012（01）：52-55.

[3] 彼得·圣吉. 第五项修炼——学习型组织的艺术与实践[M]. 北京：中信出版社，2009.

[4] 管一新. 联想创新型企业文化[J]. 企业改革与管理，2005（02）：49-50.

[5] 尹生. 柳传志就是联想文化[J]. 公司，2004（04）：41-45.

[6] 姜悦，朴光赫. 企业文化中狼性羊性对比分析[J]. 中小企业管理与科技（下旬刊），2015（4）：1-2.

[7] 毕雪阳. 管理心理学[M]. 上海：上海财经大学出版社，2010.

[8] 郑欣. 中美电子商务中文化差异分析及其应对策略[J]. 企业技术开发，2007（03）：78-80.

[9] 周艳琼. 沃尔玛与他的沃尔玛帝国[J]. 国际人才交流，2002（02）：24-27.

[10] 何跃清. 小问题大管理[M]. 北京：地震出版社，2005.

[11] 鲍茹萍. 阿里巴巴的企业文化研究[J]. 纳税，2017（02）：108-113.

[12] 李庚. 沃尔玛：赢在企业文化[J]. 中外企业文化，2014（10）：52-53.

[13] 智百. 宜家是一种家居文化[J]. 企业文化，2010（11）：35-38.

[14] 谢爱丽，周广华. "玫琳凯"的领导艺术[J]. 经贸导刊，2003（06）：38-39.

[15] 小淇. IBM的绩效管理[J]. 中国质量技术监督，2009（10）：74-75.

[16] 王成荣. 企业文化教程[M]. 北京：中国人民大学出版社，2008.

[17] 彭烨. 企业家在企业文化中的角色[J]. 化工管理，2004（05）：35.

[18] 至秦. iPhone的魅力[J]. 信息化建设，2011（9）：49.

[19] 郑立鹏. 丰田管理方式[J]. 经营与管理，2000（11）：30-32.

[20] 孙友罡. 存在与悖论——华为企业文化冷思考[J]. 企业管理，2005（06）：16-21.

[21] DANIEL K, KAHN R L. The social psychology of organizations[M]. New York: John Wiley & Sons, Inc., 1978.

[22] ORGAN D W. Organizational citizenship behavior: the good soldier syndrome[M]. Lexington, Mass. : Lexington Books, 1988.

[23] 罗明亮. 组织公民行为研究理论与实证[M]. 北京：经济管理出版社，2007.

[24] JIING-LIH FARH, EARLEY P C, SHU-CHI LIN. Impetus for action: a cultural analysis of justice and organizational citizenship behavior in chinese society[M]. New York: Conell University, 1997.

[25] PODSAKOFF P M, AHEARNE M, MACKENZIE S B. Organizational citizenship behavior and the quantity and quality of work group performanc[J]. Journal of applied psychology, 1997(82): 262-270.

[26] 冯敏，宋彩萍，张晓霞. "落地生根"的企业文化才是真正的企业文化——以华为企业文化为例[J]. 生产力研究，2013（09）：153-155.

第十一章
员工援助计划

学习目标

➢ 了解员工援助计划的概念和作用
➢ 掌握员工援助计划的内容
➢ 掌握员工心理保健的方法
➢ 了解员工心理咨询的概念和步骤

引例

中国移动的员工帮助计划

中国移动成立十几年来，伴随着中国移动通信事业的发展，公司也获得了高速发展，成为全球规模最大的电信运营企业。中国移动的员工在面临公司发展带来的挑战的同时，也承受着越来越激烈的竞争压力。员工的压力、满意度、心理困扰等方面存在的问题开始逐步显现，甚至可能会成为企业进一步发展的阻碍。为此，中国移动较早地开始关注员工压力问题，并积极寻找解决方案。

自 2003 年中国移动的部分下属公司开始关注 EAP，到 2005 年部分公司正式导入 EAP，再到 2006 年开始由集团公司推动 EAP 在各公司的推广实施，至今已有 10 多年的时间。从 2005 年仅有两三个地市分公司实施，到 2009 年已有 24 家省级公司不同程度地开展了 EAP，覆盖的中国移动员工超过 10 万，并已经初现成果。

中国移动广东公司是最早关注并开展 EAP 的公司，开始是广州、东莞、佛山等地市分公司独立开展 EAP 项目。2008 年之后，省公司统一开展了面向全省的 EAP。四川公司 EAP 项目在汶川地震的背景下启动。地震发生之后，常规的 EAP 服务迅速调整为"震后心理复健专项"，重点帮助灾区员工缓解和消除负面心理影响，尽快实现心理复健。在重大灾难面前，EAP 震后心理援助的实施发挥了保障员工心理健康的重要作用，四川公司在震后无一例极端危机事件发生。

随着本地企业对员工关注的日益加强，相关的意识或理念越来越清晰，加上各类专业服务机构的推动和来自本地高校与研究单位的支持等，中国本地的 EAP 行业将变得日趋成熟，EAP 也会成为向企业员工提供的一种非常普及的服务。

（资料来源：中国移动：星火燎原——EAP 发展历程[EB/OL].（2011-12-19）. http://www.jingxinshe. com.cn/channel.php? id=266&tid=76&dirtype=news.）

随着企业的不断发展壮大，员工的工作压力必然会有所增加，而对中国移动所处的通信行业来说，更是如此。中国移动能够及早关注员工压力问题并积极实施 EAP 项目，对于帮助员工保持健康心态，提高组织绩效具有重要意义。随着生活和工作节奏加快，社会竞争压力增加，员工面临的压力越来越大，所以员工需要掌握和运用各种应对压力的方法。员工援助计划是企业维护和管理员工身心健康的行之有效的方法，值得在企业中推广。

第一节　员工援助计划概述

员工援助计划（Employee Assistance Program，EAP）是由企业组织为其成员设置的一项系统的、长期的服务项目，用来解决员工及其家人的心理和行为等问题，以促进员工个人成长，提高组织绩效，实现组织目标。

一、员工援助计划的概念及发展演变

（一）员工援助计划的概念和特点

员工援助计划是由企业组织出资为员工及其家属设置的一套系统的、长期的福利与支持项目，是心理卫生服务的一种。它根据企业具体情况，通过专业人员对组织进行诊断，提供专业指导、培训和咨询，为企业管理者和员工提供管理以及个人心理帮助的专家解决方案，旨在帮助员工及其家庭成员解决各种职业心理健康问题和行为问题，提高员工在组织中的工作绩效，开发其工作潜能以及改善组织气氛和管理。

EAP 的项目特点是系统性、长期性、保密性。

（1）系统性：EAP 项目为系统解决方案，是以全外部或者内外结合的方式，通过员工、管理层、内部 EAP 以及外部 EAP 共同为企业降低管理风险的系统项目。

（2）长期性：企业实施 EAP 是长期福利与支持项目，一旦引入则必须连续为员工提供服务，除非企业出现重大变故，否则项目不会临时终止。

（3）保密性：EAP 项目为员工及管理者提供服务，要求实施服务的机构恪守职业道德的要求，不得向任何人泄露资料，保密例外除外。

（二）员工援助计划在国外的兴起和发展

EAP 于 20 世纪 40 年代起源于欧美国家，最初的对象是二战老兵，随后也有一些企业注意到员工的一些不良嗜好（如过度抽烟、酗酒、吸毒以及其他一些药物滥用问题）影响到员工和企业的绩效。于是，有的企业出钱聘请专家帮助员工解决这些个人问题，逐渐建立了一些项目，这就是员工援助计划的雏形。

20 世纪 60 年代，由于美国社会变动剧烈，工作压力、家庭暴力、婚姻问题、法律纠纷等问题也越来越影响到企业员工的情绪和工作表现。一些比较进步的组织采用了 EAP，取得了显著的效果，此后 EAP 的发展逐渐迈向了专业化和产业化的道路。1971 年，一个最初目的是为了帮助员工解决酗酒等不良行为问题的专业组织在美国洛杉矶成立了，即现在的国际 EAP 协会的前身。

20 世纪 80 年代以来，EAP 在欧美发达国家得到了蓬勃的发展和广泛的应用，并日益完善。EAP 被越来越多的企业实践证明是一种行之有效的解决职业心理健康问题的方案，对企业提高劳动生产率以及形成健康积极的企业文化产生了积极作用，成为现代企业人力资源管理的重要手段。有的企业设置了放松室、发泄室、茶室、咖啡室等来缓解员工的紧张情绪；还有的企业制订了员工健康修改计划和增进健康的方案，帮助员工克服身心疾病，提高健康程度；还有企业设置了例行健康检查制度，为员工进行身体和心理检查。

（三）员工援助计划在我国的兴起和发展

对于绝大多数的我国企业来说，EAP 是舶来品，是一个比较新的概念。国内最早的 EAP 出现在外资（尤其是美资）的企业在我国的分支机构，由于企业在美国总部就有 EAP 的福利，被派驻到我国的员工也要求企业提供 EAP 的服务。于是，当时美资的 EAP 服务公司就在我国成立 EAP 的分公司，为在我国的美资企业提供 EAP 服务。

2000 年，联想集团客服部开展国内第一个完整的 EAP 项目。

2008 年，中石油开始实施 EAP 项目，成为国内首家实施 EAP 服务项目的央企。该项目赋予了中国石油 HSE 管理及以人为本理念以新内容和新方式，成为管理辅助工具。

2009—2013 年，南方电网、IBM、广汽集团、东风日产、广州地铁、中石油、建设银行、招商银行以及政府窗口部门陆续开始引入 EAP 项目。

2014—2017 年，阿里巴巴、腾讯、海底捞、绿瘦集团、唯品会等民营企业开始引入 EAP 项目。EAP 作为管理辅助工具，帮助企业在转型变革时期为员工以及管理者提供心理支持。

2018 年 11 月，10 部委在《全国社会心理服务体系建设试点工作方案》中提出要将社会心理服务体系建设试点作为推进平安中国、健康中国建设的重要抓手，这说明社会心理健康问题越来越受国家重视。EAP 作为先进的心理卫生服务项目，将会在我国企业得到越来越广泛的应用。

二、EAP 的作用

EAP 的发展历史和实践证明，EAP 不仅能够帮助企业解决具体的、现实的员工心理和个人问题，而且是帮助企业发现和解决问题、改进生产管理、提高生产效率、改善组织气氛和企业文化的有效途径，对企业具有重要的价值[1]。

（一）个体方面

EAP 帮助解决的个人问题主要有压力、情绪、人际关系及心理困扰等。具体来说表现在如下四个方面。

（1）减轻工作压力，改善工作情绪，预防过激事件的发生，提高工作积极性。

（2）学会有效协调工作与家庭生活的关系，促进家庭和睦，提高心理健康水平。

（3）增强员工自信心，提高适应能力，并且改善沟通和人际关系。

（4）掌握解决下属个人心理困扰的实用技术。

（二）组织管理方面

EAP 对企业问题的帮助涉及裁员心理危机、灾难性事件、工作中的公平感、降低意外事故出错率、问题员工、减少缺勤率、提升满意度指标、降低离职率、协助进行绩效沟通等多个方面。具体来说主要表现在如下四个方面。

（1）建立有效的员工心理管理机制，从而降低缺勤率和病假率，增加留职率，改进生产管理，提高生产效率，降低企业运营成本。

（2）提高组织的公众形象，树立良好的企业形象，以此增强员工对企业的认同感。

（3）促进各部门、各层次员工间的沟通，改善组织气氛。

（4）提升管理者"员工心理管理"技能，实现从传统管理者向教练型管理者的转变。

例证 11-1

福建炼化的"特色 EAP"[2]

2013 年，在中国石化集团公司的规划下，福建炼化公司作为 12 家 EAP 试点单位之一，开始试点 EAP 项目。随着项目不断改进，福建炼化在实践中将 EAP 逐步拓展为公司特有的组织与员工促进项目。福建炼化 EAP 项目个案咨询主推身心合一的美式专业催眠技术。该技术对失眠、恐惧、减压、辍学、提升孩子学习注意力等方面的效果突出，有效地帮助多名员工和其家人解决了恐惧、焦虑、失眠、压力等各类问题。当个人及家庭的问题得到改善，解决了后顾之忧，员工自然把更多精力投入工作中，更好地做到了家庭与工作的平衡。2016 年，福建炼化 EAP 项目个案咨询受到了全公司员工及家属的欢迎，全年共咨询 122 人次，举办活动 4 次，累计 112 人次参加活动，全员参与 EAP 服务率为 7.8%，个案咨询满意度达到 100%。

三、EAP 的内容与实施

（一）EAP 的内容

EAP 的内容主要包括工作环境设计与改善、心理压力应对、沟通和人际关系改善、职业心理健康问题、职业生涯规划和心理危机干预六个方面。

1. 工作环境设计与改善

工作环境设计与改善包括如下两个方面的内容：① 通过改善工作硬环境，即改善工作物理环境、工作条件以及工作场所的设施或辅助工具；② 通过组织结构变革、优化工作氛围、企业文化建设、工作轮换等手段改善工作的软环境，在企业内部建立一个舒适、安全并具有支持性的工作环境，丰富员工的工作内容，发展和谐的企业文化。

2. 心理压力应对

通过压力管理、挫折应对、情感调节等一系列培训，帮助员工掌握应对压力的基本方法，改善应对方式，提高适应能力。从改变他们对于压力的看法开始，最终改变他们对工作的看法，使他们学会处理压力问题，从而增强他们对于工作压力的承受力。

3. 沟通和人际关系改善

良好的人际关系和交流不但是心理健康的表现，也是人们最基本的心理需求。一方面，通过培养和训练，让员工学会改善人际关系的技巧，提高处理人际关系的能力，建立起心理支持系统；另一方面，帮助组织领导者、管理者引导组织内的人际关系朝着积极的方向发展，改善和促进上下级之间的沟通和交往，理顺组织成员之间的各种关系，为整个组织建立起系统有效的沟通渠道和沟通网络等。

4. 职业心理健康问题

由专业人员采用专业的心理健康评估方法评估员工心理生活质量现状，发现问题产生的原因，并提出解决方案或建议，对企业员工的一些具体个人问题，如恋爱、婚姻、家庭、子女教育、个人心理困扰等，提供及时有效的咨询、辅导和支持帮助；通过对企业人员进行心理健康调查，根据企业的实际情况和具体要求，为企业举办各层次具有针对性的职业心理健康讲座、咨询、团体辅导（培训）以及搭建专业心理服务网络平台。

5. 职业生涯规划

对个体做出专业的诊断与详尽的评估，然后根据组织的规范，针对个体的具体情况做出合适的个性化设计（包括组织内的职业生涯设计乃至人生的规划），继之给予适当修正与持续督导，促进个人潜能的充分开发与价值的实现，同时满足组织所要求达成的价值需求。

6. 心理危机干预

当员工受到不良嗜好、身心疾患、家庭或婚姻生活失败、降职或解雇、创伤性应激、暴力或自杀倾向等个人问题困扰引发心理危机时，通过个别心理咨询、小组辅导、团体训练等一系列干预方式，可以帮助员工掌握提高心理素质的基本方法，增强对心理问题的抵抗力。管理者通过咨询和训练，掌握员工心理管理的技术，能够在员工出现心理困扰，发生心理危机时，及时找到适当的处理方法。

（二）EAP 的组织实施

EAP 的组织实施流程如图 11-1 所示。

图 11-1　EAP 的组织实施流程

EAP 组织实施的具体过程包括如下四个步骤。

（1）建立 EAP 项目。首先要与目标企业的相关部门和员工进行多方面的沟通，初步了解企业的需求，明确 EAP 服务的目标，并正式建立项目。

（2）分析项目需求。首先对管理层、职员、核心或关键人物进行调查访谈，并进行需求问卷调查。通过访谈、问卷调查等方式多方面了解企业的不同部门、不同层次管理者与员工的需求，在系统分析企业员工的心理现状和导致问题产生的原因后，可以对员工进行专业分析评估。

（3）制定方案。提交项目方案的初稿后，双方将做进一步的沟通，修改完善项目方案。在最终确定方案后，制订具体的时间计划表。

（4）实施项目。确定方案后，就可以在企业开展 EAP 了。例如，员工心理咨询、员工职业生涯规划等。在实施过程中必须及时发现新问题，并提出相应的建议，与企业有关部门进行沟通协调。在 EAP 实施过程中，定期评估项目实施效果也是必要的。在整个 EAP 实施后，就完成整个 EAP 流程了。

例证 11-2

联想 EAP 的实施[3]

联想客户服务中心员工因需要直接与客户沟通，承受了较大的心理压力，造成员工的流失率居高不下。为了解决这个问题，联想公司客服部邀请了北京师范大学心理系专家为联想客服部门的员工提供 EAP 服务。实施方案包括如下方面。

1. 初级预防——宣传（小册子，电子邮件）

初级预防的目的是减少或消除任何导致职业心理健康问题的因素，建立一个积极支持性的和健康的工作环境。为此，项目组印制了 EAP 宣传小册子，散发到各个客服中心站点，同时还定时向全国客服员工个人发送特定的电子邮件。除了宣传此次活动，也对一些基本的心理学知识和技巧进行了介绍。初级预防能使员工对自身的心理健康和心理性质逐渐形成重视的态度和科学的认知。

2. 二级预防——培训（管理层，一线员工）

2001 年 2 月，联想对管理层员工进行了"心理健康和交互作用"等专题培训；同年3 月份，对联想客户服务部中层管理人员进行了"心理健康与人才发展"专题培训；紧接着，又两次对联想客户服务部员工进行了"作为咨询式的管理者——亲情的专业化"培训。这些培训引导员工学习了自我控制、情绪管理、人际沟通、耐挫折能力等自我调整的实际技能和技巧，极大地提高了员工心理健康水平。

3. 三级预防——咨询（线上，线下）

2001 年 4 月，联想开始提供团体咨询服务；2001 年 4 月到 6 月，项目组为联想客服部所有员工开通了电话咨询热线，聘请国内心理专家担任热线咨询师；2001 年 6 月到 7月，项目组为联想客服部北京地区的员工提供了 20 多人次的个别咨询服务。参与者在充分沟通的基础上，解决了工作中的压力、冲突和自我效能感的丧失的问题。

第二节　员工心理保健

　　随着社会的进步和人民生活水平的提高，人们越来越关心自己的身心健康，企业员工也不例外，必须学会缓解压力、管理情绪、应对挫折、提升工作生活品质，积极地进行自我心态的调节，维护心理健康。

一、心理健康的概念

　　人是生理与心理的统一体，生理素质和心理素质决定了人的健康程度和发展水平。世界卫生组织（WHO）对健康的定义是：健康不仅仅指身体不虚弱或没有疾病，而必须是个体在身体上、心理上和社会适应上保持良好的状态。1986 年，世界心理卫生协会在年会上又发出宣言，健康还要包括良好的道德品质。由健康的定义以及现代生物—心理—社会健康模式可以推知，心理健康就是指一个人的生理、心理与社会处于相互协调的和谐状态。

　　根据各方面的研究结果总结归纳起来，评判一个人心理健康状况良好，一般包括以下六个方面。

（一）智力正常

　　智力是人们利用经验、知识和阅历解决问题的综合性能力，主要包括观察力、记忆力、思维能力、想象能力与实践活动能力。一般将人的智力分为超常、正常和低下三个等级。正常的智力水平是人们生活、学习、工作、劳动的最基本的心理条件。

（二）情绪稳定和心情愉快

　　情绪稳定与心情愉快是心理健康的重要标志，它表明一个人的中枢神经系统处于相对的平衡状态，意味着机体功能的协调。它包括情绪的反应强度和引起情绪的刺激强度相适应，反应时间随着引起情绪的客观情境的转移而有所变化，反应的特点与年龄阶段相适应。

（三）行为协调统一

　　一个心理健康的人，其行为受意识支配，思想与行为是统一协调的，在行动中一般有明确的目的性和较高的自觉性，并有自我控制能力。

（四）自我意识客观

　　自我意识是对于自我以及自我与外界的关系的认知。客观的自我评价和自我接纳是既不贬低又不高估自己的能力，而且能够接受自己的缺点。适度的自信心、自尊心和自制力，一定的社会责任感和义务感是心理健康的表现。

（五）人际关系和谐

　　人生活在社会中，就要善于与他人友好相处，人的安全、归属、爱和尊重等多种需要的满足都是靠良好的人际关系来维持的，并以此获得心理上的慰藉、支持和激励，或者给予他人关爱，体谅他人。拥有和谐持久的人际关系是心理健康的一个重要特征。

（六）社会适应良好

人生活在纷繁复杂、变化多端的大千世界里，一生中会遇到多种不同的环境。因此，一个人应当具有良好的适应能力，积极处理自己遇到的问题，接受应该承担的责任，若有可能，要尽量塑造好的环境，同时能够根据环境调整自己，为自己树立现实的目标。能够积极、有效地面对和应付周围环境的要求和变化，这也是心理健康的标志之一[4]。

例证 11-3

广州外资员工的心理健康状况[5]

有学者对广州市经济开发区两家外资企业的员工进行了心理健康状况测评。研究发现，参与测评的员工中，具有中度及以上心理问题、需要心理干预的员工达 7.1%，员工的躯体化症状、抑郁、焦虑、敌对、恐怖、精神病性等消极情绪水平都比全国平均水平要高，说明外资企业员工出现心理问题的现象比较普遍，心理健康水平偏低，心理健康状况整体上不甚乐观。这可能是由于外资企业对国际经济形势变化的敏感度比国内企业更高，要求应对经济形势变化的速度更快，对员工管理更严格，要求工作节奏更快速。研究还发现，随着学历增高，广州外企员工心理健康水平呈现下降趋势。这可能与学历越高的员工，心理预期与实际情况差距越大有关。

为维护心理健康，员工需要学会缓解压力、管理情绪、应对挫折、提升工作和生活品质。

二、缓解压力

任何需要去适应的情境都会构成压力（或应激）。在急剧变化的现代社会，面对市场竞争的加剧，企业员工的工作负荷也随之不断增大，来自工作、家庭和社会变革等的压力成倍增加，企业员工常常出现内心矛盾和冲突，产生不适应感、焦虑感、压抑感等消极心理体验，甚至产生心理障碍，损害身心，导致严重的后果。联合国国际劳工组织发表的一份调查报告认为：心理压抑将成为 21 世纪最严重的健康问题之一。

（一）正视压力

无论人们怎样努力减少应激事件的发生，都避免不了压力的产生。在一定的压力下工作和生活，也许是现代和未来生活的一个重要特征。生活中如果没有压力或压力不足，不管在生理、心理或社会方面，我们都无法适当地成长，从而变得百无聊赖、斗志涣散。如果工作缺乏压力，就难以保持适当的效率。适当的压力可以产生强大的动力，压力有其积极的一面，人们可以顶着压力走向成功。应激和绩效关系的研究结果证实，在最适合的应激水平下，操作水平（绩效）才能达到最高点[6]。但是，如果压力太大，积极的激发力就会被疲惫所取代，我们会逐渐觉得难以应付。长期过度的压力负荷会造成筋疲力尽和最终的崩溃。过度的压力也会影响工作效率，使问题频繁出现，如焦虑、失眠、烦躁、效率下降等，如图 11-2 所示。

国外对压力与健康关系的理论模型中，最著名的是福克曼（Folkman）和拉扎拉斯（Lazarus）的压力应对模型，如图 11-3 所示。该模型认为，是人们对压力的评定而不是压力本身引发了压力反应或后果[7]。其基本假设是，当人们遭受压力时，首先，对压力做出评定，然后根据评定做出情绪或行为上的不同反应。如果把压力解释为积极的，就会产生积极情绪；如果认为压力是对身体或心理的威胁，就会产生消极情绪。接着，人们根据评定来思考如何开发自身的应对能力，以减少压力事件带来的危险、破坏或损失等后果。压力知觉和应对反应是压力事件及其潜在后果的重要中介变量。其他的中介变量还有 A 型行为、控制感以及社会支持等。

图 11-2　压力三层次与身心健康关系　　　　图 11-3　压力应对模型

例证 11-4

百事可乐公司员工的工作压力[8]

尽管百事可乐公司一直以发展迅速、竞争力强而自豪，但公司总裁 Andrall E. Pearson 最近仍为公司各级员工之间的钩心斗角而忧虑。调查表明，80%的公司员工曾经因工作不顺而烦恼。许多员工抱怨自己没有得到关怀，不知道公司正在发生的事情，也没有人告诉他们工作绩效如何。

在百事可乐公司，工作职责划分不太明晰，这导致内部竞争十分激烈。管理人员常常分配给员工太多的任务并要求其按时完成。那些能够圆满完成任务的员工晋升得很快，其他人则纷纷离职。平均来说，百事可乐的员工在一个职位上仅仅可工作 18 个月。除离职率高外，管理层还过分强调短期效果。快速晋升的允诺吸引了不少有抱负的年轻人，但大多数人在百事可乐公司都待不久。大家都说，百事可乐公司有许多职位，但鲜有事业。

Pearson 要求各级主管给予下属更多的绩效反馈，并详细解释奖金分配的依据，并要求表现出对下属利益与成长的真正关心。公司今后将告知每位员工有关晋升的具体标准与途径，管理人员的晋升与工资也将部分取决于他们指导、培训下属的情况。

（二）探求压力来源，进行压力管理

美国心理学家拉扎拉斯等人从日常生活琐事层面对普通人压力的来源进行了调查和分析。结果表明，在日常生活中成为生活压力的琐碎事件可归纳为家庭支出、工作职业、身心健康、时间分配、生活环境和生活保障六个方面。这些方面相互联系和渗透，甚至是多方面相关联的，因此，在探求员工心理压力来源时，有时无法确切地指出问题出自哪个具体方面[9]。我们大致从个人、工作和家庭三个方面来探讨员工心理压力的来源，侧重点是工作组织管理因素，如表 11-1 所示。

表 11-1　员工心理压力的来源

个 人 因 素	组织管理因素	家 庭 因 素
1. 追求完美，期望过高； 2. 缺乏安全感； 3. 总是不断地变换角色； 4. 与人沟通得不够； 5. 学习新课程的紧迫； 6. 外部表现与内心想法相矛盾	1. 工作繁重和各种不现实的最后期限； 2. 指令太多，干扰太多； 3. 工作分配与酬劳不合理； 4. 缺乏提升的机会，工作前景不明朗； 5. 与上司和同事有冲突； 6. 组织决策和管理缺乏民主； 7. 恶劣的工作条件（噪声、空间和设备等方面）	1. 缺乏情感支持； 2. 所背负的责任太多； 3. 与家人缺乏沟通； 4. 被指望无所不能； 5. 工作时间以外，太多工作事务侵犯私人生活

找出压力来源后，就可以着手修正或消除应激物，制订压力管理计划。该计划包括以下三个方面。

1. 个体心理调节

个体心理调节主要包括如下六个要点。

（1）消除错误的认知方式（如对完美的过分追求等）。

（2）进行事前计划和时间管理。

（3）寻求外界的心理帮助（如亲友支持、心理咨询等）并帮助他人。

（4）发展健康的兴趣或爱好。

（5）制订具体的健身计划并实践。

（6）学习放松技术。

2. 组织管理改善

组织管理改善主要包括如下九个要点。

（1）改变工作负荷和最后期限。

（2）重新进行工作设计，改变组织结构以消除应激物。

（3）建立畅通的工作沟通渠道。

（4）开展时间管理、目标管理、角色分析等方面的研讨会。

（5）让员工参与对他们产生影响的组织变革。

（6）物理工作环境的改善。

（7）对员工进行职业生涯咨询和规划以及其他辅助训练。

（8）建立心理支持系统，推广心理咨询和培训。

（9）组织开展文娱和体育活动。

3. 家庭协调

家庭协调主要包括如下五个要点。

（1）多花时间和家人在一起。

（2）进行有效的沟通。

（3）真诚地向家人表达感情并养成习惯。

（4）营造理解、温暖的家庭氛围。

（5）将工作和家庭分开，并采取措施使之平衡。

学会管理压力是相当重要的，因为一旦你意识到压力存在，并学会管理它，便能使压力朝有利的方向发展。"向压力要动力"不仅仅是一种愿望，而且完全可以通过科学的手段达到这个目标。

（三）学会幽默应对

幽默是精神健康的调节剂。它是一种高尚、成熟的心理防卫机制，是人们面临困境时减轻精神和心理压力的方法之一。越来越多的企业意识到笑声的神奇作用并已将其包含在企业发展的研究项目之中。如今，在成千上万家充满活力的企业里，随处都能看到滑稽和笑声不断的雇员，这些员工正好成为应对变化和不确定因素的生命线。企业赋予他们自由的笑声，他们就带给企业健康的工作环境，还能带动其他成员团结一心，使所有集体成员拧成一股绳，共同面对险境。可见，如果企业员工在生活和工作中学会运用幽默，就能轻松自如地应对压力。那么，怎样培养幽默感呢？

（1）要领会幽默的内在含义。幽默包括滑稽、讽刺、喜剧、相声、小品、笑话、黑色幽默、双关语、歇后语、动漫等媒体中一切让人发笑的要素。要多用健康、积极的幽默（如善意并被接受的玩笑），尽量不用有害、消极的幽默（如恶意的讽刺和贬低）。

（2）扩大知识面。幽默是一种智慧的表现，它必须建立在丰富知识的基础上。一个人只有具有审时度势的能力、广博的知识，才能做到谈资丰富、妙言成趣，从而展示幽默的艺术。

（3）面临困境，也能够持乐观、开朗的态度。幽默是一种宽容豁达精神的体现，要学会善于体谅他人。乐观与幽默是亲密的朋友，生活中要尝试着发现事物的光明面，积极面对挫折。

（4）要有意识地提高观察事物的能力，培养机智、敏捷的反应能力。只有迅速地捕捉事物的本质，以恰当的比喻、诙谐的语言表达出来，才能使人们产生轻松的感觉。

例证 11-5 ■ ■ ■

美国企业的幽默管理[10]

对于将幽默运用到工作管理中，美国企业界已有多年的经验。其实施手段中，简单的有创建"幽默室"或提供宽松的工作机制（如鼓励员工用幽默手法书写备忘录或员工通信），更进一层的则是聘用专职幽默顾问。据美国一份针对 1 160 名管理者的调查报告显示，77%的人在员工会议上以讲笑话来打破僵局；52%的人认为幽默有助于其开展业务；50%的人认为企业应该考虑聘请一名"幽默顾问"来帮助员工放松；39%的人提倡在员工中"开怀大笑"。作为一种激励艺术，幽默被越来越多的管理者应用。

华盛顿大酒店曾在纽约为其 2 000 名员工建造了一座有 4 个活动场所的"幽默房"，其中，图书室收有各种幽默书籍、光盘、录像带、录音带；会议厅里布置了卓别林等幽默大师的剧照；玩具房内有各种供宣泄压力的器具，该幽默房受到酒店员工的普遍欢迎。AT＆T、IBM 等公司则雇用了幽默顾问。这些举措使员工保持了乐观积极的工作状态，企业也更好地提升了创造力和凝聚力。

三、管理情绪

情绪和情感是人类重要的心理活动形式。它们不仅对个体其他的心理和行为活动起着影响和调节作用，而且对社会交往和适应具有交流和协调功能。良好的情绪不仅使人精神振奋、效率提高，而且对个体身心的健康发展有着积极的促进作用；而不良的情绪则使人精神萎靡，有害于身心的正常发展。在工作中，员工的情绪也会失去控制，使其做出损害他们自身和公司利益的事。他们有时会由于情绪的原因而破坏工作，甚至离职。因此，企业组织管理部门要重视员工的情绪管理，努力使员工保持良好的心情，这样才能提高工作的效率。

（一）改变认知角度

心理学家认为，发生的事情本身不是导致情绪障碍的原因，人们对所发生的事件所持的看法、解释、信念才是引起人的情绪和反应的直接原因。

20 世纪 50 年代，美国心理学家艾利斯在美国创立了合理情绪疗法，ABC 理论是该疗法的基本观点。在 ABC 理论模式中，A 是指诱发性事件；B 是指个体在遇到诱发性事件之后相应而生的信念，即个体对这一事件的看法、解释和评价；C 是指特定情景下，个体的情绪及行为的结果。通常人们会认为，人的情绪的行为反应是直接由诱发性事件 A 引起的，即 A 引起了 C。ABC 理论则指出，诱发性事件 A 只是引起情绪及行为反应的间接原因，而人们对诱发性事件所持的信念、看法、解释 B 才是引起人的情绪及行为反应的更直接的原因。例如，两个员工一起在公司的餐厅吃饭，他们的经理从餐桌旁走过，两人都向经理微笑示意，但对方没有与他们打招呼，径直走了过去。这两个人中的一个对此是这样想的："他可能正在想别的事情，没有注意到我们。即使是看到我们而没理睬，也可能有什么特殊的原因。"而另一个人却可能有不同的想法："是不是上次顶撞了他一句，他就故意不理我了，下一步可能就要给我穿小鞋了。"两种不同的想法就会导致两种不同的情绪和行为反应，前者可能觉得无所谓，该干什么继续干什么；而后者可能忧心忡忡，以致无法冷静下来干好自己的工作。从这个简单的例子中可以看出，人的情绪及行为反应与人们对事物的观念和认识有直接关系。

合理、积极的信念会引起人们对事物恰当的、适度的情绪和行为反应；而不合理、消极的信念则往往会导致不适当的情绪和行为反应。当人们坚持某些不合理的信念、长期处于不良的情绪状态之中时，最终将导致情绪障碍的产生。以下是三种典型的不合理信念。

1. 绝对化要求

绝对化要求是指人们以自己的意愿为出发点，对某一事物怀有认为其必定会发生或不会发生的信念。它通常与"必须""应该"这类词语连在一起。例如，"我必须表现良好，并受到某重要人物的赏识""这项工作应该是很容易的""我不应该求人帮助"等。

2. 过分概括化

这是一种以偏概全、以一概十的不合理思维方式的表现。一方面，个体以自己做的某一件事或某几件事的结果来评价自己整个人的价值，其结果常常会导致自责自罪、自卑自弃的心理及焦虑和抑郁情绪的产生。过分概括化的另一个方面是对他人的不合理评价，即别人稍有差错就认为他很坏、一无是处，这会导致个体一味地责备他人，以致产生敌意和愤怒等情绪。

3. 糟糕至极

糟糕至极即认为某事情发生了会非常可怕，是灾难性的，以至于个体陷入极端不良的情绪体验，如耻辱、自责自罪、焦虑、悲观、抑郁的恶性循环之中，难以自拔。

因此，要想改变人的情绪和反应，就要改变人们对所发生的事件所持的看法、解释，调整人们所持有的不合理信念，改变认知角度，从而避免不良情绪的产生，保持良好的心境。

（二）学会放松训练

放松技巧是通过逐渐松弛全身各部位的肌肉组织，使全身上下消除紧张的一种控制应激、促进健康的技术。放松训练简便易行，不需要花很多时间学习，对于应付紧张、焦虑、不安、气愤的情绪与情境非常有用，可以帮助人们振作精神、恢复体力、消除疲劳、稳定情绪。放松的技巧有很多，如呼吸放松法、肌肉放松法、想象放松法、音乐放松法等。这里给大家介绍一种有效的呼吸放松法——腹式呼吸。

一般来说，人们在感到焦虑、紧张或惊恐时，往往会呼吸过急。这是一种无用呼吸，而且它极有可能会形成一种很难打破的习惯，产生恶性循环，即感到焦虑、紧张或惊恐—呼吸急促—产生焦虑感、紧张感或惊慌感—呼吸过急—感到更加焦虑、紧张或惊慌，而腹式呼吸则是一种可以有效缓解紧张或焦虑的呼吸。

首先，尽量让自己坐得舒服，让双手放松，不要握拳，这会妨碍呼吸。一定要感到脖子是放松的，还可以闭上你的眼睛（如果这样能够帮助你感到更放松的话）。然后，轻轻地从鼻孔吸气，再轻轻地呼出。以这个放松的方式呼吸数次，确保气流的运动只发生在胸脯的下部（你的腹部区域）。要检查你是否做得正确，可以把一只手放在胸前，另一只手放在你的腹部，感觉气流的运动。如果你从腹部呼吸，胸的上部应是放松和静止的。

其次，保持呼气的时间比吸气时间稍长。在下次吸气之前，稍微屏一下气。不要着急，体会一下平静的感觉。继续用腹部轻轻地、慢慢地呼吸，有意识地体会气流的运动，直到你感到完全放松。逐渐地，它会自动完成，你不用去想它。

例证 11-6

VR 技术在放松训练方面的应用[11]

曾有学者使用虚拟环境对 75 名广泛性焦虑障碍患者进行了研究。他们将被试者随机分为 VR 组、非 VR 组和 WL 组。其中，VR 组被试者在实验者的指导下使用虚拟环境和视听材料进行放松；非 VR 组被试者使用和 VR 组一样的视听材料，但缺少虚拟环境；而 WL 组被试者则不接受任何实验处理。在干预结束后的第 6 个月和第 12 个月，学者对患者进行两次随访。结果发现，VR 组的患者比非 VR 组能够更轻松有效地使用放松技术，而且在治疗过程中患者体验到的沉浸感对治疗效果有显著的促进作用。作为一种新的心理治疗手段，虚拟现实疗法有着较大优势。VR 技术可以增加患者和虚拟环境的互动，更好地缓解患者的紧张情绪，提高患者参与的积极性，防止阻抗的出现。虚拟现实疗法除了能治疗心理疾病，对正常人群压力管理和情绪放松也有积极的干预效果。

（三）发泄不良情绪

在每个人的生活中，每天都可能遇到让自己心情不好的事情，产生一些不良情绪，如愤怒、郁闷、焦虑、消沉甚至绝望。这时该怎么办？向亲友发怒来转移？还是默默地忍受、借酒消愁？抑制不良情绪是一种不健康的选择，它会破坏我们的生活，威胁我们的身心健康，削弱我们的意志。其实，情绪反应是人体内的一种自我保护机制，是人面对威胁时的一种本能身体反应。从心理健康的角度讲，发泄就像清除体内垃圾一样，是消除心中不快的极为有效的手段，发泄也可以减轻精神疲劳，使人变得轻松愉快，能够精力充沛地投入今后的工作中去。但是，发泄不良情绪要注意选择恰当的方式，否则就可能导致令人不快的后果，甚至会使事情更糟。下面介绍发泄不良情绪的九种方法。

（1）进行剧烈运动，或来一次长途步行。

（2）到一个隐蔽的地方，一个你可以跺脚、尖叫、大吼、狂喊而没有人会听到的地方。

（3）大哭一场。

（4）捶坐垫或枕头；拧一条毛巾或类似物，然后再用它猛击墙壁。

（5）找一个你信得过的朋友，描述或表演让你生气的那一个场景，倾诉出你想说的一切。

（6）在说出任何话前先低声数到 10，这会给你足够的时间来冷静下来，以免说错话。

（7）试一下空椅子技巧，将一张空椅子放在你的面前，假装惹火你的那个人正坐在你对面，把你对那个人的感觉发泄出来。

（8）与你平时最信任、最喜欢的朋友进行交谈或倾诉，将心中的委屈、压抑、担心、焦虑全说出来。

（9）把愤怒或羞于启齿的事情写下来，过后毁掉。

（四）掌握情绪劳动技能

Hochschild 最早提出情绪劳动（Emotional Labor/Work）的概念，并把情绪劳动界定为"管理好情绪以创造公众可以观察到的面部和肢体表情"[12]。简单地说，情绪劳动是指员工根据组织制定的情绪行为管理目标所进行的情绪调节行为。员工怎么调节自己的情绪行为呢？Zapf 提出了四种调节策略：① 自然表现。这种调节不需要意志努力，是人的自然反应。② 表层行为。这是指员工尽量调节自己的表情以表现组织所要求的情绪，而内心的感受并不发生改变。③ 深层行为。这是指为了按照组织制定的情绪进入角色，员工尽量去体验必须产生的情绪。在这种情况下，其表情行为是发自内心的。④ 蓄意失调行为。这种行为是指员工满足了制定的情绪行为要求，表达出了适当行为，员工的内心情绪感受却保持独立[13]。

对于服务业员工（如公务员、空姐、义工、餐饮业员工、护士、教师等）而言，情绪劳动扮演的角色日益重要。情绪劳动技能和认知技能一样重要，这些技能要求员工管理好自己的情绪，同时也要管理好客户的情绪。那么，情绪劳动技能包括哪些内容呢？皮斯库里仕（Piskulich）和曼德尔（Mandell）提出了七项相关的技能：① 展示自我的能力；② 敏感观察的能力；③ 灵活表达的能力；④ 谈判沟通的能力；⑤ 协助他人的能力；⑥ 人际关系能力；⑦ 团队工作能力。那么，究竟如何提高员工的情绪劳动技能呢？这是今后研究的重要现实课题[14]。情绪劳动工作坊、戏剧工厂、沟通风格自我评估等方法都有助于提升情绪劳动技能[15]。

四、应对挫折

挫折是指人们在有目的的活动中，遇到无法克服或自以为无法克服的障碍或干扰，使其需要或动机不能得到满足而产生的消极反应。挫折的产生一般应具备以下四个条件：① 个体有具体的目标和实现目标的动机；② 个体有达到目标的行动和手段；③ 有挫折的情境发生；④ 个体感知到实现目标的行为受到了阻碍并产生相应的情绪和行为反应，如焦虑、愤怒、沮丧、攻击或躲避等。

挫折会带来种种不利于工作的消极因素和消极行为，直接影响到员工的工作积极性能否被充分调动，间接影响着组织的效率及员工的生活质量，因此，管理者要充分重视员工的挫折应对。

（一）挫折的来源

在现实生活中，由于主客观因素的限制，个体往往会遇到"恶者不能避，好者不能取，恨者不能除，爱者不能得"等各种不如意的事情。凡是预期目的没有达到的情境都会引起个体的挫折，但挫折仅仅在超出人的挫折忍受力时才以挫折感表现出来。不同的人，挫折忍受力的强弱也不相同，它和个人的生理忍受力、动机的强烈程度、受挫折的经历以及对挫折的认知和预见等方面有关。美国心理学家 Holmes 等人曾通过调查研究和测试，选定 43 项生活事件，按其给人的挫折感强弱进行排列，各项目评分标准 LCU（Life Change Unit，生活事件单位）以虽有压力但无伤害的生活事件——"结婚"为中点

（给 50 分），编成了生活事件的社会再适应评定量表，如表 11-2 所示。根据表中所列的生活事件可以发现，在日常生活中，人们随时随地都可能遇到挫折情境，因而产生不同程度的挫折感。

表 11-2 生活事件与挫折感量表[16]

顺　序	生 活 事 件	LCU	顺　序	生 活 事 件	LCU
1	配偶死亡	100	23	儿女离家	29
2	离婚	73	24	司法纠纷	29
3	夫妻分居	65	25	个人有杰出的成就	28
4	坐牢	63	26	配偶开始或停止工作	26
5	亲人死亡	63	27	入学或毕业	26
6	个人受伤或生病	53	28	生活状况改变	25
7	结婚	50	29	个人习惯改变	24
8	解雇	47	30	和上级有矛盾	23
9	复婚	45	31	工作环境、时间的改变	20
10	退休	45	32	搬家	20
11	家人患病	44	33	转学或换学校	20
12	怀孕	40	34	改变娱乐方式	19
13	性生活问题	39	35	改变宗教活动	19
14	家庭增加新成员	39	36	改变社交活动	18
15	工作调动	39	37	少量借贷	17
16	经济状况改变	38	38	睡眠习惯改变	16
17	好友死亡	37	39	家庭成员聚会	15
18	职业性质改变	36	40	饮食习惯改变	15
19	夫妻不和睦	35	41	放假	13
20	贷款超过一年净收入	31	42	过圣诞节	12
21	抵押或贷款到期	30	43	轻微违法	11
22	工作职责改变	29			

（二）挫折的心理防御机制

在遭遇挫折、冲突和严重的生活事件时，人们都有一种摆脱困境、减轻不安、稳定情绪、重新达到心理平衡的倾向，总会有意无意地运用心理防卫方式（又称挫折防御机制）。挫折的心理防御机制是指个体在经受挫折后，保持情绪平衡和稳定的心理机能。

由于个人的个性特征、生活态度及所面对的情境不同，每个人所使用的防御机制也有差异，常见的自我防御机制有以下八种。

1. 合理化

合理化又称为"文饰"，指既定目标未达到时，个体寻找各种理由或值得原谅的借口来替自己辩护或争取社会认可。合理化有以下三种常见的形式：① 酸葡萄心理。吃不到的葡萄是酸的，得不到的东西就是坏的，达不到的目标就说是不喜欢达到或本来就没想达到的。② 甜柠檬心理。得到柠檬就说柠檬是甜的，夸大既得东西的好处，缩小不足之处，以减轻得不到自己原先想得到的东西的失望与痛苦心理。③ 援例。这是指引用某些事实为据，试图使自己不合理的行为合理化、不合法的行为合法化，以摆脱面临的困境，减轻自己因过失而产生的内心焦虑和愧疚感。这些理由都不是真实的理由，而且往往不合逻辑，有悖常理，个体却能以此安慰自己，从而得到心理上的安慰和平衡。

2. 压抑

压抑是指一个人在受到挫折之后，用意志的力量压制住愤怒、焦虑的情绪反应，或者把意识所不能接受的使人感到困扰或痛苦的思想、欲望、体验等，不知不觉中自动地压抑到无意识中或通过延期来满足，使自我避免痛苦，保持心境的安宁。压抑比较常见，虽然能够暂时减轻焦虑和获得安全感，但按捺住内在的情绪纷扰，久而久之可能使人变得性情暴躁或孤僻、沉默，甚至形成心理疾病，对身心危害较大。

3. 投射

投射是指个体以自己的想法、感受去推想别人也是如此，把自己的过失行为或内心存在的不良动机和思想观念转移到别人身上，以此来减轻自己的内疚和焦虑，化解自己的心理困境，即"以小人之心度君子之腹"。一个对领导有成见的人，可能会散布领导对自己有成见、有意刁难自己的消息。

4. 补偿

补偿是指个体在追求目标、理想的过程中受挫后，改变活动方向，以别的目标代替原来受阻的目标，以新的活动方式代替原来的活动方式，以弥补因失败而丧失的自尊和自信，减轻挫折造成的痛苦，起到"失之东隅，收之桑榆"的目的。

5. 认同

认同是指当一个人在生活中无法获得成功感时，把别人具有的、使自己感到羡慕的品质加在自己头上，或是将自己比拟成其他成功的人，借以在心理上分享他人的成功感，提高自己的信心和声望，从而消除因挫折而产生的痛苦。如在生活中，有的人遭遇挫折之后，通过想象自己崇拜的英雄或偶像的形象来鞭策和激励自己，走出心理困境。

6. 幽默

当一个人遇到挫折、处境尴尬时，用幽默来化解困境，摆脱失衡状态，也是一种积极的心理防御机制。

7. 反向

反向又称"矫枉过正"现象。个体为了防止自认为不好的动机外露，于是以相反的行为取而代之，这种内有动机与外在行为不一致的现象，称为反向。它实际上也是对个体的冲动和欲望进行压抑的一种心理表现。例如，内心过于自卑者则常常过分地炫耀、抬高自己。

8. 升华

将遭遇的失败导向比较崇高的方向，转移理想到另一更有价值的事业上去，使其具有建设性并有利于本人和社会时，便是升华。例如，歌德失恋后写出世界文学名著《少年维特之烦恼》；司马迁遭受凌辱、身陷囹圄，却以《史记》传世。升华不仅可以使原来的欲望得到间接宣泄而消除焦虑感，还可以使个体获得成功的满足，所以它是一种非常积极的心理防御机制。

（三）应对挫折的方法

挫折不可避免，企业员工总会出现因心理受挫而降低工作积极性、怠工、士气低落的情况，甚至会引发缺勤、闹事、罢工、自杀等事故。面对挫折，该如何去应对，企业管理者又该如何帮助员工进行挫折心理调适，降低负面影响，从而提高工作效率，是值得重视并付诸实践的问题。

克斯和夫格森（Cox & Ferguson，1991）结合应对的两种功能（针对问题或情绪）和两种形式（认知和行为），提出了较为全面和具体的应对方式[17]，如图11-4所示。

图 11-4　应对方式结构

1. 针对问题的应对方法

行为方面要设法控制、解决问题。例如，正确归因，学会升华或替代；找出并排除造成挫折的根源；创造条件，改变挫折产生的情境；改善组织管理等，而不是回避、逃跑、消极应对。认知方面则要加强引导，提高认识，变换视角和出发点，正确对待挫折。例如，重新描述环境、重新组织调整认知、吸取经验教训等。

2. 针对情绪的应对方法

人的情绪和心理活动有关。当人遇到挫折时，心理上会产生一种自我保护的需求，目的是使人减轻痛苦和不安，从而达到心理平衡，这种心理活动又称为心理防御机制。心理防御机制分为两种：一种是健康的防御机制，如替换目标、幽默化解、榜样效应等；另一种则是消极的心理机制，如自欺欺人、怨天尤人等。在遭遇挫折时，健康的防御机制可以缓解压力、减轻负担，帮助员工勇敢地面对和解决挫折，而消极的心理机制则会起到反作用。企业可组织员工进行挫折教育，引导员工正视情绪，进行情感疏泄，而不要否认、压抑情绪，从而帮助员工建立良好的心理防御机制。

在挫折教育中，良好的心理咨询主要可以采用以下三种方法。

（1）幽默交流法。管理者要创造出良好和谐的氛围，与员工建立友好的朋友关系，并用幽默风趣的语言缓解员工的压力，利用轻松和谐、畅所欲言的气氛，使员工将心中的苦闷和遭受的挫折都释放出来。

（2）替换目标法。替换目标是指当个体因为目标确立过大或者不切实际而遭遇挫折时，应当鼓励个体放弃大而不实的目标，并且帮助个体树立一个切实可行的目标的办法。例如，员工在遇到工作或学习挫折后，因为不能放弃目标而形成不良心理，可通过"重整旗鼓"将其目标调整到他能适应的程度，并通过"合理化效应"合理地解释不满意的结果。

（3）榜样效应法。榜样的力量是无穷的，榜样示范法是指员工遭遇挫折时，管理者可以引用他人成功的经验，以增强员工获得成功的信心，以咨询对象崇拜的榜样来鼓励员工不断前进、不断努力[18]。

五、提升工作生活品质

人力资源管理及组织发展学者发现，组织的目的不应该只是追求绩效的提升，也应该重视员工所共有的心态和需求，即重视员工的满意度，甚至是增进组织全体人员的幸福感，因此，有了工作生活品质（Quality of Working Life，QWL）概念的提出。

根据多项调查研究的结果，工作生活品质的内涵大致包含了下列内容：① 工作环境；② 薪资、奖金与福利（个人生活适应困扰的申诉及劳资争议的协助）；③ 工作安全卫生；④ 升迁与前途发展；⑤ 休闲、社交活动；⑥ 沟通和人际关系（同事合作）；⑦ 教育与职业训练；⑧ 工时和工作量；⑨ 上司的领导方式（管理方式）；⑩ 企业形象与企业文化等。企业只有满足员工的需求，提高员工的工作生活品质，对员工做"全人关怀"，帮助其成长、提升，增加员工的快乐感受及向心力，才能调动起他们的生产积极性，进而提高组织绩效，创造出更多的财富。至于企业如何改善员工的工作生活品质，这里将上述内容归纳为以下七个方面。

（一）良好的工作环境

整体工作环境的满意度对工作绩效有着明显的正面影响。良好的工作环境除了能提高工作效率外，更能创造出良好的工作气氛，凝聚员工向心力，使员工即使在较大压力时也能保持健康平衡的心理，进而提高工作效率，达到组织和谐的目标。

良好的工作环境包含两个层面的内容：一是指硬件环境，如人性化的办公设施，安全和卫生的工作条件，防止意外发生及职业病伤害等；二是指工作氛围，如营造宽松、和谐的人际关系，协调合作、相互帮助的工作氛围。组织的各项管理功能，如计划、领导、组织、人事、控制等都无法离开沟通。沟通被视为维系人际和谐的最基本的要素，它也是组织能够持续成长的原动力，因此良好的工作环境还应包括顺畅、有效的沟通这一要素。

（二）完善的薪资、奖金与福利制度

合理、科学的工资报酬福利体系关系到组织中员工队伍的稳定。为提升工作绩效并善用人力资源，企业组织应制定完善的薪资、奖金与福利制度，力求在提供良好的可持续平台的基础上形成劳资双方对奋斗目标的一致认同，使人员的发展与组织发展紧密配合，实现企业与员工的共同发展。员工福利是社会和组织保障的一部分，是对工资报酬的补充或延续，主要包括社会福利保险制度、医疗保障制度、退休制度、上下班制度、请休假制度、教育训练制度以及各项补助等。完善的薪资、奖金与福利制度亦是满足员工安全心理需求和使员工产生心理安全感的一个重要因素。

（三）休息娱乐需要的满足

没有好的休息就没有好的工作。从日常工作来讲，员工有三个方面的需求：工作需求、休息娱乐的需求和学习发展的需求。而休息娱乐的需求往往发生在 8 小时以外，由于不在工作管理范畴以内，故常常会被忽略。事实上，工作以外的休息和娱乐生活往往会影响 8 小时之内员工工作的质量和效益，8 小时之外的企业文化生活是为提高 8 小时之内的工作能力和情感服务的。因此，要让员工处在一个工作、生活、娱乐相结合的环境中，在工作之余，公司应该提供相应的环境和设施，举办相关的社团活动，充分满足员工娱乐和学习的需求。工作 8 小时之外的文化活动能够使员工的生活丰富多彩，使员工的身心得以休息、放松，恢复体力和脑力，调节生活。同时，企业组织的文化娱乐活动可以增强员工之间的情感沟通，有意识地培育员工的参与意识、创新精神和团结合作精神，塑造和谐的气氛，鼓舞员工去创造丰富多彩和积极的人生。如一些著名的企业不仅有自己的娱乐活动中心、健身中心、休闲度假中心和教育基地，还成立了"员工生活管委会"，使工的生活管理更加规范和全面。

例证　11-7

花旗中国[19]

花旗银行在许多国家的员工满意度都非常高，花旗"员工之声"全球满意度调查显示，花旗新加坡的员工满意度有时会达到100%。在新加坡，持有花旗员工卡的人可以在遍布全国的商业网点、酒店等获得很大优惠。而实际上，原先花旗新加坡员工的满意度很低，后来花旗新加坡负责人根据调查结果为员工成立了俱乐部，并每年拨出专门费用为员工谋福利，结果每一名员工的兴趣与积极性都被调动起来了。仿效新加坡，花旗中国也成立了形形色色的员工俱乐部与协会，经营开展丰富多彩的员工活动，以减轻员工工作压力，平衡好工作与生活。如游泳等体育健身活动，花旗都会为员工出一半费用。

（四）工作与家庭生活的平衡

工作与家庭一旦产生冲突，不但影响个人的家庭生活，也会直接或间接地影响组织绩效。因此，如何减少工作与家庭冲突已成为员工增强个人和家庭生活的幸福感，维持个人身心健康，改善个人与组织、与家庭之间的关系，以及提高个人价值与组织绩效的重要因素。那么组织该如何帮助员工找到工作与家庭之间的平衡点？首先，组织必须了解员工在职业生涯各阶段的特点以及家庭生命周期各阶段的需要、工作对家庭生活的影响，然后给予员工适当的帮助，制定有针对性的平衡措施。目前，很多著名公司都推行了具体的平衡方案和措施，主要有以下三种[20]。

1. 建立工作与家庭平衡计划

工作与家庭平衡计划是组织帮助员工认识和正确看待家庭与工作之间的关系，调和事业与家庭之间的矛盾，缓解由于工作与家庭关系失衡而给员工造成的压力的计划。其目的就在于帮助员工找到工作与家庭之间的平衡点，顺利完成生活和家庭职责，如针对孩子和老人的托管福利计划等。花旗银行的"儿童看护计划"和"毕生事业计划"就是其中的典型代表。花旗集团的"毕生事业计划"以帮助每一名花旗员工及其亲人更好地管理每一天的生活为目的。该计划在美国、加拿大等国家面向员工、员工的伙伴及员工的亲人开放。该计划可以通过一个免费的电话号码或经由连续不断的网络提供服务，也有指定的推举人帮助员工完成如教育、照顾小孩，养育、管理老年人等方面的问题。

2. 开展"家庭日"活动

"家庭日"活动通过安排参观或联谊等机会促进家庭对员工工作的认识和理解。企业可以定期或不定期地组织类似的活动，邀请员工的家属到企业参观，展出员工、团队的工作业绩与成就，由此激发员工家属的自豪感，使得家属对亲人的工作有一个全面、及时的认识，赢得家属对员工的理解。同时，"家庭日"活动还能加强企业与员工家庭成员之间的沟通，体现企业关爱员工、关爱家庭的宗旨。

3. 弹性工作制

设计和实施适应员工个人和家庭需要的弹性工作制是工作与家庭平衡计划中最有效、最实际的一种方法。弹性工作制是指在完成规定的工作任务或固定的工作时间长度的前提下，员工可以灵活地、自主地选择工作的具体时间安排，以代替统一、固定的上下班时间的制度。在欧美，超过40%的大公司采用了弹性工作制；在日本，日立制造所、富士重工业、三菱电机等大型企业也都不同程度地进行了类似的改革。实行弹性工作制，一方面可以使员工灵活地处理个人生活和工作间的关系，更好地安排家庭生活和业余爱好，赢得更多可自由支配的时间；另一方面由于员工感到个人的权益得到了尊重，满足了社交和尊重等高层次的需要，因而产生责任感，提高了工作满意度和士气。

（五）教育与职业训练的提供

企业要鼓励和关心员工的个人发展，帮助其制订个人发展计划，并及时进行监督和考查。这样做有利于促进组织的发展，使员工有归属感，进而激发其工作积极性和创造性，提高组织效益。在帮助员工制订其个人发展计划时，要考虑它与组织发展计划的协调性或一致性。唯有如此，人力资源管理部门才能对员工实施有效的帮助和指导，促使个人发展计划的顺利实施并取得成效。具体地说，也就是一方面要给员工提供现有工作领域的培训和相关训练课程，强化对员工队伍的管理，不断增强员工的道德素质和业务素质，如开展针对主管的经营管理课程、针对工程研发人员的专业技术讲座、针对营销人员的营销技能研习等；另一方面要为员工的未来发展提升做准备，为员工积极创造进修和交流的机会，提供充分展示他们才华的平台，如外语培训、在职进修计划、外派训练、自我发展课程等。此外，不定期举办各种生活系列讲座、科技人文讲座，也可以促进员工工作与生活的均衡发展。

（六）人性化管理方式的实施

在企业经营中，管理方式将从过去着重规章管理的传统人事管理转变为强调人力资源管理"人性化"的组织管理。人性化管理就是指在一个企业组织中，认为作为个体的人在其人格上都是平等的，尊重人性特点，即尊重人本身所具有的生理、心理、行为特点，将人作为人力资源开发与管理的出发点。在组织中，追求企业与个人"共同参与、共同发展、共同分享"是十分必要的。就员工个体来说，宜不断创新、勇于表现自己，同时积极、民主地和企业分享信息、参与决策，在组织的发展目标中找到自己适当的定位。例如，通用公司、摩托罗拉等许多企业经常举行"解决会议""解决计划""员工大会"等活动，旨在征求所有员工的意见，并尊重员工的思想、心理需求、行为等特点，制定、修改人力资源开发与管理制度，形成"人性化"的人员管理制度。人性化管理中的情感因素将会使企业的员工空前团结，成为一个极具战斗力的团队，它不仅可以使员工的喜怒哀乐等情感得到宣泄，而且直接结果是员工能够静心工作，从而提高企业效率。其次，通过这种情感的纽带，可以将员工的个人价值观与企业的价值观结合起来，为一个共同的目标而努力，从而使员工的努力方向和企业的发展方向达到高度统一。

例证 11-8

海底捞的人本化管理[21]

在海底捞的发展过程中，其基本经营理念是服务员都能像老板一样用心。一个家庭里不可能每个人都是家长，但不妨碍大家都对这个家尽可能地做出最大的贡献，因为每个家庭成员的心都在家里。海底捞的员工住的都是正规住宅，住宅内有空调和暖气，可以免费上网，步行20分钟就可以到工作地点。不仅如此，海底捞还雇人给员工打扫宿舍卫生、换洗被单，甚至在四川简阳建了海底捞寄宿学校，为员工解决子女的教育问题。海底捞还想到了员工的父母，优秀员工的一部分奖金每月由公司直接寄给其在家乡的父母。这样，员工就可以把心放在工作上了。事实上，企业的这一系列行为不是刻意推行创新，而是努力创造让员工愿意工作的环境。海底捞的独特管理智慧和企业文化作用的成果使得员工工作时充满激情，结果创新就不断涌出来了。如何加强与员工的情感交流与沟通，从而以情感管理为基础实现"人本化管理"？正如董事长张勇所说："答案很简单，把员工当成家里人。"

（七）企业文化的建设

企业作为一个经济组织，其成长与发展永远处于一个动态的发展过程之中，正如美国一位管理学家所言："没有凝滞的组织（organization），它永远处在形成、组织（organizing）之中。"在这一过程中，企业人力资源的物理状态和心理状态也都处于一个不断流变的过程中。保证企业的人力资源长期有效地为企业的发展服务，而不至于随着企业的变动成长而发生人心离散的情况，这是企业文化建设的价值所在。企业文化所包含的价值观念、行为准则等意识形态和物质形态均为该组织成员所共同认可。

　　企业需要根据自身的实际情况，发挥自己的特色优势，形成自己的企业文化。企业可以通过向员工宣传统一的企业价值观、统一的经营宗旨、统一的管理理念和公司文化环境的潜移默化，积极引导员工的生活、行为方式和价值信念，使之符合企业的发展目标，并且通过一种文化效应，让员工对企业产生一种认同感，在共同认识的基础上增强企业的向心力和凝聚力，在企业中创设一种奋发、进取、和谐、平等的企业氛围和精神，促使员工积极地投身于所从事的事业，为企业创造价值。

本章相关视频资料

释放压力：幽默减压：上　　释放压力：幽默减压：下　　释放压力：幽默减压（课件）

第三节　员工心理咨询

　　在竞争激烈的社会中，企业员工必将承受种种心理压力，产生不同形式和程度的困惑与心理问题，心理健康水平起伏不定。能够使员工完成心理减压，并正确处理心理问题，消除种种不良情绪和偏离生产轨道的行为，从而使企业能够化解生产活动中的人际冲突，增强团体凝聚力，激发员工潜能，提高生产效能的措施有多个方面。其中，一个重要的方面就是要关注员工的心理需要，从心理的角度来考虑他们在自我完善、职业发展、心理健康、人际沟通等方面存在的问题。心理咨询在企业压力和员工心理问题的管理和干预方面是非常重要和有效的途径。

一、心理咨询的概念和特征

　　心理咨询是指受过专业训练的心理咨询者运用心理学的理论、方法和技巧，通过和咨询对象的商谈、讨论，使其正确地认识自己与环境的关系，改变其态度与行为，帮助和启发他们解决各种心理问题，并对社会生活有良好的适应的过程[22]。心理咨询既是一门科学，又是一门艺术，提高心理咨询者的素质是做好心理咨询的关键。心理咨询主要有以下五个特征。

（1）咨询者——要受过咨询心理学或者哲学的专门训练，一般是有博士学位或具有多年临床实践经验的硕士。但目前我国合格的心理咨询从业人员较为缺乏，无论是数量还是质量都还远达不到社会的需求。

（2）咨询对象——主要是在日常生活中存在较大压力或人际关系有冲突等问题，需要专家帮助的正常人，所涉及的咨询问题大多是一般性或严重性心理问题，而不是严重的精神障碍，但实际工作中并不能回避患有严重神经症、失眠等身心疾病的来访者。若人格障碍甚至精神障碍康复前后的患者前来主动要求咨询，通常只能在专业医生同期治疗的前提下有限度地对其进行心理咨询。

（3）咨询内容——包括有关发展、教育、学习、升学、工作、人际关系、恋爱、婚姻、家庭、生活、医疗、卫生、司法等方面的心理咨询。若以心理咨询所要解决的主要问题为维度，可以分为障碍性心理咨询、适应性心理咨询和发展性心理咨询三类。

（4）咨询模式——一为发展性模式，解决健康成长问题，属于心理（素质）教育的范畴；二为适应性模式，解决社会适应问题，属于心理辅导的范畴；三为障碍性（或治疗性）模式，解决心理障碍问题，是带有心理治疗性质的心理咨询。前两者是学校心理咨询的主要模式，后者是医学心理咨询的主要模式。

（5）咨询目标——帮助来访者解决心理问题、心理困惑和心理障碍，促进人的最佳发展，提高社会适应能力，增进人的身心健康。

二、心理咨询的类型

员工心理咨询可依据咨询的目的、对象、途径、对象的数量来进行分类。

（一）按咨询的目的划分

按咨询的目的来划分，心理咨询可分为发展性咨询、适应性咨询和障碍性咨询：① 发展性咨询是针对人生成长过程及心理发展中的矛盾和困惑进行的咨询。目的是使来访者更好地认识自己、扬长避短、开发潜能、提高工作和生活质量、追求更完善的发展。② 适应性咨询是针对个体与工作、生活环境相互磨合中产生的适应问题所进行的咨询。目的是排解心理烦忧、减轻心理压力、提高来访者解决问题和适应环境的能力。③ 障碍性咨询是对患有某种神经症、轻度精神症或变态心理等心理疾病的员工进行咨询。咨询目的是通过系统的心理治疗和矫治，使来访者克服障碍、缓解症状、恢复心理平衡。

（二）按咨询的对象划分

按咨询的对象来划分，心理咨询可分为直接咨询和间接咨询：① 直接咨询是由心理咨询人员直接对来访者进行的心理咨询。② 间接咨询是由心理咨询人员对当事人的亲属或其他人员所反映的当事人的心理问题进行咨询。

（三）按咨询的途径划分

按咨询的途径来划分，心理咨询可分为门诊咨询、电话咨询、信函咨询、专题咨询、现场咨询和网络咨询等：① 门诊咨询是指咨询双方在专业心理咨询机构进行的咨询，是最基本的心理咨询方式。② 电话咨询是指通过电话交流的方式进行咨询，具有方便、快捷而且保密性强的特点。③ 信函咨询是指通过书信的方式进行咨询。④ 专题咨询是指针对某类心理问题进行分析、讨论、磋商、矫治。⑤ 现场咨询是指由心理咨询人员深入基层或其他活动现场中，为广大当事人提供多方面服务的一种咨询形式。⑥ 网络咨询是指建立在网络基础上的，将用户与专家和学科专门知识联系起来的问答式服务。

（四）按咨询对象的数量划分

按咨询对象的数量来划分，心理咨询可分为个别咨询和团体咨询：① 个别咨询是指心理咨询人员和来访者一对一咨询的方式。② 团体咨询是由心理咨询人员根据来询者问题的相似性组成专题小组，通过团体成员的互动解决成员共有心理问题的咨询方式[23]。

三、心理咨询的原则

心理咨询的原则指的是心理咨询人员在工作中必须遵守的基本要求，它是心理咨询师在长期咨询实践中不断认识并逐步积累的宝贵经验。正确理解心理咨询原则、熟悉心理咨询原则、践行心理咨询原则是每一个心理咨询师必须具备的职业核心素质[24]。心理咨询主要有以下三个原则。

（一）灵活性原则

灵活性原则是指咨询人员因人、因时、因地制宜，灵活地应用各种咨询理论和工作技术，采用灵活的步骤，来获得最佳的咨询效果。心理咨询的工作技术指的是咨询师在咨询时运用的技术和方法。在咨询过程中，心理咨询师运用适当的工作技术，可以更好地和来访者建立相互信任的关系，从而达到理想的咨询效果。心理咨询常见的工作技术主要有尊重、热情、真诚、共情、积极关注、倾听等。

（二）保密性原则

保密性原则既是咨访双方确立相互信任的咨询关系的前提，也是咨询活动顺利开展的基础。这一原则要求心理咨询师有责任和义务替来访者保守一切个人的秘密，在没有得到对方同意的时候，不得将对方在咨询场合下的言行随意泄漏给任何人或机关，包括不能在任何场所谈论来访者的隐私；除来访者触犯刑律，并经公检法机关认定出据证明外，任何机构和个人不得借阅心理咨询档案等。

（三）情感中性原则

情感中性原则是指心理咨询师在咨询中应保持中立的立场，确保心理咨询的客观与公正，不得把私人的情感掺杂进去，要保持冷静的、清醒的头脑，尽最大努力与来访者形成良好的、具有治疗作用的咨访关系，通过这种良好的咨访关系来促使来访者充分地展示自己的思想、情感和行为。

四、心理咨询的基本步骤

咨询活动是一个由一连串有序的步骤组成的过程。按照中国咨询师职业资格考试要求，初学心理咨询者最好按照标准的结构化流程来进行实践。无论接诊何种来访者和遇到何种复杂的案例，心理医生都可以不变应万变，按照结构化要素，循序渐进、按部就班地工作，逐渐都可以变得得心应手。一般来讲，心理咨询有以下四个步骤。

（一）建立咨询关系

当事人来访，咨询人员应该热情接待，介绍咨询的性质和原则，双方交流、沟通，建立融洽、和谐的咨询氛围和咨询双方初步的信任关系。

（二）探讨咨询问题

一般求询者不能向咨询人员准确道出自身真正的问题和困扰，造成这种情况的原因有两个：① 求询者不能准确地找到"元问题"。咨询人员要稳定求询者的情绪，理清求询者各种问题之间的关系，找到问题的根源。② 求询者出于顾虑，无法将问题"和盘托出"。遇到这类求询者，咨询人员需要进一步加强与求询者的咨访关系，获取求询者的信任。

（三）确定咨询目标

心理咨询是一个长期过程，咨询效果在短期内并不显著，咨询人员要学会确定咨询目标，这样有助于提高咨访双方的信心。确定咨询目标时，需要注意整个咨询目标、阶段咨询目标和单次咨询目标之间的联系。咨询目标的确定首先要明确求询者迫切需要解决的问题，咨询人员可以向求询者建议，但最终由求询者决定。

（四）解决咨询问题

从咨询人员角度来看，心理咨询就是用心理咨询的专业方式陪伴求询者度过心理适应不良的阶段，协助求询者看清自己，激发并运用自身资源，克服自己的认知、情感或行为问题、摆脱痛苦，获得成长。一般意义上的心理咨询就是帮助求询者解决问题。为解决求询者的问题，咨询人员需要思考：我该提供一种怎样的关系、营造一种怎样的氛围，以便求询者能够借助这种关系和氛围，解决自己的问题，实现成长[25]。

五、解雇和离职心理管理

（一）解雇心理管理

企业变革中的组织结构调整必然会涉及员工分流问题。面对解雇（不同于因为职工个人理由的离职或开除性解雇），员工常常缺乏必要的思想准备，感到难以承受，甚至会引起诸如离婚、自杀、偷盗、犯罪等社会问题。再者，如果对于被裁人员安置不当，没有适当地处理被裁员工产生的心理问题，则会影响留职员工的心态，可能会降低留职员工对企业的忠诚度，使他们对组织和工作的安全感产生怀疑。因此，在企业中进行的解雇心理管理包括裁员心理辅导和失业人员心理调适两个方面的内容。

1. 裁员心理辅导

（1）裁员沟通。在实行裁员时，组织管理者如何将消息告知员工是一个重要的问题。通常的做法是企业管理层做出决定后直接通知被解雇的员工。其实，东方人的心理更加敏感和细腻，加上几十年来经济制度所养成的心理惯性，我国企业的员工一般很难接受被解雇的现实——无论是被解雇的还是未被解雇的，因此，如何将裁员消息告诉员工就非常关键。在这个环节中，还要注意裁员的公平性和透明度以及时间、情境的安排等。

（2）裁员和裁员环境的心理调查、培训和辅导，其中包括裁员执行者的专门培训，解雇通知的时间、地点的安排，员工反应的应对等。另外，要积极关注被解雇员工的家庭经济情况、个人心理状况和家庭关系等问题，对有需要的员工，可联合工会和社会服务机构，适时提供帮助和咨询。

（3）顾及留用员工的感受。解雇发生后，要尽快减轻留用员工心理上的压力和对裁员的消极情绪，努力帮助员工重新恢复积极的心态。企业可以借助与员工的真诚沟通，向员工解释裁员的目的。假如可以，可告诉员工企业未来的计划，使他们感受到自己是组织的一部分，进而重建他们对企业的忠诚度，避免因裁员带来的许多负面的后果。

（4）增强员工的心理承受能力。注意培养员工的心理抗挫能力，提高他们的心理承受能力，使他们在面对外界环境的变化以及工作、生活中的突发事件时，可以泰然处之、从容应付，不至于出现心理创伤和较大的挫折感。

2. 失业人员心理调适

（1）正视现实，自觉调整认知方式。失业人员由在岗变成了待业，社会角色发生了变化，自我价值没有了实现的基础，会产生一些错误的认知，如认为自己无用、无能等。失业人员要正视自身处境，自觉调整不良认知结构，认识到自己失去的是工作，而不是自身的价值。

（2）调节情绪，及时宣泄不良情绪。失业人员面对职业丧失和经济情况的改变，对新情况往往无所适从，从而产生恐惧、孤独、失落、无助、焦虑等情绪。失业人员要及时疏导这些不良情绪，通过向亲朋好友倾诉或参加一些活动和运动进行适度宣泄和调节。

（3）积极参加一些培训和训练，提高适应能力。培训内容可能包括再就业的技能培训、寻找工作的渠道和技巧、再就业的心理辅导。通过培训，失业人员既可以将注意力进行合理转移，又可以重新整理和提升自己。

（4）如有需要，可以找一些心理专业人士或相关人员进行咨询和沟通，如心理咨询人员、医生、专家等。

（5）寻求社会支持系统的帮助，积极寻找新职业。理清问题后，失业人员应重新规划个人的职业生涯，为自己拟定一份蓝图，并利用人际网络去推销自己。

（二）离职心理管理

经济的快速发展使企业间的竞争更加激烈，企业间实力的较量主要集中在人才的比拼上。公司对员工的投资属于软投资，员工的流失会导致公司的人力、财力蒙受损失，甚至会导致企业的运作瘫痪。所以，做好员工入职前、任职时、离职前、离职后的离职心理管理极其重要。

1. 员工入职前的离职心理管理

招聘过程中，招聘负责人要真实清楚地向员工介绍他们比较关注的薪酬福利、工作环境和职业发展等内容，切勿承诺企业不存在或无法实现的条件，要尽可能地让他们正确认识企业的责任和义务。同时，招聘负责人要尽可能地充分了解应聘者的技能、兴趣、应聘动机和对组织的期望等，尽可能做到人职匹配，预防员工入职后因心理预期得不到满足导致的离职行为。

2. 员工任职时的离职心理管理

员工进入企业后，企业管理者要加强和他们的沟通，促进彼此对相互义务和责任的理解，要通过尊重员工、关心员工、让员工参与公司决策等措施促进员工对企业的感情，增强员工的主人翁意识，获得员工的理解和支持。与此同时，应该尽量让员工了解企业的战略规划和在行业中的竞争位置。在企业遇到困难时，要让员工明白企业的困难是暂时和可解决的，美好的发展前景是会到来的，以此来提高员工的组织凝聚力。优秀的员工多数希望能通过积累工作经验和培训来获得更高的技能、实现自我价值，所以，企业要积极提供必要的学习和培训机会，完善企业晋升制度，让员工在实现自我价值的过程中提高对企业的认可度和依赖度，从而防止或减少员工离职行为。

3. 员工离职前的心理管理

员工在离职之前往往会有申诉、降低工作绩效和破坏组织规范的行为，管理者要及时处理员工的申诉，发现员工出现减少工作投入、消极怠工和迟到早退等现象时，不要期待只通过减少奖金等惩罚性措施就可以解决问题。员工产生了离职意向，并不意味着他就会真正离开，组织应以积极、合作、真诚的态度与员工交流，通过双方的沟通和共同努力来解决问题。对通过离职面谈得到的影响雇员离职或使雇员产生离职意向的因素及时进行管理，对其中的一些弊端努力加以改善，避免再因这些问题发生员工离职现象。

4. 员工离职后的心理管理

如有员工离职，企业应运用一些方法来降低留用员工因为离职者的离开而体验到的角色应激，如进行心理咨询和辅导，开展集体心理咨询和培训、企业恳谈会等。企业对留用员工的工作要及时进行认可和肯定，让他们感到自己的工作是有价值的；对留在组织内多年的员工（尤其是对较高绩效的员工），应适当改变一下他们的工作环境或增加工资和奖金；对员工未来的发展做出最佳（不夸张）的承诺等。通过这些方法建立员工的忠诚度，从而很好地降低员工离职率。

例证 11-9

滴滴裁员裁出"幸福感"[26]

2018 年全年，滴滴亏损了 109 亿元人民币，为了节约成本、扩大安全合规的投入、提升效率，滴滴不得已决定裁员。2019 年 2 月 15 日，滴滴在 2019 年第一次"在一起"月度全员大会上公开宣布公司将进行优化减员，裁员比率达 15%，涉及 2 000 人左右。随后滴滴的 HR 对员工进行了一对一约谈，做好了裁员沟通工作。相比于其他互联网公司背地里搞小动作的做法，滴滴开诚布公的宣布方式和对员工的尊重得到了大部分员工的理解，他们认为滴滴是良心公司，就算裁员也做得光明磊落。根据滴滴员工发布在"脉脉"上的相关帖子，滴滴的裁员补偿有两个选择：第一个为 N+1，离职时间到 3 月底，给了被裁员工足足一个月时间找工作；第二个是 N+2，即确认被裁员的员工所能拿到的补偿金总额＝N+1+3 月份工资+年假双倍薪资折现。滴滴员工称，当在得知裁员补偿方案之后，大家都希望自己"中奖"，滴滴内部甚至开始疯抢被裁员的资格，有被裁员的员工还声称被裁出了幸福感。

 本章小结

➢ 员工援助计划是由企业组织出资为员工及其家属设置的一套系统的、长期的福利与支持项目，是心理卫生服务的一种。

➢ EAP 不仅能够帮助企业解决具体的、现实的员工心理和个人问题，而且是帮助企业发现和解决问题、改进生产管理、提高生产效率、改善组织气氛和企业文化的有效途径，对企业具有重要的价值。

➢ EAP 的内容主要包括工作环境设计与改善、心理压力应对、沟通和人际关系改善、职业心理健康问题、职业生涯规划和心理危机干预六个方面。

➢ EAP 组织实施的具体过程包括如下四个步骤：（1）建立 EAP 项目；（2）分析项目需求；（3）制定方案；（4）实施项目。

➢ 员工心理保健主要包括缓解压力、管理情绪、应对挫折、提高工作生活品质。

➢ 员工心理咨询是指受过专业训练的心理咨询师运用心理学的理论、方法和技巧，通过和咨询对象的商谈、讨论，使其正确地认识自己与环境的关系，改变其态度与行为，帮助和启发他们解决各种心理问题，并对社会生活有良好的适应的过程。

 思考练习题

一、选择题

1. 工作生活品质的内涵不包含（　　）。

 （1）工作环境　　　　　　（2）休闲、社交活动

 （3）教育与职业训练　　　（4）超越别人的感觉

2. EAP 的内容不包括（　　）。

 （1）工作环境的重新设计　（2）生产技能培训

 （3）心理咨询　　　　　　（4）员工职业生涯规划

3. 员工心理保健不包含（　　）。

 （1）缓解压力　　　　　　（2）管理情绪

 （3）应对挫折　　　　　　（4）改善人际关系

二、简答题

1. 什么是员工援助计划？如何组织实施？

2. 什么是心理咨询？

3．员工心理保健有哪些主要方法？

应对幽默量表[27-28]

本问卷调查的是有关你表达和感受幽默的方法。显而易见，因各人的看法迥异，故这些问题的答案无"对"和"错"之分。下面共有六项陈述。根据你对这些陈述同意或不同意的程度，请在每句开头的括号内，按下列程度等级，选择标示1～4的数字。本测试约需5分钟。

1=完全不同意

2=中等程度不同意

3=中等程度同意

4=完全同意

（　　）1．当我遇到问题时，我往往会失去幽默感。

（　　）2．我经常发现，当我试图从遇到的问题中找到一些趣事时，这些问题在很大程度上就被缓解了。

（　　）3．当面临紧张的局面时，我通常会找一些滑稽的事情来说。

（　　）4．我经常感到，如果我处于非哭即笑的情况下，选择笑会更好。

（　　）5．即使在艰难的时候，我也常常能找到一些东西来说笑一番。

（　　）6．我的经验是：幽默常常是缓解压力的有效方法。

得分：将第2、3、4、5和6题的得分加起来，然后减去第1题的得分，再加上10分，即为总分。

解释：

总分>25：用幽默处理压力的能力高于平均值。

总分为19～25：用幽默处理压力的能力处于平均水平。

总分<19：用幽默处理压力的能力低于平均水平。

对354名中国大学生的初步测试表明，应对幽默量表的内部一致性系数（Cronbach Alpha）为0.70。

表11-3是中国大学生常模测试表，可供参考。

表11-3　中国大学生常模测试表

分　类	人　数	均　值	方　差
男大学生	124	23.1	2.9
女大学生	230	22.2	3.0
总样本	354	22.5	3.0

注：经 t 检验，男女幽默应对能力在0.01水平上存在显著差异，男性的幽默应对能力高于女性，也就是说，与女性相比较，男性更多地使用幽默来应对困难、压力和挫折

案例分析

广州地铁车务中心 EAP 项目实践[27]

广州地铁车务中心是直接面向乘客提供服务的企业单位，负责向乘客提供安全优质的乘车、客运和票务服务。截至 2016 年，广州地铁车务中心有员工 2.3 万人，主要岗位包括车站站务工作人员、司机、调度等，基本为轮（倒）班制的工作制度。

（一）员工面临的压力

2019 年，广州地铁线日均客流 905.71 万人次左右，最高日客运量达 1 156.9 万人次，承担了广州市超过 50% 的公交客流运送任务。随着广州地铁运营里程的不断延伸，客流量大增，这给员工带来了许多无形的压力。

（1）车站站务员工微笑平和地服务乘客，面对无理乘客和特殊乘客（醉酒、怄气、精神异常的乘客）指责、谩骂、人身攻击，甚至动手打人的行为，他们心里觉得非常委屈。司机和调度等安全压力大的岗位的员工常常担心因自身应变能力不强导致未处理好应急事故而影响地铁运营，造成不好的影响。

（2）员工职业发展过程中存在人际关系不好、工作质量差、长时间得不到晋升等工作压力。50% 以上的车务人员为异地员工，青年员工在广州生活的压力较大，现在全国很多城市都在建地铁，一些异地员工困惑自己是否应留在广州地铁继续发展。

（3）车务工作的性质是 24 小时运作，轮班及行业的特殊性导致员工越是节假日越是忙得不可开交，难与家人团聚，生活有时也不规律，同时还要面临亲人对自己工作的不理解、不支持以及身体疾病带来的压力。另外，异地单身员工较多，他们因上班时间不稳定，难交到异性朋友，婚恋压力较大。

（二）广州地铁车务中心 EAP 工作实践

广州地铁车务中心针对员工面临的压力和由此导致的问题，有针对性地开展了 EAP 工作，通过专业的指导、培训和咨询，帮助员工更好地自我认识、自我调节，减少负面情绪的产生，学会控制自己的负面情绪。

（1）提供 24 小时专家咨询热线电话。广州地铁车务中心与专业的心理健康中心合作开通的 24 小时专家咨询热线电话随时接受员工和其家庭成员的电话咨询，并根据情况进行进一步的心理辅导和治疗。2012 年 1 月至 8 月，该热线共接受电话咨询近 500 人次，数量逐步上升。

（2）大型员工 EAP 知识讲座。针对全体员工进行科普讲座及针对性专题辅导讲座，讲座主题涉及员工最关注的婚恋情感、压力管理、职场人际、身心健康、阳光心态等主题，通过不断地疏导和培训，培养员工的阳光心态，指导员工解决工作与生活中的困扰。

（3）开展 EAP 宣传。通过内部网页、电子邮件、宣传栏、电子杂志、宣传海报、小画册等多种宣传形式，帮助所有的员工了解 EAP、接受 EAP，使员工主动去寻求 EAP 的帮助，关注自己的心理健康，减少负面情绪造成的影响。

（4）开办基层员工 EAP 工作坊。深入基层，在每个车辆段或正线上开展 EAP 小型工作坊，由 EAP 专员针对员工所普遍关注的问题举行小型互动分享活动，以员工喜闻乐见的方式，营造安全、开放、接纳、相互关爱的气氛，使大家的情感得到抚慰，增强员工的归属感。

（5）员工心理调研。为深入了解各部门存在的心理层面问题，广州地铁车务中心对员工进行了身心健康、工作满意度、工作压力、组织承诺、团队效能等方面的调查，并对调查数据进行了统计分析，以便更有针对性地开展 EAP 服务。

（6）工作场所再设计。根据心理学的特点，通过改进计算机的摆放、工作空间的布置和再设计，营造出轻松、愉悦、健康、安全的办公环境，提升员工对组织的认同感。

（7）班组长成长训练及新员工心理健康培训。EAP 配合班组长成长训练，将心理学的人际沟通、员工心理管理、团队建设与融合等课程结合到班组长的成长训练中，提升基层班组长自我调适和对员工的心理管理能力，帮助基层员工应对各种压力。

（8）将 EAP 融入员工年度度假。倡导员工新型度假方式，在各中心员工年度度假中加入团体建设和心理拓展、身心保健等内容，带领员工进行趣味性康体活动和心理拓展训练等，从而使员工的度假活动变得更加充实、丰富、有收获。由于身心注入了新的能量，员工变得更加强大，抗压能力也有所提高。

（9）将 EAP 融入党建工作。广州地铁员工的平均年龄为 30 岁，30 岁以下员工占64.5%，员工主要以"80后""90后"为主，传统的思想政治工作很难在他们身上奏效。而 EAP 通过将管理职能化、工作体系化、服务特色化疏导了员工的心理困惑、培养和引导了员工的阳光心态。

问题讨论：

1. 广州地铁车务中心的 EAP 项目主要包括哪些内容？实施这些项目内容可能遇到什么困难？

2. 广州地铁车务中心的 EAP 项目给企业带来了哪些方面的好处？

3. 广州地铁车务中心的 EAP 项目对我国地铁服务企业有何启示？

 讨论题

多方沟通

某生产与销售民用板式贴纸拆装家具的民营企业生产的产品包括卧房系列、书房系列和青少年系列。目前，公司拥有中高级管理与技术人员近百人，员工 1 000 余人，企业资产达 7 000 多万元。近年来，业务不断扩大，生产任务日益增加，员工除每月休息一天外，其余时间基本上都要加班加点，每天工作时间达 12～13 小时。虽然公司业务每年都有 30% 以上的增长，但是工厂环境一直都未能有显著的改善，工人常常对食堂伙食不满，工作场所光线严重不足，周边生活设施不便，工人工资按件计酬，一般在 1 200～1 600元，公司只给约 15% 的员工（大部分是管理人员）购买了社会保险。再加上管理层采取比较强硬和单向的管理方法，工人的抱怨日益增多，离职率很高，每月达 15% 以上。本月因资金周转困难,公司拖欠工人工资达 10 日之久,引起工人的非正式群体的极大不满,工人致电当地政府、媒体、非政府组织以及品牌商进行申诉,而且放出话说,如果厂方再不发放工资,他们将集体罢工。媒体就此想采访工人、资方（厂房）、政府、品牌商和非政府组织（NGO）,听取各方的意见之后综合报道此事。

请将班级分为媒体组、工人组、资方组、政府组、品牌商组、非政府组织组六组,每组 4~6 人。其中,媒体组负责提问和采访,人数可多一点,如 8~12 人。再分 2~3个小组,每组分工设计问题和采访其他组。其余组按照各自的立场和利益,向媒体组介绍情况、澄清事实、提供有利证据,维护自身利益和形象,向其他各方提出自己的要求。最后在组间开展对话,特别是资方组如何积极应对其他方提出的各种问题和要求。

 参考文献

[1] 刘勇,周琳. 现代企业心理与行为创新[M]. 广州:中山大学出版社,2007.

[2] 张春倩. 福建炼化:EAP 员工帮助计划助企业健康发展[J]. 中国工人,2017（09）:30-31.

[3] 鲍立刚. 员工帮助计划的运作[J]. 企业管理,2008（06）:86-88.

[4] 陈国海. 大学生心理与训练[M]. 广州:中山大学出版社,2005.

[5] 张知光,丁明,蒲晓霜,等. 广州市 239 名外资企业员工心理健康状况调查分析[J]. 华南预防医学,2011,37（01）:21-24+28.

[6] 岳春华. 员工管理:化压力为动力[J]. 人力资源,2009（07）:18-19.

[7] FOLKMAN S. Personal control and stress and coping processes: a theoretical analysis[J]. Journal of personality & social psychology, 1984, 46(04): 839-852.

[8] 殷智红,叶敏. 管理心理学[M]. 2 版. 北京:北京邮电大学出版社,2007.

[9] LAZARUS R S, DELONGIS A, FOLKMAN S. Stress and adaptional measures[J]. American psychologist, 1985, 40(07): 770-779.

[10] 沈健,胡洁敏. 当幽默与图书馆擦出火花[J]. 图书馆建设,2006（04）:102-104.

[11] 杨勇涛,张忠秋. 虚拟环境中的知觉动作和心理训练研究[J]. 西安体育学院学报,2015,32（01）:101-115.

[12] HOCHSCHILD A R. The managed heart[M]. Berkeley: University of California Press, 1983.

[13] ZAPF D. Emotion work and psychological well—being: a review of the literature and some conceptual considerations[J]. Human resource management review, 2003, 12(02): 237-268.

[14] PISKULICH, Michelle, MARV MANDELl. NASPAA Standards 2009[R]. Curricular Competencies: NASPAA White Paper, October.

[15] MASTRACCI S, NEWMAN M A, GUY M E. Emotional labor: why and how to teach it[J]. Journal of public affairs education, 2010, 16(02): 123-141.

[16] HOLMES T H, RAHE R H. Quantitative study of recall of life events[J]. Journal of psychomatic research, 1967(11): 215-217.

[17] COX T, FERGUSON E.Individual differences，stress and coping[M]//COOPER C L, PAYNE R. Personality and Stress: Individual Differences in the Stress Process. Wiley, Chichester, 1991.

[18] 方鸿志，陈馨仪．思想政治教育方法在挫折教育中的应用[J]．新疆社科论坛，2016(03)：97-100.

[19] 人性化管理成就了世界 500 强巨头[EB/OL]．[2016-12-27]．https://www.sohu.com/a/122694588_538097.

[20] 林媛．组织的工作与家庭平衡策略[J]．合作经济与科技，2009（05）：32-33.

[21] 胡慧萍．企业人本化管理探讨——以海底捞火锅店为例[J]．经营管理者，2009（22）：104.

[22] 卫春梅．论哲学咨询与心理咨询之异同[J]．安徽大学学报（哲学社会科学版），2013，37（05）：46-51.

[23] 邱鸿钟．咨询心理学[M]．广州：广东高等教育出版社，2013.

[24] 张建峰，斯艳红．心理咨询的原则与工作技术[J]．课程教育研究，2018（24）：240-241.

[25] 张志刚．心理咨询的五大步骤——做好心理咨询的几个基本技术问题（一）[J]．大众心理学，2009（1）：16-19.

[26] 滴滴裁员赔偿方案出炉，有人心酸，有人却裁出"幸福感"[EB/OL]．（2019-02-21）．https://www.sohu.com/a/296134921_120006778.

[27] 谢俏，吴建梅．EAP 促进思想政治工作开展的实践和探讨[J]．东方企业文化，2012（16）：142.

第十二章
职业生涯规划与管理

 学习目标

➢ 了解职业生涯的概念
➢ 掌握职业生涯规划的特点
➢ 了解职业生涯规划与管理的基本理论
➢ 掌握职业生涯设计的方法

引例

辉煌人生早规划[1]

比尔·拉福年轻时立志成为一名优秀的商人。他的父亲是洛克菲勒集团的一名高级职员，对商海事务了如指掌。他的父亲发现他有商业天赋、机敏果断、敢于创新，但缺少经验，更缺乏知识。所以，在比尔·拉福快中学毕业时，父子俩进行了一次长谈，共同制定了一个发展生涯规划。这个发展生涯规划如人生引路明灯，最终引领比尔·拉福走向了辉煌人生。

第一阶段：工科学习

大学时代，比尔·拉福选择到麻省理工学院学习工科中最基础的机械制造专业。他做出这个选择不是随波逐流，而是进行了深思熟虑：适当学习工科是为了更好地实现成为企业家的理想，贸易中的工业商品占据了绝大多数，如果不了解产品的性能和生产制造情况，将来很难保证能在经商中占到优势，更何况工科学习不仅能增强工业技能，还能帮助一个人养成严谨求实的思维能力、脚踏实地的工作态度，这些素质都是经商所不能缺少的。4 年的大学时间里，比尔孜孜不倦地学习，且没有拘泥于本专业，同时学习了许多化工、建筑、电子等方面的基本知识，这些知识在他后来的商业活动中发挥了举足轻重的作用。

第二阶段：经济学学习

大学毕业后，比尔·拉福没有一头扎进商海，而是按照计划，考入芝加哥大学攻读经济学硕士学位。这期间，比尔·拉福深入了解经济学规律，学习经济法律，注重学习微观经济活动的经营管理和财务管理知识。几年下来，比尔·拉福扎实地掌握了经济原理，厘清了影响商业活动的众多因素，对会计、财务管理也较为精通，完全具备了经商的素质。至此，比尔·拉福完全实现了其对于理论知识储备方面的规划。

第三阶段：政府部门工作

通过七年的学习，按理说，比尔·拉福可以投身商海闯荡一番了。但令人意外的是，比尔·拉福在拿到硕士学位后，并没有立即到商业公司实践或创业，而是考取了美国的公务员。原来，他的父亲深知经商的人必须有很强的交际能力，要想在商场上获得成功，必须熟知处世哲学，而训练交际能力、观察人际关系的最佳去处就是政府部门。比尔·拉福在政府部门一干就是五年，他从一个稚嫩的热血青年成长为一名老练的公务员，培养出了心思稳重、沉着冷静的个性，并且结识了一大批社会各界人士，建立了自己的人脉圈，这对他后来事业成功的帮助极大。

第四阶段：通用公司锻炼

五年政府工作结束后，掌握了丰富人脉资源的比尔·拉福慢慢向商业靠近，他没有选择直接创业，而是去了国际著名的通用公司进行锻炼以期熟练商情与商务技巧。两年后，比尔·拉福不仅为实践所学的理论找到了一个强大的平台，而且学习到了丰富的管理经验，熟练掌握了商业运作的各种技能，完成了原始的资本积累。

第五阶段：自创公司

掌握了足够商业经验的比尔·拉福很快开办了拉福商贸公司，开始了梦寐以求的商人生涯。由于他的准备工作太充分了，他几乎考虑到了每一个细节，因此，他的公司成长得出奇迅速。20 年后，拉福公司的资产从最初的 20 万美元发展到了 2 亿美元，比尔·拉福本人也成了美国商业圈的一个神话人物。

对于比尔·拉福的成功，2011 年诺贝尔经济学奖得主托马斯·萨金特这样评论："急于求成在很多时候往往是欲速则不达，而适当推远理想反而是一种备战人生的最佳方式，比尔所拥有和依赖的，就是这种独特的智慧！"

比尔·拉福的发展生涯规划脉络清晰、步骤合理，充分考虑了个人兴趣、个人素质，并着重职业技能的培养，这种生涯设计在他坚持不懈的努力下，终于变为现实。也许他的这套职业生涯规划并不完全适用于每个人，却带给我们一个重要的信息：人生是可以设计的！本章将介绍职业生涯规划的概念和特点，阐述职业生涯规划的理论，讲明个人和组织如何对职业生涯规划进行管理。

第一节　职业生涯规划与管理概述

近年来，我国经济、社会的发展面临着更加严峻复杂的形势，就业的困难和风险也大大增加。大学生就业难题、中年失业危机、企业裁员困局已经成为司空见惯的现象，人们紧张和焦虑的心理也随之而来。那么，我们该如何应对这些风险与威胁呢？答案是：做好职业生涯规划和管理。美国的成功学大师安东尼·罗宾斯曾经提出过一个成功的万能公式：成功=明确目标+详细计划+马上行动+检查修正+坚持到底。从这个公式我们可以看出，我们要想成功，首先要明白我们的目标，然后做好规划。职业生涯规划与管理可以使我们深入地了解自己，明确职业发展面临的种种条件与限制，最大程度地实现自己的职业生涯目标和自我价值，降低失业风险。

一、职业生涯的概念与特点

（一）职业生涯的概念

最早期的职业生涯概念是沙特列（Carroll L. Shartle）提出的。他认为，职业生涯是指一个人在工作生活中所经历的职业或职位的总称[2]。根据美国管理心理专家道格拉斯·霍尔的观点，职业生涯是指一个人一生工作经历中所包括的一系列活动和行为[3]。美国著名职业问题专家萨帕（Donald Super）认为，职业生涯是指一个人终生经历的所有职位的整体历程[4]，而后他又进一步指出："职业生涯是生活中各种事件的演进方向和历程，是统合人一生中的各种职业和生活角色，由此表现出个人独特的自我发展组型；它也是人自青春期至退休之后，一连串有酬或无酬职位的综合，甚至包括了副业、家庭和公民的角色[5]。"

综上所述，职业生涯是指个体职业发展的历程，一般是指一个人终生经历的所有职业发展的整个历程。

（二）职业生涯的特点

从总体上看，人的职业生涯具有以下四个特点。

（1）独特性。每个人都有自己的职业发展条件，有自己的职业兴趣和价值观，有个人的职业机遇，从而有着独特的生涯历程。

（2）发展性。每个人的职业生涯都处于不断发展、演进的动态过程中，是贯穿一生职业历程的漫长过程。

（3）阶段性。每个人的职业生涯发展过程都有着不同的阶段，在不同的生涯阶段有着不同的目标和任务。

（4）整合性。由于每个人所从事的工作或职业往往会决定自身的生活状态，而且职业与生活很难区分，因此，生涯应具有整合性，涵盖人生整体发展的各个层面，而不仅仅局限于工作或职位。

二、职业生涯规划的概念与特点

（一）职业生涯规划的概念

职业生涯规划（Career Planning）简称生涯规划，又叫职业生涯设计，最早由著名管理学家诺斯威尔提出，他认为职业生涯规划是个人结合自身情况及当前制约因素，为自己实现职业目标而确定行动方向、行动时间和行动方案[6]。简单地说，就是一个人对一生的各阶段所从事的工作、职务或职业发展道路进行设计和规划。

（二）职业生涯规划的特点

职业生涯规划具有如下四个特点。

（1）可行性。规划要有事实依据，并非美好幻想或不切实际的梦想，否则将会错失良机。

（2）适时性。规划是预测未来的行动，确定将来的目标，因此，规划对于各项主要活动何时实施、何时完成，都应有时间和时序上的妥善安排，以作为日后检查行动的依据。

（3）可变性。规划未来的职业生涯目标牵涉多种可变因素，因此规划应有弹性，以增加其适应性。

（4）连续性。人生各发展阶段应该能够持续、连贯地衔接。

三、职业生涯管理

职业生涯管理（Career Management）是近十几年来从人力资源管理和管理心理理论与实践中发展起来的新领域。职业生涯管理包含个人和组织的职业生涯管理。个人的职业生涯管理是指以实现个人发展的成就最大化为目的，通过对个人知识、技能、能力、兴趣、价值观和个人发展目标进行深入了解，并有效地进行个人职业生涯管理，从而实现个人的发展愿望的过程。组织的职业生涯管理的最终目的是通过帮助员工的职业发展，提高公司的人力资源质量，发挥人力资源管理效率，以求组织的持续发展，实现组织目标[7]。组织的职业生涯管理要求管理者鼓励员工对自己的职业生涯负责，在员工进行个人工作反馈时提供帮助，并给员工提供有关组织工作、职业发展机会等信息，还必须帮助员工做好自我评估、培训和发展。

四、职业生涯规划与管理的意义

职业生涯规划与管理对个人和组织都具有相当重要的意义。

（一）职业生涯规划与管理对个人的意义

职业生涯规划与管理对个人的主要意义包括如下四个方面[8]。

（1）准确评价个人特点和强项、现有与潜在的资源优势，引导员工对自己的综合优势与劣势进行对比分析。

（2）树立明确的职业发展目标与职业理想，并且引导员工评估个人目标与现实之间的差距。

（3）引导员工将职业定位的前瞻性与实际相结合，搜索或发现新的或有潜力的职业机会。

（4）使员工学会如何运用科学的方法采取可行的措施，不断增强职业的竞争力，增加成功的机会，并且能够处理好职业生活和生活其他部分的关系，如事业与家庭之间的关系。

综上所述，一份行之有效的职业生涯规划将会帮助员工发掘自我潜能、增强职业竞争力、实现美好的职业目标。

例证 12-1

张艺谋的职业生涯规划[9]

由于特殊的历史环境，张艺谋于1968年初中毕业后，在陕西乾县农村插队劳动，后在陕西咸阳国棉八厂当工人，但是他始终没有忘记自己的志向是做一名导演。那时，很多人像他一样没有选择，但能像他一样坚持自己梦想的不多。终于，在1978年，27岁的张艺谋争取到机会进入北京电影学院摄影系开始学习摄影，为自己未来转型做导演进行积累。1984年，他作为摄影师拍摄了影片《黄土地》，此后声名鹊起。但是他没忘记自己的规划，为了亲身体会做演员的感受，提高今后拍片的时候和演员们的契合度，他选择暂时成为一名演员。1987年，他主演的影片《老井》颇受好评，这部影片使他认识到自己的积累已经足够，于是，同年，他就导演了《红高粱》，以浓烈的色彩、豪放的风格颂扬了中华民族激扬昂奋的民族精神，融叙事、抒情、写实与写意于一炉，发挥了电影语言的独特魅力，广获赞誉。正是这部电影，让张艺谋以一个成功导演的角色进入公众视野，奠定了他知名导演的地位。借助2008年北京奥运会开幕式的无形宣传，张艺谋导演蜚声海内外，风头无人能及。

（二）职业生涯规划与管理对组织的意义

职业生涯规划与管理能够提高组织的竞争力和应变能力，减少因员工流动而带来的损失。组织关心员工的职业发展会使员工感觉到自己是组织整体计划中的一部分，从而改善员工的工作态度，激发他们的士气，提高劳动生产率，使组织变得更加有效率。良好的职业生涯规划与管理对组织具有三个主要方面的作用：① 可以帮助组织了解组织内部员工的现状、需求、能力及目标，调和他们与存在于企业现实和未来的职业机会与挑战之间的矛盾。② 通过协调统一人力资源管理中的人员选择、工作安排和能力开发等活动，更加合理与有效地利用人力资源。③ 可以为员工提供平等的就业机会，改善组织的企业文化，促进企业可持续发展。综上所述，职业生涯规划与管理是企业长盛不衰的组织保证，是具有战略意义的EAP项目。

例证 12-2

3M公司的职业生涯体系[10]

从20世纪80年代中期开始，3M公司的员工职业生涯咨询小组一直向个人提供职业生涯问题咨询、测试和评估服务，并举办个人职业生涯问题公开研讨班。3M公司设计的员工职业生涯管理体系包括以下十个方面：（1）职位信息系统。（2）绩效评估与发展过程。每一位员工都会收到一份供次年使用的员工意见表，员工可填入自己对工作内容的看法，指出主要的进取方向和期待值。然后，员工们与自己的主管一起讨论并达成一致意见。（3）个人职业生涯管理手册。该手册人手一本，它概述了员工、领导和公司在员工职业生涯发展方面的责任，还明确地提出了公司现有的员工职业生涯发展资源。

（4）主管公开研讨班。这有助于主管们理解自己所处的员工职业生涯管理环境，同时，提高他们的领导技巧及增加他们对自己所担任的各类角色的理解。（5）员工公开研讨班。提供个人职业生涯指导，强调自我评估、目标和行动计划和职位晋升的经验。（6）一致性分析过程及人员接替规划。集团副总裁会见各个部门的副总经理，讨论其手下管理人员的业绩情况和潜能。（7）职业生涯咨询。公司为员工提供专业的个人职业生涯咨询。（8）职业生涯项目。员工职业生涯管理人员根据员工兴趣印发出一些项目，并将它们在全公司推广。（9）学费补偿。报销学费和与员工当前岗位相关的费用，以及与某一工作或个人职业生涯相关的学位项目的全部学费和费用。（10）调职。职位撤销的员工自动进入个人职业生涯过渡公开研讨班，同时还接受具体的过渡咨询。

例证 12-3

职业生涯规划领域的引领者：NCDA

国际生涯发展协会（National Career Development Association，NCDA www.ncda.org）成立于1913年，已有逾百年历史，是世界上成立最早、运营最久、专业化程度最高的生涯协会，也代表了目前全球范围内生涯发展的最高水平，是生涯业界公认的领袖。可以毫不夸张地说，NCDA 不但制定了生涯发展的职业标准，对生涯咨询的程式提供的服务及职业资讯评价，还为生涯发展领域从业相关工作的专业人士提供了一整套完整培训机制及认证标准。NCDA 拥有一套完整的国际认证体系，包含生涯规划师（CDP）、国际生涯咨询师（CDA）、国际生涯培训师（CDI）以及国际生涯导师（CDM）。作为专业程度最权威的生涯行业引领机构，NCDA 一百多年来探索出的专业人士培养体系和课程体系受到国际社会的广泛承认，对推动全球生涯教育的发展以及人才培养起到了非常重大的作用。

（本案例源于网络并经作者加工整理）

第二节　职业生涯规划与管理的基本理论

职业生涯规划与管理的基本理论包括职业发展阶段论、职业锚理论以及兴趣、能力、性格与职业的匹配理论。

一、职业发展阶段论

从国内外职业教育的经验和对职业发展的研究可以知道，职业生涯是一个长期实践的过程。根据萨帕的研究，人类早期的职业生涯规划可以追溯到人刚出生时，许多人终生都在进行职业生涯规划[11]。他将整个人生分为成长阶段、职业探索阶段、立业与发展阶段、职业维持阶段以及职业衰退阶段。其中，后四个阶段为职业生涯阶段，如图 12-1 所示。在不同阶段中，人的需求也有所不同，如表 12-1 所示。

图 12-1　萨帕职业生涯发展模型

表 12-1　不同职业发展阶段的需求

职业发展阶段	对工作方面的需求	在情感方面的需求
职业探索阶段	1. 要求从事多种不同的工作； 2. 希望自己探索	1. 进行试探性的职业选择； 2. 在比较中逐渐选定自己的职业
立业与发展阶段	1. 希望做具有挑战性的工作； 2. 希望在某一领域发展自己的专业知识和技能	1. 希望面对各种竞争，敢于面对成败； 2. 能够处理工作和人际关系矛盾； 3. 希望互相支持
职业维持阶段	1. 希望维持并巩固现有的工作成果和地位； 2. 不想变更职业	1. 希望面对更小的职业压力； 2. 希望有更多自由的时间
职业衰退阶段	1. 计划好退休； 2. 从掌权转向咨询和指导性工作； 3. 寻找自己的接班人； 4. 寻找组织外的其他活动	1. 希望把咨询看作是对他人的帮助； 2. 希望能够接受和欣赏组织外的其他活动

（一）职业探索阶段

年龄一般在 25 岁前。萨帕认为，探索阶段又可以分为三个时期：① 尝试期（15～17 岁）；② 过渡期（18～21 岁）；③ 初步试验承诺期（22～24 岁）。在整个探索阶段，每个择业者都有选择一份理想职业的愿望与要求，力图了解自我，做出尝试性的职业决策。对于择业者来说，经常更换工作、获得有挑战性的工作机会和自我探索机会是非常重要的。通过本阶段的历练，如果青年人的能力能够得到迅速提高，职业兴趣趋于稳定，逐步形成了对未来职业生涯的合理心理预期，包括工作性质、劳动强度、工作时间、工作方式、同事以及上下级关系，并且为职业的发展做了物质、心理、知识、技能等各方面充分的准备，就能够迅速地成为一个职业工作者。

（二）立业与发展阶段

年龄一般在 25～44 岁。从职业生涯发展过程来看，这一时期是个人的职业活动能力最强大的时期，是创造业绩、成就事业的黄金时期。处于该阶段的人在职业生涯中主要关心的是个人成长，希望做具有挑战性的工作；希望在某一领域发展自己的专业知识和技能；希望工作有创造性和革新；成就、发展、晋升在这一阶段的影响最大。一般来说，处于该阶段的人都有自己的成长和发展计划，并为目标的实现而全力以赴。在该发展阶段中期，失败是难以避免的，伴随而来的还会有挫败、厌倦和泄气等情绪。管理者应当做好充分的准备，帮助员工克服不稳定因素，并探索使职业变得更有趣、更充实、更富有挑战性的途径。

（三）职业维持阶段

年龄一般在 45～60 岁。处于该阶段的人一般已经"功成名就"了，他们以自己多年来日积月累并经过多次经历验证的判断力，以及与其他人共享其知识和经验的能力，向组织证明自身存在的价值。处于这一阶段的人需要做的最主要的工作就是最大程度地维持并巩固自己的工作成果和地位。因此，他们对工作方面的主要需求是更新技能和知识，已不再考虑变换职业。这一时期的人们可能变得对职业不再有很大的兴趣，而希望有更多的自由时间或职业压力更小一些。

（四）职业衰退阶段

年龄一般在 60 岁以上。由于年龄或身体状况等方面的原因，处于这一阶段的人们逐渐减弱了职业活动能力与职业兴趣，从而结束职业生涯。人们需要寻求不同的工作、生活方式，以及对某些娱乐活动的兴趣爱好，以满足退休后的身心需求。对那些先前事业比较成功的人来说，对该阶段的适应过程可能更为艰难，不过他们可以通过一些途径和方式重返职业社会，发挥余热。而对于早年事业表现一般，或已经看到自己的职业绩效在下降的人来说，这或许是一个令人心情舒畅的时期。

二、职业锚理论

职业锚的概念是由美国管理心理学知名学者埃德加·施恩（Edgar H. Schein）提出的。他认为，职业生涯发展实际上是一个持续不断的探索过程。在这一过程中，每个人都在根据自己的天资、能力、动机、需要、态度和价值观等慢慢地形成较为明晰的与职业有关的自我概念，它体现了个体"真实的自我"。随着一个人对自己越来越了解，这个人就会越来越明显地形成一个占主要地位的职业锚。所谓职业锚，就是指当一个人不得不做出选择时，无论如何都不会放弃的职业中的那种至关重要的精神要素或价值观，即核心价值观[12]

简而言之，职业锚是一种从早期工作经历中逐渐发展形成的职业自我观，包括三个部分：① 自省的才干和能力（以各种工作环境中的实际成功为基础）；② 自省的动机和需要（以实际情境中的自我测试和自我诊断的机会以及他人的反馈为基础）；③ 自省的态度和价值观。外部职业生涯的提升只能增长外部职业动机，而职业锚的实现带来的则是内在的愉快。因此，职业锚对个体的工作满意度和工作稳定性有着显著的影响。例如，职业锚决定个体会选择什么样的职业与什么类型的工作单位；决定个体是否会喜欢所从事的工作，是否会跳槽；决定个体在工作中是否有成就感。发现职业锚的标志是能够清晰地回答如下三个问题：要干什么？能干什么？为什么干？

例证 12-4

腾讯创始人马化腾在深圳奋斗的故事[13]

马化腾缔造了一个风靡中国的"网络神话"，他创业7年，身家9亿；与软件巨擘微软争夺中国网络通信市场，被美国《时代周刊》和有线新闻网评为2004年全球最具影响力商界人士之一。当《深圳商报》的一位记者见到这位低调的神话创造者的时候，他的评价是：马化腾更像是一位儒雅而内敛的斯文学者。只有谈到计算机和网络时，马化腾才会不时露出开心、得意的笑容。看得出来，他是一个完全沉浸在IT世界的人。"从1998年开始，我就考虑独立创业，却一直没想清楚要做什么，但创业的想法并没有起伏，我知道自己对着迷的事情完全有能力做好。我感觉可以在寻呼与网络两大资源中找到空间。"马化腾对记者说。1998年11月，27岁的马化腾创办了深圳腾讯计算机系统有限公司。1999年2月，腾讯自主开发了基于Internet的即时通信网络工具——腾讯即时通信（腾讯QQ），一个网络神话开始了。经过短短7年的发展，腾讯QQ的用户群已成为中国最大的互联网注册用户群，注册用户数量高达2.91亿，而QQ的标志——那两个憨态可掬的企鹅更是让无数年轻人着迷。

施恩根据自己多年的研究，提出了以下五种职业锚。

1. 技术型职业锚

具有较强的技术型（或功能型）职业锚的人往往不愿意选择那些带有一般管理性质的职业，而倾向于选择那些能够保证自己在既定的技术或功能领域中不断发展的职业，如科学研究、工程技术、财务分析、营销等。他们喜欢独立地完成目标，可以利用现有的资源来有效地完成任务。他们往往把成功定义为成为某个领域的专家，在工作中不断地迎接挑战，而不是晋升或物质奖赏。他们首要的外在动机是得到专业领域的深造和自我发展的机会。具有技术型职业锚的人虽然在其技术能力领域内也会接受管理职责，但他们对管理职业并不感兴趣。例如，一个具有技术型职业锚的财务分析员，他希望在发挥自己财务会计专长的领域中谋求发展，其最高目标是公司的技术总监，而不在任何其他职能领域中涉足，甚至会对全面管理抱有强烈的抵触情绪。

2. 管理型职业锚

具有管理型职业锚的人往往具有成为管理者或权威人物的强烈自信，他们认为自己具备提升到管理职位上必不可少的能力及价值观，通常，能够承担较高职责的管理职位是这些人的最终目标。他们渴望挑战性、多样化和整合性的工作，期待着能够对组织负有责任，获得高层岗位的权力和成就。他们往往具有以下三个方面的能力：① 分析能力（在信息不完全以及不确定的情况下发现问题、分析问题和解决问题的能力）；② 人际沟通能力（在各种层次上影响、监督、领导、操纵以及控制他人的能力）；③ 情感能力（在情感和人际危机面前只会受到激励而不会受到困扰和削弱的能力，在较高的责任压力下不会变得无所作为的能力，以及使用权术不感到内疚或羞怯的能力）。具有管理型职业锚的人适合的职业领域主要是政府机构、企事业组织的主要负责人，如市长、局长和企业的经理人等。

3. 创新型职业锚

这类人大多具有企业家人力资本特性，拥有把握自己命运、要求有自主权来施展自己特殊才干的创造或创新能力。他们一般具有建立或创设某种完全属于自己的东西或杰作的行为倾向。这种职业锚具体涉及的职业类型是多种多样的。具有创新型职业锚的人追求建立或创设某种完全属于自己的东西———一件署有他们名字的产品或工艺、一家他们自己的公司或反映他们成就的个人财富等，以发挥他们的技能和意志，乐于冒险和克服障碍。具有创新型职业锚的人的主要职业领域是企业家、发明家、冒险性投资者和产品开发人员等。

4. 独立型职业锚

具有独立型职业锚的人追求一种能最大程度地摆脱组织约束，施展自己职业能力的工作情境。他们认为，组织生活是受限制的，提升、工作调动、薪金等诸多方面都难免要受别人的摆布。因此，他们喜欢更有独立性和自主性的职业。这种类型的人对于职业的自主性需求比其他任何需求都强烈，他们很少体验到错过提升机会的冲突，他们的主要需要是随心所欲地制定自己的步调、时间表、生活方式和工作习惯，其中有许多人还有着强烈的技术或功能导向。具有这种职业锚的人的主要职业领域是学者、科研人员、职业作家、个体咨询人员、手工业者和小型公司的所有者等。

5. 安全型职业锚

具有安全型职业锚的人极为重视职业的长期稳定和工作的保障，他们似乎比较愿意去从事这样一类职业：这些职业应当能够提供有保障的工作、体面的收入以及可预测的未来生活。这种可预测的未来生活通常是由良好的退休计划和较高的退休金来保证的。对于这些人来说，如果追求更为优越的职业意味着将要在他们的生活中注入一种不稳定因素的话，那么他们会觉得在一个熟悉的环境中维持一种稳定的、有保障的职业更为重要。具有安全型职业锚的人倾向于根据组织对他们提出的要求行事，比较容易接受组织对他们的工作安排，相信组织会根据他们的实际情况秉公办事。这种类型的人在选择职业时，往往深受其在现实生活中安全取向类型的影响。常见的安全取向类型的人有两种：① 稳定源和安全源主要来自给定组织中稳定的成员资格，他们乐于在政府部门或大公司工作；② 安全源是以地区为基础，使家庭稳定和自己融入社团的感情，这类人往往选择在家乡或已经熟悉的地方长期发展。

三、兴趣与职业的匹配

兴趣是使个体积极探索某种事物的认识倾向。兴趣使人对有兴趣的事物给予优先的注意、积极的探索，并且带有积极的情绪色彩和向往的心情。职业心理学的研究表明，如果一个人对某种工作有兴趣，他就能发挥他全部才能的 80%～90%，并且能长时间地保持高效率而不感到疲劳；如果对某种工作不感兴趣，则他的才能只能发挥20%～30%，并且容易疲劳。职业兴趣与职业环境的匹配是决定成功的最重要因素之一[14]。人们通常乐于选择与自我职业兴趣类型匹配的职业环境，如具有某种职业兴趣的个体在与自己的职业兴趣类型匹配的环境中工作，可以最大程度地发挥个人的潜能。美国心理学家、职业指导专家霍兰德（John L. Holland）经过一百多次大规模的实验研究，提出了兴趣类型与职业类型的学说。该理论从兴趣的角度出发，根据人格与环境交互作用的观点，把人分为六大类：现实型（R）、研究型（I）、艺术型（A）、社会型（S）、企业型（E）、常规型（C），如图 12-2 所示，职业环境也以同样的名称分为六大类。霍兰德逐步完善了对职业兴趣的个体差异的测量以及对职业和职业环境的研究这两方面工作，并通过"六边形"将两者紧密联系起来，形成了具有开创意义的职业兴趣六边形理论[15]。

图 12-2　霍兰德职业兴趣六边形

六种职业兴趣的个体的主要特点和适应的典型职业如下。

（一）现实型（R）

共同特点：具有现实倾向的个体一般具有技术与运动倾向，有较强的身体技巧和机械的协调能力，对于机械和物体显示出强烈的关注。他们稳重、实际，喜欢从事规则明确的活动和技术性工作，甚至非常狂热地自己动手创造新事物，但缺乏人际交流的技巧，对人事管理和监督工作不太感兴趣。 性格特点：感觉迟钝、不讲究、谦逊、踏实稳重、诚实可靠。典型职业：喜欢使用工具、机器，需要基本操作技能的工作。该类型对要求具备机械方面才能、体力的工作或与物件、机器、工具、运动器材、植物、动物相关的职业有兴趣，并具备相应的能力。如技术性职业（计算机硬件人员、摄影师、制图员、机械装配工）、技能性职业（木匠、厨师、技工、修理工、农民、一般劳动）。

（二）研究型（I）

共同特点：具有研究倾向的个体对于抽象思维和数理统计具有浓厚的兴趣。他们倾向于通过思维分析解决复杂的问题，喜欢具有创造性、挑战性的工作。他们不会主动去做领导人员或社交工作，有明显的独立倾向。性格特点：坚持性强、有韧性、喜欢钻研、为人好奇、独立性强。该类型喜欢智力的、抽象的、分析的、独立的定向任务，以及要求具备智力或分析才能，并将其用于观察、估测、衡量、形成理论、最终解决问题的工作，且具备相应的能力。典型职业有科学研究人员、教师、工程师、计算机编程人员、医生、系统分析员。

（三）艺术型（A）

共同特点：具有艺术倾向的个体对于创造性的、想象的、能够表现个性的工作显示出明显的偏好。他们与具有研究倾向的个体的共同之处在于创造倾向明显，他们都比较喜欢独立行事，对操作性及程序化的工作缺乏兴趣，不太喜欢结构化程度较高的职业环境，不善于从事事务性工作。性格特点：有创造性、不传统保守、敏感、容易情绪化、较冲动、不服从指挥。典型职业：这类人喜欢的工作要求具备艺术修养、创造力、表达能力和直觉，并将其用于语言、行为、声音、颜色和形式的审美、思索和感受，且具备相应的能力。例如，艺术方面（演员、导演、艺术设计师、雕刻家、建筑师、摄影家、广告制作人）、音乐方面（歌唱家、作曲家、乐队指挥）和文学方面（小说家、诗人、剧作家）。

（四）社会型（S）

共同特征：具有社会倾向的个体乐于从事人际交流工作。通常他们在语言能力上具有优势，乐于帮助别人，具有人道主义倾向和强烈的责任心。他们习惯于通过和别人商讨或调整人际关系来解决面临的问题，对于以机械和物品为对象的工作不感兴趣。性格特点：为人友好、热情、善解人意、乐于助人。典型职业：喜欢要求与人打交道的工作，能够不断结交新的朋友，从事提供信息、启迪、帮助、培训、开发或治疗等的事务，并具备相应的能力。例如，教育工作者（教师、教育行政人员）和社会工作者（咨询人员、公关人员）。

（五）企业型（E）

共同特征：具有企业型进取倾向的个体喜欢制订新的工作计划、建立新的组织，并积极发挥组织的作用进行活动。他们喜欢影响、管理和领导他人，具有强烈的信心，喜欢冒险，喜欢支配别人，不喜欢具体、精细或需要长时间集中心智的工作。性格特点：善辩、精力旺盛、独断、乐观、自信、好交际、机敏、有支配愿望。典型职业：喜欢要求具备经营、管理、劝服、监督和领导才能，以实现机构、政治、社会及经济目标的工作，并具备相应的能力。例如，项目经理、销售人员、营销管理人员、政府官员、企业领导、法官、律师。

（六）常规型（C）

共同特点：具有传统倾向的个体喜欢高度结构化、要求明晰的工作，不适应规则模糊、自由空间大的工作。他们习惯于被动服从，一般较为忠诚、可靠，偏保守。在工作中，他们会与别人保持一定的距离，工作仔细、有毅力，比较在意社会地位和社会评价，通常愿意在大型机构做一般性的工作。性格特点：有责任心、依赖性强、高效率、稳重踏实、细致、有耐心。典型职业：喜欢注重细节、精确度，有系统、有条理，具有记录、归档、据特定要求或程序组织数据和文字信息的职业，并具备相应的能力。例如，秘书、办公室人员、记事员、会计、行政助理、图书馆管理员、出纳员、打字员、投资分析员。

霍兰德的理论在美国得到了职业规划师的广泛使用，欧洲、非洲和亚洲的调查研究也证实了它的效用。它告诉我们，当我们就业、择业时，兴趣与职业环境的匹配是形成职业满意度、成就感的基础，如果能够选择到与自己兴趣爱好相符合的职业，将可以使个体在工作中找到快乐和满足感，也更容易获得成功。然而，在实际的职业选择中，除了应该优先选择与自身的职业类型相匹配的职业环境外，还要考虑其他一些因素。首先，因为个体本身常是多种职业兴趣类型的综合体，单一职业倾向显著突出的情况并不多见，因此人们在具体择业时，除了得分最高的职业类型外，得分第二高的职业类型中的相关工作，有时同样也可以予以考虑。其次，在择业时，除了要考虑与自己的职业兴趣外，还要兼顾考虑获得职业成功的现实可能性。如果过于脱离客观条件，过于浪漫，往往想得好，却做不到。职业兴趣要建立在切实可行的基础之上，例如，自己所学的专业、社会的职业需求等。

例证 12-5

比尔·盖茨把兴趣变为职业[16]

微软公司创始人比尔·盖茨在青少年时代就对计算机产生了浓厚的兴趣。他在中学时免修了一些课程，将节省下来的时间用于编程的实践中。职业心理学家 Siobhan Hamilton-Phillips 指出："即使作为一名儿童，盖茨也能够专心地做一些特别的事情，并从中找到乐趣。因此在他成人之后，他拥有足够的情绪稳定性以支撑他的工作，并使他成功。"盖茨在 17 岁时就建立了自己的软件公司，他以极大的兴趣和热情投入软件设计中，简直达到废寝忘食的程度，经常一头扎进工作室里通宵达旦，每周工作 72～90 小时，与他一起工作的人都说他是世界上最忙的企业主管之一。盖茨说："我每天早上一醒来，只要想到我所做的工作和开发的技术将会影响人类生活，就会无比兴奋和激动。"也正是比尔·盖茨本人的工作态度，使得员工的工作热情受到了极大鼓舞，微软公司很快就成为全球最大的计算机软件提供商，盖茨本人也在 38 岁时就成为亿万富翁。

四、能力与职业的匹配

能力是顺利、有效地完成某种活动所必须具备的心理条件，是人格的一种心理特征。在选择一项职业时，不仅要考虑自己的兴趣，还要考虑自己是否具有从事这项职业的潜力和素质（也可以称为职业能力）。此处所谓的职业能力，并非从事某项工作所需要的具体技能，而是要从事某项工作所需要的一般能力和基础素质，主要包括人的体力、智力、知识和技术等方面的基本要素。例如，管理能力包括执行能力、沟通能力、谈判能力、领导能力、训练能力、问题解决能力等要素，不具备这些要素就难以从事管理活动，也就是不具备管理能力。人的职业能力可以在工作实践中，有目的、有意识地培养，不过对每个人的能力而言，发展的潜力也不尽相同。职业能力不足或对自己的职业能力水平不了解是青年人遭遇求职困境和职场窘境的重要原因。因此，进行职业生涯规划时，必须考虑个人能力与职业是否匹配。

（一）能力与职业抉择相吻合的原则

1. 能力类型与职业相匹配

人的职业能力各有差异，不同的职业类型因其工作的性质、内容和环境的不同对人的能力的要求也有所不同，因而应注意能力类型与职业类型、职业性质的配合。例如，从思维能力方面来说，有的人擅长形象思维，有的人擅长逻辑思维（抽象思维），还有的人擅长具体行动思维。如果根据思维类型来考虑职业，属于形象思维型的人比较适合从事演员、艺术设计等工作，属于抽象思维型的人比较适合从事法律、物理研究等理论性较强的职业和工作，而属于具体行动思维型的人则比较适合从事机械修理等方面的工作。如果不考虑人的能力类型，而让其从事与之能力类型不同甚至相斥的职业，效果往往不会很好。不同的职业对人的语言能力要求亦不同。例如，要从事教师、营业员、服务员、护士等职业，必须具备较强的语言表达能力。

2. 能力水平要与职业层次一致

对一种职业或职业类型来说，由于所承担的责任不同，又可分为不同的层次，不同的层次对人的能力有不同的要求。因而，在根据能力类型确定了职业类型后，还应根据自己所达到或可能达到的能力水平确定相匹配的职业层次。只有这样，才能使能力与职业的匹配具体化。

3. 发挥优势能力的作用

每个人都具有一个由多种能力组成的能力系统。在能力系统中，各方面能力的发展是不平衡的，常常是某方面的能力占优势，而另一些方面的能力则不太突出。对职业选择和职业指导而言，应主要考虑自身的最佳能力，选择最能运用这种优势能力的职业。同样地，在人事安排中，如果能够注重一个人的优势能力并分配相应的工作，就更能发挥一个人的才能。

例证 12-6

杨振宁的成功[17]

著名科学家杨振宁在早年出国留学时为了给实验物理学极其薄弱的祖国尽自己的一份力，曾选择在费米门下从事实验物理研究。不过可惜的是，杨振宁并不十分擅长于实验操作。初到芝加哥大学实验室工作的近 20 个月中，他的物理实验进行得非常不顺利，做实验时常常发生爆炸，以至于当时实验室里流传着这样一句笑话：哪里有爆炸，哪里就有杨振宁。杨振宁不得不痛苦地承认自己的动手能力比别人差。后来，在另一位导师泰勒的忠告下，杨振宁决心从事考验动脑能力的理论物理研究，而思考正是他的特长。事实证明，杨振宁的选择是正确的，他最终在粒子物理学、统计力学和凝聚态物理等理论物理领域做出了里程碑式的贡献，并获得了 1957 年的诺贝尔物理学奖。

（二）能力类型与职业匹配的具体内容

根据英国心理学家斯皮尔曼（Charles Spearman，1863—1945）于 1904 年提出的能力的二因素结构理论，人在顺利完成某项任务时，必须既具有一般能力，又具有特殊能力[18]。此理论可以用来进行职业能力分析。

1. 一般能力与职业

一般能力又称为智力，它是人们认识、理解客观事物并运用知识、经验解决问题的能力。智力不是一种单一的能力，而是一种综合的整体结构，包括注意力、观察力、记忆力、思维能力和想象力等。其中，抽象思维能力是智力的核心。不同的职业对人的一般能力的要求不同，有些职业对从业者的智力水平有绝对的要求，如律师、教师、工程师、科研人员等都要求有很高的智商。智力在相当大的程度上决定着个体所从事的职业类型。

例证 12-7

英、美、德、澳四国职业中的关键能力[19]

职业能力包括专业能力和关键能力。专业能力是指劳动者从事某一职业活动所必备的能力。关键能力（也称一般能力）不是针对某种具体的职业和岗位的能力，而是指可以迁移和运用到很多职业和岗位的能力，如解决实际问题的能力、与他人交流和合作的能力等。不同国家对关键能力有不同的界定，英、美、德、澳四国界定的"关键能力"内容如下。

英国：交流能力；解决问题能力；计算能力；信息技术能力；语言运用能力。

美国：分配时间的能力；制定目标和突出重点目标的能力；分配经费和准备预算的能力；确定所需要的数据并处理和保存数据的能力；作为小组成员参与活动以及与他人交流的能力；了解社会、组织和技术系统是如何运行以及操作的能力；选择技术的能力；在工作中应用技术的能力。

德国：与个人相关的能力，如求知欲、自我革新、学习能力、耐挫能力、责任感、冒险精神、独立性等；社会和组织能力，如沟通能力、使用能力、分析能力、计划能力、组织能力。

澳大利亚：收集、分析、处理意见和信息的能力；表达意见和交流信息的能力；规划和组织活动的能力；在团体中与他人合作共事的能力；运用数学思维和技巧的能力；解决问题的能力；利用新技术的能力。

2. 特殊能力与职业

特殊能力是顺利地完成某种专业活动所必备的能力，它同职业活动紧密相连。职业既有共性，也有特殊性。职业能力既与一般能力有关，也与特殊能力密不可分。要顺利完成某项工作，除了要具有一般能力外，必须具有该项工作所要求的特殊能力，如从事教育、新闻媒体等工作要求有较强的语言能力；从事统计、会计等职业要求有较强的数理能力。通常来说，人的一般能力（主要是智力）相差不大，从事许多项职业都可以有一定的事业发展空间。但是，如果要真正具备职场竞争力，最大程度地发挥个人所长，就要根据特殊能力来做职业选择的决策。

国外职业指导师通常用多重能力倾向成套测验（General Aptitude Test Battery, GATB）进行职业能力测验。GATB 是美国劳工部就业保险局自 1934 年起花了 10 年时间编制而成的。GATB 用于测验分析人的九种不同的能力因素：一般能力（其成绩是通过词汇、算术推理和三维空间三个测验的分数得出的）、语言能力、计算能力、空间判断能力、形态知觉、书写知觉、运动协调、手工灵巧、手指灵活。根据测评结果可以探索个人职业适应范围，进而为选择所希望的职业提供一份参考资料。根据职业所需的特殊能力类型，也可以把特殊能力与职业匹配做如下划分：① 擅长与物打交道，如制图、勘测、建筑、机械制造等。② 擅长与人打交道，如记者、推销员、教师、行政管理人员等。③ 擅长做有规律的工作，如图书管理员、文秘人员等。④ 喜欢从事社会福利和助人的工作，如医生、律师、咨询等。⑤ 具有领导和组织能力，如行政人员、企业管理人员等。⑥ 擅长研究人的行为，如心理学家、政治人物、人事管理、思想政治教育等。⑦ 擅长科学技术研究，如科学家、理论家等。⑧ 擅长抽象、创造性的工作，如经济分析、社会调查等。⑨ 擅长操作性、技术性的工作，如驾驶员、飞行员、机械制造员等。

例证 12-8

公文箱处理[20]

西方近年来建立了许多评价中心（Assessment Center），该中心运用多种测试方法进行管理能力测试，以帮助企业选拔管理人才。其中有一种情景模拟法——"公文箱处理"，要求被试者作为某一级管理者，在一定时间（20、30 或 65 分钟）内处理好 10 件或 15 件公文，包括电话记录、会议记录、电报、信件、上级指示、备忘录、请示报告、调查报告、人事档案和财务报表等。每件公文测试 1～3 项能力。根据被试者排序是否合理、授权是否恰当，得出被试者掌握会议的能力、分析与处理问题的能力、文字与口头表达能力等综合评分。使用该方法选拔管理人员的效果良好，据统计分析，正确性可达 76%。例如，美国电话电报公司曾对几百名管理人员候选人进行测试，随后将结果密封，8 年后在被直接提升的经理中核对，有 64%在预测之内；齐克洛斯公司测试一批销售经理总共花了 34 万美元，而增加的收益达 490 万美元。

五、性格与职业的匹配

性格是比较稳定的对现实的态度和习惯化的行为方式，性格的表现是一个人对现实的态度和行为方式中比较稳定的心理特征的总和，也就是个性中经常的、习惯的、明显表现出来的心理特征，也是个性中最重要的心理特征，起着核心作用。

（一）性格类型的划分

一个人的性格特征对职业选择有很大的影响，是进行职业生涯规划时必须考虑的因素。不同职业具有不同的特点，因而对从业人员的性格特点也会提出不同的要求。一般来说，开朗、活泼、热情、温和的性格比较适合于从事营销、公关、文体、服务以及其他同人群交往多的职业；进取、果断、坚毅、自信是管理者不可缺少的性格；严谨、认真、执着的性格比较适合做科研、审计等工作。人的事业成功与否，与性格与职业的匹配度密切相关。那么性格是怎样划分类型的呢？由于性格结构的复杂性，在心理学的研究中至今还没有被大家公认的性格类型划分原则与标准，有代表性的观点包括英国的培因、法国的李波特提出的以心理机能优势分类法，将性格分为理智型、情绪型、意志型；美国心理学家威特金根据场的理论以个体独立性程度分类，将性格分成场依存型和场独立型；德国的心理学家斯普兰格以人的社会生活方式分类，把性格分为经济型、理论型、审美型、宗教型、权力型、社会型六种类型；瑞士的心理学家荣格以心理活动的倾向，将性格分为内倾性和外倾型；美国心理学家布里格斯和迈尔斯母女在荣格的两种态度类型和四种功能类型的基础上，又增加了判断型和知觉型两种类型，由此组成了个性的四维八极特征，它们彼此结合就构成了十六种个性类型，这种划分得到了当代心理学专家较为广泛的认同[21]。心理学研究的发展衍生了各种各样的心理测验量表，我们可以借助这些工具来了解自己的性格类型。

（二）不同职业者的性格类型研究

1. 不同管理者性格类型的比较

俞文钊教授曾对 12 个工厂的 144 位企业管理者（男占 80%，女占 20%）采用卡特尔 16 种人格因素量表和 Y-G 性格测验量表进行了调查。Y-G 性格测验量表测试的 5 种典型的性格类型及其特点如表 12-2 所示[22]。

表 12-2　5 种典型的性格类型及特点（Y-G 性格测验量表）

型　号	名　称	情　绪	社 会 适 应	向　性	特　点
A	平均型	平均	平均	平均	智力平常，精力、体力、毅力、能力都中等，不引人注目
B	不稳定积极型	不稳定	不适应	外向	与周围人的关系不融洽，其行为常引起人们的注意和议论，容易出现异常行为
C	稳定消极型	稳定	适应	内向	常处于被动状态，温顺
D	稳定积极型	稳定	适应	外向	人缘好，有组织领导能力，是活跃务实的类型
E	不稳定消极型	不稳定	不适应	内向	好独立思考，有钻研性但不善于交际，内倾性明显，容易患神经症、身心疾病

采用 Y-G 性格测验量表的结果表明：D 型性格类型的领导者占 54.2%，C 型占 20.8%，A 型占 17.7%，混合型占 7.3%，B、E 型一个也没有。可见，企业领导者的主要性格是 D 型，不宜选 B、E 型性格的人担任领导。采用卡特尔 16 种人格因素量表的结果表明，企业中层管理者与一般工人在下面四种特质方面存在显著差异：① 缄默、孤独与乐群、外向；② 情绪激动与情绪稳定；③ 权宜、敷衍与有恒、负责；④ 专业而有成就。翟洪昌和许铎（2000）的研究表明，自律性是选拔管理人员的重要个性特征，而且管理人员的级别越高，自律性越强。管理人员必须善于控制自己的情绪和行为。

2. 不同从业者性格类型的比较

赵慧军曾采用卡特尔 16 种人格因素问卷对北京市各类企业中从事组织人事工作、营销管理工作和财务工作共计 248 人进行了个性测查，结果表明：上述三个职业群体的个性结构有许多共同之处，如都有较高的稳定性、有恒性和自律性。但他们之间的差异也是显而易见的。人事管理者和营销管理人员更加外向、开朗，而财会人员则比较内向、严谨，这明显反映了职业特点，即人事工作和营销工作更多的是以人为对象，而财会人员每天面对的更多是数据。另外，测验结果还反映了人事管理者讲实际、工作原则性强而不留情面，有保守倾向；营销人员冒险敢为，有广泛的社会联系；而财会人员则有细心敏感、独立性较高的个性特征[23]。

第三节　个人职业生涯规划与管理

个人职业生涯规划与管理主要包括如下五个环节：① 自我评估；② 环境评估；③ 设定职业目标；④ 设计职业生涯行动方案；⑤ 评估与反馈。高校应届毕业生大多处于职业生涯发展的早期阶段，大部分人还处于对未来职业发展的探索时期，在此阶段及早进行个人职业生涯规划，对于个人未来的成长和发展将产生重大的影响。此外，在进行个人职业生涯规划时，要先充分了解职业生涯成功的方向和标准，才能做好规划。

一、个人职业生涯规划与管理的步骤

职业生涯规划是一个周而复始的连续过程，要做好职业生涯规划宜按照职业生涯设计的流程，认真做好每个环节。总结国内外职业生涯规划专家的看法，职业生涯设计可采取以下六个具体步骤。

（一）自我评估

职业生涯规划是一个动态过程，其最基础的工作是要知己，即要客观、全面地认清自我，充分了解自己的职业兴趣、能力结构、职业价值观、行为风格、优势与劣势等，也就是要全面了解自己，进行自我评估。自我评估是职业生涯规划的基础，也是获得可行的规划方案的前提。只有正确地认识自己，知道自己想要干什么、能干什么，了解个人的优势与劣势、个人职业发展目标的设定及设定的原因、达到目标可能遭遇的助力与阻力、达到目标所需要的教育与培训等，才能进行准确的职业定位，才能选定适合自己发展的职业生涯路线。要做到客观认识自我，至少需要了解以下五个方面的内容。

（1）职业兴趣——个人爱好、目标、理想。在规划中认识自我，首先是要弄清楚"自己想干什么"与"自己能干什么"。因为，从一定意义上讲，人想成为什么，人就能成为什么。思考"自己想成为什么"，给人生发展定向。"人想成为什么""人往何处去"，这类问题的回答过程就是人生选择的过程。给自己的人生定向即确定自我规划的动机，这是人主动地自我规定、自我限制、自我选择的先决条件。有了它，就便于设置自己的人生目标，选择自己的人生道路。接下来就是全面探索与评估自己的兴趣等，以便在自我规划中做好一系列的选择[24]。

（2）适合干什么——个人特质，包括个人的能力、气质、性格特征。实践表明，性格与能力广泛地影响着人们对职业的适应性，而不同的职业对从业者有着不同的性格与能力要求。性格由遗传、家庭与文化环境、生理成熟度、学习等因素综合影响而形成，并且从人的态度、情绪、兴趣以及实践行为等层面表现出来，性格、能力与职业的最佳匹配能使人们更容易获得事业的成功。

（3）最看重什么——职业价值观，即进行职业锚类型分析。由于个人的身心条件、教育状况、家庭影响、年龄阅历等方面的不同，人们对不同的职业有着不同的看法。从社会来讲，各类职业在人们心目中有好坏高低之分，这些评价形成了人的职业价值观，并影响着人们对就业方向和具体职业岗位的选择。职业价值观可以从自我成长取向、自我实现取向、尊严取向和社会互动取向、组织安全与经济取向、安定与免于焦虑取向、休闲健康与交通取向六个方面进行评估。

（4）人岗是否匹配——岗位的胜任力特征如何，与个人条件是否匹配。岗位胜任力又称为岗位胜任特征，指能将某一岗位中有卓越成就者与表现平平者区分开来的个人潜在特征，它包括动机、特质、自我形象、态度或价值观、某领域知识、认知或行为技能[25]。冰川模型（见图 12-3）是描述胜任力的通用模型，其可用来分析个人跟职业的匹配程度，从而做出正确的职业选择。冰川模型的水上部分代表表层的特征，如知识、技能等。知识指在实践中获得的认知和经验。技能指个人目前具备的某项专门技术。水下部分代表深层的胜任特征，如社会角色或价值观、自我定位、个性特点、内驱力或社会动机等，这些是决定人们的行为及表现和区分不同职业要求的关键因素。

图 12-3　冰川模型

（5）个人现状如何——当前个人具备的有利条件和不利条件是什么。正确地认识到自己的现状，才能够为更好地提前做准备。求职者可以从工作态度、工作经历、人际交往能力、学习能力、个人竞争力、自由资金、性格、家人和朋友的支持等方面分析自身条件的优势和劣势和目前状态的好坏。了解个人优势可使我们更加自信，更好地进行自我定位；了解个人劣势，可使我们了解有所不为之处，便于扬长避短。我们可以借助 SWTO模型对个人优劣势进行具体分析。

（二）环境评价

进行职业生涯规划还要充分认识与了解相关的外部环境，评估环境因素对自己职业生涯发展的影响，分析环境条件的特点、发展变化情况，把握外部环境因素的优势和限制，扬长避短，这样才能找到适合的发展方向。如果缺乏对外部环境的了解和分析，个人的职业生涯规划只能成为水中月、镜中花。外部环境评价主要包括社会政治环境、经济环境和组织（企业）环境的分析，即评估和分析社会的需求，本专业、本行业的地位、形势以及发展趋势，企业与组织的需求、家庭的期望，技术的发展和经济的走向，以及组织在职业生涯选择与规划等方面的员工政策等。如表 12-3 所示为环境分析。

表 12-3 环境分析

环 境 要 素	辨 析
友伴条件	朋友是否多样化且有能力
行业条件	社会当前及未来需要的行业
企业条件	公司有改革计划吗；公司需要什么人才
地区条件	视行业和企业而定
社会	社会政治、法律、经济、社会与文化、教育及潜在的市场条件

例证 12-9

人工智能带来的挑战[26]

剑桥大学的 Michael Osborne 和 Carl Frey 教授曾运用数据分析了 702 个详细职业被计算机取代的可能性。研究结果指出，大多数运输和物流，以及大部分办公和行政以及生产等传统重复性工作都会被计算机化，如表 12-4 所示。随着技术的飞速发展，在可预见的不远的将来，大量的人类工作岗位将会被计算机和人工智能所替代。要想在未来保持工作竞争力，我们必须培养自己的创造力，锻炼社交技能。

表 12-4 容易被人工智能替代的职业

序 号	替代概率/%	职 业	序 号	替代概率/%	职 业
1	0.99	电话推销员	7	0.94	普通厨师
2	0.99	图书馆管理员	8	0.94	会计师和审计师
3	0.98	出纳员	9	0.94	律师助理
4	0.97	餐厅服务员	10	0.94	快递员、信使
5	0.96	办公室文员	11	0.93	机器操作员
6	0.96	秘书、行政助理	12	0.92	生产工人

（三）职业定位

职业定位就是要选择一种职业类型，为职业与自己的潜能以及主客观条件谋求最佳匹配。定位是自我定位和社会定位的统一，只有在了解自己和职业的基础上才能够给自己做准确定位。当你择业时，你将如何对自己的职业进行定位？成功的道路有千万条，属于你的是哪一条？良好的职业定位是以自己的最佳才能、最优性格、最大兴趣、最有利的环境等信息为依据的。也就是说，要充分考虑第一步的自我分析和第二步的环境评价的结果。进行职业定位时宜注意如下四个方面的事项：① 立足现实，依据客观现实，考虑个人与社会、单位的关系；② 树立辩证发展观，要厘清当前职业与未来发展的关系，选择条件更合适、更符合自己特长、更感兴趣、经过努力能够很快胜任、有发展前景的职业；③ 扬长避短，权衡个人能力，找到能够发挥个人所长的职业；④ 审时度势，及时调整。

（四）设定职业目标

职业生涯规划的核心是制定自己的职业目标，制定个人职业生涯规划的最终目的就是实现自己的职业目标，职业目标的选择正确与否直接关系到人生事业的成功与失败。据统计，在选错职业目标的人当中，超过 80%的人在事业上是失败者。因此，一定要择优选择职业目标。职业生涯规划中所确立的目标应该是可预想到的、有一定实现可能的目标，包括终极目标、长期目标、中期目标和短期目标。目标确立的方法通常是先结合自身条件和现实环境选择最适合自己发展的终极目标和长期目标，然后通过目标分解，分化为切合职业生涯各发展阶段实际情况的中期、短期目标。终极目标和长期目标需要个人经过长期艰苦努力、不懈奋斗才有可能实现，确立时要立足现实、慎重选择、全面考虑，使之既有现实性又有前瞻性。短期目标更具体，对人的影响也更直接，它也是长远目标的组成部分。

（五）设计职业生涯行动方案

有效的职业生涯设计需要有确实能够执行的生涯策略方案。没有行动，职业目标只能是一种梦想，实现它要有具体的行为措施来保证，要制定周详的行动方案。制定行动方案是指把目标转化成具体的方案和措施。这一过程中比较重要的行动方案有职业生涯发展路线的选择，相应的工作、教育和培训计划的制订等。职业目标确定后，向哪一条路线发展，此时要做出选择，这就是职业生涯发展路线的选择。是向行政管理路线发展，还是向专业技术路线发展，或者是向市场营销路线发展，再或者是先走技术路线，再转向行政管理路线，需要做出选择；在具体的岗位方面也需要做出选择，如是行政管理、市场营销、技术研发，还是服务支持等。

例证 12-10

张一鸣的自我规划[27]

1983 年，张一鸣出生在福建龙岩，父母创造的殷实家境给他提供了宽松的成长环境，让他从小在很多事情上都能自己做决定。高考之后，张一鸣填志愿只用了 5 分钟，目的地是天津。他的标准很清晰：一所综合性大学、要靠海、不能离家近、最好冬天会下雪。

张一鸣不甘于做常规、重复事情的性格在大学时期开始显现。起初，他学习的是微电子专业，读了一年后，他觉得这个领域的想法和行动结果之间相差太远，"在面包板上插半天就为了做一个正弦波发生器，有这个时间，一顿晚饭都做出来了"。他强调"所见即所得"，喜欢付出之后能够迅速见效的事物，权衡之后，他认为计算机最符合要求，于是转专业到软件工程。他知道自己要什么，也知道为自己的梦想付出努力，于是张一鸣的大学时代在写代码和看书中度过，这在大多数人看来毫无乐趣，但张一鸣更像是带着强烈的目标导向，将所有行为精确掌握在可控制的范围内。

大学毕业找工作时，张一鸣又一次为今后的职业道路拟定了条件：稳定不重要，户口不重要，公司规模和名气不重要；希望从事技术方面，最好是信息组织相关的工作。他把这些条件按优先级排序，最终目标指向科技类创业公司，这为他今后创业打下了基础。

张一鸣自己的人生就如同算法一样运行着，他不断在"喜欢"和"不感兴趣"两个选项中修正自己，直到每做一项决策都是合乎理性的最优选择。也正因为如此，他创建的今日头条仅用了短短三四年的时间，便强势走进了数以亿计的用户的生活中，其本人也获得了巨大成功。

（六）评估与反馈

职业生涯规划是一个动态的变化过程。影响职业生涯设计的因素很多，有些因素是可以预测的，有些因素是难以预见的。当今社会处于激烈的变化过程中，职业生涯规划难以预见个人发展将要遭遇的种种现实状况，因此原定职业生涯目标在策略实施过程中往往会出现偏差。成功的职业生涯规划需要时时审视内外环境的变化，在实施中去检验自己的方案，及时诊断规划中各个环节出现的问题，根据反馈的情况，及时反省、修正规划目标并调整规划方案。

二、高校应届毕业生职业生涯规划

近年来，我国高校毕业生人数逐年递增，大学生的就业形势日益严峻，大学生就业问题已成为政府、社会各界和高校共同关注的焦点问题。有学者对选取自石家庄某高校的 452 名大学生个体进行了研究，研究结果表明，大学生的职业生涯规划也可以正向预测其就业力，即大学生的职业决策自我效能感对其就业竞争力的提升有积极的促进作用。高校毕业生通过职业探索、生涯决定、生涯行动以及评估调整等一系列行为来完善自己的职业生涯规划，有助于明晰职业发展的方向和目标，完善对自我的综合认识，促进就业[28]。

（一）高校毕业生就业竞争压力

随着我国高等教育从"精英化"向"大众化"改革，高等学校招生规模不断扩大，涌现出更多大学生，这也使得大学生就业竞争力不断加大。2020 届全国普通高校毕业生就业创业工作网络视频会议指出，2020 届高校毕业生规模预计将达到 874 万人，同比增加 40 万，再创历史新高。从 2008 年开始，毕业生人数已经连续 12 年上涨。在如此庞大的毕业生规模下，应届生就业难度势必会增加，就业形势较为严峻。克斯研究院发布的《2019 年中国大学生就业报告》数据显示，2018 届大学毕业生的就业率为 91.5%。其中，本科毕业生就业率（91.0%）较 2014 届（92.6%）下降 1.6 个百分点。由于就业压力，不少毕业生选择深造或创业，尽管如此，大学毕业生受雇比率依然连续五届持续下降，仅有 73.6%。面对再创新高的毕业生人数和逐年下降的就业率，提前做好个人职业生涯规划对于个人降低职业选择的探索次数与成本，及早进入职业发展的立业与发展阶段，以获得更多的职场成长机会具有重要意义。

（二）大学生职业生涯规划的作用

高校应届毕业生提前做好职业生涯规划的重要性体现在以下两个方面。

（1）帮助个人清晰定位、明确职业目标。当前应届毕业生普遍存在对未来就业方向迷茫，工作不稳定、频繁跳槽等现象，这与他们大多处于职业生涯的探索期有关，而一个良好的个人职业生涯规划则可以帮助毕业生更清晰地了解自己的就业兴趣和对未来职业的期望，及早明确自己的职业目标，从而有助于缩短职业适应期，缩短职业试错的过程。

（2）帮助毕业生提前塑造个人核心竞争力。很多毕业生在毕业找工作时总是感觉高不成、低不就，待遇更高的企业有更好的候选人，待遇低的企业自己又不愿意将就，造成了大学生就业难的现状。提前做好个人职业生涯规划有助于大学生依据个人的职业目标，对自己的能力与不足之处进行盘点，并据此来塑造自己，从而形成个人的职业竞争力。

（三）在学期间职业生涯规划准备

现在很多大学生虽然明白职业生涯规划对今后就业的重要性，但缺乏实践以及对现状的分析，造成了规划与现实相矛盾，具体体现在以下三点。

（1）社会认知不足、与企业需求不对称。大部分大学生在求学期间很少去关心或了解自己期待进入的公司的发展前景，对企业文化、企业背景、用人制度等更是了解甚微。还有的大学生只是一味地盲目考证，没有自己的职业目标，但是，与持证相比，企业往往更加看重求职者的个人素质和实际的操作能力。

（2）缺乏自我评估，职业定位不准。大学生职业生涯规划的起点是自我评估，进行科学的职业生涯规划的重要前提是能准确地对自己做出合理、全面、客观的评估。当前很多大学生对自我评估这个环节不够重视，大多都是片面、不客观的，不能从自己的实际定位出发，多偏重于对自身兴趣、特长的评估，缺乏对自身缺点、接受挫折的能力及对未来职业价值观取向等方面所进行的评估[29]。

（3）缺乏行动力，规划的可行性低。很多大学生虽然制定了自己的职业生涯规划，但没有把自己的行动与规划统一起来，没有认真按规划执行，而是规划完就了事，把制定的职业生涯规划束之高阁[30]。

（四）高校毕业生的职业生涯规划要求

为了做好个人职业生涯规划，明确个人职业目标，合理择业，顺利就业，高校应届毕业生应该做到以下几点。

（1）尽快提升自我评估与定位的能力。开展职业生涯规划，首先应该提升自我评估与定位的能力。一方面，可以通过职业测评系统来客观地了解自我，客观地反映个人的职业倾向、职业兴趣、性格、能力，这些对个人合理地选择职业有较大的现实意义；另一方面，可以通过家长、老师和同学的评价来帮助个人综合评估自己的能力、智慧、优势、差距等，以此避免规划的盲目性，科学合理地制定自己的职业生涯规划。

（2）全方位提高综合竞争所需的专业技能。高校毕业生在学期间，必须构建合理的知识结构，通过业务知识的学习，夯实理论基础；通过科学研究，深化对知识的理解，强化各种专业技能。此外，还要培养从事相关行业的基本能力和某些专业能力，从而培养个人综合的职业竞争能力。大学生只有将合理的知识结构和社会需要的综合能力结合起来，才能在激烈的就业竞争中取得相对的优势。

（3）在实践中提高现代职场必备的心理素质。第一，增强心理承受力和耐挫折能力，学会冷静和坦然地面对择业过程中碰到的各种障碍和挫折，并从中吸取经验教训。第二，建立良好的人际关系，维护和增强心理健康。良好的人际关系有利于师生之间、同学之间互诉衷肠、分忧解难，从而有效地消除心理障碍，走出心理误区，最终实现顺利就业。第三，培养积极乐观的人生态度，开拓思路，转变观念，将时代发展、社会需要和个人前途三者有机结合起来，到国家急需人才的地方建功立业[19]。

三、职业生涯成功程度评价

职业生涯成功是指个人实现了自己认为有意义的职业生涯目标，主要可以从职业生涯成功的方向和标准两个方面进行评价。

（一）职业生涯成功的方向

职业生涯成功的含义因人而异，具有很强的相对性，对于同样的人在不同的人生阶段也有着不同的含义。每个人都可以，也应该对自己的职业生涯成功进行明确界定，包括成功意味着什么、成功时要拥有什么、成功的时间、成功的领域、成功时拥有的权势和社会的地位等。对有些人来讲，成功可能是一个抽象的、不能数量化的概念，如有一个和谐的工作氛围、未来非常有保障。职业生涯成功的方向主要有如下五种[31]：① 进取型：达到集团和系统的最高地位。② 安全型：追求认可、工作安全、尊敬和成为"圈内人"。③ 自由型：在工作过程中得到最大的控制权而不是被控制。④ 攀登型：得到刺激、挑战、冒险和"擦边"的机会。⑤ 平衡型：在工作、家庭关系和自我发展之间取得有意义的平衡，以使工作不至于变得太耗费精力或太乏味。如表 12-5 所示可以测试职业生涯成功的方向的类型。

表 12-5　测试职业生涯成功的方向的类型

类　　型	比　　例
进取型	＿＿＿%
安全型	＿＿＿%
自由型	＿＿＿%
攀登型	＿＿＿%
平衡型	＿＿＿%

注：你目前的职业成功方向类型属于哪种类型？请填表，如果不是单一选择，请填写各种比例，总和为100%。

（二）职业生涯成功的标准

职业生涯成功可以分为客观成功和主观成功。客观成功是指外部可以观察到并可以数量化的一些指标、如物质成功（财富、财产、收入）；晋升次数、地位和头衔（等级位置）、可支配的权力、威望、影响力、知识与技能。而主观成功标准则是个人从其所从事职业的内部或外部所获得的满意度，是个体的主观评价。从职业生涯成功要素来看，人力资本、 社会资本和心理资本是预测个体职业成功的三大要素，其中，心理资本是最基础的要素，它通过影响个体人力资本和社会资本的获得，进而影响职业成功[32]。总的来说，要对职业生涯成功进行全面的评价，必须综合考虑个人、家庭、企业、社会等各方面的因素。对于企业人员来说，按照人际关系范围，可以将职业生涯成功标准分为自我评价、家庭评价、企业评价和社会评价四类评价体系，如表 12-6 所示。如果一个人能够在这四类体系中都得到肯定的评价，则其职业生涯必定是成功的[32]。

表 12-6　职业生涯成功评价体系

评价方式	评价者	评价内容	评价标准
自我评价	本人	1. 自己的才能是否充分施展； 2. 对自己在企业发展、社会进步中所做的贡献是否满意； 3. 对自己的职称、职务、工资待遇等方面的变化是否满意； 4. 对处理职业生涯发展与其他人生活动的关系的结果是否满意； 5. 在职业工作过程是否感到开心、幸福； 6. 对职业任务、工作内容是否满意、感兴趣	根据个人的价值观念、知识水平、能力、主观幸福感、兴趣
家庭评价	父母、配偶、子女等家庭成员	1. 是否能够理解和肯定； 2. 是否能够给予支持和帮助	根据家庭文化
企业评价	上级、平级、下级	1. 是否有下级、平级同事的赞赏； 2. 是否有上级的肯定和表彰； 3. 是否有职称、职务的晋升或相同职务责权利范围的扩大； 4. 是否有工资待遇的提高	根据企业文化及其总体经营结果
社会评价	社会舆论、社会组织	1. 是否有社会舆论的支持和好评； 2. 是否有社会组织的承认和奖励	根据社会文明程度、社会历史进程

 本章小结

> ➢ 职业生涯是指个体职业发展的历程，一般是指一个人终生经历的所有职业发展的整个历程。

> ➢ 职业生涯规划具有四个特点：可行性、适时性、可变性、连续性。

> ➢ 职业生涯规划与管理的基本理论包括职业发展阶段论、职业锚理论以及性格、

兴趣、能力与职业的匹配理论。

➢ 职业生涯设计通常包括以下六个具体步骤：自我评估、环境评价、职业定位、设定职业目标、设计职业生涯行动方案、评估与反馈。

➢ 对于企业人员来说，按照其人际关系范围，可以将其职业生涯成功标准分为自我评价、家庭评价、企业评价和社会评价四类评价体系。

思考练习题

一、选择题

1. 社会型的人适合从事的工作是（　　）。

（1）导演　　　　　　　　（2）工程师
（3）教师　　　　　　　　（4）项目经理

2. 追求认可、工作安全、尊敬者的职业生涯成功方向属于（　　）。

（1）进取型　　　　　　　（2）安全型
（3）自由型　　　　　　　（4）攀登型

3. 对能力类型理论正确的看法是（　　）。

（1）能力类型理论对职业生涯规划没什么用处。
（2）能力类型理论告诉人们必须要选择自己适合做的工作。
（3）人的能力类型是无法改变的。
（4）进行职业选择，应选择最能运用其优势能力的职业。

二、简答题

1. 什么是职业生涯规划？
2. 如何评价一个人的职业生涯成功？
3. 霍兰德职业性格类型有哪六种？

你的职业兴趣——三个圆的启示

通过以下测试可以确定自己感兴趣的职业目标。本测试约需 15 分钟。首先要做的是画三个圆。然后，第一个圆里，写上你最喜欢做的事情；第二个圆里，写上你最适合做的事情；第三个圆里，写上你目前有能力做的事情。你最喜欢做的事情：每个人都有自己的理想职业，这是你的兴趣所在，如果从事一项你喜欢的工作，工作本身就能给你一种满足感，你的职业生涯从此将会变得妙趣横生。你最适合做的事情：你具备什么样的性格特点决定了你的"职业个性"，并由此可推导出最擅长做什么职业。你在设计自己的职业生涯时，要注意选择最有利于发挥自己优势的职业，即择己所长。你目前有能力做的事情：任何人都不可能在一生中掌握所有的技能。你目前具备什么能力？你置身的行业需要什么样的人才？只有在这个范围内，你的职业规划才是可行的，才是符合社会发展的。如果你所从事的工作在这三个圆圈的交集里面，那么你是幸福的。你的工作既是你最喜欢的，也是你最适合的，更重要的是，它也是你目前有能力和有条件去做的。表 12-7 和表 12-8 是这个测试的两个例子，请你也试着将自己的测试结果分别写入表 12-9 中。

表 12-7 马莉的三个圆圈

第一个圆圈	你最喜欢从事的职业（你的梦想）	儿时梦想：广告设计师。喜欢从事抽象性和创造性的工作，喜欢从事具体的工作；喜欢艺术、文学、新闻、服务、天文学这五个行业
第二个圆圈	你最适合从事的职业（测试的结果）	适合从事照顾人的工作，而不是影响人的工作；适合从事与语言有关的工作，而非与数据打交道的工作；适合从事设计和艺术工作
第三个圆圈	你所能从事的职业（目前能有的选择）	去朋友的广告公司先做计算机图片编辑工作；去公司其他部门做"市场策划"工作；继续做客户工作
其他能力方面	"空间判断能力倾向"差	

表 12-8 汤文的三个圆圈

第一个圆圈	你最喜欢从事的职业（你的梦想）	儿时梦想：成为一名外交官。如果不能当外交官，在外企做一个高级白领也不错；如果出国读管理方面的硕士，回国成为一名企业管理人员也不错
第二个圆圈	你最适合从事的职业（测试的结果）	性格特别活跃，沟通能力强，适合从事与人打交道的职业
第三个圆圈	你所能从事的职业（目前能有的选择）	先工作几年，再出国读 MBA；去叔叔的公司里任高职
其他	参加过学校的演讲比赛，获得过奖项；担任学生干部期间，组织过几次有影响力的大型活动，与合作者相处融洽，获得好评；目前在公司做过一些策划工作，虽然没有大的成就感，但感觉还不讨厌；身体健康，家庭状况属于小康级别；父母工作稳定，身体健康，暂时还不需要有人特别照顾	

表 12-9 你的圆圈

第一个圆圈	你最喜欢从事的职业（你的梦想）	
第二个圆圈	你最适合从事的职业（测试的结果）	
第三个圆圈	你所能从事的职业（目前能有的选择）	

管理游戏

圆球游戏

游戏规则：

1. 将所有的人分成三组，每个小组约 20 人，分别配有 1、2、3 号球。

2. 将球按 1、2、3 号的顺序从发起者手里发出，最后必须按此顺序回到发起者手里。球在传递过程中，小组每个人的手都必须触及球。计算 3 个球从发出到最后回到发起者手里所用的时间，所需时间最少的组获胜。

3. 球如果掉在地上一次，需在小组所用时间上额外加 10 秒（教师必读请参考书末答案）。

问题讨论：

1. 为什么看到成绩时连你自己都觉得不可思议？

2. 通过此次活动，你对思维决定成功有何感想？

 案例分析

西门子公司的新职业生涯计划[33]

镇海炼化是中国石化下属分公司，当皮尔担任德国电器巨人西门子公司的 CEO 时，该公司正处于困境。这个有 350 个分部和 402 000 名员工、年销售额 46 亿美元的公司可与美国通用电气公司相媲美。在 20 世纪 90 年代，西门子公司受到美国和日本电器公司日益激烈的全球性竞争的影响，50 个分部亏损，150 个分部几乎破产。皮尔的目标是扭转这种局面，以便在全球市场上进行有效的竞争。皮尔担任 CEO 后意识到，他的主要目标应是改变西门子公司的行事方式。多年来，西门子公司也像美国的 IBM 和 GM 公司一样，由高层管理者做出全部重要决策，而公司各层次中的几千名中层管理者只是执行他们的指示。结果，中层管理者普遍缺乏工作积极性。皮尔决心想出新方法来调动中层管理者的积极性，鼓励他们为公司提出更好的方法来达到目标，激励他们敢于冒风险。为此，皮尔创造了一种新的职业生涯计划，这个计划改变了公司一些过时的办法。皮尔宣布，公司要挑选 500 名最优秀的基层管理者，让他们能够快速提升到高层岗位。如果 20～30 岁的年轻管理者被选入新计划，而且他们以后的工作业绩优秀的话，会在 35～45 岁升任高级岗位（以前，升任高级岗位需到 50～60 岁）。他告诉年龄较大的中层管理者，如果他们想提升到高层岗位，必须接受很高的业绩标准，只有符合这些标准，才能得到提升。这种新计划传达了一个信号，即要进行重大的改革。

新的职业生涯计划包括以下几个步骤：第一步，年轻管理者要接受其顶头上司的绩效评定。第二步，由高层管理者组成的团队对那些业绩优秀的年轻管理者进行绩效评定，并从中选出最有才能的人员。然后，让这些被选出的人员参加由德国黑森林西门子公司管理培训中心举办的强化培训班。在这里，年轻的管理者组成各种团队，并要通过严格的测验和评估方案。在这一方案中，公司的高层管理者和心理学家按下述维度评估候选人：创造性、知识、领导能力。第三步，在培训中心取得优异成绩和获得高度评价的年轻管理者将被选为快速提升的管理者。在这一新计划中，企业给这些年轻管理者布置了许多有挑战性的任务，也为他们提供了升任高级岗位的机会。高层管理者始终在评定他们的业绩，经常给他们提供工作情况的反馈信息。实际上，这种绩效评定要持续10年之久，年轻的管理者如果业绩优秀会得到奖励：从计划实施时开始，每年可增加30%的工资。这样，年轻管理者中的佼佼者在3～5年内工资的增长就相当可观了。这种新的职业生涯计划已对西门子公司员工产生了重大影响。列入新计划的年轻管理者都得到了激励，取得了优异绩效，并提出了各种创新方法协助公司在全球市场上竞争。在协助公司达到目标的同时，这些管理者个人也得到了高薪和提升，实现了自身的价值。这一计划仍在进行，并将定期把更多的年轻管理者选入这一计划，这一计划也激励着那些未被选入计划的年轻管理者，他们也会更加努力工作，争取被选中，使自己在同事中脱颖而出。

问题讨论：

1. 西门子公司的新职业生涯计划将给公司带来哪些好处？
2. 运用马斯洛需要层次理论分析该计划对年轻管理者的激励作用。
3. 企业应如何做好员工职业生涯计划的重新设计？你从本案例中得到什么启示？

 参考文献

[1] 谢稚澜. 港口企业人力资源管理核心问题之五：员工职业生涯规划[J]. 中国港口，2006（08）：46.

[2] SHARTLE C L. Occupational information: its development and application[M]. Englewood Cliffs, N.J.: Prentice-Hall, 1959.

[3] HALL D. The career is dead, long live career: a relative approach to career[M]. San Francisco, CA.: Jossey-Bass, 1996.

[4] SUPER D E. The psychology of careers[M]. New York: Harper & Row, 1957.

[5] SUPER D E. Vocational development theory in twenty years[M]//WHITELEY J M, RESNIKOFF A. Perspectives on vocational development. Washington, D.C.: American Personnel and Guidance, 1972.

[6] 诺斯威尔. 生涯规划理论述评[M]. 陈璧辉，译. 北京：商务印书馆，2003.

[7] 王凤科. 职业生涯管理视角：裂缝与修复[J]. 职业时空，2006（12）：5-8.

[8] 唐红杰，闵根. 大学生职业生涯规划中存在的问题及其对策研究[J]. 商业文化，2011（07）：281-282.

[9] 高峰. "大腕"们的精彩转行[J]. 职业，2016（04）：75.

[10] 祖天明. 企业员工职业生涯管理研究[D]. 长春：吉林大学，2005.

[11] 毕雪阳. 管理心理学[M]. 上海：上海财经大学出版社，2010.

[12] SCHEIN E H. Career anchors: discovering your real values[M]. San Diego, Calif.: University Associates, 1985.

[13] 刘世英，李良忠. QQ 帮主：马化腾其人[M]. 北京：经济日报出版社，2010.

[14] 俞文钊. 职业心理与职业指导[M]. 北京：人民教育出版社，1996.

[15] HOLLAND J L. Making vocational choices：a theory of careers[M]. Englewood Cliffs: Prentice-Hall, 1997.

[16] 陶小江. 怎样培养出工作狂[J]. 企业管理，2014(06)：34-35.

[17] 李险峰. 探析著名科学家杨振宁的成功之道[J]. 兰台世界，2012(34)：101-102.

[18] SPEARMAN C. General Intelligence, Objectively determined and measured[J]. American journal of psychology. 1904(15): 201-293.

[19] 郭炯. 职业能力研究的文献综述[J]. 高等职业教育——天津职业大学学报，2009（02）：18-20.

[20] 陈国海. 组织行为学[M]. 3 版. 北京：清华大学出版社，2009.

[21] 杨玉洁. 人的气质与性格——学会与不同性格的人友好相处[J]. 教育教学论坛，2010（18）：171-173.

[22] 俞文钊. 管理心理学[M]. 上海：东方出版中心，2002.

[23] 赵慧军. 不同职业者的个性模式及其测评——个性轮廓匹配法的应用[J]. 中国人力资源开发，1999（05）：32-34.

[24] 张文. 人生：从认识自我开始[J]. 大学教育科学，2016（01）：112-116.

[25] SPENCER J L, SPENCER S M. Competence at work: models for superior performance[M]. New York: John Wiley & Sons, Inc. 1903.

[26] CARL BENEDIKT FREY, MICHAEL A. OSBORNE. The future of employment: how susceptible are jobs to computerization?[J]. Technological forecasting & social change. 2017(114): 254-280.

[27] 杨芬. "头条哥"张一鸣[J]. 企业观察家，2016（05）：30-33.

[28] 胡艳华，井影，曹雪梅. 大学生职业决策自我效能感与就业力的关系：职业生涯规划的中介作用[J]. 教育理论与实践，2019，39（12）：38-40.

[29] 王娜. 加强大学生职业生涯规划的思考[J]. 人才资源开发，2017（02）：188-189.

[30] 郭剑. 当前大学生职业生涯规划的现状及对策[J]. 中国大学生就业，2010（20）：37-40.

[31] 黄洁星. 职业生涯规划之理想与现实之间的选择[J]. 人口与经济，2009（S1）：36-37.

[32] 周文霞，辛迅，潘静洲，等. 职业成功的资本论：构建个体层面职业成功影响因素的综合模型[J]. 中国人力资源开发，2015（17）：38-45.

[33] 卢盛忠，严进. 管理心理学实用案例集粹[M]. 杭州：浙江教育出版社，2003.

参 考 答 案

第一章　管理心理学概述

思考练习题 1-1：选择题

答案：1.（3）；2.（3）。

思考练习题 1-3：选择题

答案：1. 否；2. 是；3. 否；4. 否；5. 否；6. 否；7. 是；8. 否；9. 是。

第二章　知觉、归因理论与个人决策

思考练习题 2-1：选择题

答案：1.（1）；2.（2）；3.（2）。

管理游戏 2-1：九点问题

答案见右图。

思路：先从左下角到右上角，然后从右上角水平向左到

第一个点并继续向左超出第一个点大约一个点的间距，然后

45°向右下角，穿过第一列第二个点和第二列最后一个点，

并达到第三列最下边一个点再往下一个点的间距，然后竖直向上，连上最后三个点。

第三章　个性与心理测验

思考练习题 3-1：选择题

答案：1.（1）；2.（2）；3.（2）。

第四章　价值观与态度

思考练习题 4-1：选择题

答案：1.（2）；2.（1）；3.（3）。

第五章　激励理论及其应用

思考练习题 5-1：选择题

答案：1.（2）；2.（1）；3.（1）。

第六章　群体心理与行为

思考练习题 6-1：选择题

答案：1.（1）；2.（2）；3.（1）。

第七章　管理沟通

思考练习题 7-1：选择题

答案：1.（3）；2.（2）；3.（3）。

第八章　权力与政治

思考练习题 8-1：选择题

答案：1.（1）；2.（1）；3.（2）。

管理游戏 8-1：公司权力阶梯游戏

答案：1. B；2. B；3. B；4. D；5. C。

第九章　领导理论

思考练习题 9-1：选择题

答案：1.（3）；2.（2）；3.（2）。

管理游戏 9-1：他的授权方式

游戏规划：

（1）总经理要让秘书给部门经理传达一项任务，该任务就是由操作人员在戴着眼罩的情况下，把一条 20 米长的绳子做成一个正方形，绳子要用尽。

（2）全过程不得直接指挥，一定是通过秘书将指令传给部门经理，由部门经理指挥操作人员完成任务。

（3）部门经理有不明白的地方也可以通过自己的秘书请示总经理。

（4）部门经理在指挥的过程中要与操作人员保持 5 米以上的距离。

操作指导图形如下：

第十章　组织文化

思考练习题 10-1：选择题

答案：1.（2）；2.（3）；3.（1）。

第十一章　员工援助计划

思考练习题 11-1：选择题

答案：1.（4）；2.（2）；3.（4）。

第十二章　职业生涯规划与管理

思考练习题 12-1：选择题

答案：1.（4）；2.（2）；3.（4）。

管理游戏 12-1：圆球游戏

教师必读：

1. 游戏开始时，三组人一般会不约而同地围成三个圈，一个接一个地传递，记下三组的成绩，如分别为 17 秒、18 秒和 50 秒。

2. "有没有更好的办法让时间变得短些？这个游戏的最好成绩为 8 秒。"教师可以以此类导语向所有小组提出挑战。